应用技术型高校汽车类专业规划教材

Qiche Weixiu Gongcheng

汽车维修工程

徐立友　主　编

李阁强　闫祥海　副主编

人民交通出版社
China Communications Press

内 容 提 要

本书是应用技术型高校汽车类专业规划教材,共分九章,分别阐述了汽车可靠性理论基础、汽车零部件的失效理论、汽车维护与修理工艺、汽车零件的修复、汽车发动机维修、底盘维修、车身维修、电子电器维修以及维修质量和评价。全书在一定理论的基础上,指导实际生产,内容充实,深入浅出。

本书可作为高等教育车辆工程、汽车服务工程和交通运输专业教材,也可作为高职高专层次的相关专业教材,同时还可作为汽车管理人员、维修人员等技术人员的学习参考用书。

图书在版编目(CIP)数据

汽车维修工程 / 徐立友主编. —北京:人民交通
出版社,2014.7
应用技术型高校汽车类专业规划教材
ISBN 978-7-114-11279-9

Ⅰ.①汽… Ⅱ.①徐… Ⅲ.①汽车 – 车辆修理 – 高等
学校 – 教材 Ⅳ.①U472.4

中国版本图书馆 CIP 数据核字(2014)第 050588 号

应用技术型高校汽车类专业规划教材

书　　　名:汽车维修工程
著 作 者:徐立友
责任编辑:夏　韡
出版发行:人民交通出版社
地　　址:(100011)北京市朝阳区安定门外外馆斜街 3 号
网　　址:http://www.ccpress.com.cn
销售电话:(010)59757973
总 经 销:人民交通出版社发行部
经　　销:各地新华书店
印　　刷:北京市密东印刷有限公司
开　　本:787×1092　1/16
印　　张:19.25
字　　数:444 千
版　　次:2014 年 7 月　第 1 版
印　　次:2017 年 7 月　第 2 次印刷
书　　号:ISBN 978-7-114-11279-9
定　　价:43.00 元
(有印刷、装订质量问题的图书由本社负责调换)

前 言
FOREWORD

当前,随着汽车行业的快速发展,汽车人才需求激增,无论是汽车制造企业对于汽车研发、汽车制造人才的大量需求,还是汽车后市场对于汽车服务型人才的大量需求,这些都需要高校不断地输送相关人才。而目前,我国高等教育所培养的大部分人才还是以理论知识学习为主,缺乏实践动手能力,在进入企业一线工作时往往高不成低不就,一方面企业会抱怨招不到合适的人才,另一方面毕业生们又抱怨没有合适的工作可找,主要问题就在于人才培养模式没有跟上社会发展实际需求。

《国家中长期教育改革和发展规划纲要(2010—2020年)》中明确指出了要提高人才培养质量,重点扩大应用型、复合型、技能型人才培养规模。培养理论和实操兼具的人才,使之去企业到岗直接上手或稍加培养即可适应岗位。2014年2月26日,李克强总理在谈到教育问题时指出要建立学分积累和转换制度,打通从中职、专科、本科到研究生的上升通道,引导一批普通本科高校向应用技术型高校转型。可见国家对于应用型技术人才的培养力度将持续加大。

教材建设是高校教学和人才培养的重要组成部分,作为知识载体的教材则体现了教学内容和教学要求,不仅是教学的基本工具,更是提高教学质量的重要保证。但目前国内多家高校在应用型人才培养过程中普遍缺乏适用的教材,现有的本科教材远不能满足要求。因此,如何编写应用型本科教材是培养紧缺人才急需解决的问题。正是基于上述原因,人民交通出版社经过充分调研,结合自身汽车类专业教材、图书的出版优势,于2012年12月在北京组织召开了"高等教育汽车类专业应用型本科规划教材编写会",并成立教材编写委员会。会议审议并通过了教材编写方案。

本系列教材定位如下:

(1)使用对象确定为拥有车辆工程、汽车服务工程或交通运输等专业的二、三本院校;

（2）设计合理的理论与实践内容的比例，主要解决"怎么做"的问题，涉及最基本的、较简单的"为什么"的问题，既满足本科教学设计的需要，又满足应用型教育的需要；

（3）与现行汽车类普通本科规划教材是互为补充的关系，与高职高专教材有明显区别，深度上介于两者之间，满足教学大纲的需求，有比较详细的理论体系，具备系统性和理论性。

《汽车维修工程》教材根据"高等教育汽车类专业应用型本科规划教材编写会"会议精神编写，它是汽车类专业的专业基础课。全书共分为九章。第一章主要介绍汽车可靠性理论基础，包括汽车可靠性设计和汽车可靠性数据的采集与分析；第二章主要介绍汽车零部件的失效理论，包括零部件失效形式和失效分析方法；第三章主要介绍汽车维护与修理工艺，包括汽车维护工艺规范和维修方法；第四章主要介绍汽车零件的修复，包括零件修复方法及修复方法的选择；第五章主要介绍发动机维修，包括发动机机体组、曲柄连杆机构、配气机构、润滑系统、冷却系统及电子控制系统的检修；第六章主要介绍汽车底盘维修，包括离合器、变速器、万向传动装置以及悬架、转向、制动系统的维修；第七章主要介绍汽车车身的维修，包括车身主要零部件和车身表面的维修；第八章主要介绍汽车电子电器维修，包括汽车电子点火系统、启动系统、照明和信号装置以及电子控制装置的故障维修；第九章主要介绍汽车维修质量及评价，包括维修质量的分析方法与评定。

本书由河南科技大学徐立友担任主编，李阁强、闫祥海为副主编。徐立友编写第一、二、三、九章，李阁强编写第四、五、六章，闫祥海编写第七、八章。

本书在编写过程中参考了大量的图书资料和图片资料，在此，编者向参考资料被引用的原著作者以及对本书的编写提供过帮助的同事和研究生表示深深的谢意。由于作者的水平和经验有限，书中难免有纰漏之处，敬请广大读者和同仁批评指正，更欢迎广大读者对我们的工作提出宝贵意见。

应用技术型高校汽车类专业规划教材编委会

2014 年 3 月

目录
CONTENTS

第一章　汽车可靠性理论基础

教学目标

1. 理解汽车可靠性的含义及可靠性评价指标。
2. 掌握汽车故障概念、类型及分布规律。
3. 理解汽车系统可靠性及汽车系统可靠性分配。
4. 理解汽车可靠性设计原理、设计原则与内容。
5. 理解汽车可靠性数据采集与分析。

教学要点

知识要点	掌握程度	相关知识
汽车可靠性概述	理解	可靠性含义、可靠性评价指标
汽车故障类型及其分布规律	掌握	汽车故障概念及类型、汽车可靠性常用故障分布
汽车系统可靠性相关知识	知道	系统可靠性、汽车系统可靠性分配
汽车可靠性设计	学会	可靠性设计原理、可靠性设计原则与内容
汽车可靠性数据的采集与分析	学会	汽车可靠性数据的采集、汽车可靠性数据的分析

第一节　汽车可靠性概述

　　随着汽车工业的发展,汽车向着高性能、多功能、高新技术方向发展,人们对汽车可靠性的要求也越来越高。汽车可靠性是汽车生产企业技术实力的一种体现,良好的汽车可靠性可以提高汽车生产企业的信誉,扩大营销市场。汽车生产者为了企业生存的需要必须提高汽车的可靠性,汽车使用者选择汽车时,在价格、性能、可靠性等因素中总是把汽车可靠性作为重要因素考虑。

一、可靠性含义

　　可靠性是指产品在规定条件下,在规定时间内,完成规定功能的能力。对汽车而言,汽车可靠性包含四个要素:汽车产品、规定使用条件、规定时间和规定功能,各自的含义如下。

(1)汽车产品。汽车产品包括整车、总成和零部件,它们都是汽车可靠性研究的对象。

(2)规定使用条件。规定使用条件包括工作条件、运用条件、维修条件和管理条件。

①汽车产品的工作条件包括气候情况、道路状况、地理位置等环境条件。

②汽车产品的运用条件包括载荷性质、载运种类、行驶速度等因素。

③汽车产品的维修条件包括维修方式、维修水平、维护制度等因素。

④汽车产品的管理条件包括存放环境、管理水平、驾驶员技术水平等。

(3)规定时间。规定时间是指汽车使用量的尺度,可以是时间单位(小时、天数、月数、年数),也可以是行驶里程数、工作循环次数等。汽车行驶的保用期、第一期大修里程、报废期等都是重要的特征时间。

(4)规定功能。规定的功能是指汽车设计任务书、使用说明书、订货合同以及国家标准规定的各种功能、性能和要求。不能完成规定功能就是不可靠,称为发生了故障或失效。

二、可靠性的评价指标

汽车可靠性是汽车所具有的寿命质量方面的一种能力。它可以从不同角度、用不同的评价指标来描述,常用的可靠性评价指标主要有可靠度、失效度、故障概率密度、故障率、平均寿命、可靠寿命等。

1. 可靠度

汽车可靠度是指其在规定条件下和规定时间内,完成规定功能的概率,用 R 表示。

例如有 n 个某种汽车零件,在规定工作条件下和规定时间内,有 r 个失效,其余 $(n-r)$ 个仍在继续工作,那么这批零件的可靠度为

$$R = \frac{n-r}{n} = 1 - \frac{r}{n} = 1 - F \tag{1-1}$$

式中:F——累积故障概率、失效度或不可靠度,$F = \frac{r}{n}$。

设产品的规定时间为 t_0,产品从开始到发生故障的连续工作时间为 T,现有 n 个汽车零件,从开始使用到出现故障时的数目为 $r(t)$,则产品的可靠度就是连续工作时间 T 超过产品的规定时间 t_0 的概率,由下式表示:

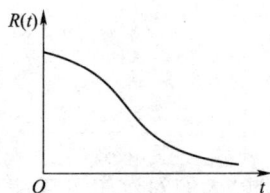

图 1-1 可靠度随时间的变化曲线

$$R(t) = P(T > t_0) = \lim_{n \to \infty} \frac{n - r(t)}{n} \tag{1-2}$$

图 1-1 所示为可靠度函数 $R(t)$ 的曲线。由曲线可以看出:在产品使用初期,可靠性最高(为 1),随着时间的推移,产品的可靠度逐渐降低,直至最终完全失效。

2. 失效度(又称累积故障概率)

产品在规定条件下,在规定的时间内丧失规定功能的概率,记为 $F(t)$,即

$$F(t) = P(t \leq t_0) = 1 - R(t) = \lim_{n \to \infty} \frac{r(t)}{n} \tag{1-3}$$

由于出现故障与不出现故障是两个对应的事件,故失效度和可靠度的关系可以表示为

$$R(t) + F(t) = 1 \qquad (1\text{-}4)$$

在可靠性研究中,通常以 $F(t)$ 为主要研究对象。因为 $F(t)$ 的大小直接反映故障的概率,反映了在 t 时刻以前累积故障的情况,也反映了故障与时间 t 的函数关系,故又称 $F(t)$ 为累积故障概率,也称为故障分布函数。图1-2所示为失效度函数 $F(t)$ 曲线,可靠度 $R(t)$ 与失效度 $F(t)$ 的关系如图1-3所示。

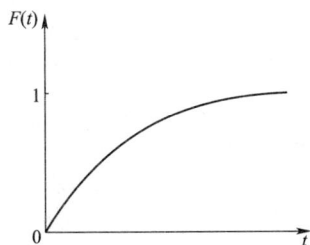

图1-2 失效度随时间的变化曲线　　　　图1-3 可靠度与失效度的关系曲线

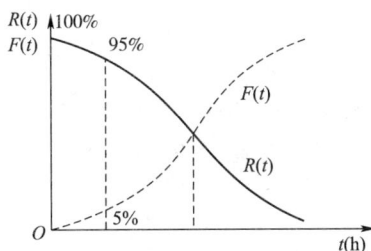

3. 故障概率密度

故障概率密度是指在规定的时间间隔发生失效的概率。由于产品发生失效是随机的,不同的产品、不同的工作条件,产品的寿命不同,通常用故障概率密度函数来表示失效率的分布情况。故障概率密度函数是指失效率对时间的分布函数 $\mathrm{d}F(t)/\mathrm{d}t$,记做 $f(t)$。

若故障分布函数 $F(t)$ 连续可导,则故障密度函数 $f(t)$ 可由 $F(t)$ 求导得出:

$$f(t) = \mathrm{d}F(t)/\mathrm{d}t \qquad (1\text{-}5)$$

即

$$\mathrm{d}F(t) = f(t)/\mathrm{d}t \qquad (1\text{-}6)$$

可得出 $F(t)$、$R(t)$ 和 $f(t)$ 之间的关系如下:

$$F(t) = \int_0^t f(t)\,\mathrm{d}t \qquad (1\text{-}7)$$

$$R(t) = 1 - \int_0^t f(x)\,\mathrm{d}x = \int_0^\infty f(x)\,\mathrm{d}x \qquad (1\text{-}8)$$

4. 故障率

(1)定义:故障率是指工作到 t 时刻尚未失效的产品,在该时刻后单位时间内发生故障的概率,用 $\lambda(t)$ 表示,可以表述产品在整个寿命期内出现故障的可能性。在实践中,故障率是评价产品可靠性的重要指标,很多产品的可靠性等级就是用故障率的大小来确定的。

假设在规定条件下产品的寿命为 T,规定的工作时间为 t,其累积故障概率为 $F(t)$,故障概率密度函数为 $f(t)$,则用"$T > t$"表示"产品工作到 t 时刻尚未发生故障"事件,用"$t < T \le t + \Delta t$"表示"产品在 $(t, t + \Delta t)$ 内失效事件"。

则产品工作到 t 时刻后,在 $(t, t + \Delta t)$ 内发生故障的条件概率为 $P(t < T \le t + \Delta t/T > t)$,将此条件概率除以 Δt 就得到 Δt 时间内产品的平均故障率。当 Δt 趋向于0时,就可得到 t 时刻的失效率为

$$\lambda(t) = \lim_{\Delta t \to 0} \frac{P(t < T \le t + \Delta t/T > t)}{\Delta t} \qquad (1\text{-}9)$$

由条件概率的性质和事件包含关系可得：

$$P(t < T \leqslant t + \Delta t / T > t) = \frac{P(t < T \leqslant t + \Delta t, T > t)}{P(T > t)} = \frac{P(t < T \leqslant t + \Delta t)}{P(T > t)}$$

$$= \frac{F(t + \Delta t) - F(t)}{R(t)} \qquad (1\text{-}10)$$

于是

$$\lambda(t) = \lim_{\Delta t \to 0} \frac{F(t + \Delta t) - F(t)}{\Delta t} \cdot \frac{1}{1 - F(t)} = \frac{\mathrm{d}F(t)/\mathrm{d}t}{1 - F(t)} = \frac{f(t)}{1 - F(t)} = \frac{f(t)}{R(t)} \qquad (1\text{-}11)$$

（2）故障率函数和其他函数的关系。

①与失效分布密度函数 $f(t)$ 的关系：

$$f(t) = \lambda(t) \exp \left(1 - \int_0^t \lambda(t)\,\mathrm{d}t \right) \qquad (1\text{-}12)$$

②与可靠度函数 $R(t)$ 的关系：

$$R(t) = f(t)/\lambda(t) = \exp \left(-\int_0^t \lambda(t)\,\mathrm{d}t \right) \qquad (1\text{-}13)$$

③与失效概率分布函数 $F(t)$ 的关系：

$$f(t) = 1 - R(t) = 1 - \exp \left(-\int_0^t \lambda(t)\,\mathrm{d}t \right) \qquad (1\text{-}14)$$

故障率函数曲线也称寿命曲线或浴盆曲线（图1-4），描述了失效率随时间而变化的规律，由于该曲线如同浴盆故称为浴盆曲线，从曲线的变化趋势可将故障率函数曲线划分为三个阶段，即失效的三个时期：早期故障期、偶然故障期和损耗故障期。

①早期故障期（Decreasing Failure Rate，DFR）。开始失效率较高，随着时间推移，失效率逐渐降低，是产品的磨合阶段（图1-4中A段）。失效原因：产品本身存在着某种缺陷，如各摩擦副间的配合间隙不得当；加工精度不符合要求；材料存在内部缺陷；设计不够完善；加工工艺不当；检验差错致使次品混于合格品中等，一般可以通过强化试验或者磨合加以排除。

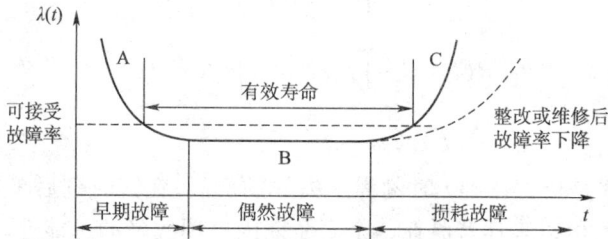

图1-4　故障率函数曲线

②偶然故障期（Constant Failure Rate，CFR）。失效率与时间无关，近似等于常数，失效率低且性能稳定，在这期间失效是偶然发生的，何时发生无法预测，是产品的正常使用期（图1-4中B段）。失效原因：由于各种失效因素或承受应力的随机性，所以故障发生具有偶然性，用户可以通过对汽车进行维护（日常维护、一级维护、二级维护）使这一时期延长。

③耗损故障期（Increasing Failure Rate，IFR）。产品失效率随着使用时间的增长急剧加大（图1-4中C段）。失效原因：产品在长期使用后出现老化、磨损、疲劳等现象引起的。这一阶段汽车产品通常会出现油耗增大、性能下降、维修费用增加、汽车运用成本升高等问题，由于汽车属于可维修性产品，在损耗期开始之前，通过调整发动机工作状态，提前维修和更

换即将损耗的零部件,可以延长汽车的有效寿命,推迟进入耗损故障期的时间,而汽车一旦进入耗损故障期,应以报废为上策。

5. 平均寿命

平均寿命是一个标志产品平均能工作多长时间的量,它是对整批产品而言的一个指标。如果产品寿命 T 的故障概率密度函数为 $f(t)$,则其数学期望 $E(t) = \int_0^\infty tf(t)\mathrm{d}t$ 称为产品的平均寿命。

对于可维修产品,是指产品的平均无故障工作时间,记为 MTBF (Mean time between failure)。对于不可维修产品,是指产品的平均寿终时间,记为 MTFF (Mean time to failure)。

6. 可靠寿命

可靠度是工作寿命 t 的函数,用可靠度函数 $R(t)$ 表示,若给定时间 t 就确定了可靠度,反之若确定了可靠度,即可求出相应的寿命,即为可靠寿命,用 t_R 表示。

若用 $t_{0.99}$ 表示可靠度 $R(t) = 99\%$ 时产品的寿命,在可靠寿命中有如下三种特殊情况:

① 特征寿命:可靠度 $R = \mathrm{EXP}(-1) = 36.8\%$ 的可靠寿命,称为特征寿命。

② 中位寿命:可靠度 $R = 50\%$ 的可靠寿命称为中位寿命,记为 $t_{0.5}$。

③ 额定寿命:可靠度 $R(t) = 90\%$ 的可靠寿命称为额定寿命,记为 $t_{0.9}$。

对于可靠度有一定要求的产品,工作到了可靠寿命 t_R 时就要更换,否则就不能保证其可靠度。

第二节　汽车故障类型及其分布规律

一、汽车故障概念及类型

1. 汽车故障概念

汽车故障是指汽车在规定的条件下,规定时间内,不能完成规定功能的现象。

2. 汽车故障类型

1) 按故障模式

故障模式是指由失效机理所显示出来的各种失效现象或失效状态,是故障的表现形式。汽车上常见的故障模式如下。

(1) 损坏形故障模式:如断裂、碎裂、开裂、点蚀、烧蚀、变形、拉伤、龟裂、压痕等。

(2) 退化型故障模式:如老化、变质、剥落、异常磨损。

(3) 松脱性故障模式:如松动、脱落。

(4) 失调型故障模式:如压力过高或过低、行程失调、间隙过大或过小、干涉、卡滞。

(5) 堵塞与渗漏型故障模式:如堵塞、气阻、漏油、漏水、漏气。

(6) 性能衰退型或功能失效型故障模式:如功能失效、性能衰退、公害超标、异响、过热。

2) 按故障率函数特点

早期故障型:产品在使用初期故障发生的可能性很大,但随时间的延长而逐渐下降,此类故障多是由于设计、制造、管理、检验的差错及装配不佳而致。

偶然故障型:故障发生的可能性较小,一般处于正常使用期,此类故障多是由于操作疏忽、润滑不良、维护欠佳、材料隐患、工艺及结构缺陷等原因所致。

耗损故障型:这种故障一般是产品长期使用后出现老化衰竭引起的,并且故障率随时间的延长而逐渐增加,因此一般在故障率开始上升前更换或维修将要耗损的零部件,可以减少故障,延长汽车的使用寿命。

3)按汽车故障定性

按照汽车行业中《汽车产品质量检查评定办法》(即所谓蓝皮书),把汽车故障分为致命故障、严重故障、一般故障和轻微故障四种。

(1)致命故障:危及人身安全,引起主要总成件报废,造成重大经济损失,对周围环境造成重大损害。

(2)严重故障:引起主要零部件、总成严重损坏或影响行车安全,不能用易损备件或随车工具在较短时间内排除。

(3)一般故障:不影响行车安全的非主要零部件故障,可用易损备件或随车工具在较短时间内排除。

(4)轻微故障:对汽车正常运行基本没有影响,不需要更换零部件,可用随车工具比较容易的排除。

二、汽车可靠性常用故障分布

汽车故障分布能很好地描述随机变量的性质,揭示失效、维修随时间变化的分布规律,能为产品可靠性评价和改进提供依据。汽车可靠性研究中所用的理论分布类型很多,常用的有指数分布、正态分布、对数正态分布和威布尔分布。

1.指数分布

指数分布是连续型随机变量分布形式中最基本的一种,由于它计算简便,因而在可靠性工程中获得广泛应用。产品处于偶然故障期时,其故障率 λ 为常数,可得到指数分布的如下表达式。

(1)故障概率密度函数:

$$f(t) = 1 - e^{-\lambda t} \tag{1-15}$$

(2)累积故障概率分布函数:

$$F(t) = 1 - e^{-\lambda t} \tag{1-16}$$

(3)数学期望:

$$\mu = \frac{1}{\lambda} \tag{1-17}$$

(4)方差:

$$\sigma^2 = \frac{1}{\lambda^2} \tag{1-18}$$

(5)可靠度函数:

$$R(t) = e^{-\lambda t} \tag{1-19}$$

(6)故障率:

$$\lambda(t) = \frac{f(t)}{R(t)} = \frac{\lambda e^{-\lambda t}}{e^{-\lambda t}} = \lambda \tag{1-20}$$

（7）寿命特征有如下几种：

①方差寿命

$$D(t) = \frac{1}{\lambda^2} \tag{1-21}$$

②可靠寿命

$$T(R) = \frac{1}{\lambda}\ln\frac{1}{R} \tag{1-22}$$

③中位寿命

$$T(0.5) = 0.693\frac{1}{\lambda} \tag{1-23}$$

④特征寿命

$$T(e^{-1}) = \frac{1}{\lambda} \tag{1-24}$$

2. 正态分布

正态分布又称高斯分布，是一种最常用的连续型分布，它可以用来描述许多自然现象和各种物理性能，也是机械制造、科学实验及测量技术进行误差分析的重要工具。在可靠性工程中，它对强度和应力的分布、磨损件的失效分布、可靠性设计等方面都起着重要作用。

（1）正态分布的故障密度函数：

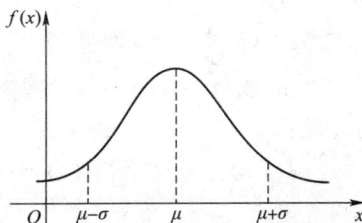

$$f(x) = \frac{1}{\sigma\sqrt{2\pi}} = \exp\left[-\frac{(x-\sigma)^2}{2\sigma^2}\right] \tag{1-25}$$

正态分布的故障密度函数曲线如图 1-5 所示，其特征为：

①μ 为均值。

②σ 为标准差，$f(t)$ 曲线在 $X=\mu\pm\sigma$ 处存在拐点。

③$f(t)$ 曲线在 $X=\mu\pm\sigma$ 区间的面积为 68.26%；在 $X=\mu\pm2\sigma$ 区间面积为 95.46%；在 $X=\mu\pm3\sigma$ 区间的面积为 99.73%。

（2）正态分布的不可靠度函数：

$$F(x) = \int_{-\infty}^{x} f(x)\,dx = \frac{1}{\sigma\sqrt{2\pi}}\int_{-\infty}^{x}\exp\left[-\frac{(x-\sigma)^2}{2\sigma^2}\right]dx \tag{1-26}$$

正态分布的不可靠度函数曲线如图 1-6 所示。

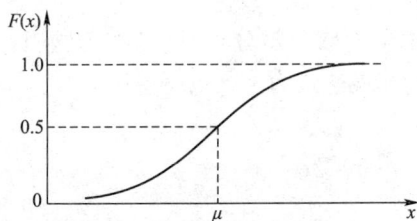

图 1-5　正态分布的故障密度函数　　　　图 1-6　正态分布的不可靠度函数

（3）正态分布的可靠度函数：

$$R(t) = \int_x^\infty f(x)\,\mathrm{d}x = \frac{1}{\sigma\sqrt{2\pi}}\int_{x_1}^\infty \exp\left[-\frac{(x-\sigma)^2}{2\sigma^2}\right]\mathrm{d}x \tag{1-27}$$

（4）正态分布的寿命特征值若产品的工作寿命是正态分布的随机变量,则其寿命的特征值如下:

①平均寿命

$$E(x) = \mu \tag{1-28}$$

②方差寿命

$$D(X) = \sigma^2 \tag{1-29}$$

③中位寿命

$$T(0.5) = \mu \tag{1-30}$$

④可靠寿命

$$T_R = U_P \cdot \sigma + \mu \tag{1-31}$$

式中: $U_P = \dfrac{T_R - \mu}{\sigma}$ 。

3. 对数正态分布

正态分布虽然应用比较普遍,但其分布规律对于均值有对称性这一特性,在一些场合的使用过程中受到一定限制,如汽车零件的疲劳寿命,属于不对称型的分布。另外,理论上在 $t \to \infty$ 时,正态分布的失效率为零,或者说当 $t = 0$ 时,表明有的试样未经使用就失效了,显然与实际不符。对数正态分布是一种不对称分布用来描述零件寿命的一种较好的分布函数。

若随机变量 T 的对数值 $\ln t$ 服从正态分布,则该随机变量 T 就服从对数正态分布。这里引进另一个相关的随机变量 x,且: $x = \ln t$,或 $t = e^x$,即 $x \sim N(\mu, \sigma^2)$, $T \sim \ln(\mu, \sigma^2)$,因此 x 服从正态分布,可得

$$f(x) = \frac{1}{\sigma\sqrt{2\pi}}\exp\left[-\frac{1}{2}\left(\frac{x-\mu}{\sigma}\right)^2\right] \tag{1-32}$$

$$F(x) = \frac{1}{\sigma\sqrt{2\pi}}\int_{-\infty}^x \exp\left[-\frac{1}{2}\left(\frac{x-\mu}{\sigma}\right)^2\right] \tag{1-33}$$

$$F(t) = \int_0^1 \frac{1}{t\sigma\sqrt{2\pi}}\exp\left[-\frac{1}{2}\left(\frac{\ln t-\mu}{\sigma}\right)^2\right] \tag{1-34}$$

$$f(t) = \frac{1}{t\sigma\sqrt{2\pi}}\exp\left[-\frac{1}{2}\left(\frac{\ln t-\mu}{\sigma}\right)^2\right] \tag{1-35}$$

4. 威布尔分布

在汽车零部件可靠性的数据处理中,一般都采用威布尔分布,这已在美国、日本得到了普遍应用。完整的威布尔分布由三个参数决定,其表达式为

（1）可靠度:

$$R(t) = \exp\left[-(t-r)^m/t_0\right] \tag{1-36}$$

（2）不可靠度:

$$F(t) = 1 - \exp\left[-(t-r)^2/t_0\right] \tag{1-37}$$

（3）故障概率密度函数:

$$f(t) = \left[m(t-r)^{m-1}/t_0 \right] \exp\left[-(t-r)^m/t_0 \right] \tag{1-38}$$

（4）故障率：

$$\lambda(t) = f(t)/R(t) = m(t-r)^{m-1}/t_0 \tag{1-39}$$

式中：m——形状参数；

t_0——尺度参数；

r——位置参数。

在实际工程问题中，位置参数 r 常为 0，故上述三参数的分布简化为两参数的分布，即

$$R(t) = \exp(-t^m/t_0) \tag{1-40}$$

$$F(t) = 1 - \exp(-t^m/t_0) \tag{1-41}$$

$$f(t) = (mt^{m-1}/t_0)\exp(-t^m/t_0) \tag{1-42}$$

$$\lambda(t) = mt^{m-1}/t_0 \tag{1-43}$$

式中，形状参数 m 影响分布函数曲线的形状特征。

当 $m=1$ 时　　　$R(t) = \exp(-t/t_0) = -\exp(-\lambda t)$　$(\lambda = 1/t_0)$ $\tag{1-44}$

$$F(t) = 1 - \exp(-t/t_0) = 1 - \exp(-\lambda t) \tag{1-45}$$

$$f(t) = (1/t_0)\exp(-t/t_0) = \lambda\exp(-\lambda t) \tag{1-46}$$

$$\lambda(t) = 1/t_0 = \lambda \tag{1-47}$$

即当 $m=1$ 时，为指数分布；当 $m=2$ 时，为瑞利分布；当 $m=2.7\sim3.7$ 时，为近似正态分布；当 $m=3.13$ 时，为正态分布。在汽车零部件可靠性试验处理中，除非有把握知道属于某种分布，一般都采用威布尔分布。

威布尔分布的三个参数 m、t_0、r 在数学上有其明显的几何意义。在物理意义上，它们代表了产品不同的性能（不同的失效模式）。

（1）形状参数 m。形状参数 m 值的大小决定 $f(t)$ 和 $\lambda(t)$ 的曲线形状，如图1-7和图1-8所示。$\lambda(t)$ 随时间的变化反映了产品的寿命变化规律，如图1-9所示。

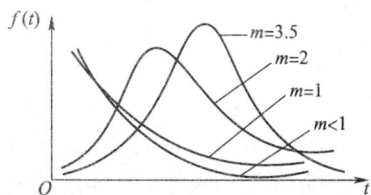

图1-7　m 值对 $f(t)$ 的影响　　　图1-8　m 值对 $\lambda(t)$ 的影响　　　图1-9　威布尔分布的失效率曲线

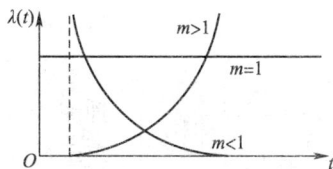

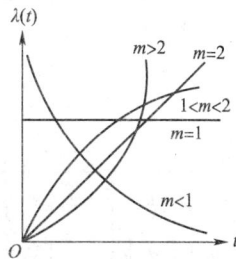

m 取不同的值，其威布尔分布曲线的形状也随之变化。当 $m<1$ 时，失效率随时间增加而递减，反映了产品早期失效过程的特征，称 DFR 型。当 $m=1$ 时，失效率等于常数（$\lambda = -1/t_0$），反映了随机失效过程的特征，即 CFR 型。当 $m>1$ 时，失效率随时间增加而递增，反映了耗损失效过程的特征，即 IER 型。根据求得的 m 值的大小，可以判断造成该零件失效的原因。

（2）尺度参数 t_0。尺寸参数不影响曲线变化的形状和位置，只是改变曲线纵横坐标的标

尺,如图 1-10 所示。

(3)位置参数 r。参数 r 不同时,威布尔分布的概率密度曲线形状不变,只是曲线起点的位置发生变化。参数 r 增大,曲线沿着横轴正方向平行移动,如图 1-11 所示。

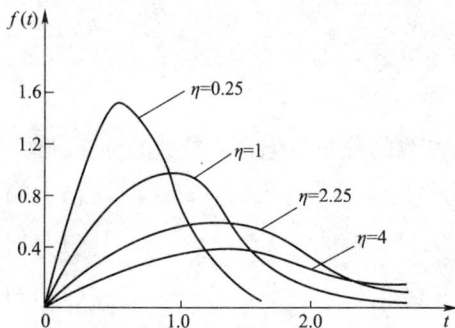

图 1-10　尺度参数对 $f(t)$ 的影响　　　　图 1-11　位置参数对 $f(t)$ 的影响

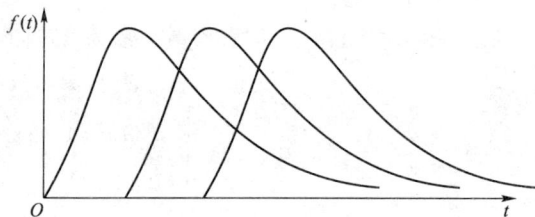

第三节　汽车系统可靠性

一、系统可靠性

一般将能完成某一特定功能,由若干个彼此有联系的且又能相互协调工作的单元组成的综合体,称为系统。所有组成系统的单位称为单元。系统的可靠性是建立在组成系统的单元所具有的可靠性基础上的,也就是系统可靠性为其组成单元可靠性的函数。

系统可分为可修复系统和不可修复系统两大类。系统一旦发生故障,不能或不值得再修复,则系统处于报废状态,这样的系统称为不可修复系统。不可修复的原因很多,如结构上不允许、技术上不过关、经济上不值得或者认为不必要等。若系统发生故障后是可以修复的,则称为可修复系统,如汽车发动机等。

对系统进行可靠性分析时,必须了解各总成、零部件的功能,了解各单元在可靠性功能上的联系,了解这些单元的功能、失效模式对汽车整车功能的影响,就其功能来研究系统的可靠性。通常使用系统功能逻辑框图来表达系统工程与单元功能间的逻辑关系,这种图用方框表示单元功能,用短线连接来表示单元与系统功能的关系,简称系统逻辑框图或系统功能图。汽车的整车系统框图如图 1-12 所示。

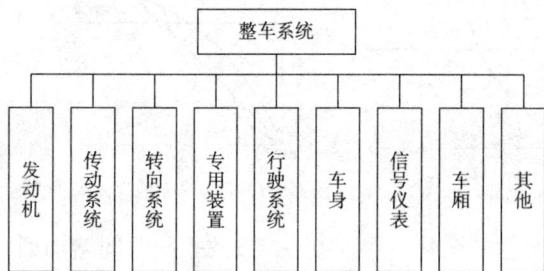

图 1-12　整车系统框图

根据系统的分类不同,系统可靠度计算方法有串联系统可靠度计算、并联系统可靠度计算、混联系统可靠度计算三种。

1. 串联系统

若组成系统的各零件,只要有一个子系统发生故障,系统便发生故障,则该系统称为串联系统,如图1-13所示。

汽车及其所包含的绝大多数总成都属于串

图1-13 串联系统框图

联系统,比如发动机、离合器、变速器、传动轴、主减速器、半轴等零部件之间的可靠性关系都属于串联系统。串联系统中的各个子系统在可靠性框图中更换顺序,系统可靠性关系不变。串联系统的任意一个子系统失效,则会导致整个系统失效,系统可靠度R_s等于各个子系统可靠度R_i的乘积。其关系是为

$$R_s = R_1 R_2 \cdots R_n = \prod R_i \qquad (i = 1 \sim n) \qquad (1-48)$$

式中:R_s——系统可靠度;

R——子系统可靠度。

对于可靠性系统,当故障间隔时间服从指数分布时,串联系统的故障率λ_s为各子系统故障率λ_i之和,其关系式为

$$\lambda_s = \sum \lambda_i \qquad (i = 1 \sim n) \qquad (1-49)$$

从以上分析可知:串联系统的可靠度总是不高于各个子系统中的最小的可靠度,系统的失效率不低于各子系统中最高的失效率。其关系式为

$$R_s \leqslant \{R_i\} \min \qquad (1-50)$$
$$\lambda_s \geqslant \{\lambda_i\} \max \qquad (1-51)$$

因此,在串联系统中要尽可能避免有特别薄弱的环节。在串联系统中,零件数目越多,系统可靠度就越小。所以,从可靠性观点来说,对于一个串联系统,应尽量用较少的总成或零件来组成。同样,若系统可靠度已确定,其组成的零件越多,则对每个零件的可靠度要求也越高。

2.并联系统

图1-14 并联系统框图

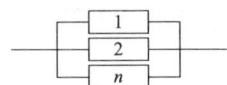

若组成系统的各个子系统中,只要其中还有一个子系统在起作用,就能维持整个系统完成规定功能,则称该系统为并联系统,如图1-14所示。

并联系统的系统可靠度为

$$R_s = 1 - \prod F_i = 1 - \prod (1 \sim R_i) \qquad (1-52)$$

式中:R_s——系统的可靠度;

R_i——子系统的可靠度;

F_i——子系统的累积失效概率。

可见,并联系统的系统可靠度总是大于系统中任何一个子系统的可靠度。因此,并联的零件越多,系统可靠度就越大,或每个零件所要求的可靠度越低。由于并联系统具有如上特征,故为完成系统的功能,可附加一些并联的零件,以此做到即使其中之一发生故障,整个系统仍可正常工作,这种系统常称为有储备系统。如汽车的双管路制动系统,一个管路失效,另一管路照样工作仍能保证汽车的有效制动。

3.混联系统

由串联子系统和并联子系统组成的系统称为混联系统。图1-15为一种常见的混联系统,为计算系统可靠度,将2和3两个子系统相连,构成并联子系统2-3,然后再与子系统1串联组成等效串联系统,如图1-16所示。

对图 1-15 所示混联系统进行逻辑运算,则系统可靠度为

$$R_s = R_1R_2 + R_1R_3 - R_1R_2R_3 \tag{1-53}$$

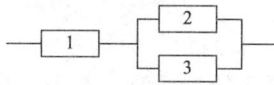

图 1-15　混联系统　　　　　　　　　　图 1-16　等效串联系统

二、汽车系统可靠性分配

1.汽车可靠性分配的定义

根据系统设计所确定的汽车可靠性指标值,合理地将该指标分配于系统各组元(总成、零部件)的设计过程,称为汽车可靠性分配。

在开发、研制汽车新产品之前,对汽车期望达到的可靠性水平应有明确的指标。汽车系统的可靠性指标与各子系统(总成、零部件)的可靠性指标有着密切的关系。为了提高汽车系统的可靠性水平,必须根据汽车子系统的重要程度、本身的失效率、使用环境、工作模式、实际要求,进行可靠性分配。由此可见,可靠性分配是汽车系统可靠性设计的一个重要环节。

2.汽车可靠性分配的目的和作用

(1)通过可靠性分配,确定汽车系统的可靠性指标。汽车产品的可靠性水平,除制造、材料原因以外,很大程度上依赖于汽车的设计水平,它是构成汽车固有可靠性的基础,应在兼顾生产成本和经济效益的同时,及时、合理地调整系统的可靠性。

(2)通过可靠性分配,确定各子系统的可靠性指标。汽车是一个十分复杂的机械电子产品,实现整体的可靠性指标,必须依靠各子系统、零部件的可靠性加以保证。没有子系统、零部件的可靠性指标,系统的可靠性目标再高也是徒劳的。

(3)通过可靠性分配,有利于加强设计部门间的联络和配合。帮助设计者了解汽车总成及零部件的可靠性与汽车系统可靠性之间的关系,使之心中有数,减少盲目性,明确设计的基本问题;通过可靠性分配,容易暴露汽车系统的薄弱环节,为改进设计提供途径和依据。

(4)通过可靠性分配,有利于增强设计者的全局观念。全面衡量汽车系统的质量、费用及性能等因素,以获得汽车系统设计的全局效果。

3.汽车系统可靠性分配原则

通常可靠性分配应考虑下列原则:

(1)技术水平。对技术成熟的单元,能够保证实现较高的可靠性,可分配给较高的可靠度。

(2)复杂程度。对较简单的单元,组成该单元的零部件数量少.组装容易保证质量或出现故障后易于修复,则可分配给较高的可靠度。

(3)重要程度。对重要的单元,该单元失效将产生严重的后果,或该单元失效常会导致全系统失效,则应分配给较高的可靠度。

(4)任务情况。对单元的工作周期及其工作环境给予考虑,如整个任务时间内均需连续工作及工作条件严酷,难以保证很高可靠性的单元,则应分配给较低的可靠度。

(5)考虑费用、质量、尺寸等条件的约束。总之,最终都是以最小的代价来达到系统可靠

性的要求。

4.汽车系统可靠度分配方法

可靠度分配有许多方法,随掌握可靠性资料的多少、设计的周期以及目标和限制条件的不同而不同。在做可靠度分配时,为了使问题简化,一般做以下两点假设:

①组成系统的各零件、部件及分系统的故障是相互独立的。

②组成各系统的零件、部件及分系统的失效率都是常数,也就是它们的寿命均服从指数分布。

可靠度分配主要的方法有:等可靠度分配法、相对失效率分配法。

1)等可靠度分配法

将汽车系统需要达到的可靠度水平,相等地分配到各子系统,这种分配方法称为等可靠度分配法,也称均衡分配法。该方法适用于设计初期,对各单元可靠性资料掌握很少,分配中不考虑成本、失效率、安全性等实际情况,假定各单元条件相同。包括串联系统等分配法和并联系统等分配法。

(1)串联系统等可靠度分配法。串联系统的可靠度一般取决于系统中最薄弱的子系统的可靠度,其余分系统的可靠度取值再高也是毫无意义的,所以各子系统应取相同的可靠度进行分配。对于串联系统,为了使系统达到规定的可靠度水平 R_s,各子系统也应具有相当的可靠性水平,其关系式为

$$R_s = R_1 R_2 \cdots R_n = \prod_{i=1}^{n} R_i = R_0^n \tag{1-54}$$

$$R_0 = R_s^{1/n} \tag{1-55}$$

$$R_0 = R_1 = R_2 = \cdots = R_n \tag{1-56}$$

(2)并联系统等可靠度分配法。并联系统的等可靠度分配法的公式为

$$F_i = F_s^{1/n} = (1-R_s)^{1/n} \qquad (i=1,2,\cdots,n) \tag{1-57}$$

式中:F_s——系统要求的不可靠度;

F_i——第 i 个单元分配到的不可靠度;

R_s——系统要求的可靠度;

n——并联单元数。

等可靠度分配法的优点是方法比较简单,缺点是没有考虑各子系统的重要性、成本高低、修复难易程度、现有可靠性水平等。

2)相对失效率分配法

以预测(即原有)失效率为依据,将分配于各子系统的(容许)失效率正比于预测(原有)失效率,这种分配方法称为相对失效率分配法。这种分配方法是根据相对失效率分配方法的原则,分配于各子系统的(容许)失效率大小,与预测失效率有很大关系。预测的失效率越大,分配给它的失效率也越大;反之亦然,可靠性很高的产品,分配的(容许)失效率也越小。这种分配方法,通常用于失效率为常数的单元组成的串联系统,单元和系统的寿命均服从指数分布,分配过程中依照失效率作分配值。

设系统是由 n 子系统串联而成的,它们分配到的失效率分别为:$\lambda_1, \lambda_2, \cdots, \lambda_n$。系统失效率目标值为 λ_s,分配的结果应当满足:

$$\sum_{i=1}^{n} \lambda_i \leqslant \lambda_s \qquad (1\text{-}58)$$

可靠性分配的目标是确定 λ_i，具体步骤如下：

（1）根据现有的可靠性数据资料，推测（或已知）原各子系统的失效率，假设分别为：$d_i (i = 1,2,\cdots,n)$。

（2）计算各子系统的失效率分配系数 ω_i。

$$\omega_i = \frac{d_i}{\sum\limits_{i=1}^{n} d_i} \qquad (1\text{-}59)$$

（3）计算分配于各子系统的容许失效率 λ_i。

$$\lambda_i = \omega_i \lambda_s \qquad (1\text{-}60)$$

（4）检验分配结果是否满足下式。

$$\sum_{i=1}^{n} \lambda_i = \omega_1 \lambda_s + \omega_2 \lambda_s + \cdots + \omega_n \lambda_s = (\omega_1 + \omega_2 + \cdots + \omega_n)\lambda_s = \lambda_s \qquad (1\text{-}61)$$

（5）计算各子系统的可靠度 $R_i(t)$。

$$R_i(t) = \mathrm{e}^{-\lambda_i t} = \mathrm{e}^{-\omega_i \lambda_s t} \geqslant [R_s(t)]^{\omega_i} \qquad (1\text{-}62)$$

为了满足可靠度分配值之和大于系统可靠度目标值，则各子系统的可靠度应当满足关系式：

$$\prod_{i=1}^{n} R_i(t) \geqslant R_s(t) \qquad (1\text{-}63)$$

第四节　汽车可靠性设计

一、可靠性设计原理

汽车设计质量是保证汽车可靠性的重要环节。汽车设计阶段所赋予的产品质量和可靠性水平，对汽车产品的寿命和可靠性具有根本性的影响。汽车可靠性设计就是在汽车产品性能设计的同时，运用可靠性理论和分析方法，明确汽车系统可靠性的指标，进行汽车系统设计的一种方法。汽车可靠性设计不是摒弃以往的汽车常规设计方法，而是在常规设计基础上，使汽车设计更趋完善、更加精确、更为科学的系统设计方法。

在可靠性设计阶段，应着重抓好以下五个环节：

（1）系统设计。进行科学的、合理的系统设计，选定目标样车，掌握同类车型的各种试验参数和可靠性水平，明确开发新车型的系统、分系统的可靠度要求和目标（即可靠度的预测和分配），赋予各子系统的容差和空间位置。

（2）详细设计。严格按照系统要求，进行各子系统、零部件的详细设计。重点把握结构、材料的选择，应力、强度的精确计算，注意部件与整车的协调、配合。

（3）考核评审。通过可靠性试验、分析、研究、阶段性的设计评审，考核设计方案是否合适，并及时反馈设计部门予以修订设计。

（4）工艺设计。在设计文件中，明确零部件的质量要求和工艺规范，建立、健全质量验收的标准，从生产角度（或外加工进货角度）保证零部件的可靠性。

(5)试验反馈。运用可靠性试验数据和可靠性分析、研究的成果,及时反馈到有关设计、生产中去。

二、可靠性设计原则与内容

产品的设计需要遵循很多原则,可靠性设计原则如下:

(1)可靠性优先。任何设计都必须确保达到预定的可靠性目标。新的结构、新的外购件都必须以保证可靠性为前提。当性能改善(不包括标准、法规内容)与可靠性冲突时,首先保证可靠性。

(2)严格试验。任何新结构的采用或老结构的改进,以及选购外购件都必须通过严格的试验。这些试验必须有足够的有效性,即试验的标准合理,试验的方法正确,确保达到产品投放市场后的可靠性要求。

(3)简单化、标准化、通用化。在性能满足要求的情况下,尽量采用简单的结构,元件数量少,结构简单,工艺简单,维修简单,这样可靠性就高。最大限度地采用标准化的零件、组件,采用市场上通用、可互换并经使用证明可靠的零部件。

(4)可靠性增长。尽可能采用技术上成熟的、具有良好可靠性的结构,使新结构的可靠性较老结构有所增长,而不是下降。在新产品研制过程与工艺设计过程中,采取边设计、边试验、边改进的办法,不断消除可靠性方面存在的问题,使系统的可靠性不断增长。

(5)较高维修性。在设计中要把维修性作为重要因素,必须考虑系统具有较高的维修性。

设计工作是保证汽车可靠性的起点和基础。为了使汽车具有满意的可靠性,应首先重视汽车设计阶段的工作质量,高度重视汽车设计阶段的可靠性问题是至关重要的。可靠性设计包括以下几方面的内容:

(1)制订系统的可靠性目标。通过对市场的预测、竞争的需要、技术上的可行性分析、制造成本高低等因素的研究,提出可靠性目标值。

(2)可靠性指标的分配与预测。将整车可靠性指标逐级分配下去,明确每个系统、每个总成、每个零件的可靠性要求,并根据过去的资料及试验数据结果预测可靠性。

(3)结构可靠性设计与验证。进行每个具体结构的设计,通过试制、试验进行验证是否达到预期目标。没有达到时,进行改进设计或酌情调整目标值。

(4)系统可靠性设计与验证。重点是各结构间的连接、协调、匹配。通过整车的试制、试验来验证。

(5)维修制度的设计与验证。确定采取哪种维修制度,即维修方法、维修点、润滑点、检测点、监测装置等的设计与试验,做好使用维修文件、备件图册的编制,确定维修工具、装备的设计以及备件数量的预测等。

(6)耐特殊环境设计。明确汽车可能工作的最恶劣的环境,针对这些环境条件进行必要的可靠性和维修性设计,进行特殊环境试验(包括零部件和整车)。

(7)外购件的选用与可靠性验证。在现代汽车产品生产中,外购件的比例越来越大,因此,要根据整车或可靠性要求,规定外购件的可靠性要求,并通过严格的试验、检验,选择性能与可靠性符合要求的外购件。

(8)工艺可靠性设计。在工艺设计中充分考虑保证可靠性的措施,包括工序能力设计,检测工艺设计,防止误装、误加工的设计与检验等。

（9）运输、储存、包装的可靠性。产品设计与工艺设计中,要考虑运输、储存、包装过程中防止汽车产品损坏、腐蚀等的可靠性。

（10）用户使用中可靠性信息的搜集与可靠性改进。根据销售部门反馈的信息,了解产品的可靠性状况与问题,进行失效分析,凡属于设计的问题,及时加以改进。

第五节　汽车可靠性数据的采集与分析

可靠性是用概率描述产品特性的,只有通过对全部产品的工作全过程进行长期连续观测,才能估计确定。信息量越大,估计的统计置信度越高。在可靠性工程中,可靠性活动贯穿产品的设计、制造、试验和使用维修的整个过程中,即贯穿在全面质量管理工作中。对整个过程中的各个阶段的各种数据进行采集和分析,在可靠性管理中占有极重要的地位。

一、汽车可靠性数据的采集

1.汽车可靠性试验

1）汽车可靠性试验的目的

可靠性试验是为了提高或确认产品的可靠性进行的试验的总称。汽车可靠性试验的目的主要有:

（1）对汽车及其零部件可靠性水平的评估和考核。利用试验中获得的数据,求得产品的可靠度、失效率及平均寿命等可靠性指标,以考验其功能、强度、可靠性和寿命等是否符合设计要求。

（2）对批量产品或外加工产品进行验收。

（3）对试验结果进行失效机理分析。通过可靠性试验,暴露产品在设计、制造、使用、维护、管理方面存在的问题和薄弱环节,找出失效原因,提出改进方案,从而使汽车的可靠性水平不断提高。

（4）储备设计所需的资料,探索发展方向,酝酿新的设计思想,为下一轮开发新产品积累经验。在汽车可靠性研究中,通过规定的试验方法进行可靠性试验,对其试验结果进行科学的统计、分析、处理,从而为汽车产品的研究、设计提供可靠性数据资料。与此同时,通过可靠性试验,对失效样品进行分析,找出其失效原因和薄弱环节,采取相应的对策,达到提高汽车产品可靠性的目的。因此,汽车可靠性试验是汽车产品可靠性评价中不可缺少的重要手段,也是保证汽车达到预期可靠性水平的重要措施,是研究和提高汽车可靠性的基本环节之一。

可靠性试验与产品的常规试验不同,常规试验的目的只是在产品出厂验收时,判断其性能指标是否符合产品出厂标准,而没有测定产品在规定时间内的失效率,因而不能对产品的可靠性提供任何保证,而可靠性试验是产品可靠性预测和验证的基础。

2）可靠性试验分类

按试验性质分为:寿命试验、临界试验、环境试验和使用试验等。

寿命试验是为确定产品寿命分布及特征值而进行的试验。它一般采用台架试验和试验场试验。为了缩短试验周期,一般都采用加速寿命试验。在试验室里进行的台架加速寿命试验,由于试验条件稳定,容易获得良好的试验结果。试验场试验是使汽车在高速环行路和其他多种路面(如:各种石块路、比利时路、各种卵石路、搓板路等坏路)上进行强化的加速寿命试验,以确认强度构件在行驶中的安全性。此外,为确认综合的耐久可靠性,对行驶各种路面(如砂石、泥水、盐水、转弯、爬坡、高速环行路等)适当组合进行程序试验。寿命试验按试验性质分为储存寿命试验、工作寿命试验和加速寿命试验,其中加速寿命试验是在不改变失效机理的前提下,增大应力大小或加载频率,从而使故障率增大或寿命缩短的试验,这种试验可以在较短的时间里获得可靠性评定数据和暴露使用中可能出现的故障;按失效情况可分为完全寿命试验和截尾试验。其中完全寿命试验是指试验进行到投试样品完全失效为止。截尾试验是不完全寿命试验,当试验达到规定的试验时间就停止试验,称为定时截尾试验;当试验达到规定的失效数就停止试验,称为定数截尾试验。

临界试验是为了进一步找出作为安全零件的弱点,进行强制性破坏试验,施以破坏性应力,以证实实际使用中若发生最大应力时,零件是否具有充分的强度。如急转弯、紧急制动、快速起步等,在通常使用状态下似乎是非常苛刻的,而一般认为是实际使用中可能发生的,因而用它来确认可靠性试验。

环境试验是产品在特定使用环境条件下进行的、观察环境应力的故障效果的使用试验。例如确认汽车在高低温度状态时的性能,需把汽车置在高温及低温试验室内进行有关可靠性试验;尘埃和泥水的侵袭易成为轴承部分和液力机械发生故障的原因;降雨、降雪的影响,高分子材料的光老化、臭氧老化等使性能下降等。

使用试验是在汽车研制出来后抽样送到使用现场进行实际运行考验,只有当它基本满足使用要求之后,才能正式定型成批生产。现场试验是可靠性试验数据搜集的主要渠道。

2. 使用可靠性数据的采集方法与内容

由于可靠性数据的全面性、大量性和不确切性,要求人们对数据进行系统的采集、认真的研究和科学的管理。数据是可靠性工程的基础,只有掌握完整的可靠性数据,才能进行可靠性评定。对老产品的可靠性评定的结果同时是对新产品的可靠性预测的依据,特别是关于故障的数据,是告诉人们产品的薄弱环节以及如何改进的重要前提。由于使用阶段车辆使用条件真实,数量较多,是可靠性评定的主要数据来源,所以使用和维修阶段的可靠性数据采集和分析,对产品的设计、制造的评价最有权威性。

1)使用可靠性数据的采集方法

由于可靠性数据的全面性、大量性和不确切性,要求人们对数据进行系统的采集、认真的研究和科学的管理。数据是可靠性工程的基础,只有掌握完整的可靠性数据才能进行可靠性评定。对老产品的可靠性评定的结果同时也是对新产品的可靠性预测的依据,特别是关于故障的数据,是告诉人们产品的薄弱环节以及如何改进的重要信息。由于使用阶段车辆使用条件真实,数量较多,是可靠性评定的主要数据来源,所以使用和维修阶段的可靠性数据采集和分析,对产品的设计、制造的评价具有权威性。

使用可靠性数据的采集方法要根据对象的种类和目的来定,一般有两种方法:一种是对现场人员分发报表,定期返回,其特点是费用低廉不需专门人员,但易出现数据不完整和不准确的情况;另一种是组织专门测定可靠性的人员进行可靠性试验,其特点是费用高,但由于采集者对数据分析过程有充分的理解,选择的数据适当,能掌握重点,易发现数据的谬误,因而可保证数据的完整和准确。

2)数据采集时应注意的事项

(1)采集范围。在每一份数据的搜集报告中,产品对象范围要明确统一。

(2)制订异常工作的标准(即故障的含义)。异常工作的含义一般以原定产品性能指标为准,但在实际执行中往往存在困难,因为生产者与使用者以及操作人员之间的看法往往不一致,因此在调查开始前,要尽可能制订出明确的故障判别标准。

(3)时间的记录。可靠性中所说的时间是广义的,是一个重要因素,其含义需要明确。一般来说,时间主要指工作时间。有的还要考虑运输、储存、停机时间等。

(4)使用条件。主要包括使用场合、气候、使用工况(载荷、车速)及运转形式等。

(5)维修条件。使用条件相同而维修条件不同,产品的故障率可相差两倍之多,应包括维修人员的水平、维修制度、设备条件以及修理水平等。

(6)取样方法。可靠性数据应在母体中随机取样进行调查,既不要仅调查发生事故的产品,也不要把毛病特大特多的除外。

二、汽车可靠性数据的分析

要判断某一产品的失效类型以及当知道其分布类型后估计其分布参数等,是可靠性研究中的基本问题。在实践中,最简单可行的方法便是图分析法。下面以威布尔分布为例进行分析。

1.概率纸原理

对于威布尔分布,其分布函数为

$$F(t) = 1 - \exp\left(-\frac{t^m}{t_0}\right) \qquad (其中 t_0 > 0, r = 0) \qquad (1\text{-}64)$$

移项,得

$$1 - F(t) = \exp\left(-\frac{t^m}{t_0}\right) \qquad (其中 t_0 > 0, r = 0) \qquad (1\text{-}65)$$

取二次对数,可得

$$\ln\ln[1 - F(t)]^{-1} = m\ln t - \ln t_0 \qquad (1\text{-}66)$$

令 $X = \ln t, Y = \ln\ln[1 - F(t)]^{-1}, C = \ln t_0$ 则有

$$Y = mX - C \qquad (1\text{-}67)$$

在 $X - Y$ 直角坐标系中,式(1-67)为一条斜率为 m、截距为 C 的直线,斜率 m 是形状参数,截距 C 是尺度参数 t_0 的函数。由此可知,在 $t - F(t)$ 坐标系下的一条威布尔分布函数曲线对应 $X - Y$ 坐标系下的一条斜率大于零的直线,反之亦然。

2.图分析法

概率纸法即图分析法(或图估计法)。由于威布尔概率纸上坐标存在 $x \leftrightarrow t, Y \leftrightarrow F(t)$ 的对应关系,假如能够根据样本(或是截尾样本)确定或基本上确定 $X - Y$ 坐标下的一条直线,那么就可以断定这个样本(或截尾样本)是来自某个威布尔母体,并且可以从这条直线上确定其分布参数。倘若在 $X - Y$ 坐标下不是一条直线,那么就可以断定该样本不是来自某个威

布尔母体。此即用图分析法进行分布假设检验的基本思想。

实际上,对于服从威布尔分布的观察值 $t_i - F(t_i)$,相应的点 (x_i, y_i) 描在概率纸上为一条直线,而点 (x_i, y_i) 的计算要经过求对数,显得太复杂,因此可以用未经变换的 $t_i - F(t_i)$ 点直接描在概率纸上。由此可知,关键在于如何求得样本的 $t_i - F(t_i)$,且 $i = 1, 2, \cdots, r$。由于威布尔分布函数 $F(t_i) = 1 - \exp(-t_i^m/t_0)$,式中 m、t_0 为待定参数,显然直接用 $F(t_i)$ 值可按样本容量 n 的大小,采用以下估计法。

当 n 较大($n > 20$)时,可以用故障频率来估计,即

$$F_n(t_i) = \frac{i}{n} \qquad t_{(1)} \leq t_i \leq t_{(n)} \tag{1-68}$$

当 n 较小($n \leq 20$)时,可以用中位秩求解故障概率来估计。它可以根据 n、i 查表得到,也可按下面的近似公式求得,即

$$F(t_i) = \frac{i - 0.3}{n + 0.4} \tag{1-69}$$

$$F(t_i) = \frac{i}{n + 1} \tag{1-70}$$

式中:i—次序统计量的序号,$i = 1, 2, \cdots, n$,当 n 较大时,有 $\dfrac{i}{n} \approx \dfrac{i}{n+1} \approx \dfrac{i-0.3}{n+0.4}$。

用概率纸进行图分析时一般有以下步骤。

1)整理数据

设有 n 个产品进行试验,到 r 个产品失效时中止试验(定时截尾试验也有相应中止试验时的失效数),且记录下相应的失效时间:$t_1, t_2, \cdots t_k$ 为所测数据点数。用估计法求出累计失效概率 $F(t_i)$,$i = 1, 2, \cdots, k$。数据列表见表 1-1。

假如投入的试样太多,试验时间较长,则可以将测量时间划分为 k 个区间,且 $k \geq 6$,若用 $[T_0, T_1], [T_1, T_2], \cdots, [T_{k-1}, T_k]$ 分别表示测量时间区间,则在分析时取失效时间 t_i 为相应测量时间区间的中值,即取 $t_i = (T_{i+1} + T_i)/2$ 之后再列出表 1-1。

试 验 数 据 表　　　　　　　　　　　　　　　　　　　　　　　表 1-1

失效时间 t_i	$t_1 \cdot t_2 \cdots t_i \cdots t_k$	备　注
失效数 n_i	$n_1 \cdot n_2 \cdots n_i \cdots n_k$	$r_i = \sum\limits_{j}^{i} nj$
累积失效概率 $F(t_i)$	$\hat{F}_{r1} \cdot \hat{F}_{r2} \cdots \hat{F}_{ri} \cdots \hat{F}_{rk}$	$r_k = r, i = 1, 2, \cdots, k$

倘若试验时间每次记录一个失效数,即 $n_1 = n_2 = \cdots = n_k = 1$,则 $r_i = \sum\limits_{j}^{i} nj = i$,这时表述的即为完全样本试验。

2)描点

把数据描在威布尔概率纸上(或其他分布的概率纸上),并且当 t_i 值较大时,为了能在一张概率纸上描下所有点,可把坐标标尺适当放大一定倍数。例如,将坐标纸上 $t = 1$ 表示 $t' = 100$,则相应地 $X = 0$ 表示 $X' = \ln t = \ln 100$,相应地有 $Y' = mX' - C'$。

3)配置直线

通常是凭目力来配置一条直线,使得各点分布在这一直线附近。对配置直线的要求有:直线上下方的点的数目要大致相等,直线中段(即 $F(t)$ 值为 30% ~ 70%)的偏差要尽可能小。若画不出直线,则表明这组数据不是来自威布尔分布。

4)图估计

(1)形状参数 m 的图估计。由于配置直线为 $Y = mX - C$,过坐标纸上的 $m(1,0)$ 点作所配置直线的平行线,则平行线为 $Y = mX_p - C_p = m \times 1 - 0 = m$,因此该平行线在 Y 轴上的交点值即为形状参数 m 的值,如图1-17所示。

(2)尺度参数 t_0 的图估计。设配置直线为 $Y = mX - C$ 与 Y 轴的交点坐标为 $C(0,b)$,b 是配置直线在 Y 轴的截距,$b = -c = \ln t_0$,故 $t_0 = e^{-c}$。

因此,过 $C(0,b)$ 点作 X 轴的平行线,与 Y 轴相交点所对应 Y 轴刻度即为 C;再在 X 尺上找到刻度为 $|C|$ 的点;由 X 尺上 $|C|$ 点向下的垂线与 t 尺相交,则对应 t 尺的刻度即为 t_0 值(图1-18)。

(3)特征寿命 η 的图估计。累计故障概率 $F = 63.2\%$ 对应的 t 坐标尺数即位 η。记 $(a,0)$ 为配置直线在 X 轴的交点,则 $Y = mX - C = ma - C = 0$,有 $C = ma$,即 $m = C/a$。因此,先通过配置直线与 X 轴的交点 $(a,0)$ 作垂线,垂线在 t 尺上的读数即为 η 值,如图1-19所示。

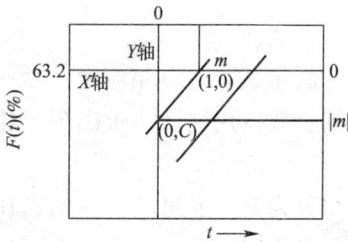

图1-17　形状参数 m 的图估计图　　　图1-18　尺度参数 t_0 的图估计　　　图1-19　特征寿命 η 的图估计

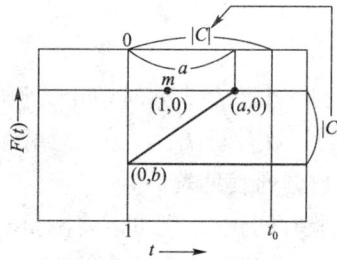

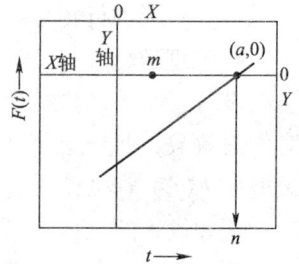

(4)位置参数 r 的图估计。若描点正好拟合成直线,则 $r = 0$,因为威布尔分布是以 $r = 0$ 制作的。若拟合成曲线,则 r 为某一数值,表明到 r 时尚未发生故障,则拟合曲线,与 t 轴的交点所对应的 t 值就等于 r。

(5)平均寿命 μ 的图估计。对于威布尔分布有 $\mu = E(T) = t_0^{\frac{1}{m}} \Gamma(1 + 1/m)$,故在 m,t_0 已知时,查 Γ 函数表,即可按此公式求得 μ 值。对上式作变换:$\mu/\eta = \Gamma(1 + 1/m)$,可见 μ/η 只是形状参数 m 的函数。因此,在威布尔概率纸上,右侧还有两把尺子 μ/η 和 σ/η。其中 μ/η 尺的刻度是 $\Gamma(1 + 1/m)$ 的值。因此,图估计时先在 Y 尺上读得 m 值,相应地在 μ/η 尺上读取 Γ_1,则得 $\mu = E(T) = \Gamma_1 \eta$。

(6)方差 $\sigma^2 = D(T)$ 的图估计。同理,有 $\sigma/\eta = \{\Gamma[1 + (1 + 1/m)] - \Gamma^2(1 + 1/m)\}^{\frac{1}{2}}$,在概率纸右边标尺上可以读出 $\sigma/\eta = \Gamma_2$,则 $\sigma = D(T) = \Gamma_2 \eta$。

(7)可靠度函数 $R(t)$ 的图估计。在 t 尺上取 $t = t_i$,读取在拟合直线上相对应的 $F(t_i)$ 值,则 $R(t_i) = 1 - F(t_i)$。

(8)可靠寿命 t_R 的图估计。可靠寿命 t_R 的图估计,即在给定 R 值下,求相应的 t_R。由

$F(t) = 1 - R(t)$，求出 $F(t)$ 后在拟合直线上找到 $F(t)$ 点，其对应在 t 尺上读数即为 t_R。当然，也可以容易地在图上估计其中位寿命 $t_{0.5}$、额定寿命 $t_{0.9}$ 等。可靠寿命 t_R 的图估计如图1-20所示。

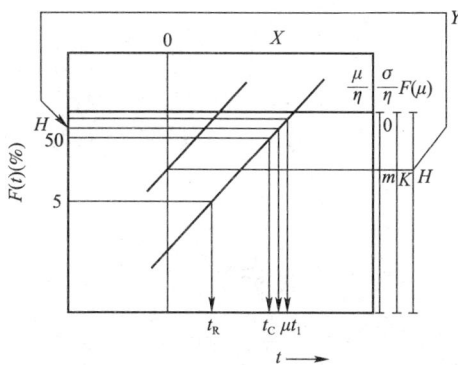

图1-20　可靠寿命 t_R 的图估计

需要指出的是，当数据在概率纸上拟合为直线时，其图估计按上述步骤即可求出；当数据拟合为曲线时，为了便于分析，应先将曲线进行直线变换，之后再按上述步骤求出。直线变换方法如下。

若按照 $F(t_i) - t_i$ 各点拟合为一曲线，按曲线的趋势将曲线延长，直至延长线与 t 轴相交，交点在 t 轴上读数为 r（位置参数），作变换 $t'_i = t_i - r$ 或 $t'_i = t_i + r$，再画出 $F(t_i) - t'_i$ 拟合线。若 $F(t_i) - t'_i$ 为一直线，则可按照上述图估计步骤来进行分析；若 $F(t_i) - t'_i$ 仍为曲线，则再次调整 r 的值，作 $t'' = t' - t$ 或 $t'' = t' + t$，直至将 $F(t_i) - t'_i$ 调整为直线。作 t'' 变换的基本点是认为拟合线的延长线与 t 尺交点不合理。

对于各种类型的故障分布，可以在相应分布的概率纸上进行图估计。

复习思考题

1. 什么是汽车的可靠性？如何评价？
2. 利用典型寿命曲线分析汽车失效率的变化规律和延长汽车使用寿命的措施。
3. 什么是系统的可靠性？如何提高系统的可靠性？
4. 什么是串联系统、并联系统、混联系统？其系统的可靠度如何计算？
5. 汽车可靠性分配有什么意义？
6. 可靠性试验分为哪几类？如何进行可靠性数据搜集？
7. 如何利用图分析法确定可靠性分布参数？

第二章　汽车零部件的失效理论

第一节　汽车零部件失效概述

一、汽车零件失效类型

1. 失效的分类

汽车整机的失效通常是由某个零部件首先损坏而引发的。而汽车零件的失效大致有以下几种形式:一是过量变形,以致在机构中失去功能,如高温工作条件下的螺栓发生松弛,汽车板簧发生滞后塑性变形失去弹性等;二是磨损或腐蚀造成表面损伤,影响到机构的精度或灵敏度等;三是断裂事故,这往往造成灾难性后果。根据失效的原因、性质、机理、程度、产生的速度、发生的时间以及失效产生的后果,将失效进行不同的分类(表2-1)。

失效的分类及定义

表2-1

分类原则	故障名称	定 义
按失效原因	误用失效	不按规定的条件使用产品而引起的失效
	本质失效	按规定的条件使用产品,由产品固有的弱点引起的失效
	独立失效	不是由其他产品失效引起的失效
	从属失效	由其他产品失效引起的失效
按失效程度	完全失效	产品的性能超过某种界限,以致完全丧失规定功能的失效
	部分失效	产品的性能超过某种界限,但没有完全丧失规定功能的失效
按失效可否预测	突然失效	通过事前检测或监控不能预测到的失效
	渐变失效	通过事前检测或监控可以预测到的失效
按失效发生速度	突变失效	部分突然发生完全失效
	退化失效	部分渐变发生失效
	间歇失效	产品失效后,不经修复而在限定的时间里,能自行恢复功能的失效
按失效危害程度	致命失效	可能导致人或物重大损失的失效
	严重失效	可能导致复杂产品降低完成规定功能能力的产品组成单元的失效
	轻度失效	不致引起复杂产品降低完成规定功能能力的产品组成单元的失效
按失效特征值	相关失效	在解释使用结果或计算可靠性特征量的数值时,必须计入的失效
	无关失效	在解释使用结果或计算可靠性特征量的数值时,不应计入的失效
按产品工作期	早期失效	因设计、制造、材料等方面的缺陷,使产品在工作初期发生
	偶然失效	产品在使用中,由偶然因素发生的失效
	耗损失效	由于老化、磨损、耗损、疲劳等原因,使产品发生的失效

2.汽车零件常见的失效模式

所谓失效模式就是失效所表现的形式。分清失效模式是进行失效分析的基础,也是可靠性分析研究的基础。在实际工作过程中,汽车及其零部件的失效模式并不是固定不变的,即同一种产品出现故障可以有不同的形式。例如继电器的触点可能有下列失效模式:粘住、断开缓慢、不能闭合、闭合缓慢、发生振动或间断闭合、对地短路、对电源短路、触点之间短路、打火花等。造成一个产品失效的原因,可能是设计不当、材料及工艺缺陷、工作条件及运行维护不当等。因此,零部件失效模式与它的结构、材料、设计、制造、储存使用、维护、工作环境等因素密切相关,即失效模式具有可变性。

在可靠性研究中,不仅要研究失效零部件本身,而且要研究与其相关的系统。一个零部件只有在系统的有效配合下才能发挥其应有的功能。但在描述系统的失效模式时,应尽量用零部件的失效模式来表征。只有在无法确定零部件故障或难于描述失效模式时,才可以用总成或系统的失效模式来描述。例如,转向沉重、动力性下降、油耗过大、噪声过高、操纵稳定性下降等。

汽车零件常见的失效模式类型见表2-2。

汽车常见失效模式及分类　　　　　　　表2-2

失效模式	表现形式	诱发因素
损坏型失效模式	裂痕、裂纹、破裂、断裂、破碎、开裂、弯坏、扭坏、变形过大、塑性变形、卡死、烤蚀、点蚀、烧蚀、击穿、蠕变、剥落、短路、开路、断路、错位、压痕等	力冲击、电冲击、疲劳、磨损、材质问题、腐蚀
退化型失效模式	老化、变色、变质、表面保护层剥落、侵蚀、腐蚀、正常磨损、积炭、发卡等	自然磨损、老化及环境诱发
松脱型失效模式	松矿、松动、脱落、脱焊等	紧固件、焊接件出现问题
失调型失效模式	间隙不适、流量不当、压力不当、电压不符、电流偏值、行程失调、间隙过大或过小等	油、气、电及零件之间的间隙调整不当
阻漏型失效模式	不畅、堵塞、气阻、漏油、漏气、漏风、漏电、漏雨、渗水、渗油等	漏气漏油装置失效、密封件失效、气候环境
功能型失效	功能失效、性能不稳、性能下降、性能失效、启动困难、干涉、卡滞、转向过度、转向沉重、转向不回位、离合器分离不彻底、离合器分不开、制动跑偏、流动不畅、指示失灵、参数输出不准、失调、抖动、漂移、接触不良、公害超标、异响、过热等	有关部分调整不当、操作不当、局部变形、装配问题、设计参数不合理、元器件质量低劣等
其他失效模式	润滑不良、驾驶室闷热、尾气排放超标、断水、缺油、噪声振动大	使用、维护不当，工作状态失调，传感器失灵，各种原因引起的泄漏

而汽车零件的主要失效模式则有零件的磨损、零件的变形、零件的疲劳损坏、零件的热损坏和老化、零件的腐蚀损坏等。

（1）磨损。包括磨料磨损、黏着磨损、疲劳磨损、腐蚀磨损、微动磨损，如汽缸工作表面"拉缸"，曲轴"抱轴"，齿轮表面和滚动轴承表面的麻点、凹坑等。

（2）疲劳断裂。包括高应力低周期疲劳、低应力高周期疲劳、腐蚀疲劳、热疲劳等，如曲轴断裂、齿轮轮齿折断等。

（3）腐蚀。包括化学腐蚀、电化学腐蚀、穴蚀，如湿式汽缸套外壁麻点、孔穴等。

（4）变形。包括弹性变形、塑性变形，如曲轴的弯曲、扭曲，基础件（汽缸体、变速器壳体、驱动桥壳）变形等。

（5）老化。包括龟裂、变硬，如橡胶轮胎、塑料器件的老化。

二、汽车零件的失效原因

汽车零件的失效原因主要有零件本身的物理耗损以及使用条件的影响。

1.汽车零件的耗损

在汽车技术状况的变化过程中，尽管影响因素复杂，但汽车零件失效的主要原因仍然是汽车各机构的组成元件（包括零件）之间在工作过程中相互作用，使机构、总成、汽车的技术状况发生恶化的结果。

2.使用条件对汽车零件技术状况的影响

汽车行驶的道路条件、运行条件、运输条件、气候条件和使用水平等汽车外部条件，都会直接地或由驾驶员通过操纵控制系统传送给汽车零件,使汽车零件产生"响应"而改变了状况,然后由汽车运行速度、燃料消耗、发动机排放、异响与振动、故障率以及配件消耗等可变参数输出,表现出汽车零件失效的状况。

(1)道路条件的影响。道路状况和断面形状等决定了汽车及总成的工况(载荷和速度、传递的转矩、曲轴转速、换挡次数以及道路不平所引起的动载荷),从而决定汽车零部件和机构的磨损情况,影响汽车的工作能力。

(2)运行条件的影响。主要指交通流量对汽车零件运行工况的影响,如载货汽车在城市街道上的速度较郊区要降低50%以上,发动机曲轴转速反而升高35%左右;换挡次数增加2~2.5倍。显然,这种工况必然加速汽车零件技术状况的恶化进程。

(3)运输条件的影响。城市公共汽车经常处于频繁起步、加速、减速、制动和停车为主的典型的非稳定工况下工作,若曲轴转速和润滑系统油压不能与载荷协调一致地变化,恶化了配合副的润滑条件,则零件的磨损较稳定工况将大大加剧。

(4)气候条件的影响。

①环境温度的影响。图2-1表明有一个故障率最低的环境气象温度。图2-2也表明有一个汽缸磨损最小的冷却液温度。

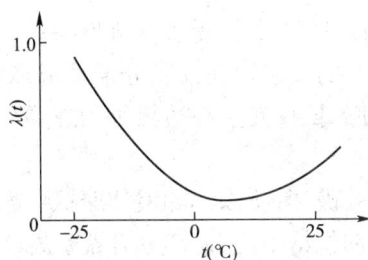

图2-1 汽车故障率与环境温度图
$\lambda(t)$-故障率;t-环境温度

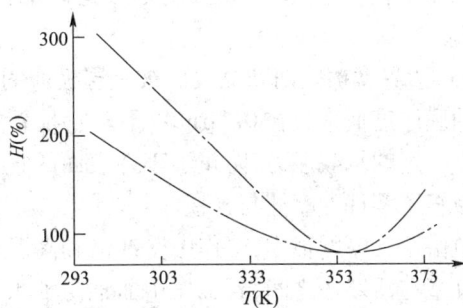

图2-2 汽缸磨损与冷却液温度
H-汽缸的磨损率;T-冷却液温度

②环境湿度和风速的影响。环境的湿度大,极易恶化汽车零件的运行条件,加速零件的腐蚀。湿度低、气候干燥、道路灰尘多,也会恶化汽车零件的工作环境,使磨损增加。汽车静止不动,风速为10~12m/s时,汽车主要总成的润滑油、专用液的冷却速度较无风时加快1.5~2倍。

(5)维修水平的影响。我国的大修发动机耐久性普遍较差,在其主要影响因素中,维修水平低、维修设备落后和维修质量差的约占40%。因此,提高维修人员素质和水平是当务之急。

第二节 汽车零部件的磨损失效

一、汽车零件的摩擦

1.概念

两物体相对运动使其接触表面间产生运动阻力的现象称为摩擦,该阻力称为摩擦力。

摩擦的存在,不但使动力消耗增加,而且还会引起零件接触表面的磨损。因此,汽车各零件的相对运动表面之间,通常都采用润滑油来进行润滑以减轻磨损。

2.分类

按零件表面润滑状态的不同,摩擦可分为干摩擦、液体摩擦、边界摩擦和混合摩擦四类。

(1)干摩擦。摩擦表面间无任何润滑介质隔开时的摩擦,称为干摩擦。

零件处于干摩擦状态时,摩擦表面间受到接触面分子间的相互吸引力;由于存在微观凹凸不平而产生相互嵌合力;由于相对运动引起的摩擦热而造成熔合点的黏结力。这些力的共同作用,使两零件相对运动的阻力增大。要使两个零件相对运动,必须克服这些摩擦阻力,这使得零件表面急剧磨损,所以汽车各零件相对运动的表面应尽量避免干摩擦发生。

例如,汽缸壁上部与活塞环以干摩擦和边界摩擦为主,轴颈与轴承在工作过程中受冲击载荷作用时会出现干摩擦状态。

(2)液体摩擦。两摩擦表面被润滑油完全隔开时的摩擦,称为液体摩擦。

液体摩擦时两摩擦表面被一层厚度为 $1.5 \sim 2.0 \mu m$ 的润滑油膜完全隔开,避免了两零件间工作表面的直接接触,摩擦只发生在润滑油流体分子之间,故其摩擦阻力很小,零件的磨损也非常轻微。汽车上大部分相对运动的部位都是在液体摩擦状态下进行的(如曲轴和轴承)。

(3)边界摩擦。两摩擦表面被一层极薄的边界膜隔开时的摩擦,称为边界摩擦。

油膜厚度通常只在 $0.1 \mu m$ 以下。它是靠分子内相互的吸引力使油膜分子紧密排列,使其具有一定的承载能力,防止了零件表面的直接接触,使摩擦仅发生在边界膜的外层分子之间。减轻了零件的摩擦与磨损。

但由于其厚度很小,工作中受冲击和高温等作用时易被破坏,所以不如液体摩擦可靠。例如汽缸壁与活塞环之间,若工作中曲轴与轴颈之间润滑油供给不足,易产生边界摩擦。

(4)混合摩擦。两摩擦表面间干摩擦、液体摩擦和边界摩擦混合存在时的摩擦,称为混合摩擦。

实际工作状态中,零件通常都是在混合摩擦状态下工作的,其摩擦状态随工作条件的变化而变化。例如,曲轴轴颈与轴承之间,当曲轴静止时,重力的作用使轴颈与轴承在最下方接触,两侧形成楔形间隙。当曲轴开始旋转时,自身黏度及其对轴颈表面的吸附作用,使润滑油被轴颈带着转动。由于润滑油是沿着截面积逐渐减小的楔形间隙流动,而润滑油的可压缩性又很小,所以油楔部位产生一个使曲轴抬起的流体动压力,推动曲轴上移。曲轴的转速越高,所产生的流体动压力越大。当转速达到一定值时,流体动压力克服了曲轴的载荷,将曲轴轴颈抬离轴承,进入液体摩擦状态。

此外,工作过程中润滑油供给不充足,或受冲击载荷的作用时,轴颈与轴承之间也会出现边界摩擦和干摩擦状态。

二、汽车零件的磨损

1.磨损的概念

零件摩擦表面的金属在相对运动过程中不断损失的现象,称为零件的磨损。磨损的发生将造成零件形状尺寸及表面性质的变化,使零件的工作性能逐渐降低;但磨损有时候也是有益的,如磨合。

2.磨损的分类

依摩擦原理的不同,磨损可分为磨料磨损、黏着磨损、疲劳磨损和腐蚀磨损。

(1)磨料磨损。磨料磨损的定义形式、影响因素及减轻措施见表2-3。

磨料磨损的定义形式、影响因素及减轻措施　　　　表2-3

定义	摩擦表面间存在的硬质颗粒引起的磨损,称为磨料磨损。这种硬质颗粒称为磨料,它主要来自空气中的灰尘、润滑油中的杂质及运动过程中从零件表面脱落下来的金属颗粒
形式	(1)疲劳剥落或塑性挤压:磨料夹在两摩擦表面之间,将对金属表面产生集中的高应力,使零件表面产生疲劳和剥落(如磨料进入齿面间,常会发生疲劳和剥落)。对于塑性材料,将使表面产生塑性挤压现象(如磨料进入轴承间易发生塑性挤压); (2)擦痕:混合在气体和液体中的磨料,随流体以一定的速度冲刷零件的工作表面,并产生擦痕(如柴油机喷油器的针阀偶件)
影响因素	磨料在摩擦表面间经过的距离和速度;磨料与金属表面间的相互作用力;零件硬度;磨料硬度;磨料颗粒的大小
减轻磨损措施	汽车发动机采用滤清效果好的空气滤清器;经常清洗机油滤清器;增加零件的抗磨性能;提高零件表面的硬度

(2)黏着磨损。黏着磨损的定义机理、影响因素和减轻措施见表2-4。

黏着磨损的定义机理、影响因素和减轻措施　　　　表2-4

定义	当金属表面的油膜被破坏,摩擦表面间直接接触而发生黏着作用,使一个零件表面的金属转移到另一个零件表面而引起的磨损
产生原因	主要是由金属表面负荷大、温度高而引起的
作用机理	零件间的微观不平——实际接触面积小。接触处承受很大的静压力,即凸起点的切向冲击力。接触点的油膜、氧化膜被破坏,纯金属直接接触,产生一定的弹性变形和塑性变形——零件间吸引力增强
影响因素	材料特性、表面粗糙度、润滑油、运动速度和单位面积上压力
减轻磨损措施	选用不同的金属或互溶性小的金属以及金属与非金属材料组成摩擦副;合适的表面粗糙度;用润滑剂隔离接触表面或表面有化合物的保护膜

(3)疲劳磨损。疲劳磨损的定义、分类、产生机理和减轻措施见表2-5。

疲劳磨损的定义、分类、产生机理和减轻措施　　　　表2-5

定义	在交变载荷作用下,零件表层产生疲劳剥落的现象
发生条件	主要发生在纯滚动及滚动与滑动并存的摩擦状态下,如齿轮齿面等
分类	(1)非扩展性疲劳磨损:周期性的接触压应力作用,摩擦表面上出现小麻点,随着接触面积的扩大,单位接触面积降低,小麻点停止扩大; (2)扩展性疲劳磨损:材料塑性较差时,在接触表面作用有较大的压应力,使表面产生小裂纹,并扩展而使金属脱落,形成小麻点和扩展成凹坑,使零件不能继续工作

产生机理	交变载荷的反复作用,使零件表层变形而疲劳,致使表层的薄弱部位先产生微裂纹;同时当润滑油浸入裂纹内部时,当滚动体封闭裂纹口时,堵在裂纹里的润滑油在滚动挤压力的作用下劈开裂纹,使裂纹扩展速度加快,裂纹扩展到一定程度后,金属便从零件表层剥落下来,形成点状或片状凹坑,成为疲劳磨损
减轻磨损措施	减小材料的非金属夹杂物含量;提高材料的抗断裂强度;合理的金属强化层;用黏度较高的润滑油;形状正确,降低表面粗糙度值

(4)腐蚀磨损。腐蚀磨损的定义、分类及减轻措施见表2-6。

腐蚀磨损的定义、分类及减轻措施　　　　　　　　表2-6

定义	零件摩擦表面由于外部介质的作用,产生化学或电化学的反应而引起的磨损
分类	化学腐蚀、电化学腐蚀磨损、微动磨损和穴蚀
各类定义	(1)金属直接与外部介质发生化学反应而引起的磨损,称为化学腐蚀磨损; (2)由于金属在外部介质中发生电化学反应而引起的磨损,称为电化学腐蚀磨损; (3)零件的过盈配合表面部位在交变载荷或振动的作用下所产生的磨损,称为微动磨损; (4)与液体相对运动的固体表面,因气泡破裂产生的局部高温及冲击高压所引起的疲劳剥落现象,称为穴蚀
减轻磨损措施	改善介质条件,用合金化法增加材料的耐腐蚀性;去除残留拉应力;减小振动次数和振幅;提高硬度和选择合适的配合副;适当的润滑;表面硫化、磷化处理或镀层

三、影响汽车零件磨损的因素及磨损规律

1. 影响汽车零件磨损的因素

磨损通常是由多种磨损形式共同作用造成的,其磨损强度与零件的材料性质、加工质量及工作条件等因素有关。

(1)材料性质的影响。不同材料由于其成分、组织、结构不同,抵抗磨损的能力也不同,如碳钢件的耐磨性随硬度的提高而提高,铸铁件的耐磨性则取决于碳含量。若在钢铁中加入一定的合金元素及进行适当的热处理,均可提高零件的耐磨性。

(2)加工质量的影响。零件的加工质量主要指其表面粗糙度及几何形状误差。几何形状误差过大,将造成零件工作中受力不均,或产生附加载荷,使磨损加剧。表面粗糙度值过大会破坏油膜的连续性,造成零件表面凸起点的相互咬合,同时腐蚀物质更易沉积于零件表面,使腐蚀磨损加剧。

(3)工作条件的影响。工作条件是指零件工作时的润滑条件、滑动速度、单位压力及工作温度等。

充足的润滑油可以在零件表面形成良好的油膜,避免摩擦表面之间的直接接触,同时对零件表面具有良好的清洗作用,减轻零件的磨损。

零件相对运动速度的提高,有利于润滑油膜的形成,使磨损减轻;但运动速度过快,摩擦产生的热量来不及散去,会导致机油黏度下降、油膜变薄、承载能力降低,出现边界摩擦甚至干摩擦,加剧零件磨损。

零件表面上的单位压力升高,零件的磨料磨损随之增加。当零件表面载荷超过油膜的承载能力时,摩擦表面间的油膜将被破坏,引起严重的黏着磨损。

零件的工作温度应适当,温度过高会造成油膜变薄甚至被破坏,磨损增加;但温度过低,腐蚀性介质更容易冷凝于工作零件表面,使腐蚀磨损增加。

2.汽车零件磨损规律

零件的磨损是不可避免的,工作条件不同,引起零件磨损的原因也就不同。但各种零件的磨损却都具有一定的共同规律,这种规律称为零件磨损特性,该磨损规律的曲线称为磨损特性曲线。从图2-3中可以看出,零件磨损可分为三个阶段。

（1）第一阶段,磨合期(oa 段)。由于新零件及修复件表面较为粗糙,工作时零件表面的凸起点会划破油膜,在零件表面上产生强烈的刻画、黏结等作用,同时从零件表面上脱落下来的金属及氧化物颗粒会引起严重的磨料磨损,所以该阶段的磨损速度较快。随着磨合时间的增长,零件表面质量不断提高,磨损速度会相应降低。

（2）第二阶段,正常工作期(ab 段)。经过磨合期的磨合,零件的表面粗糙度值降低,适油性及强度增强,所以零件在正常工作期的磨损变得非常缓慢。

图 2-3　汽车零件磨损特性曲线

（3）第三阶段,极限磨合期(曲线 b 点以后)。由于磨损的不断积累,造成的极限磨损期零件的配合间隙过大,油压降低,正常的润滑条件被破坏,零件之间的相互冲击也随之增加,零件的磨损急剧上升。此时如不及时进行调整或修理,将会造成事故性损坏。

由上述可知,降低磨合期的磨损量,减缓正常工作期的磨损,推迟极限磨损期的来临,可延长零件的使用寿命。

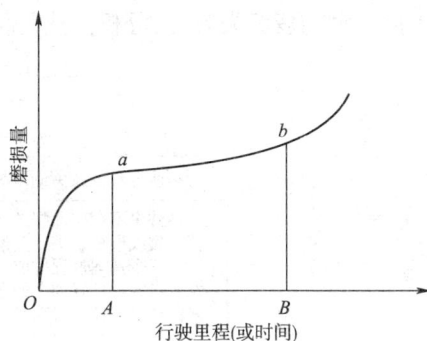

第三节　汽车零件的疲劳断裂失效

零件在交变应力作用下,经过较长时间工作而发生的断裂现象,称为疲劳断裂。疲劳断裂是汽车零件中常见的失效形式之一,也是危害性最大的一种失效形式。其特点为:

（1）疲劳条件下的破断应力低于材料的抗拉强度 σ_b,而且低于屈服强度 σ_s。

（2）无论是塑性材料还是脆性材料制成的零件,在交变应力的作用下,一般都在疲劳裂纹扩展到一定程度后发生突然破坏,而且疲劳断裂过程在宏观形貌上没有留下明显的塑性变形。

（3）疲劳破坏的宏观断口有其独特的形貌,典型的宏观疲劳断口分为三个区域:疲劳源（或称为疲劳核心）、疲劳裂纹扩展区和瞬时断裂区。

一、疲劳断裂失效的分类

疲劳断裂失效的分类见表2-7。

疲劳断裂失效的分类列表   表 2-7

按断裂性质	塑性、脆性、塑 - 脆性,塑性又分为纤维状断口与剪切断口
按断裂路径	沿晶、穿晶、混晶
按断裂机理	解理、韧窝、准解理、滑移分离、疲劳、环境、蠕变、沿晶
按应力状态	静载、动载,静载分为拉伸、剪切和扭转断裂;动载分为冲击和疲劳断裂
按断裂环境	低温、室温、高温、腐蚀、氢脆

而根据零件的特点及破坏时总的应力循环次数,疲劳失效可按图 2-4 所示分类。对于不同类型的疲劳失效,其分析方法是不同的。

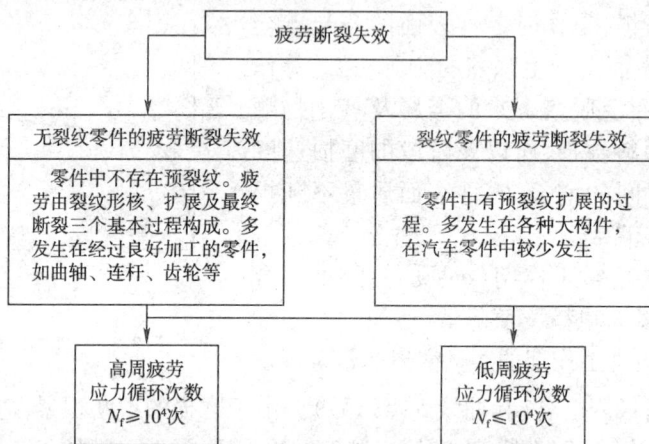

图 2-4　疲劳断裂失效的分类

高周疲劳发生时,应力在屈服强度以下,零件的寿命主要由裂纹的形核寿命控制。低周疲劳发生时的应力可高于屈服强度,其寿命受裂纹扩展寿命的影响较大。

汽车零件一般多为低应力高周疲劳断裂。

二、疲劳断裂失效机理

金属零件疲劳断裂实质上是一个累积损伤过程,大体上可划分为滑移、裂纹成核、微裂纹扩展、宏观裂纹扩展、最终断裂几个过程。

1.疲劳裂纹的萌生

在交变载荷下,金属零件表面产生的不均匀滑移是产生疲劳裂纹核心的策源地,金属内的非金属夹杂物和应力集中等也可能是产生疲劳裂纹核心的策源地。

在一定应力循环后,在应力硬化区内由于应力的增加出现局部损伤累积以及空穴集聚,

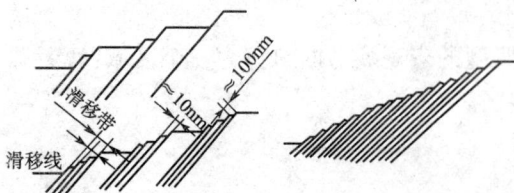

图 2-5　延性金属中由外载荷作用造成的滑移

这样在各晶粒内局部地区出现一个或几个分布不均匀的相对滑移线,且随着疲劳的加剧,原有滑移线的滑移量加大,新出现的滑移线也往往挨着原有的滑移线而共同组成滑移带:滑移带随着疲劳的加剧而逐步加宽加深,在表面出现挤出带和挤入槽,如图 2-5 所示。

这种挤入槽就是疲劳裂纹策源地。另外,金属的晶界及非金属夹杂物等处以及零件应力集中的部位(台阶、尖角、键槽等)均会产生不均匀滑移,最后也形成疲劳裂纹核心。

2. 疲劳裂纹的扩展

在没有应力集中的情况下,疲劳裂纹的扩展可分为沿晶和穿晶两个阶段。

在交变应力的作用下,裂纹从金属材料表面上的滑移带、挤入槽或非金属夹杂物等处开始,沿着最大切应力方向(一般和主应力方向呈40°的方向)的晶面向内扩展,这是裂纹扩展的第一阶段。在这一阶段,裂纹的扩展速率很慢。

裂纹按第一阶段方式扩展一定距离后,将改变方向,沿着与正应力相垂直的方向扩展,这是疲劳裂纹扩展的第二阶段,如图2-6所示。这一阶段裂纹扩展途径是穿晶的,扩展速率较快。

在有应力集中的情况下,则不出现第一阶段,而直接进入第二阶段。裂纹成核后的扩展过程主要包括微观和宏观两个裂纹扩展阶段。因此,整个疲劳过程是:滑移→微观裂纹产生→微观裂纹连接→宏观裂纹扩展→断裂失效。

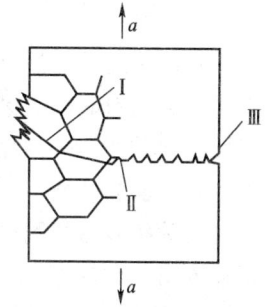

图2-6　疲劳裂纹扩展的两个阶段
Ⅰ-第一阶段扩展;Ⅱ-第二阶段扩展;Ⅲ-最终断裂

三、疲劳断口宏观形貌特征

典型的宏观疲劳断口一般分为三个区域:疲劳源区或称疲劳核心区、疲劳裂纹扩展区和瞬时断裂区,如图2-7所示。这一特点在本节的开始部分就已提到,下面将详细地介绍一下。

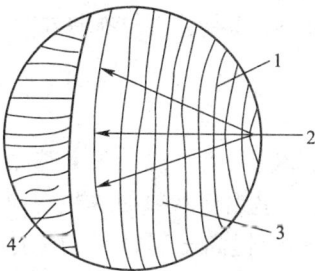

图2-7　疲劳裂纹的宏观断口示意图
1-前沿线;2-裂纹策源地;3-裂纹扩展区;4-瞬时断裂区

1. 疲劳源区

疲劳源是疲劳破坏的起始点,一般位于零件表面,但如果内部存在严重缺陷,也可能发生在零件内部。疲劳源区的断面由于疲劳裂纹扩展缓慢及裂纹反复张开与闭合效应而磨损严重,且有光亮和细"晶粒"的表面结构。

疲劳源的数目可以不止一个,尤其是零件超负荷疲劳时,其应力幅度较大,此时断口上常会出现几个不同位置的疲劳源。在断口表面同时存在几个疲劳源的情况下,可按疲劳线的密度来确定疲劳源产生的次序:疲劳线的密度越大,表示起源的时间越早。

2. 疲劳裂纹扩展区

疲劳裂纹扩展区是疲劳断口最重要的特征区域。此区域比较光亮、平滑,存在一些以疲劳源为中心,与裂纹方向相垂直的呈半圆形或扇面形的弧形线,称为疲劳弧线(由于外加载荷的改变或附近裂纹、材料缺陷、残余应力影响而发生的应力再分配,引起疲劳裂纹前沿区域局部地区的应力大小及状态的改变,从而使疲劳裂纹扩展速度及方向均发生变化,在断面上留下塑性变形的痕迹)。疲劳弧线是金属疲劳断口宏观形貌的基本特征。

裂纹扩展区对衡量材料的性能很重要,这个区域大,表示材料的临界裂纹尺寸大,能较好地抵抗裂纹的扩展，即具有足够的断裂韧性。有些金属零件在交变应力的作用下发生断裂失效，宏观断口观察不到疲劳弧线，则是由于断口表面多次反复压缩摩擦，使该区域变得很光滑，呈细晶状的缘故。

在低周疲劳断口上一般观察不到疲劳弧线。

3. 瞬时断裂区

当疲劳裂纹扩展到临界尺寸时，剩余截面上的真实应力超过材料强度，零件发生瞬时断裂的区域为瞬时断裂区。它的特征与静载荷下的快速破坏区相似，会出现放射区和剪切唇。脆性材料的断口呈粗糙的"晶粒"状结构或呈放射线式；塑性材料的断口具有纤维状结构，在零件表面有剪切唇。

疲劳扩展区与瞬时断裂区所占面积的大小与材料的性质及所受的应力水平有关。通常高强度材料塑性差，承受应力水平高，疲劳裂纹稍有扩展即导致过载静断，所以它的疲劳扩展区小，而瞬时断裂区大。塑性材料承受应力水平低时，即使疲劳裂纹有较大扩展，其剩余截面上的应力仍不高，不会立即断裂，瞬时断裂区所占比例就小。因此，可根据疲劳断口上两个区域所占比例，估计所受应力及应力集中程度的大小。

疲劳断裂因载荷类型不同，其断口形态也不一样，如在双向交变扭转应力作用下，断口多呈锯齿状。这是因为轴在双向交变扭转应力作用下，轴颈尖角处将产生很多疲劳源。这些裂纹将同时向与轴线呈40°交角的方向扩展，因为这个方向是最大拉应力方向，最后这些裂纹相交时，便形成锯齿状。

四、提高汽车零件抗疲劳断裂的方法

提高金属零件疲劳抗力的基本途径有延缓疲劳裂纹萌生时间、降低疲劳裂纹扩展的速率和提高疲劳裂纹门槛值。

1. 延缓疲劳裂纹萌生时间

其方法有强化金属合金表面，控制表面的不均匀滑移（如表面滚压、喷丸以及表面热处理等）。细化材料晶粒可提高疲劳强度极限；采用热处理方法使晶界呈锯齿状或使晶粒定向排列并与受力方向垂直，以防晶界成为疲劳裂纹扩展的通道。另外，提高金属材料的纯洁度，减小夹杂物尺寸以及提高零件表面完整性设计水平，尽量避免应力集中的现象等，都是抑制或推迟疲劳裂纹产生的有效途径。

2. 降低疲劳裂纹扩展的速率

其主要方法有止裂孔法、扩孔清除法、刮磨修理法。

止裂孔法是在裂纹扩展前沿钻孔，以阻止裂纹继续扩展；扩孔清除法是在不影响强度的前提下，采用扩孔方法加大已产生疲劳裂纹的内孔直径，将疲劳裂纹清除；刮磨修理法是用刮磨方法将零件局部表面已产生的裂纹清除。此外，还可以在裂纹处采用局部增加有效截面积或补贴金属条等降低应力水平的方法，以阻止裂纹继续产生与扩展。

3. 提高疲劳裂纹门槛值

金属零件裂纹扩展的门槛值是指疲劳裂纹不扩展（稳定）的最高应力强度因子幅。其值一般由试验直接确定。

第四节　汽车零件的变形失效

一、零件变形失效的类型及变形机理

零件在使用过程中,由于承载或内部应力的作用,使零件的尺寸和形状改变的现象称为零件的变形。变形是零件失效的一个重要原因,例如曲轴的变形将影响汽缸－活塞组在汽缸中的正确位置,离合器摩擦片挠曲过大将造成离合器分离不彻底,变速器中间轴与主轴弯曲过大就会破坏齿轮副的正常啮合等。

零件变形失效的类型有弹性变形失效、塑性变形失效和蠕变变形失效。

零件在外力作用下发生弹性挠曲,其挠度超过许用值而破坏零件间相对位置精度的现象,称为弹性变形失效。此时零件所受应力并未超过弹性强度,应力与应变之间的关系仍遵循胡克定律。材料弹性模量是弹性变形的失效抗力指标。零件的截面积越大,材料弹性模量越高,则越不容易发生弹性变形失效。

零件的工作应力超过材料的屈服强度而产生塑性变形所导致的失效,称为塑性变形失效。经典的强度设计都是按照防止塑性变形失效来进行的,即不允许零件的任何部位进入塑性变形状态。随着应力分析技术的发展,目前在设计中已逐渐采用塑性设计的方法,即允许局部区域发生塑性变形。但采用塑性设计方法时,若应力分析不精确、工作条件估计错误或材料选择不合理,就有可能发生塑性变形失效。例如,花键扭曲、螺栓受载后被拉长(塑性变形)等。

在给定外载荷条件下,塑性变形失效取决于零件截面积的大小、安全系数值及材料的屈服强度。材料的屈服强度越高,则发生塑性变形失效的可能性越小。

蠕变是指材料在一定应力(或载荷)作用下,随时间延长,变形不断增加的现象。蠕变变形失效是由于蠕变过程不断发生,产生的蠕变变形量或蠕变速度超过金属材料蠕变极限而导致的失效。

二、失效的影响因素

零件变形失效主要受残余内应力、外载荷、工作温度及修理、装配精度等因素的影响。内应力是指零件内部存在的、与载荷无关的内应力。残余内应力主要有热应力、相变应力、机加工应力及热处理淬火应力。采用自然时效和人工时效可以使内应力松弛。

零件具体结构决定的、使零件工作时承受不均衡的外载荷会造成零件局部过载、变形;使用不当造成过大的附加载荷或安装不当造成附加应力,都会使零件变形。如汽缸体上的螺纹孔与缸盖相连接,受工作压力作用,螺纹孔产生凸起变形。

工作温度升高,金属弹性极限降低、内应力松弛加快,会使零件屈服强度降低,零件易产生变形。如缸体的变形。

修理过程定位基准选择不当或基准变形过大,必然不能保证机加工后的形状和位置精度;修理时操作不当会引起零件变形,如螺栓拧紧力矩不均匀及拧紧顺序错误等;修理时焊接、压力加工等工艺都会产生新的内应力和变形。因此在制订修理工艺时,应考虑这些问题。

第五节　汽车零件的腐蚀失效

零件受周围介质作用而引起的损坏,称为零件的腐蚀。按腐蚀机理可分为化学腐蚀和电化学腐蚀,汽车上约20%的零件因腐蚀而失效。

一、腐蚀失效的类型及特点

金属腐蚀失效的类型是多种多样的,但是无论是哪一种腐蚀,在腐蚀的过程中,都必须有一个化学或电化学反应过程。因此,在表面或断口上会留下腐蚀产物。腐蚀是从表面开始向内部扩展的。金属腐蚀后造成金属质量损失,使金属有效面积减小或使金属强度大大降低。

按金属与介质的作用性质把腐蚀失效分为:化学腐蚀和电化学腐蚀。化学腐蚀是金属表面与介质发生化学作用引起的,特点是腐蚀过程中无电流的产生。电化学腐蚀是两个不同的金属在一个导电溶液中形成一对电极,产生电化学反应而发生腐蚀的作用,使充当阳极的金属被腐蚀,其特点是腐蚀过程中有电流产生。

化学腐蚀又分为气体腐蚀和在非电解溶液中的腐蚀;电化学腐蚀又分为大气腐蚀、土壤腐蚀、在电解溶液中的腐蚀及熔融中的腐蚀。

按照腐蚀的破坏形式把腐蚀失效分为均匀腐蚀和局部腐蚀。均匀腐蚀是金属的腐蚀作用均匀的发生在整个金属表面上。局部腐蚀是金属的腐蚀作用仅局限在一定的区域内。局部腐蚀比均匀腐蚀的危害性大很多。

均匀腐蚀的腐蚀程度是用平均腐蚀速率来表示的,其中腐蚀速率可以由质量的变化来评定,也可由腐蚀深度来表示。局部腐蚀的腐蚀程度则应根据情况用裂纹扩展速率或材料性能降低程度来表示。

二、腐蚀失效机理

1. 化学腐蚀失效机理

化学腐蚀是金属零件与介质直接发生化学作用而产生的腐蚀,金属在干燥空气中的氧化及金属在不导电介质中的腐蚀等,均属于化学腐蚀。化学腐蚀过程中没有电流产生,通常在金属表面形成一层腐蚀产物膜,如铁在干燥空气中与空气中的氧作用:

$$4Fe + 3O_2 \longrightarrow 2Fe_2O_3$$
$$3Fe + 2O_2 \longrightarrow Fe_3O_4$$

这层膜的性质决定化学腐蚀速度,如果膜是完整的,强度、塑性都很好,膨胀系数和金属相近,膜与金属的黏着力强等,它就有保护金属、减缓腐蚀的作用。如铬和铬的氧化物硬度高,氧化铬膜不易磨掉,因此,发动机活塞环镀铬后,耐腐蚀磨损的性能大大提高。

2. 电化学腐蚀失效机理

电化学腐蚀是由金属表面与介质之间的电化学作用引起的。

电化学腐蚀的基本特点是,在导电溶液里,充当阳极的金属不断被腐蚀,同时,在金属不断遭到腐蚀的同时还有电流产生。金属在酸、碱、盐溶液及潮湿空气中的腐蚀等均属于这类腐蚀。

引起电化学腐蚀的原因是金属与电解质相接触,由于离子交换,产生电流形成原电池,如铁金属在溶液中或潮湿的环境中产生的化学反应:

$$Fe - 2e \longrightarrow Fe^{2+} \qquad 阳极反应$$

$$2H^+ 2e \longrightarrow H_2 \uparrow \qquad 阴极反应$$

这种原电池,由于电流无法利用,使阳极金属受到腐蚀,称为腐蚀电池。

3. 其他腐蚀失效机理

两种金属制成的零件,由于其电极电位不同,所形成的腐蚀电池称为异类电极电池;同一种金属由于各部位接触的溶液成分不同,如氧的浓度不同或其他的浓度差,也会形成浓度差腐蚀电池,如湿式缸套下部的橡胶圈密封处,与垫圈接触的表面均会产生浓度差腐蚀电池。当金属表面有氧化膜或镀层时,若氧化膜不完整而有孔隙,或镀层有破损、裂纹等,在电解质溶液存在的环境下,易形成局部腐蚀电池,也称其为微电池。

金属按电化学机理进行腐蚀时,由于氢离子与阴极电子结合析出氢气,促进阳极腐蚀,故这种腐蚀过程称为析氢腐蚀。许多金属在盐酸或稀硫酸中均受到析氢腐蚀。

与燃气接触的零件所受的腐蚀为燃气腐蚀。燃气腐蚀可分为低温腐蚀和高温腐蚀,低温腐蚀主要为电化学腐蚀,高温腐蚀主要为化学腐蚀。燃气与冷却条件较好的零件接触,当其温度降到露点(指对于含有一定量水汽的空气,在气压不变的情况下降低温度,使饱和水汽压降至与当时实际的水汽压相等时的温度)以下时,燃气中的水蒸气凝结成水与燃气中的酸等形成低温腐蚀,如汽缸套、汽缸盖与喷油嘴等处。直接与高温燃气接触部分,如活塞顶、排气门与气门座、排气管等处,都易发生高温腐蚀。

三、防止金属腐蚀的措施

防止金属化学腐蚀的方法有:正确选用金属材料并合理设计金属结构;添加缓蚀剂、去除介质中有害成分;隔离有害介质以及电化学保护法。

汽车上主要用覆盖层保护的方法来防止部分汽车零件的电化学腐蚀,覆盖层有金属性的,如镀铬、镀锡(铬和锡的耐腐蚀性很强,可以保护金属内部)等。非金属覆盖层用得最广泛的是油漆,其次是塑料。有些零件用化学或电化学方法在零件表面生成一层致密的保护膜,如发蓝处理生成的蓝色层氧化膜、磷化而生成的磷化膜,都是防止电化学腐蚀的有效方法。

第六节　汽车零部件失效方法分析

由于零件的失效是由于工作应力大于失效抗力所造成的,因此对汽车的零部件进行综合分析时,应当首先从零件的受力状态、环境介质、温度等去考虑失效原因。不同的工作条件要求零件具有不同的失效抗力指标,而材料的失效抗力指标则主要取决于材料的成分、组织和状态。根据资料和现场调查就可以确定主要的分析项目。例如,承受交变应力的零件多表现为疲劳断裂,若此时有介质存在,则可能是腐蚀疲劳;处于高温环境则多为高温疲劳。

对零件进行综合分析时常用的系统分析方法有失效模式分析法和系统工程分析方法。

一、失效模式分析法

失效模式是一种或几种物理或化学过程所产生的效应,导致零件在尺寸、形状、状态和性能上发生明显变化,造成整台机器丧失原设计能力。不同的物理或化学过程对应着不同的失效模式。根据零件的残骸(断口、磨屑等)的特征和残留的有关失效过程信息,可首先判断失效模式,进而推断失效的根本原因。

二、系统工程分析方法

这种方法是把产品看成一个系统,采用数学方法或计算机等现代化工具,研究系统故障率的原因与结果之间的逻辑关系,对系统构成要素、组织结构、信息交换等功能进行分造、维护等,从而达到最优设计、最优控制和最优管理的目的。因此,系统工程分析方法不仅是在事故发生后才采用的一种善后处理方法,而且可在事故发生前就采取必要的防范措施,避免事故的发生。

目前国内外应用的系统工程失效分析方法主要有失效模式影响及危害性分析、故障树分析、特性要因图及摩擦学系统分析等。

1.失效模式影响及危害性分析

失效模式影响分析是指在系统设计过程中,通过对系统各组成单元潜在的各种故障模式及其对系统功能的影响与产生后果的严重程度进行分析,提出可能采取的预防改进措施,以提高产品可靠性的一种设计分析方法。其目的在于重新考虑系统结构,改换材料,采取有储备系统设计方法等。

失效模式影响及危害性分析是一种在产品设计阶段广泛应用的、系统化的失效分析方法,它分为失效模式与影响和危害度分析两步。根据需要,有时只进行失效模式分析,有时只进行失效影响分析,而危害度分析是在失效模式影响分析的基础上进行的,将这两步合并后统称失效模式影响及危害性分析。

一般失效模式影响分析只进行定性分析,而失效模式影响及危害性分析可以进行定量分析。

1)失效模式影响分析的基本步骤

(1)以设计文件为依据,从功能、环境条件、工作时间、失效定义等方面确定设计对象(即系统)的定义;按递降的重要度分别考虑每一种工作状态(或称工作模式)。

(2)针对每一种工作状态分别绘制系统功能框图和可靠性框图(系统可靠性模型)。

(3)确定每一部件与接口应有的工作参数或功能。

(4)查明一切部件与接口可能的失效模式、发生的原因与影响。

(5)按可能的最坏影响评定每一失效模式的危害性级别。

(6)确定每一失效模式的检测方法与补救措施或预防措施。

(7)提出修改设计或采取其他措施的建议,同时指出设计更改或其他措施对各方面的影响,例如对使用、维护、后勤保障等各方面的要求。

(8)写出分析报告,总结设计上无法改正的问题,并说明预防失效或控制失效危害性的必要措施。

2)失效模式分析

　　一种失效模式可能有不止一种失效原因,分析时要考虑到每一种独立的原因。在具体分析产品的失效模式时,要考虑一切可能存在的隐患,如产品应力分析;动力学、结构与机构分析;试验失效、检验偏差、数据交换网的报警通知和类似产品的工作信息;已进行过的安全分析报告等。

　　如果全面分析直到零部件一级的一切可能的失效模式及其原因,可以获得完整的信息,但很费时间。这时需要作出判断究竟哪些部件或功能需要进一步的分析。显然,影响越严重的失效模式越需要作深入的分析。但如能判明故障所在,或者能查出需要维护、修理或某种后勤保障时,可不再作更深入的分析。对于易失效而原因不明的元件,则需要作失效物理分析。首先确定哪些部件(失效)可能造成灾难性的和严重的系统失效模式;然后分析部件的输入和输出参数,确定系统失效模式是由哪些"元件失效模式"造成的。

　　把每一种失效模式的一切元件失效率相加,可求得"失效模式失效效率"。在系统研制中,失效模式影响分析居于可靠性工作的中心。

　　2.故障树分析

　　1)概述

　　自1962年首次提出以来,故障树分析已广泛应用于航空航天、核能、化工、电子、机械和采矿等领域。它在工程设计阶段可以帮助寻找潜在的事故;在系统运行阶段可以用作失效预测。将其与计算机相结合,便成为分析大型复杂系统可靠性的有力工具。故障树分析特别适合于对大型复杂系统的可靠性与安全性分析和风险评价。这种分析是把系统所不希望发生的一个事件(即故障事件)作为分析的目标(顶事件),先找出导致这一事件(顶事件)发生的直接因素和可能的原因,接着将这些直接因素和可能的原因作为第二级事件,再往下找出造成第二级事件发生的全部直接因素和可能的原因,并依此逐级地找下去,直至追查到最原始的直接因素,位于顶事件与底事件之间的中间结果事件称为中间事件。采用相应的符号表示这些事件,再用描述事件间逻辑因果关系的逻辑门符号把顶事件、中间事件与底事件连接成倒立的树状图形。这种倒立树状图称为故障树,用以表示系统特定顶事件与其各子系统或各元件的故障事件及其他有关因素之间的逻辑关系。以故障树作为分析手段对系统的失效进行分析的方法称为故障树分析法。

　　故障树分析法一般可按下列步骤进行:

　　(1)建立故障树。

　　(2)建立故障树的数学模型。

　　(3)进行系统可靠性的定性分析。

　　(4)进行系统可靠性的定量分析。

　　2)故障树的建立

　　故障树是实际系统故障组合和传递的逻辑关系的正确而抽象的表达。建立故障树是否完善会直接影响定性、定量分析的结果,是关键的一步。因此,建立故障树前应对所分析的系统及其组成部分产生故障的原因、影响以及各种影响因素和它们之间的因果关系有透彻的了解;建立故障树后应当请设计、运行、维修等各方面有经验的技术人员讨论,找出故障树中错误、互相矛盾和遗漏之处,并进行修改。一个复杂系统的建立故障树过程往往需要多次反复,逐步深入和逐步完善。

建立故障树就是按照严格的演绎逻辑,从顶事件开始,向下逐级追溯事件的直接原因,直至找出全部的事件为止,最后得到一棵故障树。

在完成建立故障树准备工作后,即可开始建立故障树。

(1)确定顶事件。任何需要分析的系统故障,只要它是可以分解且有明确定义的,则在该系统的故障树分析中都可以作为顶事件。因此,对一个系统来说,顶事件不是唯一的。但通常往往把该系统最不希望发生的故障作为该系统的顶事件。

(2)建立故障树。在确定顶事件之后,则将它作为故障树分析的起始端,找出顶事件所有可能的直接原因,作为第一级中间事件。将这些事件用相应的事件符号表示并用适合于它们之间逻辑关系的逻辑门符号与上一级事件(最上一级为顶事件)相连接。

依此类推,逐级向下发展,直至找到引起系统故障的全部无须再追究下去的原因,作为底事件。这样,就完成了故障树的建立。

建立故障树时应注意的事项有以下几点:

(1)选择建立故障树流程时,通常是以系统功能为主线来分析所有故障事件并按逻辑贯穿始终。但一个复杂系统的主流程可能不是唯一的,因为各分支常有自己的主流程,建立故障树时要灵活掌握。

(2)合理地选择和确定系统及单元的边界条件。在建立故障树前对系统和单元(部件)的某些变动参数做出的合理假设,即为边界条件。这些假设可使故障树分析抓住重点,同时也明确了建立故障树范围,即故障树建到何处为止。

(3)故障事件定义要具体,尽量做到唯一解释。

(4)系统中各事件间的逻辑关系和条件必须十分清晰,不允许逻辑混乱和条件矛盾。

(5)故障树应尽量地简化,去掉逻辑多余事件,以方便定性、定量分析。

3)故障树的定性分析

故障树的定性分析的主要任务就是寻找导致顶事件发生的所有可能的失效模式——失效谱,或找出使系统成功的成功谱,即找出故障树的全部最小割集或全部最小路集。

故障树定性分析的原则:

(1)比较小概率失效元件组成的各种系统失效概率时,其故障树所含最小割集的最小阶数越小,系统的失效概率越高;在所含最小割集的最小阶数相同的情况下,该阶数的最小割集的个数越多,系统的失效概率越高。

(2)比较同一系统中各基本事件的重要性时,按各基本事件在不同阶数的最小割集中出现的次数来确定其重要性;所在最小割集的阶数越小,出现的次数越多,该基本事件的重要性越大。

4)故障树的定量分析

故障树的定量分析的任务是利用故障树作为计算模型,在已知底事件发生概率的条件下,求出顶事件(即系统失效)的发生概率,从而对系统的可靠性、安全性及风险做出评估。

第三章 汽车维护与修理工艺

第一节 汽车维护工艺

一、汽车维护概述

(一)汽车维护的基本概念

所谓汽车维护,就是为维持汽车完好技术状况或工作能力而进行的作业。汽车维护的时刻与汽车技术状况紧密相关,过早的维护工作,会造成浪费;不及时的维护,则不能有效预防和延迟故障的发生。

所谓汽车技术状况,是指定量测得的表征某一时刻汽车外观和性能的参数值的总和。汽车技术状况变化规律是指汽车技术状况与行驶里程或时间的关系。研究和掌握汽车技术状况的变化规律是控制汽车技术状况、完善汽车结构的重要手段。汽车在使用过程中,由于结构和使用条件的不同,其技术状况参数将以不同规律和不同强度发生变化,其变化规律可以归纳为两大类,即渐发性变化规律和突发性变化规律。渐发性即表示汽车技术状况参数是随行驶里程或时间作单调变化的,其相互间有严格的对应关系,可用一定的回归函数式表示;突发性即表示汽车、总成和部件达到极限状态的时间是随机的、偶发的,汽车技术状况参数与行驶里程或时间之间没有严格的对应关系。

(二)汽车维修思想

汽车维修思想是指组织实施车辆维修工作的指导方针和政策,是人们对维修目的、维修对象、维修活动的总认识。

正确的维修思想是客观规律的正确反映,它将直接影响维修活动的全局。只有树立正确的维修思想,才能产生正确的维修方针和政策,才能采用先进的维修手段和维修方法,制定出合理的维修制度和选择适宜的维修方式。

1.“预防为主”的维修思想

“预防为主”的维修思想,是根据汽车技术状况变化规律,在其发生故障之前,提前进行维护或换件修理。

“预防为主”的维修思想,是建立在零部件失效理论和失效规律的基础上的。这种维修思想认为,汽车在使用过程中,由于零部件的磨损、疲劳、老化和松动,其技术状况会不断恶化,到一定程度时就必然会导致故障发生。为了尽可能地保证每个零部件能安全可靠地工作,要求维修作业能符合客观规律,在故障发生之前实施。

汽车在使用过程中,其技术状况的变化是一个与汽车结构、使用条件和维修方式有关的,并以一定强度进行的必然过程。为了保证汽车在整个使用期内能以最少的消耗和费用维持汽车的工作能力,就必须适时地对汽车进行必要的维护和修理。

2.以可靠性为中心的维修思想

随着汽车性能及功能的进一步发展,汽车的复杂程度也越来越高,其本身价值及维修费用在使用费用中所占比重也越来越高。这就迫切需要一种新的维修方法能够以最佳的经济效益来实现汽车最大的可靠度,于是以可靠性为中心的维修思想便开始应用于汽车维修领域。以可靠性为中心的维修思想是以最低的消耗,充分利用汽车的固有可靠性来组织维修。它是以可靠性理论为基础,通过对影响可靠性的因素的具体分析和试验,科学地制定出维修作业内容、维修时机,以控制汽车的使用可靠性。

以可靠性为中心的维修思想归纳起来有以下几点:

(1)汽车的使用可靠性取决于汽车本身的固有可靠性及汽车的使用维修技术水平,并与汽车的使用条件有关。正确的使用和维护只能保持和恢复汽车的固有可靠性水平,不适当的强化维修工作(如增加维修次数和项目)并不能有效地防止可靠性水平的下降;汽车固有可靠性的提高应基于必要的使用数据的信息反馈,去修改原有的设计和工艺。

(2)维修的作用在于通过对影响可靠性的诸因素进行分析,从而控制可靠性的下降,以保持汽车的使用可靠性在允许的水平内。可靠性分析就是运用概率论和数理统计等数学工具,对汽车使用中的故障规律进行统计分析和推断,对不同零部件采用不同的维修方式,使维修作用既满足适用性准则,又满足有效性准则。

(3)以可靠性为中心的维修,强调了诊断检测,加强了维修中的“按需维修”的成分;它根据不同零部件、不同的可靠特性及不同的故障后果,选用不同的维修方式,避免了采用单一的维修方式所造成的预防内容扩大、维修针对性差、维修费用增大等缺点。例如,如果汽车的故障有可能影响安全性或造成严重后果,就必须尽全力防止其发生;如果故障几乎不产生其他影响,那么除了日常的清洁、润滑外,可以对它不采取任何预防措施。

(4)以可靠性为中心的维修,要求建立一套完整的故障采集和分析系统,不断地采集和分析使用数据,为建立科学的、经济的、符合汽车使用实际的维修制度提供依据。

(三)汽车的维护类型和维护方式

根据不同的维修思想,便会产生不同的维护类型和维护方式。在"预防为主"的维修思想指导下,为了保证车辆的技术状况,维持其工作能力。按维护的性质,汽车的维护可分为预防维护和非预防维护。

预防维护是指维护作业的内容和时机是按预先规定的计划执行的,其目的是预防故障,维持汽车的工作能力。预防维护又可分为例行维护和计划维护。例行维护的时机和内容与汽车的行驶里程无关,如日常维护、停驶维护和换季维护等。计划维护的时机和内容是与汽车的行驶里程有关,如一级维护、二级维护等。如果维护作业是按计划强制执行的,则称为定期维护;如果维护作业是根据定期检查的结果按需执行的,则称为按需维护。

非预防维护通常是在汽车出现故障后进行的,即通常意义上的维修。它适用于突发性故障,因为这类故障的出现具有很大的随机性,在故障出现前是很难预测的,因而无法预先安排维护计划。

汽车的维护方式是维护类型、维护时机和维护内容的综合体现,通常可分为定期维护、按需维护和事后维修三种形式。

二、汽车维护周期的确定

汽车维护制度是为了保证汽车技术状况完好而采取的技术管理措施,涉及车辆的运行制度、运行条件、维修技术装备、维修作业的劳动组织、维修费用以及其他一些经营管理方面的工作。因此,制定汽车维护制度是一项复杂的工作,必须结合企业的服务对象,从技术、经济和管理等方面综合考虑。

(一)汽车维护制度的制定原则和步骤

1. 制定维护制度必须考虑的原则

(1)影响汽车技术状况变化的因素是多方面的,它是一个随机过程,因此,汽车维护制度的制定必须建立在大量观察数据的基础上,必须采用数理统计方法和可靠性理论对大量统计数据进行科学分析,才能获得符合客观规律的结果。

(2)制定汽车维护制度必须采用技术经济分析方法,即不仅要考虑汽车的完好率,还必须考虑维护和修理费用对运输成本的影响。合理的维修制度应保证汽车在寿命周期内的单位费用最低,使汽车在规定的运行和维修条件下具有最佳的经济效果。

(3)制定汽车维护制度,应充分考虑汽车的使用强度和使用条件,并进行必要的分级。

(4)制定汽车维护制度,主要依据以下三方面的资料:汽车制造厂的建议、科研部门的试验资料,以及使用部门根据使用数据分析拟定的条例。由于不同地区的使用条件不同,必须在分析上述资料的基础上,结合当地的使用条件和使用经验进行具体分析后拟定。

2.制定汽车维护制度的步骤

（1）系统搜集维护对象（车型）在规定的使用条件下的技术状况变化规律和故障数据，分析技术状况变化对汽车使用性能的影响及故障后果，利用可靠性理论对上述资料进行技术经济分析，针对汽车使用中出现的故障特性，选择适宜的维修方式（事后维修、定期维修、视情维修等）。

（2）对定期维护和定期检测的作业项目，应通过相应数据的统计分析，确定各维护作业的周期。确定维护周期的方法有概率法、技术经济分析法等。

（3）根据维护作业的周期，对维护作业进行分级，确定各级维护作业的内容。

（4）对各级维护周期进行调整，使其形成一定的周期结构，即在大修周期内，使维护次数、级别按一定的方式排列，以便于组织实施。

（二）汽车各级维护作业项目的确定

汽车是由许多总成和部件组成，它们的工作条件各不相同，因此相应的维护周期会在较大的范围内变动。为了有计划地组织定期维护，就必须根据总成和部件的维护周期，按维护作业的性质和深度进行分级，分别归并到某一级维护作业中去。由于总成和部件寿命分布的离散性，要准确地确定具体总成和零部件究竟应在哪一级维护中执行哪一项维护作业是较为困难的。当维护周期和各级维护作业项目安排不恰当时，就可能造成总成或零部件潜在寿命不能充分发挥，或使汽车的故障率增加。进行维护作业分级常用的方法有技术经济法、重复系数法、概率分析法、核心作业归纳法和自然分组法等，下面简单介绍技术经济法。

技术经济法是按单位行程的维修总费用最低的原则进行作业组合的，即

$$C_{\Sigma} = \sum_{i=1}^{s} C_{mi} + \sum_{j=1}^{s} C_{Rj} = C_{\Sigma\min} \tag{3-1}$$

式中：C_{mi}——总成或部件的单位维护费用；

$\quad\ C_{Rj}$——总成或部件的单位修理费用；

$\quad\ s$——需维护的总成或部件数。

L_{0z}为维护按作业分级时，某级维护作业的周期里程。其中 $L = L_{0z}$。

对有安全、技术限制的作业项目，在组合时还应考虑安全及技术条件所限定的极限行程 L_{0j}，即应满足 $L_{0z} = L_{0j}$。

（三）汽车维护周期的确定

汽车维护周期直接影响汽车维护费用和寿命周期费用。对于新车型，合理确定维护周期需要有足够的、可信的使用数据。为此，除应加强车辆使用情况的资料搜集工作外，还可有计划地将 15～20 辆汽车作为一组，进行 3～6 个月的实际运行试验，记录汽车出现故障或技术状况变化的情况。由于一组或几组汽车所进行的实际运行试验受到运行条件、驾驶操作水平、维修水平等多方面因素的影响，试验结果具有一定的随机性，因此必须进行数理统计分析。根据预定的置信度，确定维护周期及其置信区间，然后再进行实际运行考察；根据运行考察结果对维护作业周期进行适当的调整，并根据车辆的维护和修理费用，对确定的维护周期进行技术经济分析。

1.汽车维护周期的确定原则

按汽车单位行驶里程维修费用最小的原则确定维护周期。

设 L 为定期预防维护周期,C_m 为定期预防维护时因维护或换件所需的平均费用,C_r 为定期预防维护期内因发生故障进行修理所消耗的平均费用。通常 $C_r > C_m$,这是由于故障出现时,会造成的人力和物力损失。因此,在每一维护周期内,汽车维修的单位费用为

$$C(L) = \frac{C_m R(L) + C_r F(L)}{MUT} \tag{3-2}$$

式中:MUT——维护周期内汽车的平均行驶里程。

MUT 是与 L 相关的函数。现实中,因为定期预防维护周期 L 的最小值必然存在,因而可对 $C(L)$ 求导,使导数等于 0,求得 L 值,为最小值,即汽车维护周期。

2. 汽车维护周期的确定方法——回归概率法

回归概率法是按汽车技术状况参数的变化规律和允许极限值来确定维护周期的方法。

若已知汽车或总成技术状况参数:随运行时间或行驶里程变化的回归方程 $\bar{y} = \bar{\psi}(L)$,并已知参数的容许极限值 y_a,即可用图解法或分析法来确定维护周期。由于汽车的运行条件具有明显的随机性,表征技术状况的参数 y 也将在较大的范围内波动并呈一定的分布。因此在确定维护周期时,必须确定在预定的置信水平下汽车技术状况参数变化率的极限允值,即

$$a_g = \bar{a}\mu \tag{3-3}$$

式中:a_g——相应于置信水平为 $1 - a_0$ 的技术状况参数的最大变化率;

  $\bar{a}$——技术状况参数变化率的平均值,可从分布曲线中获得;

  μ——技术状况参数的最大变化率系数,可根据分布曲线的类型、变异系数的大小和置信水平的高低计算而得。

置信水平是指技术状况参数的实际变化率 a_i 低于或等于极限变化率 a_j 的概率,即

$$P\{a_i \leq a_j\} = 1 - a \tag{3-4}$$

式中:$1 - a$——置信水平,对于与安全有关的零件和总成,$1 - a = 0.90 \sim 0.95$;对于其他总成,$1 - a = 0.85 \sim 0.90$。

对于正态分布

$$\mu = 1 + u_a v \tag{3-5}$$

式中:v——变异系数;

  u_a——相当于置信度为 a 的百分位数。

对于威布尔分布

$$P\{a_i \leq a_j\} \geq 1 - a = 1 - \exp\left(\frac{a_g^m}{a_0}\right) \tag{3-6}$$

式中:a_0——技术状况参数变化率的初始值。

则 μ 可以表示为

$$\mu = \frac{\sqrt[m]{1 - \ln a}}{\Gamma\left(1 + \frac{1}{m}\right)} \tag{3-7}$$

在大多数的情况下,变异系数增大,置信水平提高,均使 μ 值增大。如果给定变异系数和置信水平,便可以确定 μ 和 a_g 则根据 a_g 便可以确定维护周期 L_0。

三、汽车维护工艺的组织

汽车维护工艺是指利用生产工具按一定要求维护汽车的方法,是汽车维护工作中积累起来并经过总结的操作技术经验。

(一)汽车维护作业分类

汽车维护按作业性质分为打扫、清洗、外表养护作业,检查与紧固作业,检查调整作业,电气作业,润滑作业,轮胎作业和加注作业等。

(1)打扫、清洗和外表养护作业。包括清除汽车和挂车外表的污泥,打扫清洗和擦拭载货汽车车厢、驾驶室、客车车身的内外表面和各类附件。

(2)检查与紧固作业。包括检查汽车各总成和零部件的外表;检查各零部件外表连接螺栓的紧度,必要时进行紧固;更换个别丢失或损坏的螺钉、螺栓、锁止销和润滑油嘴等零件。

(3)检查调整作业。包括检查汽车各机构、仪表和总成的技术状况,必要时按技术要求和使用条件进行调整。

(4)电气作业。包括清洁、检查和调整电气设备和仪表,润滑其运动机构,配换个别已损坏和不适用的零件及导线;检查和维护蓄电池。

(5)润滑作业。包括清洗发动机润滑系统和机油滤清器,更换或添加润滑油,更换滤芯,对传动系统、操纵系统和行走机构各润滑点加注润滑油或润滑脂,更换或添加制动液及减振液。

(6)轮胎作业。包括检查轮胎气压、充气;检查外胎状况及清除胎面嵌入物;进行轮胎换位及更换内外胎。

(7)加注作业。包括检查油箱状况,测量油箱的存油量,按需要添加燃油;检查散热器状况,并加注冷却液。

一般情况下,维护作业的分类并非一成不变,实际工作中可按照维护企业的规模、维护设备、人员和场地的具体情况进行必要的调整。

汽车维护的各种作业按一定方式组合顺序、协调进行的过程,称为汽车维护工艺过程。

(二)汽车维护作业的组织

为了有效地完成汽车维修工作,维护作业地点应按工艺配备,合理布局,使各方面工作协调,充分利用人力、物力,减少消耗,取得最佳效益。

在组织汽车维护工艺时,应考虑以下几个原则:

(1)工艺过程的组织应符合车辆运行的工作制度。

(2)能合理利用维护工艺设备和生产面积。

(3)能有效地完成规定的维护工作内容,保证维护质量。

(4)工艺过程的组织应保证维护作业的劳动生产率高,成本低。

维护工艺的组织通常是指汽车运输企业内维护地点(车间、工段和工位)的工艺组织,不包括燃油加注、外部清洗和安全检查等内容。

汽车维护工艺作业的组织形式按专业分工程度不同,通常有全能工段式和专业工段式两种形式。

(1)全能工段式。除外表维护作业外的其他规定作业,在一个工段上组织实施,将执行各维护作业的人员编成一个作业组,在额定时间内,分部位有顺序地完成各自的作业项目的维护工艺组织形式称为全能工段式。

全能工段式可以是以技术较高的全能工人对汽车的固定部位完成其维护作业,也可以是以专业工种的工人在不同部位执行指定的专业维护作业。前者称为固定工位作业,后者则称为平行交叉作业。

(2)专业工段式。把规定的各项维护作业,按其工艺特点分配在一个或几个工段上,各专业工人在指定工段上完成各自的维护工作的工艺组织形式称为专业工段式。工段上配有专门的设备,当专业工段按维护作业的顺序排列时,这些专业工段即组成汽车维护作业流水线。汽车可以依靠本身的动力或利用其他驱动方式在流水线上移动。

汽车维护工艺的组织形式按维护工作地点的布置方式,还可分为尽头式和直通式两种。

(1)尽头式工段。汽车在维护时可各自单独地出入工段。汽车在维护期间,停在各自的地点固定不动,维护工人按照综合作业分工等不同的劳动组织形式,围绕汽车交叉执行各项维护作业项目。各工段的作业时间可单独组织,彼此无影响。因此,尽头式工段适合于规模较小、车型复杂的运输企业在高级维护作业、小修时采用。

(2)直通式工段。直通式工段(图3-1)较适宜于按流水作业组织的维护,各维护作业按作业顺序的要求分配在各工段(工位)上,工段的作业工人按专业分工完成维护作业。直通式工段完成维护作业的生产效率较高。因此,当企业有大量类型相同的汽车,而且维护作业内容和劳动量比较固定时,则宜采用流水作业方式。

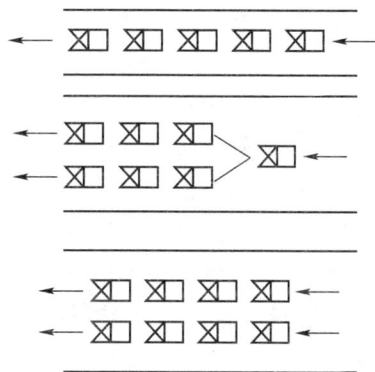

图 3-1 直通式工段

四、汽车维护工艺规范

汽车在行驶时会受到摩擦、振动、冲击以及自然环境等各种运行条件的影响,其部件、零件会产生程度不一的磨损、松动、疲劳、变形、老化、腐蚀以及损伤,引起技术状态的恶化。随着行驶里程的不断增加,故障率会增加,使得汽车的动力性、经济性和安全可靠性下降,甚至有可能危及行车安全,出现机械事故或交通事故。所以,为保证汽车的技术状态良好,各国都制定有较完善的汽车维护(保养)制度。通过维护以维持其良好的技术状态是车辆安全运行的基本条件。

汽车维护是保持车容整洁,及时发现和消除故障及其隐患,防止车辆早期损坏的技术作业。通过汽车的技术维护,应使车辆达到下列要求:

①汽车经常处于技术状况良好的状态,可以随时出车。
②在合理使用的前提下,不致因中途损坏而停车,以及因机械故障而影响行车安全。
③在运行过程中,降低燃料、润滑油以及配件和轮胎的消耗。
④各总成的技术状况应尽量保持均衡,以延长汽车大修间隔里程。
⑤减轻车辆噪声和排放污染物对环境的污染。

汽车维护作业包括清洁、检查、补给、润滑、紧固、调整等。其中补给是指添加润滑油、冷却液、制动液、蓄电池的电解液或蒸馏水、空调系统的制冷剂等。

汽车维护目前分为日常维护、一级维护、二级维护等。还有季节性(换季)维护和磨合维护。各级维护的作业范围和侧重有所不同,但其目的均为维持车辆技术状况的完好和确保车辆安全可靠地运行。

(一)汽车日常维护

日常维护属日常性作业,是以清洁、补给和安全检视为作业中心内容,由驾驶员负责执行的车辆维护作业。日常维护通常是在出车前、行车中、收车后。因而日常维护主要分为出车前的检查维护、行车中检查维护和收车后的检查维护。

日常维护是各级维护的基础,属于预防性的维护作业。总的来说包括:

(1)对汽车外观、发动机外表进行清洁,保持车容整洁。

(2)对汽车各部润滑油(脂)、燃油、冷却液、制动液、各种工作介质、轮胎气压进行检视补给。

(3)对汽车制动、转向、传动、悬架、灯光、信号等安全部位和位置以及发动机运转状态进行检视、校紧,确保行车安全。

1. 出车前的检查维护

出车前应进行如下检查维护。

(1)检查驾驶证、行驶证和必须随车携带的行车证件是否带齐。

(2)检查燃油、润滑油(发动机、自动变速器)、冷却液、制动液、洗涤液(风窗玻璃及前照灯清洁液)、动力转向液是否足量;蓄电池内电解液量是否符合要求。

(3)检查汽车各部位有无漏液、漏油、漏气、漏电现象。

(4)检查转向盘自由转动量(自由行程)是否符合要求;检查转向装置各连接部位是否牢固可靠、工作是否良好。

(5)启动发动机,检查发动机启动、运转是否正常,有无异响;各仪表、指示装置工作是否正常;各总成件自诊断装置是否正常。

(6)检查照明、信号装置,喇叭,刮水器,内外后视镜(含下视镜),门锁、发动机罩锁,门窗玻璃升降机构是否齐全有效。

(7)检查离合器、行车制动器、驻车制动器是否工作正常。

(8)检查轮胎气压是否符合规定并清除胎面花纹间杂物。检查汽车外露部位的螺栓、螺母是否齐全紧固;全挂车、半挂车的牵引、连接是否牢固可靠;随车装备是否齐全。

(9)检查人员乘坐或货物装载是否符合规定。

若发现有不符合规定的情况,应立即采取措施给予排除;若暂时不能排除而影响行驶安全的,应暂停出车。

2. 行车中检查维护

当汽车运行一段路程或一定时间后,应选择平坦、宽阔、避风或遮阳的地方停车,进行行车中检查维护,驾驶员及乘员也可放松休息。在高速公路上运行时,应事先计划好在某服务区进行行车中检查维护和休息,因为高速公路上禁止随意停车。行车中检查维护项目如下。

(1)检查轮毂、制动鼓或盘、变速器、分动器、主减速器和差速器的温度,一般不得高于60℃(即手掌所能忍受的温度)。持续下长坡或频繁使用行车制动后制动盘或鼓的温度高是正常的,但不可太高。

(2)检查发动机和底盘的工作情况是否正常。

(3)检视各仪表、信号装置工作是否有效。

(4)检查转向机构和制动机构各连接部位是否牢靠。

(5)检查悬架弹簧及减振器状况、传动轴的连接螺栓有无松动。

(6)检查轮胎螺栓的紧固情况和轮胎气压(气压略有升高是正常的),清除轮胎花纹中的夹杂异物。

(7)检查有无漏液、漏油、漏气现象。

(8)检查货物装载、拖挂装置情况。

如果发现问题应立即就地解决,实在无法解决应报救急或驶向就近的修理场所进行修理。

3.收车后的检查维护

收车后的检查维护项目如下。

(1)清洁全车外表,清扫驾驶室和车厢。

(2)检查发动机运转是否正常,察听有无异响。

(3)检查有无漏液、漏油、漏气、漏电现象,视情况补充燃油、润滑油、制动液、洗涤液等。

(4)按规定对润滑部位进行检查和加注润滑油或润滑脂。

(5)检查冷却系统有无异常。

(6)检查悬架弹簧、轮胎气压情况;视情况紧定轮胎螺栓和半轴凸缘螺栓。

(7)检查转向装置各部连接情况,检查制动装置各部连接情况。

(8)检查整理随车工具和附件,若有缺失应及时补充。

检查维护中发现故障应及时排除,运行途中发现的问题途中未能解决的也应一并处理,以保持车辆技术状况完好。

(二)汽车一级维护

汽车一级维护指的是除日常维护作业外,以清洁、润滑、紧固为作业中心内容,并检查有关制动、操纵等安全部件,由维修企业负责执行的车辆维护作业。

汽车一级维护具体作业项目和内容如下。

1.发动机部分

(1)检查、调整点火系统使其工作正常。

(2)清洁或更换发动机空气滤清器、空压机空气滤清器、曲轴箱通风、空气滤清器、机油滤清器和燃油滤清器;要求各滤清器的滤芯应清洁无破损,上下衬垫无残缺,密封良好;各滤清器应清洁并安装牢固。

(3)检查曲轴箱油面、冷却液液面及制动液液面的高度并使其符合规定。

(4)检查校紧散热器、油底壳、发动机前后支垫、水泵、空气压缩机、进排气歧管、输油泵、喷油泵的连接螺栓,要求各连接部位螺栓、螺母应紧固,其锁销、垫圈及胶垫应完好有效。

(5)检查空气压缩机、发电机、空调机皮带的磨损、老化程度,调整皮带松紧度并使其符合规定。

2.底盘部分

(1)检查转向器液面及密封状况,润滑转向万向节十字轴、横直拉杆、球头销、转向节等部位并使其符合规定。

(2)检查调整离合器,使其操纵机构灵敏可靠;离合器踏板自由行程符合规定。

(3)检查变速器、差速器液面及密封状况,润滑传动轴万向节十字轴、中间轴轴承,校紧各部连接螺栓,清洁各通气塞,要求均应符合技术规定要求。

(4)检查紧固各制动管路,检查调整制动踏板自由行程。要求制动管路及接头无泄漏,支架螺栓紧固可靠,制动连动机构灵敏可靠,储气筒无积水,制动踏板自由行程符合规定。

(5)检查、紧固车架、车身及附件,要求各部螺栓及拖钩、挂钩紧固可靠,无裂损,无窜动并齐全有效。

(6)检查轮辋及压条挡圈;检查轮胎(包括备用胎)的气压并视情况补气;检查轮毂轴承间隙。要求轮辋及压条挡圈无裂损、变形;轮胎气压符合规定,气门嘴帽齐全;轮毂轴承间隙无明显松旷。

(7)检查悬架机构应连接可靠,无损坏。

3.其他

(1)检查蓄电池,要求电解液液面高度符合规定,通气孔畅通,电极夹头清洁、牢固。

(2)检查灯光、仪表、信号装置,要求齐全有效,安装牢固。

(3)润滑全车润滑点,要求各润滑嘴安装正确,齐全有效。

(4)检查全车,要求全车不漏油、不漏液、不漏气、不漏电、不漏尘,各防尘罩齐全有效。

(三)汽车二级维护

汽车二级维护指的是除一级维护作业外,以检查和调整转向节、转向摇臂、制动蹄片、悬架等经过一定时间使用容易磨损或变形的安全部件为主,并拆检轮胎,进行轮胎换位,检查和调整发动机工作状况及排气污染控制装置等,由维修企业负责执行的车辆维护作业。

1.基本流程

汽车二级维护的基本流程如图3-2所示。

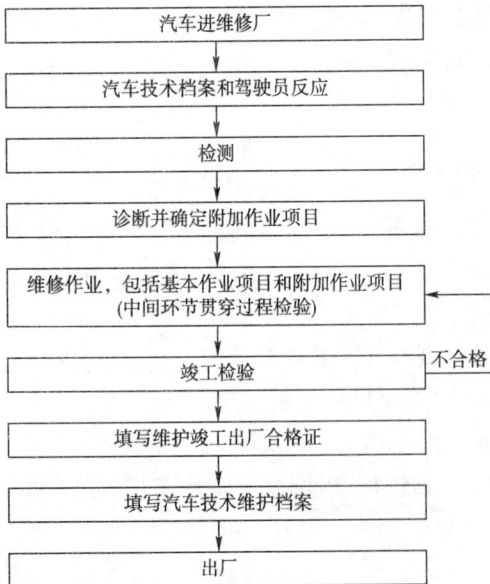

图3-2 二级维护工艺的流程示意图

汽车二级维护首先要进行检测,检测项目共有13项,汽车进厂后,根据汽车技术档案的记录资料(包括车辆运行记录,维修记录,检测记录,总成修理记录等)和驾驶员反映的车辆使用技术状况(包括汽车动力性,异响,转向,制动及燃、润料消耗等)确定所需检测项目。

二级维护检测项目有:发动机功率,汽缸压力;汽车排气污染物,三元催化转化器的作用;电控燃油喷射系统;柴油车的供油提前角、供油间隔角及喷油泵供油压力;制动性能中的制动力;转向轮定位,主要检查前轮定位角和转向盘自由转动量;车轮动平衡;前照灯;操纵稳定性,有无跑偏、发抖、摆头;变速器有无泄漏、异响、松脱、裂纹等现象,换挡是否轻便灵活;离合器有无打滑、发抖现象,分离是否彻底,接合是否平稳;传动轴有无异响、松脱、裂纹等现象;后桥(主减速器)有无泄漏、异响、松动、过热等现象。

检测完后,依据检测结果和该车技术状况进行故障诊断,进而确定附加作业项目。即二级维护作业有基本作业项目和附加作业项目两大类,在维护作业时一并进行。

2.汽车二级维护基本作业项目与内容

(1)发动机部分。

①检查润滑、冷却、排气系统及燃油系统是否渗漏或损坏。

②更换发动机油及机油滤清器滤芯。

③检查冷却系统液面高度及防冻能力,必要时添加冷却液或调整冷却液浓度。

④清洗空气滤清器,必要时更换滤芯。

⑤检查清洗火花塞,必要时更换火花塞。

⑥检查V形带状况及张紧度,视情况调整张紧度或更换V形带。

⑦检查调整点火正时,怠速转速及一氧化碳含量。

(2)底盘部分。

①检查离合器踏板行程。

②检查变速器是否渗漏或损坏。

③检查等速万向节防尘套是否损坏。

④检查转向横拉杆球头固定情况、间隙及防尘套是否损坏。

⑤检查制动系统是否渗漏或损坏。

⑥检查制动液液面高度,必要时添加制动液。

⑦检查制动蹄摩擦衬片或制动摩擦块的厚度。

⑧检查调整驻车制动装置。

⑨检查轮胎气压、磨损及损坏情况。

⑩检查车轮螺栓拧紧力矩。

⑪检查轮胎花纹深度。

(3)车身。

①润滑发动机罩及行李舱盖铰链。

②润滑车门铰链及车门限位拉条。

③检查车身底板密封保护层有无损坏。

(4)电气系统及空调器。

①检查照明灯、警报灯、转向信号灯及喇叭的工作状况。

②检查调整前照灯光束。

③检查风窗玻璃刮水器及清洗装置,必要时添加风窗玻璃清洗液。

④检查蓄电池液面高度,必要时添加蒸馏水。

⑤检查空调系统是否泄漏。

⑥检查清洗空调新鲜空气滤清器。

汽车在维修企业进行二级维护后,必须进行竣工检验;各项目参数符合国家或行业及地方标准;竣工检验合格的车辆填写维护竣工出厂合格证后方可出厂。检验不合格的车辆应进行进一步的检验、诊断和维护,直到达到维护竣工技术要求为止。维修企业应及时填写汽车维护技术档案。

3.二级维护竣工技术要求

二级维护竣工技术要求见表3-1。

二级维护竣工技术要求表 表3-1

序号	检测部位	检测项目	技术要求	备 注
1	整车	(1)清洁	汽车外部、各总成外部、三滤应清	检视
		(2)面漆	车身面漆、腻子无脱落现象,补漆颜色应与原色基本一致	检视
		(3)对称	车体应周正,左右对称	汽车平置检查
		(4)紧固	各总成外部螺栓、螺母按规定力矩拧紧,锁销齐全有效	检查
		(5)润滑	发动机、变速器、转向器、减速器润滑符合规定,各通气孔畅通。各部位润滑点润滑脂加注符合要求。润滑脂嘴齐全有效,安装位置正确	检视
		(6)密封及电器	全车无油、水、气泄漏,密封良好,电气装置工作可靠,绝缘良好	检视
		(7)前照灯、信号、仪表、刮水器、后视镜等装置	稳固、齐全有效符合有关规定	检视
2	发动机	(1)发动机工作状况	发动机能正常启动,低、中、高速运转均匀及稳定、冷却液温度正常,加速性能良好,无断裂、回火、放炮等现象,发动机运转稳定后应无异响	路试
		(2)发动机功率	无负荷功率不小于额定值的80%	检测
		(3)发动机装置	齐全有效	检视
3	离合器	(1)踏板自由行程	符合原厂规定	检测
		(2)离合情况	接合平稳,分离彻底,无打滑、抖动及异响	路试
4	转向系统	(1)转向盘最大转动量	符合规定	检查
		(2)横直拉杆装置	球头销不松旷,各部螺栓螺母紧固,锁止可靠	检查
		(3)转向机构	操作轻便、转动灵活,无摆振、跑偏等现象。车轮转至极限位置时,不得与其他部件有碰擦现象	检测
		(4)前束及最大转向角	符合规定	检测
		(5)侧滑	符合GB7258—2012中的有关规定	检测
5	传动系统	变速器、传动轴、主减速器	变速器操纵灵活、不跳挡,不乱挡。变速器传动轴、主减速器各部无异响,传动轴装配正确	路试

续上表

序号	检测部位	检测项目	技术要求	备 注
6	行驶系统	(1)轮胎	轮胎磨损应在规定范围内、同轴轮胎应为相同的规格和花纹，转向轮不得使用翻新轮胎，轮胎气压符合规定，后轮辋孔与制动鼓观察孔对齐	检查
		(2)钢板弹簧	钢板弹簧无断裂、位移、缺片、U形螺栓紧固，前后钢板支架无裂纹及变形	检查
		(3)减振器	稳固有效	路试
		(4)车架	车架无变形，纵横梁无裂纹，铆钉无松动，拖车钩、备胎架齐全，无裂损变形，连接牢固	检查
		(5)前后轴	无变形及裂纹	检查
7	制动系统	(1)制动效能	应符合GB7258—2012中的有关规定	路试或检测
		(2)制动踏板自由行程	符合规定	
		(3)驻车制动性能	应符合GB7258—2012中的有关规定	路试和检测
8	滑行	滑行性能	符合规定	路试或检测
9	车身车厢	车身	驾驶室装置紧固，门锁链灵活无松旷，限动装置齐全有效，驾驶室门关闭牢靠，无松动，风窗玻璃完好，窗框严密，门把、门锁、玻璃升降器齐全有效。发动机罩锁扣有效，暖风装置工作正常	检查
10	排放	尾气排放测量	符合有关标准的规定	检测

4. 汽车二级维护附加作业项目确定依据

汽车二级维护附加作业项目是指依据维护前汽车技术评定的结果，所确定的与二级维护基本作业项目一并进行的修理项目。

汽车二级维护附加作业项目的中心内容是根据检测结果进行汽车故障诊断，确定以消除汽车故障为目的的二级维护附加作业项目和作业内容，恢复汽车的正常技术状况。附加作业项目确定后与基本作业项目一并进行二级维护作业。

汽车二级维护附加作业项目确定的依据详见表3-2。

汽车二级维护附加作业确定项目　　　　　　　　　　　表3-2

序号	项目	检测结果	相关故障诊断	附加作业项目
1	点火系统	(1)触点闭合角>42°或者<36°；(2)分电器重叠角>34°；(3)点火提前角失准；(4)点火高压、点火波形	(1)分电器调整不当；(2)分电器轴及凸轮磨损松旷；(3)点火系统元件工作性能变化	(1)检修分电器；(2)视情况更换有故障的元件

序号	项目	检 测 结 果	相关故障诊断	附加作业项目
2	发动机动力性	（1）发动机功率低于厂额定值的80%； （2）单缸转速降<90r/min，各缸转速降相差>25%	（1）气门与气门座密封性差； （2）汽缸垫、进排气歧管衬垫漏气； （3）汽缸与活塞磨损，配合间隙过大； （4）活塞环磨损、黏结、断裂； （5）正时齿轮、凸轮轴磨损； （6）油泵及管路故障； （7）点火系统故障	（1）研磨气门； （2）更换损坏衬垫； （3）更换活塞或视情况镗缸； （4）更换活塞环； （5）更换正时齿轮或凸轮轴； （6）检修，调整； （7）检修，调整或更换有关元件
3	汽缸压力	压力低于规定值的85%，或各缸压力差大于各缸规定值的10%，如压缩比6.75:1的压力值<0.70MPa	（1）气门与气门座密封性差； （2）汽缸垫窜气； （3）汽缸与活塞配合间隙过大； （4）活塞环磨损或断裂； （5）正时齿轮、凸轮轴磨损或配气正时失调	（1）研磨气门； （2）视情况更换； （3）视情况镗缸或更换活塞； （4）更换活塞环； （5）更换磨损零件或调整配气正时
4	曲轴箱串气量	窜气量 （1）发动机转速:100r/min（CA1091）>40L/min； （2）发动机转速:2000r/min（EQ1090）>70L/min	（1）汽缸，活塞磨损，配合间隙过大； （2）活塞环磨损、黏结、断裂； （3）活塞烧顶，严重拉缸	（1）视情况镗缸或更换活塞； （2）更换； （3）更换活塞或视情况镗缸
5	汽缸漏气量	测量表压力值<0.25MPa	（1）汽缸、活塞磨损，配合间隙过大； （2）活塞环磨损、黏结、断裂； （3）活塞烧顶，严重拉缸； （4）气门密封性差	（1）视情况镗缸或更换活塞； （2）更换； （3）更换活塞或视情况镗缸； （4）研磨气门
6	进气歧管真空度	（1）真空度<57kPa； （2）波动值>5kPa	（1）汽缸、活塞磨损，配合间隙过大； （2）活塞环磨损、黏结、断裂； （3）气门杆与导管磨损，气门密封性差； （4）汽缸垫窜气，进排气歧管衬垫漏气	（1）视情况镗缸或更换活塞； （2）更换； （3）视情况修理； （4）更换
7	汽缸内部窥查	活塞烧顶，汽缸壁拉伤		更换活塞，视情况镗缸
8	配气相位	配气相位角度偏移超过规定值2°	（1）正时齿轮安装、调整不当； （2）气门间隙调整不当； （3）正时齿轮、凸轮轴磨损	（1）重新安装，调整； （2）更换磨损零件

续上表

序号	项目	检测结果	相关故障诊断	附加作业项目
9	发动机异响	(1)曲柄连杆机构异响; (2)曲轴主轴承连杆轴承; (3)活塞销响	(1)轴承与轴颈磨损、烧蚀; (2)活塞与汽缸磨损、间隙增大,汽缸体、曲轴及连杆变形; (3)活塞销与活塞、连杆衬套间隙过大	(1)视情况处理; (2)视情况处理; (3)视情况处理
		配气机构异响	(1)气门间隙调整不当; (2)摇臂与轴、气门挺杆与凸轮轴磨损; (3)凸轮轴轴承间隙超差; (4)气门座圈脱落; (5)气门弹簧折断; (6)正时齿轮磨损	(1)视情况拆检相关部位; (2)更换磨损或损坏零件
10	发动机其他部位	水泵异响,渗漏	水泵轴轴承损坏或水泵轴断裂及各部密封差	(1)检修水泵; (2)视情况检修更换密封件
		空气压缩机异响,漏油	(1)活塞、汽缸磨损,配合间隙过大; (2)轴承损坏或配合间隙过大油封失效	(1)视情况更换活塞或汽缸; (2)视情况处理
		曲轴前、后油封漏油	油封失效	更换油封
		发动机过热	(1)冷却系统工作不良; (2)配气相位调整不当; (3)点火正时调整不当,连接松动,开裂或阻塞	(1)拆检冷却系统相关零件; (2)调整
		排气管及消声器工作状况不良	连接松动,开裂或阻塞	视情况处理
		机油压力低 (1)怠速<0.1MPa; (2)中速<0.3MPa	(1)机油泵磨损; (2)曲轴主轴承、连杆轴承、凸轮轴轴承配合间隙大; (3)油道漏油,调压阀失准,仪表、感应器不正常	(1)拆检相关部位; (2)视情况处理; (3)视情况处理
11	机油分析	污染指数、瘢痕图谱,或理化性能指标超标		更换机油或检查原因
12	齿轮油分析	水分,含铁量增长值,100°运动黏度变化率超标		更换齿轮油
13	前轮定位	前轮定位超过规定值	(1)转向主销及衬套磨损松; (2)车架、前轴变形; (3)悬架、转向机构异常	(1)更换磨损零件; (2)校正; (3)视情况修理

序号	项目	检测结果	相关故障诊断	附加作业项目
14	转向器	(1)转向盘自由转动量大于30°； (2)转向卡滞,沉重	(1)啮合间隙过大； (2)各配合副磨损、卡滞； (3)轴承锈蚀； (4)转向器、转向传动机构调整不当	(1)调整间隙； (2)拆检更换磨损零件； (3)更换轴承； (4)调整
15	驻车制动器	驻车制动器不能有效制动(调整无效)	制动鼓、摩擦片磨损或油污	拆检,更换摩擦片或清洗
16	离合器	(1)变速器分离轴承异响； (2)离合器工作不良	(1)轴承润滑不良； (2)轴承损坏； (3)离合器打滑； (4)离合器分离不彻底； (5)离合器接合不平顺	(1)润滑； (2)更换； (3)拆检离合器,检查、更换离合器片,分离拨杆,压板或压紧弹簧
17	变速器	异响,乱挡,跳挡,换挡困难	(1)齿轮、轴、轴承磨损,间隙过大； (2)齿轮啮合不良或崩齿； (3)各轴承的同轴度、平行度超限； (4)变速操纵机构失效； (5)同步器失效	(1)拆检变速器； (2)视情况修理； (3)视情况修理； (4)视情况修理； (5)视情况修理更换
17	变速器	漏油	油封老化失效,衬垫损坏	更换
18	传动轴	异响,发抖,松旷	(1)中间轴承、万向节轴承松旷； (2)凸缘叉、滑动叉与花键配合不当或松旷； (3)传动轴不平衡	(1)拆检,视情况更换； (2)拆检,视情况更换磨损零件； (3)视情况修理
19	后桥	主减速器或差速器有异响	(1)齿轮崩齿,轴承损坏； (2)齿轮磨损,啮合间隙不当	更换磨损零件
19	后桥	后桥壳有裂纹	—	修复或更换
20	车架悬架轮胎	车架裂纹、变形,铆钉松动	—	焊补,重铆,校正
20	车架悬架轮胎	悬架机构异常	(1)钢板弹簧座孔磨损； (2)钢板弹簧错位、断裂,钢板弹簧销、衬套、滑板磨损、断裂	(1)视情况修理； (2)视情况修理
20	车架悬架轮胎	轮胎异常磨损	(1)前轮定位不符合规定； (2)车架、前桥、后桥变形； (3)悬架机构异常； (4)差速器功能不良	视情况调校或修理
21	车身货厢	(1)钣金件开裂、锈蚀、变形； (2)脱漆	—	修整,补灰,喷漆

序号	项目	检测结果	相关故障诊断	附加作业项目
22	轴距	左右值之差 > 10mm	(1)钢板中心螺栓折断,钢板错位; (2)钢板中定位孔磨损,前桥或后桥移位; (3)悬架机构,车架变形	(1)拆检,更换中心螺栓; (2)视情况处理

(四)其他

汽车维护除了日常维护、一级维护、二级维护以外,还包括汽车季节性维护和汽车磨合维护,它们是汽车维护过程必不可少的组成部分。

1. 汽车的季节性维护

汽车的季节性维护又称换季维护,它是指汽车适应季节变化而实施的维护,一般结合二级维护进行。近年来由于免维护和少维护化的发展,因而维护工作减少,比如使用多级润滑油,具有良好的黏温特性,既适合冬季又适合夏季使用,换季维护时就无须更换润滑油。不同的季节,气候也有较大的差异,尤其是冬季和夏季,一冷一热,差别悬殊。

2. 汽车磨合维护

汽车的磨合期实质上是为了使汽车向正常使用阶段过渡,在使用中对相互配合件的摩擦表面进行磨合加工的过程,即改善零件摩擦表面几何形状和表面层物理力学性能的过程。

新车或经大修的汽车,在初期行驶的磨合期内,对使用和维护有特殊的要求,而汽车在磨合期期间所进行的维护就是磨合维护。汽车的使用寿命、行驶的安全可靠性及经济性在很大程度上取决于在使用初期的正常磨合和磨合维护质量,所以汽车磨合期使用、维护为特殊条件下的使用和维护,这一时期必须按照相应的规定使用和维护。

第二节　汽车修理工艺

一、汽车修理工艺过程

汽车在使用过程中,由于零件的耗损和其他事故性损伤会逐渐丧失其工作性能,当达到修理极限时就必须进行修理。消除车辆的故障或损伤,恢复车辆的工作能力和完好状况的工作就是汽车修理。汽车修理的任务,就是以最低的社会消耗来恢复汽车丧失的功能。

(一)汽车修理方法

汽车修理有许多工艺作业,按规定顺序完成这些作业的过程称为汽车修理工艺过程。由于修理组织的方法不同,汽车修理工艺过程亦各不相同。

汽车修理方法通常有就车修理法和总成互换修理法两种。

1. 就车修理法

当采用就车修理法时,汽车大修的工艺过程如图 3-3 所示。汽车经过验收并进行外部清洗后,拆成总成,然后分解成零件,并加以清洗。所有零件经过检验后可分为可用零件、需修零件和报废零件三类。可用的零件可直接送至总成装配,需修的零件送至零件修理车间修复后再送至总成装配,报废的零件则用新件或修复件替换。当总成零部件配套齐全后,可进行总成装配,经磨合试验后,将试验合格的总成送至汽车总装。汽车车架、车身和电气仪表的修理是在总成拆解修理装配的过程中同时进行的。汽车总装完毕后经过试验并消除所发现的缺陷后,进行汽车外表涂装,交验收员验收然后交车。

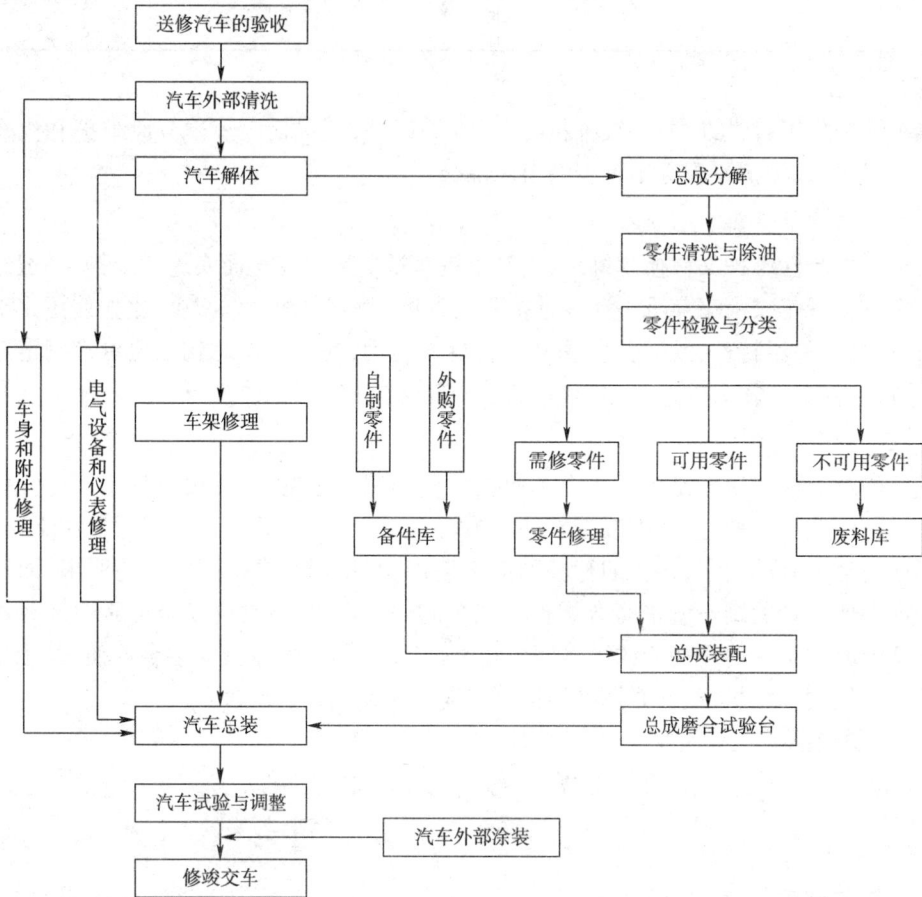

图3-3 采用就车修理法的汽车大修工艺过程

就车修理方法的特点是:所有的总成都是由原车拆下的总成和零件装配而成的,由于各总成的修理周期不同,采用就车修理法时,必须等修理周期最长的总成修竣后方能装配汽车,因此大修周期较长。

2. 总成互换修理法

采用总成互换修理法修理汽车时,其工艺过程如图3-4所示。汽车大修时将验收并经外部清洗的汽车拆成总成,修理汽车车架(或轿车车身);然后用备用总成库的周转总成、组合件和零件来装配汽车。拆下的总成经拆解检验分类和修复后,交备用总成库,以备其他车辆修理时使用。由于采用了备用零件和周转总成,就不会破坏汽车修理装配的连续性,可大大缩短大修时间。

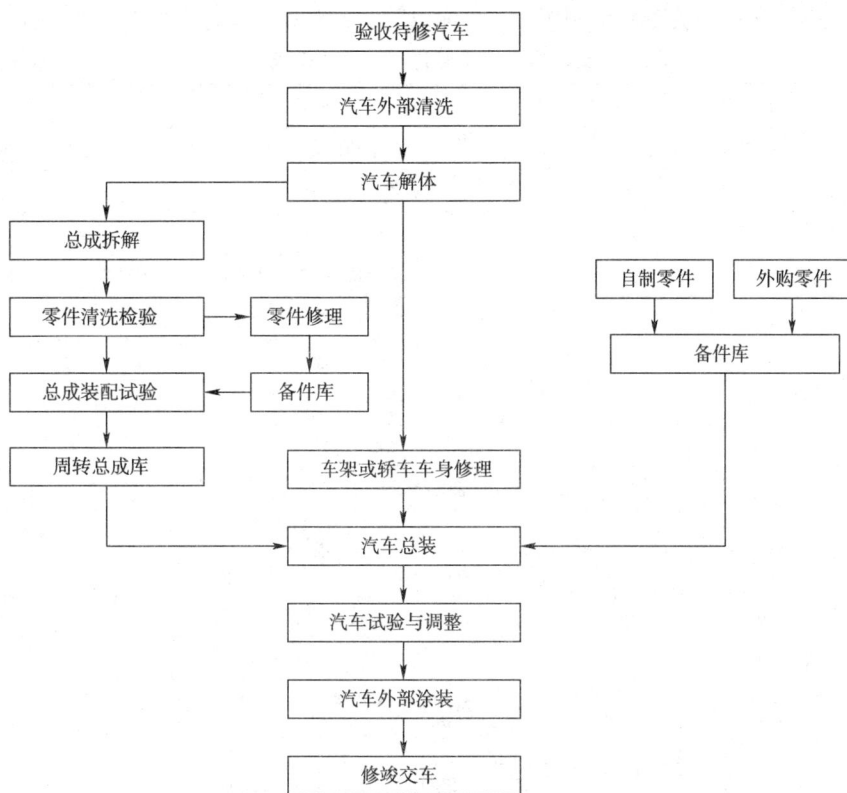

图 3-4　采用总成互换法的汽车大修工艺工程

采用总成互换修理法时,企业承修的车辆必须车型较单一,而且互换总成的修理质量必须达到统一的修理标准,否则实施总成装配时就会发生困难。采用总成互换修理法时,备用总成的数量及总成的修理时间与车架(或车身)修理时间的差值大小有关,在差额期内必须由备用总成来补充。因此,修理企业所需备用总成的数量为

$$N = n(t_1 - t_0) + n_0 \qquad (3\text{-}8)$$

式中：N——备用总成数;

n——修理企业的日生产纲领,辆;

t_1——总成修理所需时间,日;

t_0——车架或车身修理所需时间,日;

n_0——由于某种特殊原因引起的生产中断而备用的总成数。

(二)汽车修理工艺过程的统筹与优化

为合理地组织汽车修理生产,须将汽车修理工艺过程作为一个系统进行统筹安排、规划。

汽车修理工艺过程的统筹方法即统筹法,又称网络分析技术,是利用统筹图来进行网络分析的。分析前应先将汽车修理工艺过程分成若干个工序,分析和确定各工序间的工艺性和组织性的相互联系和制约关系,确定工序间的先后顺序,并按先后顺序的联系汇编成表,按表绘制统筹图。为便于说明统筹法,现以发动机总成大修工艺过程为例予以说明:表 3-3 所示为发动机大修的工序和工序关系表,图 3-5 所示为发动机大修工艺的统筹图,图上的圆圈代表节点,带箭头的线代表工序,一个工序连接两个节点。从始点到终点,所有线路中所

需工时最长的路线称为关键路线,用双实线标出,关键路线上的工序称为关键工序。

发动机大修工艺过程工序关系表
表 3-3

工序代号	节点箭线号码	工 序 名 称 或 内 容	工时(h)
1	①－②	发动机解体	2.0
2	②－③	零件清洗	0.5
3	③－④	零件检验分类	1.0
4	④－⑤	修磨缸盖、缸体平面,校正燃烧室容积	3.0
5	⑤－⑨	压换缸套、镗磨缸、铣气门座、镶气门导管、镗飞轮壳孔	6.0
6	④－⑥	磨凸轮轴	2.0
7	⑥－⑦	修理离合器	2.0
8	④－⑦	磨曲轴	3.0
9	⑦－⑧	曲轴及离合器部件动平衡	2.0
10	⑧－⑨	校连杆及连杆轴承	2.0
11	⑨－⑬	光磨气门并配对研磨、校主轴承和凸轮轴轴承	6.0
12	⑧－⑩	校连杆小头衬套、选配活塞销、装配活塞组	2.0
13	④－⑩	修理空气压缩机	5.0
14	⑩－⑪	修理燃料供给系统、汽油泵	2.0
15	⑪－⑫	修理点火系统	2.0
16	⑫－⑭	修理发电机、调节器、起动机等	4.0
17	⑩－⑬	修理空气滤清器、机油滤清器、汽油滤清器,机油泵,水泵及管路	2.0
18	②－⑭	修理蓄电池并充电	18.0
19	⑬－⑭	发动机总装及冷磨	4.0
20	⑭－⑯	发动机热试、调整及最后装配	4.0
21	⑮－⑯	喷漆、验收	0.5

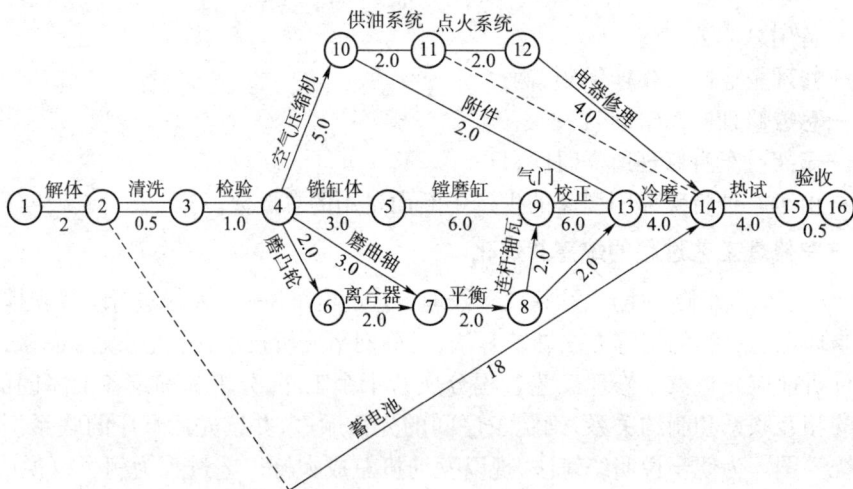

图 3-5 发动机大修工艺统筹图实例

用矩阵法计算统筹图上各节点工作的最早时间、最迟时间、工序最早开工和最迟开工时间、节点的时差等,计算步骤如下。

(1)作节点数目矩阵(该统筹图中节点数目为16),因而其矩阵 A 为 16×16 的节点矩阵。在矩阵第一行上方和第二列左方,依次序写上节点编号,见表3-4。

(2)填入相应的工序时间,以行为箭尾节点,以列为箭头节点,顺次把各工序的工时写入矩阵的相应格内。例如③→④工序的工时为1.0,可将1.0填入第三行第四列对应的方格中。

(3)在矩阵上方和左方分别加一行和一列,填入各节点的最迟结束时间 t_L 和最早开始时间 t_E。

(4)计算各节点的最早开始时间 $t_E(i)$。始点工序的最早开始时间为零,即节点①的 $T_E(1)=0$,其他节点的最早开始时间可由接它的箭尾节点的最早开始时间加上箭杆时间(工作时间)来决定。

节 点 矩 阵　　　　　　　　　　　表3-4

t_L-t_E		0	0	0	0	0	1	1	1	0	6	6	6	0	0	0	0
t_E	t_L	0	2.0	2.5	3.5	6.5	6.5	80.5	10.5	12.5	14.5	16.5	18.5	18.5	22.5	26.5	27
	A=16×16	①	②	③	④	⑤	⑥	⑦	⑧	⑨	⑩	⑪	⑫	⑬	⑭	⑮	⑯
0	①	\	2.0														
2.0	②		\	0.5													
2.5	③			\	1.0												
3.5	④				\	3.0	2.0	3.0									
6.5	⑤					\	2.0										
5.5	⑥						\	2.0									
7.5	⑦							\	2.0								
9.5	⑧								\	2.0							
12.5	⑨									\		2.0					
8.5	⑩										\		2.0				
10.5	⑪											\					
12.5	⑫												\		4.0		
18.5	⑬													\	4.0		
22.5	⑭														\	4.0	
26.5	⑮															\	0.5
27	⑯																\

如果同时有几支箭线与节点相连,则选其中箭尾节点的最早开始时间与箭杆时间相加之和的最大值,即

$$T_E(j) = \max\{T_E(i) + t(i,j)\} \qquad (j=2,3,4,\cdots,n) \qquad (3\text{-}9)$$

式中：$T_E(j)$——箭头事项的最早开始时间；

　　$T_E(i)$——箭尾事项的最早开始时间；

　　$t(i,j)$——工序的工时。

　　例如，节点②的 $T_E(2) = 0 + 2 = 2$，节点③的 $T_E(3) = 2 + 0.5 = 2.5$，节点④的 $T_E(4) = 2.5 + 1.0 = 3.5$。

　　(5)计算节点的最迟结束时间 $T_L(i)$。节点最迟结束时间是从终点节点开始从右到左逐个计算的。终点节点的最迟结束时间应当等于总完工期，它等于关键路线各工序工时之和，如图 3-5 所示，总完工期 $= (2 + 0.5 + 1.0 + 3.0 + 6.0 + 6.0 + 4.0 + 4.0 + 0.5)h = 27h$。一个箭尾节点的最迟结束时间是由它的箭头节点的最迟结束时间减去箭杆时间(作业时间)来决定的。如果从此箭尾节点同时引出几支箭线，则选其中箭头节点的最迟结束时间与箭杆时间差值中的最小值。用公式表示为

$$T_L(i) = \min\{T_L(j) - t(i,j)\} \qquad (i = n-1, n-2, \cdots, 1) \qquad (3\text{-}10)$$

式中：$T_L(i)$——箭尾节点的最迟结束时间；

　　$T_L(j)$——箭头节点的最迟结束时间。

　　按图 3-5 所示可分别求出 $T_L(15) = (27 - 0.5)h = 26.5h$，$T_L(14) = (26.5 - 4.0)h = 22.5h$，依此类推。

　　(6)计算节点时差。节点时差为节点的最迟结束时间与最早开始时间之差，其值为

$$S(i) = T_L(i) - T_E(i) \qquad (3\text{-}11)$$

　　(7)确定关键路线。将时差为零的节点串联起来的路线即为关键路线。如图 3-5 所示，其关键路线为：①→②→③→④→⑤→⑨→⑬→⑭→⑮→⑯，关键路线越多，或者其他路线的工时越接近关键路线的工时，表明发动机修理工艺安排得越合理。若不满足要求，可利用统筹图作相应的调整，改变关键路线。

　　(8)各工序的最早开工时间，就是它的箭尾节点的最早时间，如⑦→⑧的工序 9，其最早可能开工的时间为 7.5h。

　　(9)各工序的最迟开工时间等于它的箭头节点的最迟时间减去本工序工时的差值，如⑦→⑧的工序 9，其最迟可能开工期为 $(10.5 - 2.0)h = 8.5h$，也就是说，工序 9 的最迟开工时间为 8.5h，否则就会影响随后的工序如期开工。

　　(10)工序时差，就是工序的最迟开工期与最早开工期的差值，即

$$S(i,j) = T_L(i,j) - T_E(i,j) = L_F(i,j) - E_F(i,j) = T_L(j) - T_E(i) - t(i,j) \qquad (3\text{-}12)$$

式中：$T_L(i,j)$——工序的最迟开始时间；

　　$T_E(i,j)$——工序的最早开始时间；

　　$L_F(i,j)$——工序的最迟结束时间；

　　$E_F(i,j)$——工序的最早结束时间。

　　计算结果列于表 3-5。

　　上述每道工序的完成时间是按定额时间来确定的。在生产实践中，由于各种因素的影响，每道工序的完成时间将在一定范围内波动。因此，在分析中通常将工作时间按三种情况进行估计最快可能完成的时间、最慢可能完成的时间和最大可能完成的时间。

工序时差计算表 　　　　表 3-5

节点号码	工序代号	工序最早开工时间(h)	工序最迟开工时间(h)	工序时差(h)	节点号码	工序代号	工序最早开工时间(h)	工序最迟开工时间(h)	工序时差(h)
①-②	1	0	2-2=0	0	③-④	3	2.5	3.5-1.0=2.5	0
②-③	2	2.0	2.5-0.5=2.0	0	④-⑤	4	3.5	6.5-3.0=3.5	0
⑤-⑨	5	6.5	12.5-6.0=6.5	0	⑩-⑪	14	8.5	16.5-2.0=14.5	6.0
④-⑥	6	3.5	6.5-3.0=3.5	1.0	⑪-⑫	15	10.5	18.5-2.0=16.5	6.0
⑥-⑦	7	5.5	12.5-6.0=6.5	1.0	⑫-⑭	16	12.5	22.5-18.0=4.5	6.0
④-⑦	8	3.5	8.5-3.0=5.5	2.0	⑩-⑬	17	8.5	18.5-2.0=16.5	8.0
⑦-⑧	9	7.5	10.5-2.0=8.5	1.0	②-⑭	18	2.0	22.5-18.0=4.5	2.5
⑧-⑨	10	9.5	12.5-2.0=10.5	1.0	⑬-⑭	19	18.5	22.5-4.0=18.5	0
⑨-⑬	11	12.5	18.5-6.0=12.5	0	⑭-⑯	20	22.5	26.5-4.0=22.5	0
⑧-⑬	12	9.5	18.5-2.0=16.5	7.0	⑮-⑯	21	26.5	27.5-0.5=26.5	0
④-⑩	13	3.5	14.5-5.0=9.5	6.0					

因此,该工作完成时间的估计值 t_e 为

$$t_e = \frac{t_a + t_b + t_c}{6} \tag{3-13}$$

式中: t_a——最快可能完成的时间;

　　 t_b——最慢可能完成的时间;

　　 t_c——最大可能完成的时间。

找出关键路线后,要想进一步缩短大修工期,可在关键工序上采取措施。除在关键工序上改进设备和工艺、提高工作效率、减少修理工时外,在工艺组织上可尽量采用平行作业和交叉作业,以缩短工序工时。

由于非关键路线在时间上常有潜力可挖,时差越大表明可挖掘的潜力也越大,表明工艺安排不合理,应进行调整,如可抽调人力支援关键路线或做其他工作;也就是尽可能减少非关键线路上的人力、设备,以集中用于关键路线上。

二、汽车的接收与清洗

(一)汽车的检验接收

送厂修理的汽车,进厂时应进行验收,验收时应检查该车送修的技术鉴定书、车辆技术记录、送修前的车况调查资料以及送修人员对车辆修理的要求。进行车辆外部检视和必要的技术状况检查,查对该车的技术装备,做好进厂检验的技术记录,以便提供给生产调度部门及生产车间作为生产调度和施工时的主要依据。汽车检验接收的内容如下。

(1)掌握送修车辆的情况。为了有效地组织修理生产,承修企业应掌握送修车辆的情况,其内容包括:

①承修车型的结构特点及维修资料数据。汽车修理企业掌握承修车型的结构特点及维修资料数据的目的如下:

a.使汽车修理工艺和汽车制造时的工艺方法保持一致。

b.使汽车大修时零件的加工基准与制造时的基准保持一致。

c.使汽车大修和汽车制造时的尺寸链计算方法保持一致,保持同一个封闭环,并保持封闭环在同一散布域。

d.使大修时的主要配合副的配合特性和旋转件的平衡要求与制造时保持一致。

e.使零件修复后的表面硬度、冲击韧性、耐久性和表面粗糙度指标与原有零件的类似指标保持一致或相近。

②承修车型使用中的故障规律和各部件的耐久性。修理企业必须掌握承修车型的新车或大修车在使用中的故障规律和各部件的耐久性资料,为大修时的修理方法提供必要的信息,对汽车的薄弱环节可通过修理时选择适当的修理工艺予以改善;并应尽量利用汽车各个结构元件的寿命储备,确定大修容许尺寸,以降低大修成本。

③汽车大修前各部件实际技术情况。掌握汽车大修前各部件实际技术情况,以便事先安排备料、生产计划和劳动力调配等工作,使汽车在修理过程中不会因等待材料、配件或由于各工序不能配合协调而停工。通常在汽车大修前的最后一次高级维护时,应对汽车进行技术摸底,详细记录各部件的技术状况。

(2)确定承修车辆的技术状况与装备的齐备程度。

(3)检验送修汽车,以进一步了解汽车各部的技术状况。

检收的具体内容如下:

①经过技术鉴定需要送修的汽车,除肇事或特殊情况外,必须保持行驶状态,车辆装备必须齐全,不得拆换或缺少。总成送厂大修时,应在装合状态,零件、附件均不得拆散或缺少。

②汽车、总成送修时,应将车辆或总成的有关技术资料随同送厂。承修单位会同送修单位填写车辆或总成交接清单,办理交接手续。

③随车工具及用品,不属于汽车附件范围者,应由送修单位自行保管。送修的车辆必须配齐轮胎,并按规定充足气压。

④送修车辆的验收工作由汽车修理厂专业人员负责进行。汽车验收时除核对上述装备外,还应通过对汽车进行使用调查、外部检视和路试,确定汽车的技术状况,为安排修车作业提供一定的依据。

(二)汽车外部清洗及解体

1.汽车外部清洗

进厂进行大修的汽车在解体之前应进行外部清洗,以便于拆卸工作的顺利进行。

2.汽车解体

送修车辆经外部清洗后进行解体,即将整车拆成总成(或拆卸单元),然后再将各总成拆成零部件。在修理作业中,拆装工作量占有较大的比重。例如,在汽车大修过程中,拆装工作量约占总工作量的40%,而汽车和总成拆卸工作的生产效率、质量以及工人的劳动强度,在很大程度上取决于作业组织、工艺安排、操作技术、工具及设备的使用以及作业机械化程度等。

(1)合理组织拆卸作业及安排工艺顺序。对汽车和总成的拆卸作业,可根据生产规模的大小分别采用删除流水作业法和固定工位作业法。

整车解体通常是将整车分成若干个拆卸单元,按部位进行分工并以平行交叉的作业方式进行。这样可使整个拆卸过程交叉配合、密切衔接,既缩短了拆卸时间,又减少了其他辅助时间。汽车拆卸的工艺顺序取决于汽车的结构和工作地点的组织形式。对某一具体车型,只有反复实践后才能制订出最优的拆卸工艺顺序。

(2)正确使用拆装工具和设备。在汽车拆装作业中,螺纹连接的拆装工作量占总拆装工作量的50%～60%,过盈配合连接和轴承件的拆装工作量约占总拆装工作量的20%。为提高作业效率,保证拆卸质量,改善劳动条件,应正确使用拆装工具和拆装设备。

螺纹连接件的拆装工具应尽量选用合适的固定式扳手或套筒扳手,以保护被拆卸螺栓、螺母的六方头。过盈配合连接件的拆装应使用拉压器或压力机以提高工作效率,避免损坏零件和破坏配合性质。若用锤子冲击方法拆卸,应垫以软金属或硬木,不可垫硬金属,以免损坏零件;更不可垫螺钉旋具或錾子等工具钢类手工工具,因为不仅会损坏零件、工具,且脆断的刃块可能造成人身伤害。

(3)注意零件间的相互位置关系以防拆卸错乱。汽车上有些零件的相互位置和方向是不可错乱的,有些零件是不可互换的。为此,应采取不同措施,以防拆乱。

①组合加工件。在组合状态下进行最后加工的零件,如主轴承盖和汽缸体、连杆与其轴承盖、汽缸体与飞轮壳、主减速器壳与差速器侧轴承盖、组合式差速器壳等。若发生错乱便破坏了有关的形位公差。

②平衡件。高速旋转的重要组合件都进行过平衡试验,如离合器盖与压盘、离合器总成与飞轮和曲轴等。若错乱则破坏了它们的动平衡。

③正时件。主要是配气正时和柴油机喷油正时传动件。若错乱则破坏了正确的配气时刻和喷油时刻。

以上三类零件为防止错乱,一般都有装配标记,拆时应注意查看。若无记号则应补做。

④配合副。关键配合副,如气门挺杆与导孔、轴瓦与曲轴、活塞与汽缸、气门与导管等,特别是一些选配后再经研磨加工的配合副,如主减速器锥齿轮、柴油机高压泵柱塞副、喷油器柱塞副等,如互换便破坏了配合特性和配合技术状况。

⑤调整垫片。如调整主减速器、变速器、转向器中一些轴的轴向间隙、轴承预紧度、齿轮啮合状况等的调整垫片,错乱了会给调整工作带来麻烦。

除上述措施外,凡不妨碍后续作业的,在拆后应尽量装回原位,可以有效地防止错乱,如组合加工件和非通用的螺栓、螺母等。

(4)其他应注意的问题。

①应在汽车刚停车时,趁热放出发动机、变速器、主减速器等总成中的润滑油,以使废油能够放得彻底。

②应在40℃以下拆散发动机,以防汽缸盖及进、排气歧管变形。

③为防止零件变形,对于多螺栓的紧固件,如汽缸盖、离合器盖等,在其螺栓(母)拆卸时,应按从四周至中央的顺序或对称交叉的顺序分次均匀地旋松。

④维护和小修过程中,拆下柴油机燃油管及各种液压油管时,应用塑料薄膜或纸包扎好管的接头,以防灰尘进入燃油系统及液压系统。

(三)汽车零件的清洗

汽车零件表面的污垢种类较多,由于污垢物的化学成分不同,其特性和清除方法也不一样。一般分冷洗法和热洗法。

冷洗法用汽油、煤油做清洗剂,简单方便,但易引起火灾,须做好防火工作。热洗法用碱性清洗液加热至适当温度,将零件浸泡 10 ~ 15min 后,清洗吹干,效果好,不易引起火灾,使用广泛。

按污垢的特性可将清洗方法分为油污清洗、积炭清洗、水垢清洗、老漆清洗及锈蚀物清洗等。

按清洗的原理可分为机械清洗、化学清洗、超声波清洗、激光清洗和等离子清洗等。

1. 油污的清洗

清洗油污的方法可分为碱水清洗、合成洗涤剂清洗和有机溶剂清洗三类。

(1)除油机理。汽车零件上的油污大多为不可皂化的矿物油污。这类物质在碱液中不易溶解,而只能生成乳浊液。乳浊液是几种互不溶解的液体的混合物,其中一种液体是以微小的滴状散布在另一种液体中。由于碱离子的活性很强,可使油滴时而形成,时而破裂,对油污起着强烈的机械搓揉作用,从而降低油层表面的附着能力。但是油和金属的附着力很大,要使油与金属脱开,仅靠碱离子的作用是不够的,必须加入其他的活性物质——乳化剂。乳化剂是一种活性物质,其分子的一端呈极性,另一端呈非极性。极性的一端与水吸引,另一端与油污吸引,从而降低油和水的表面张力,起到乳化作用。其除油过程如图 3-6 所示。

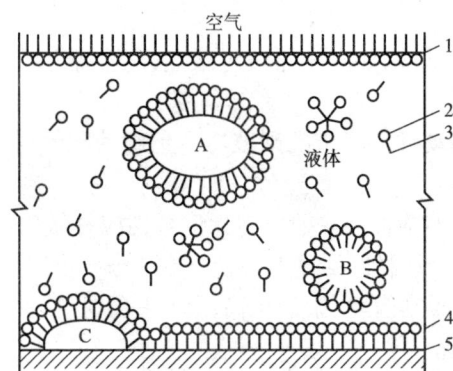

图 3-6 除油过程

1-在空气-液体界面上的表面活性物质的分子所产生的吸附作用;2-表面活性物质分子的亲水部分;3-表面活性物质的疏水部分(原子团);4-液体和固体界面上的表面活性物质分子的吸附作用;5-被清洗表面;A-从表面上夺走的固态污垢;B-液态污垢;C-表面上的固态槽粒

由图 3-6 可知,清洗作用是污垢、洗涤剂和零件表面间相互作用的复杂过程。润湿、乳化、分散、起泡和稳定等作用是洗涤作用的基本现象,它与清洗液的组成有关。

润湿是固体表面与液体表面接触时,原来的固相–气相界面消失,形成新的固相–液相界面的现象。此时,流散液滴的表面和固态表面相切的角 θ 称为边缘角。如果边缘角小于 90°,就认为固体表面被液体所润湿;如果边缘角大于 90°,表面就不会被润湿。液体对固体的润湿性取决于液体的表面张力、液体和固体的性质和成分。例如,被机油脏污了的表面能被碳氢溶剂很好地润湿,但不能被清水所润湿。如在水中加入表面活性物质,就会降低水的表面张力,从而就能润湿被机油脏污了的固体表面。

表面活性物质(乳化剂)在油滴的表面产生牢固的吸附层。分子的非极性部分与注枪结合,极性部分与水相结合,使油滴不能在金属表面结聚、而流向水溶液,从而构成油污的固相分散作用。

为防止被洗下的污垢再次返回金属表面,就必须科学地配制洗涤剂成分,明确其清洗条件(浓度、温度、污垢量),这样才能保持除垢的稳定性。

(2)清洗液。清洗液由碱性物质、乳化剂和缓蚀剂等构成。在清洗铝合金零件时,不可使用含有大量苛性钠的溶液,以免腐蚀零件。

（3）清洗方法。近年来超声波清洗获得了一定程度的推广和应用。超声波清洗是一种高效和高生产率的清洗方法。其优点在于它能快速清除零件表面上的各种污垢，能清洗具有难以接近的空腔和油道的形状复杂的零件。而且，它可以采用各种洗涤剂，在室温下或适当加热时就可以进行清洗，易于实现机械化和自动化操作。

清洗时，由采用磁致伸缩转换器制成的低频超声振动发生器发出的超声波作用于被清洗零件的表面，形成细小的气泡，气泡直径为 $50\sim500\mu m$。一部分气泡在出现后不久突然破裂产生局部液力冲击，使污垢被破坏，自零件表面上脱离下来；另一部分气泡不破裂，但在超声场的作用下和液流一起加剧液体的脉动及搅拌，从而加强了清洗作用。

超声波清洗是基于超声波本身的能量、空化气泡破裂时释放的能量（空化效应）以及超声波对媒液的搅拌作用等。超声波的能量作用是异常巨大的，在具有能量的媒质点与污垢粒子相互作用时，超声波将能量传递给污垢并解离分散；同时由于在超声波作用下，媒液内部形成负压（疏部）和正压（密部），负压时在媒液中形成微小的真空空穴，而在正压阶段，空穴气泡被绝热压缩并破裂，其瞬间强度可高达几千个大气压，尤其是空穴闭合时产生的闭合冲击波和渗透在污垢膜与固体零件表面之间的尚未闭合空化泡之间的强烈振荡，从而将物体表面的污物薄膜击破而达到去污的目的。

在一般超声频率下，以上几种作用均存在，但空化作用是最主要的，同时，清洗液和污物分子相互作用，超声波的分散与乳化作用等，加速了整个清洗过程。因此，超声波清洗实质是外部机械力（超声波）与化学反应（分解、络合等）共同作用下的化学物理清洗过程。

影响汽车零件超声波清洗过程的主要因素有超声波的频率和强度、清洗液的性质和温度以及零件相对于超声振动发生器的位置。一般来说，$20\sim25kHz$ 的频率是最合适的频率，而超声能量密度以 $1\sim2V/cm^2$ 为宜。另外，在以氯代烃和石油溶剂为基础的洗涤剂溶液中，温度范围可掌握在 $20\sim50℃$，同时将被清洗零件的表面接近并面向超声振动发生器时清洗效果最好。

至于汽车零件的清洗设备，目前国内汽车维修企业中的大中型企业多配用卧置圆筒形单室式零件清洗机；小型企业多配用直立圆筒形单室式零件清洗机，它由圆筒形清洗室、清洗室盖、开盖机构、转盘驱动机构、喷射系统和控制系统等组成。

在清洗室内下部有一网格转盘，经减速机构由电动机带动旋转，被清洗的汽车零件则置于转盘上。在清洗室盖内侧、清洗室内的圆周方向和底部，视机型的不同装有 60 或 70 个固定喷嘴。清洗时待洗零件置于网格转盘上由电动机带动旋转，而固定喷嘴将加热的清洗液喷至零件上，将油污逐渐从零件上清除下来。零件表面残存的清洗剂则由同样的另一台清洗机用热水冲洗干净。

2. 积炭的清除

积炭是燃料、润滑油在高温作用下的氧化产物在燃烧室中由于燃烧不完全，未燃烧的燃料和窜入燃烧室的润滑油以及燃烧的残留物混合在一起，在氧和高温作用下形成一种稠的胶状液体——羟基酸。羟基酸进一步氧化就变成一种半流体树脂状的胶质黏附在发动机零件上。高温的作用又使胶质聚合成更复杂的聚合物，形成一种硬质胶结炭，俗称积炭。积炭的成分内有易挥发的物质（油、羟基酸）和不易挥发的物质（沥青质、油焦质、炭青质及灰粉等）。发动机工作温度越高，易挥发物质的含量就少，不易挥发的物质含量就增高，使积炭变得更硬,与金属黏结得更牢。

零件表面积炭会降低零件的导热能力,使发动机过热并会形成炽热点,引起可燃混合气先期燃烧,破坏发动机的正常工作。因此,在修理时必须将积炭清除。清除积炭的方法有机械清除法、化学清除法和熔盐清除法。

(1)机械清除法。最简单的机械清除法是用金属刷子或刮刀来清除,但这种方法所需劳动量较大,刷子和刮刀不易接近零件的各个部位,不能将积炭完全清除,并会损伤零件表面,在零件光滑表面上会不可避免地留下刮痕,另外,这些刮痕极易成为新的积炭中心。因此,这种方法只在小型修理企业中应用。

另一种机械清除法是利用碎骨并用高于0.35MPa的压缩空气以30~50m/s的速度喷向需清洗的表面,利用碎骨的冲击力清除积炭。由于碎骨很易破碎,不会损伤被清洗的表面。为保证喷射装置正常工作并预防碎骨过早破碎,应使碎骨含15%~20%的水分。碎骨清洗零件前应先清除零件表层易于清除的污垢,并使零件干燥,以保持碎块的湿度和松散性,并用塞子堵住零件上的沟槽和空腔。

(2)化学清除法。化学清除法采用退炭剂(化学溶液)将零件上的积炭(氧化的聚合物)膨胀和溶解。退炭剂与积炭接触后,先在积炭层表面形成吸附层,而后由于分子之间的运动,以及退炭剂分子与积炭分子极性基的相互作用,就会使退炭剂逐渐向积炭内部扩散,并能在积炭网状分子的极性基间生成键结合,使网状分子之间的极性力减弱,破坏网状聚合物的有序排列,使聚合物的排列逐渐变松而被除去。试验证明,多数退炭剂只能有限量地溶解积炭。退炭剂的主要作用是使积炭层膨胀、变松,削弱其与金属的结合力,积炭不会自动脱离金属表面而溶于退炭剂中。常用退炭剂的成分见表3-6。由表3-6可见,它由溶剂、稀释剂、活性剂和缓蚀剂四部分组成。

常用退炭剂 表3-6

配　方　一		配　方　二		配　方　三	
成分	组成比例(%)	成分	组成比例(%)	成分	组成比例(%)
煤油	22	退化剂	60	氢氧化钠 (质量分数20%)	79
汽油	8	氨水	30	磷酸三钠 (质量分数20%)	15
松节油	17	乙醇	10	水玻璃	5
氨水 (质量分数25%)	15			软肥皂	1
苯酸	30				
油酸	8				

溶剂有强极性溶剂、碱金属皂类和碱类等三种。强极性溶剂主要包括芳香基氯化衍生物、硝基衍生物和酚类,如二氯化苯、硝酸苯、苯酚等。碱金属皂类溶剂包括肥皂、油酸钾、油酸铵及碱性碱性洗涤剂等。碱类溶剂包括苛性钠、磷酸三钠、氢氧化铵、碳酸氨等。苛性纳水溶液加入强极性溶剂(硝基苯、酚的混合物)会使退炭能力显著提高。

稀释剂使稠黏的积炭溶剂稀释,以使固体溶剂易于溶解,降低溶剂成本。

缓蚀剂的使用是为了防止退炭剂中的碱性成分对有色金属的腐蚀,通常采用硅酸盐、铬酸盐和重铬酸钾,一般用量只占退炭剂的0.1%~0.5%,加入量过多会降低退炭效果。

活性剂能降低退炭剂本身的表面张力,使退炭剂更好地与积炭结合,活性剂有醇类、胺类、有机酸和酚类等。

(3)熔盐清除法。将零件放在温度为400℃±10℃的65%的氢氧化钠、30%的硝酸钠和5%的氯化钠溶液中进行处理,使积炭沉积物充分氧化。当采用碱性(硝酸钾)溶液清除积炭时,积炭中的有机成分被硝酸钾完全氧化,而析出的二氧化碳与氢氧化钠结合生成碳酸钠,使积炭中的无机成分被溶解。

3. 水垢的清洗

发动机冷却系统水垢的成分取决于所用冷却液的成分,可以是碳酸钙的沉积物、硫酸钙的沉积物、硅酸盐的沉积物或是它们的混合物。常用的清除方法为化学清除法。

清除水垢的化学溶液有以下几种,在选用时应综合考虑水垢的性质、除水垢的效果以及对清洗件的腐蚀性等。

(1)苛性钠溶液或盐酸溶液用以清除碳酸盐水垢,其化学反应式为

$$CaCO_3 + 2HCl \longrightarrow CaCl_2 + H_2O + CO_2 \uparrow \tag{3-14}$$

$$CaCO_3 + 2NaOH \longrightarrow Ca(OH)_2 + Na_2CO_3 \uparrow \tag{3-15}$$

(2)氟化钠盐酸除垢剂用以清除硅酸水垢。盐酸溶液不能溶解硅酸盐水垢,酸洗之前应在盐酸溶液中添加适当的氟化钠或氟化铵,使硅酸盐在盐酸及氟化铵的作用下先转变成能溶于盐酸的硅胶,然后再用循环酸洗法除去全部水垢。

采用盐酸清除水垢时,盐酸的质量分数为8%。盐酸对金属有很强的腐蚀作用,必须在酸溶液中加入一定量的缓蚀剂,以减轻对金属的腐蚀作用。常用的缓蚀剂有六甲基四胺(乌洛托品)等。我国生产的缓蚀剂具有良好的缓蚀效果。

(3)磷酸除垢剂用以清除铝合金零件上的水垢,常用配方为:磷酸(H_3PO_4)100g,铬酐(CrO_3)50g,水 1L。

将零件在除垢剂中浸泡30~60min,取出后用清水冲洗,最后用80~100℃含3%重铬酸钾的溶液冲洗。这种除垢剂的清洗效果不如采用硝酸18%和缓蚀剂的组合清洗液。

三、汽车零件的检验分类

零件检验分类是通过技术鉴定,根据零件的技术状况,分为可用零件、需修零件和报废零件。可用零件是指几何尺寸和形状误差均在技术条件容许范围内的零件;需修零件是指几何尺寸超出技术条件规定的容许值的零件;报废零件是指具有超出技术文件规定的缺陷,且不能修复或在经济上修复不合算的零件。

(一)汽车零件检验分类的技术条件

零件检验分类的技术条件是确定零件技术状况的依据,一般应包括以下内容:

(1)零件的主要特性,包括零件的材料、热处理性能以及零件的尺寸等。

(2)零件可能产生的缺陷和检验方法,并用简图标明缺陷的部位。

(3)缺陷的特征。

(4)零件的极限磨损尺寸、容许磨损尺寸和容许变形量或相对位置误差。

（5）零件的报废条件。

（6）零件的修理方法。

（二）汽车零件检验分类技术条件的确定方法

制订零件技术条件的关键，在于确定零件容许磨损尺寸和极限尺寸。

1. 零件容许磨损尺寸的基本概念

确定零件容许磨损尺寸时，必须考虑到零件制造时的容许误差（公差）以及汽车在使用过程中逐步积累起来的各种损伤对零件工作能力的影响，零件的容许磨损值，应保证零件在继续使用时，能有相应的使用期和一定的可靠性水平。

在确定零件容许磨损尺寸时，应考虑零件容许磨损对机构装配误差的影响，并符合经济判定原则，即在该容许磨损下，使修理企业消耗在修理与装配上的单位费用为最小。

2. 确定零件容许磨损、极限磨损尺寸的传统方法

对于易损零件的容许磨损尺寸，各车型的修理手册中均有具体规定，修理时应参照执行。若无修理手册时，则需根据零件的使用统计资料来确定。确定零件容许磨损尺寸和极限磨损尺寸是一项较复杂的技术工作，必须通过对使用统计资料的分析、试验研究以及理论分析等方法进行综合分析后，方能确定。

（1）经验统计法。经验统计法是根据长期使用和修理汽车时所积累的资料加以分析总结后来确定的，为使分析结果具有实际意义，必须掌握汽车的工作条件、行驶里程，以及使用中发生故障的规律及修理时零件的检验数据等，然后按统计分析方法来确定零件的容许磨损和极限磨损尺寸。

经验统计法是以实践为基础的，因此所得结果具有一定的实际意义。但是由于汽车的使用条件变化较大，所获得的数据往往差别很大，因此只有通过大量的调查、研究、积累大量的数据，并按统计分析原理进行分析，才能得出可靠的结果。

（2）试验研究法。试验研究法是在实际使用条件或在实验室工作条件下，通过试验和测量，获得零件的磨损特性曲线，再根据曲线找出零件磨损量对零件使用性能出现明显影响的时期，确定零件极限磨损值相应的使用期限与汽车（或总成）大修周期的关系，以此来确定零件的容许磨损尺寸。

采用实车进行试验时，为使所得数据可靠，必须有足够数量的汽车，在不同使用条件下进行长期实车试验，因此其试验周期长、费用高，而且为了获得磨损数据需经常拆卸总成和部件，会破坏配合副的正常工作，因此会影响结果的准确性；采用实验室台架试验时，其试验条件可控而且可采用强化试验方法加速试验进程，但试验费用较高。

（3）计算分析法。计算分析法是建立在理论分析基础上的，由于零件的工作条件极为复杂，影响的因素很多，因此，现有的计算方法还不能完全反映零件的实际磨损情况。但是计算分析方法所建立的数学模型，可以给出各影响因素间的函数关系，对于采用统计分析方法和试验研究法都有参考价值。例如，通过理论分析可知，要保证滑动轴承与轴颈正常工作，滑动轴承与轴颈间的配合间隙应能使其形成理想的液体润滑，根据润滑理论其间隙值的计算公式为

$$S = \frac{n\eta d^2 \times 10^6}{18.36Kph}$$ 　　　　　（3-16）

式中:n——轴的转速,r/min;

　　η——润滑油(动力)黏度,Pa·s;

　　d——轴的直径,mm;

　　p——单位载荷,MPa;

　　h——油膜厚度,mm;

　　K——考虑轴承尺寸关系的系数。

$$p = \frac{P}{dl} \tag{3-17}$$

式中:P——轴承上承受的力,N;

　　l——轴承宽度,min。

当轴和轴承磨损时,间隙 S 不断增加,载荷随之增加,油膜厚度随之减小,当油膜厚度小于轴与轴承表面的微观凸起高度之和 $\delta' = \delta_轴 + \delta_孔$ 时,就会破坏液体润滑条件,使金属表面直接接触,使磨损迅速增加。因此,在这种情况下,可以认为轴与轴承的磨损已达到极限状态:此时的间隙值称为极限间隙值,记为 $S_极$,即

$$S_极 = \frac{n\eta d^2 \times 10^{-6}}{18.36 K p \delta'} \tag{3-18}$$

式中:δ'——轴与轴承的表面微观凸起之和,对于轴承其值一般在 0.004mm。

轴与轴承间的极限间隙也可以根据液体动力学原理,用下列关系式来确定:

$$S_极 = \frac{S_0^2}{4\delta'} \tag{3-19}$$

式中:S_0——轴与轴承的标准间隙,mm。

3. 利用经济判定原则确定零件极限磨损值

零件使用到一定里程时,是继续使用还是予以报废,必须根据极限磨损值来判定。如果极限磨损值定得较小,则零件使用寿命未得到充分利用;反之,若极限磨损值定得偏大,在使用中将会因零部件故障增多,使维修费用增加。因此,在确定极限磨损值时,应按经济判定原则来确定,即按维持零件工作能力的单位维修费用为最小的原则来确定。对磨损零件而言,零件的极限磨损值与配合件的摩擦条件、磨损量以及在总成中工作时的形位误差有关。

现以汽车传动系统零件的极限磨损值的确定为例予以阐述。汽车传动系统的各总成在工作中是彼此串联的,一个总成技术状况的变化必然会引起与之相连的其他总成的技术状况的变化。因此,在确定传动系统零件极限状态或极限磨损值时,必须采用系统分析的方法,并按经济判定原则来确定。

研究表明,在正常使用条件下,为维护传动系统各总成处于技术完好状态而消耗的单位行驶里程的维护费用,随行驶里程的变化规律为

$$C_1 = C_{0i} e^{bL_i} \tag{3-20}$$

式中:C_{0i}——传动系统某总成开始使用时,单位行驶里程的维护费用;

　　b——系数;

　　L_i——行驶里程,km。

为使传动系统的单位费用为最小,即必须使

$$\frac{\partial C_{\Sigma}}{\partial L_i} = 0 \qquad\qquad (3\text{-}21)$$

式中：C_{Σ}——单位行驶里程的总费用。

$$C_{\Sigma} = \sum_{i=1}^{n} \frac{C_i}{L_i} \qquad\qquad (3\text{-}22)$$

式中：n——传动系统总成数；

L_i——相应于各总成达极限行驶里程时的行驶里程。

为便于阐述，先假定传动系统由两个串联的配合副组成，则系统的单位行驶里程总费用为

$$C_{\Sigma} = \frac{C_1}{L_1} + \frac{C_2}{L_2} \qquad\qquad (3\text{-}23)$$

当配合副 1 的极限磨损值增大，即更新周期延长时，配合副 2 因承受的动负荷增大，因此，相应的更新周期会缩短，两者之间的关系呈指数规律，即

$$L_2 = L_{02}e^{-bL_1} \qquad\qquad (3\text{-}24)$$

式中：L_{02}——第二配合副达到极限状态时的行驶里程；

L_1、L_2——分别为配合副 1、2 的实际更新周期。

（三）汽车零件检验方法的分类

1. 汽车零件检验方法分类

汽车零件的检验方法可根据检验技术要求的不同，分为外观检验、几何尺寸测量、零件位置公差测量及零件的内部组织缺陷的检验等。

零件出现破裂，具有显著裂纹、变形或磨损时，一般可通过外部检视进行检验。检查人员用眼睛或借助放大镜等观测零件表面的裂纹、磨损、腐蚀等情况进行判断；或用新的标准零件与被检验零件作比较，从对比中鉴别被检验零件的技术状况；或通过敲击零件，根据零件发出的声音来判断零件有无缺陷，如声音清脆，表明零件完好；如声音沙哑，表明零件内部有缺陷。但这些方法只能进行定性分析，其精确程度完全依赖于检验人员的经验。

零件因磨损引起尺寸上的变化或因变形引起几何形状或相互位置公差的变化，必须采用通用或专用量具，通过测量尺寸或相对位置公差来确定零件的技术状况。发动机修理中常用的量具有量缸表（内径量表）、百分表、千分尺、游标卡尺、塞尺、卡钳、测齿卡尺、专用样板等。常用的检验仪器有连杆校正器、弹簧检验器、活塞环检验器等。仪表有真空表、点火正时灯、汽缸压力表等。用量具和仪器、仪表检验零件和测试发动机时，一般能获得较精确的数据。但在使用时，必须认真检查量具本身的精确度，注意测量部位的选择和读数的准确等。

对零件的物理力学性能和因零件疲劳原因而产生的零件内部的隐蔽缺陷，则必须采用染色法、磁力探伤法、X 射线法、超声波等设备来检验。

高速旋转的组件会由于磨损、变形或拆装不当而破坏其平衡状态，维修时应重新平衡，需用专用平衡仪检验。

2. 汽车零件形位误差的检验

（1）平面度误差的检测。平面度是指平面要素实际形状的平整程度。汽车零件上许多

重要的平面,如发动机汽缸体的上、下平面,汽缸盖的下平面,变速器壳体的上平面等,由于工作条件和性能等方面的原因都有平面度的要求:例如,汽缸体上平面和汽缸盖下平面的平面度公差应符合表 3-7 的规定。

汽缸体上平面与汽缸盖下平面的平面度公差(单位:mm) 表 3-7

测量范围	汽缸体长度	铸铁		铝合金	
		缸体上平面	缸体下平面	缸体上平面	缸体下平面
任意 50×50		0.05	0.025	0.05	0.025
整个平面	≤600	0.15	0.1	0.15	0.15
	>600	0.25		0.35	

在汽车修理过程中,比较实用的平面度误差测量方法如图 3-7 所示。

测量时,可取一长度等于或略大于被测平面最大尺寸的刀口形直尺或检验光轴置于平面上,用塞尺塞检被测平面与刀口形直尺的刃口,或检验光轴素线之间的间隙大小。

利用上述方法检测时,对于中凹或中凸平面,刀口形直尺或检验光轴与被测平面间将呈不同的接触状态。对前者,接触部位在两端,自然形成稳定接触,检测时不需调整;而对后者,接触部位在中间,形成不稳定接触,检测时应将两端间隙调成等值方可进行测量,否则将会使误差大幅度增加。

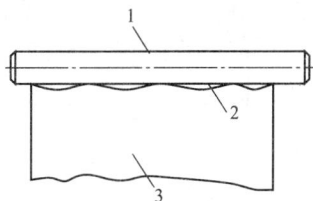

图 3-7 平面度误差测量
1-光轴;2-塞尺;3-缸体

50mm×50mm 局部范围内的平面度,应用专用平面度检验仪检验,也可用长 70mm 的刀口形直尺结合塞尺在该范围内任意方向检测,取其最大间隙值作为该局部的平面度误差。

(2)圆度误差的检测。圆度误差是指横截面上实际圆偏离理想圆的实际值:但是,由于圆度误差是在半径方向计量的,其计量基准是圆断面的理想中心,而该中心在测量前是未知的,这使圆度误差的测量比较复杂。因此,在汽车维修中对圆度误差常用两点法测量。

两点法又称直径测量法,其误差是在直径方向上进行计量的,即测量零件同一横截面上实际圆不同的直径值,取最大直径与最小直径差值的一半作为圆度误差。

(3)圆柱度误差的检测。圆柱度是指实际圆柱面偏离理想圆柱面的实际值。与圆度误差相类似,由于对圆柱度误差按定义测量比较困难,通常也采用两点法测量,即在轴孔类零件表面公差所指的圆度范围内的不同截面上测其最大与最小直径,并用最大与最小直径差值的一半作为待测的圆柱度误差。特别要强调的一点是,在测量圆柱度误差中采用的两点法的含意是指在被测圆柱表面的任意部位或方向上所测得的直径中取最大值与最小值差值的一半,而不是同一轴剖面内的最大与最小直径差值的一半。

(4)圆跳动的检测。圆跳动的检测包括径向圆跳动的检测和端面圆跳动的检测。前者的测量方向与基准轴线垂直且相交,测量面为垂直于基准轴线的同一正截面;后者的测量方向与基准轴线平行,测量面是与基准轴线同轴的圆柱面。

检测时将曲轴两端主轴颈支承在置于平板上的两块 V 形块中,并使曲轴在轴向定位。在测端面圆跳动时,若未指定测量半径,则可将百分表的触头置于所测端面的最大回转半径处测量。

(5)平行度误差和垂直度误差的检测。平行度误差和垂直度误差均属于位置误差。平行度是指两平面或者两直线平行的程度,指一平面(边)相对于另一平面(边)平行的误差最大允许值。

垂直度评价直线之间、平面之间或直线与平面之间的垂直状态。平行度误差和垂直度误差都可分为平面对平面、直线对平面、平面对直线、直线对直线四种。

汽车维修中对平行度误差和垂直度误差常用通用仪表、量具或专用仪器等方法检验。

图3-8所示为在平板上用通用量具对一种驱动桥双级主减速器壳圆柱主动齿轮轴承孔轴线与主减速器壳前端面的平行度误差进行的测量。检测时,将被测主减速器壳体前端面置于检验平板上,用游标卡尺测得两侧轴承孔在垂直方向的直径 D_1 和 D_2。然后,再用高度游标卡尺测出两侧轴承孔相应的下缘高度 H_1 和 H_2。据此,可计算出两侧轴承承孔的轴线高度为

$$H_i = h_i \frac{1}{2} D_i \qquad (i = 1,2) \qquad (3\text{-}25)$$

并且待测的轴线对平面平行度误差为

$$\delta = |H_1 - H_2| \qquad (3\text{-}26)$$

(6)同轴度误差检测。同轴度的公差带是以基准轴线为轴线,直径等于公差值的圆柱体。同轴度误差在数值上等于被测轴线相对于基准轴线最大偏离量的2倍。在汽车维修生产中,同轴度要求及其误差的检测一般都以径向圆跳动要求及其检测代替,而且将最大径向

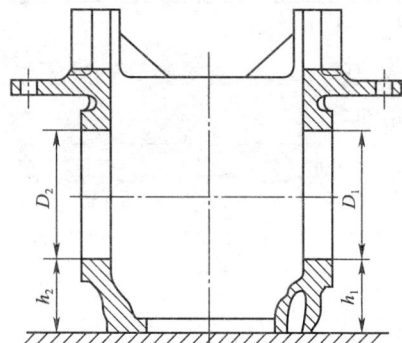

图3-8 轴线对平面平行度误差的测量

圆跳动值直接作为同轴度误差值使用,同时规定了检验基准。对各种外圆跳动的检测,一般在平板上用百分表检测;对内圆跳动的检测,一般需使用专用检测仪。

(7)直线度误差的检测。直线度误差是实际直线相对于理想直线产生偏离的实际值。在汽车修理过程中,直线度要求大部分是对轴线提出的。

虽然轴线的直线度误差和轴颈表面的径向圆跳动是两个完全不同的概念,但由于满足轴线直线度定义的误差测量方法比较复杂,所以在汽车零件检验过程中,若满足某些特定条件,在测量方法上轴线的直线度误差可以用测径向圆跳动的方法代替。只需把测得的径向圆跳动数值的一半作为轴线直线度即可。测量中应满足的特定条件是:

①横截面的圆度误差远小于轴线的直线度误差。

②检测时的支承长度需等于直线度要求的全长,否则,应将测得的数值按长度比值进行换算。

③两端支承部位的中心与回转轴线重合。

直线度可用钢直尺和塞尺测量,如气门杆直线度的测量。

3.滚动轴承的检测

滚动轴承有球轴承、滚柱(锥)轴承和滚针轴承,它们经常处在高速、重载的条件下工作,在长期使用后,滚动体与滚道会产生磨损、烧蚀、破裂、疲劳剥落以及斑点等现象。滚动轴承在检验时一般不拆散。检验时应清洗干净,通过外表检验、空转检验和对内部的间隙检验,即可判断其质量是否良好。

(1)外部检验。发现有下列情况时,应予更换或加以修整。

①钢球、滚柱和内、外滚道上因烧蚀而改变了原有的光泽。

②轴承内、外滚道上,产生击痕、伤印、擦伤和不正常的磨损。

③轴承内、外滚道上,钢球和滚柱产生裂纹、金属脱层、鳞状剥落及有大量的黑斑点。

④在隔离环圈上有穿透的裂缝及铆钉缺少或松动。

⑤隔离环圈装钢球的槽口磨损过甚,钢球能够自行掉出。

⑥轴承隔离环圈端面的磨损,其深度超过 0.30mm。

⑦锥形滚柱磨损,其小端的工作面凸出于轴承外座圈端面外。

⑧圆锥滚子轴承内环圈大端内端面缺口或金属剥落。

若轴承上仅有细微腐蚀性黑斑点,隔离环圈有轻微缺陷而不影响转动,圆锥滚子轴承内环圈小端凸缘面的圆周上的破缺口不超过 4 个,相邻两缺口有一定距离(不小于 30°)时,仍可继续使用。

(2)空转检验。将轴承进行空转,检验轴承旋转是否轻便灵活,有无噪声、停滞和卡住现象。轴承旋转的不均匀性可从手上的感觉判断出来。

(3)内部间隙检验。检测滚珠轴承的磨损情况,可以通过检验径向和轴向间隙来判定其是否在规定的数值范围内。检验径向间隙方法如图 3-9 所示,将轴承放在平板上,使百分表的量头抵住轴承外座圈,然后一手压紧轴承内圈,另一手往复推动轴承外圈,表针所变动的数字,即表示轴承的径向间隙。

检验轴向间隙如图 3-10 所示,将轴承外座圈搁在两垫块上,并使内座圈悬空,再在内座圈上放块小平板,将百分表量头抵在小平板的中央,然后上下推动内座圈,百分表上指示的最大与最小数值之差就是轴承的轴向间隙。

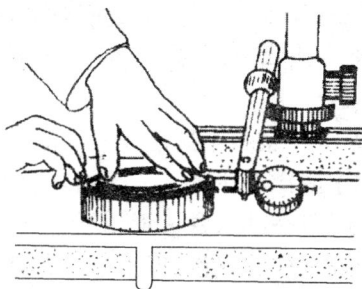

图 3-9　检验轴承径向间隙

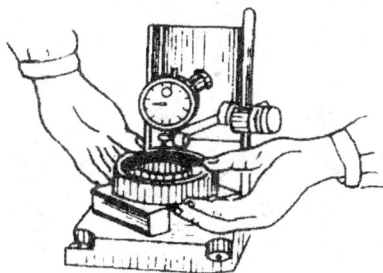

图 3-10　检验轴承轴向间隙

(四)汽车零件隐蔽缺陷的检验

1.探伤方法

工业无损探伤的方法很多,目前国内外最常用的探伤方法有:射线探伤法、超声波探伤法、磁粉探伤法、涡流探伤法、渗透探伤法、红外线检测、声发射检测、激光全息检测及微波检测等。

1)射线探伤法

这是利用射线的穿透性和直线性来探伤的方法:这些射线虽然不会像可见光那样凭肉眼就能直接察知,但它可使照相底片感光,也可用特殊的接收器来接收。常用于探伤的射线有 X 光和同位素发出的 γ 射线,分别称为 X 光探伤和 γ 射线探伤。当这些射线穿过(照射)物质时,该物质的密度越大,射线强度减弱得越多,即射线能穿透过该物质的强度就越小。

因此,用射线来照射待探伤的零部件时,若其内部有气孔、夹渣等缺陷,射线穿过有缺陷的比没有缺陷的其强度减弱得少些,即透过的强度就大些,若用底片接收,则感光量就大些,就可以从底片上反映出缺陷垂直于射线方向的平面投影;若用其他接收器也同样可以用仪表来反映缺陷垂直于射线方向的平面投影和射线的透过量。由此可见,一般情况下,射线探伤是不易发现裂纹的,或者说,射线探伤对裂纹是不敏感的。因此,射线探伤对气孔、夹渣、未焊透等体积型缺陷最敏感。即射线探伤适宜用于体积型缺陷探伤,而不适宜面积型缺陷探伤。

2) 超声波探伤法

利用超声波来检查金属或非金属材料零件内部缺陷的方法,称为超声波探伤。

探伤用的超声波为 0.5 ~ 25 MHz,其中常用的为 0.4 ~ 5 MHz。特殊要求的检测频率可达 10 ~ 50 MHz。

超声波在介质中传播方式随振源在介质上的施力方向与声波传播方向不同,分为纵波、横波和表面波。前两者适用于探测内部缺陷,后者适宜于探测表面缺陷,但对表面的条件要求高。

超声波探伤适用的材料广(金属与非金属均可);可在构件的一侧实现检测(厚度为 5 ~ 3000 mm);适合于自动化与计算机处理与显示;成本低;可显示内部缺陷。但对操作人员的素质要求高。

3) 磁粉探伤法

这是建立在漏磁原理基础上的一种磁力探伤方法。当磁力线穿过铁磁材料及其制品时,在其(磁力线)不连续处将产生漏磁场,形成磁极。此时撒上干磁粉或浇上磁悬液,磁极就会吸附磁粉,产生用肉眼能直接观察的明显磁痕。因此,可借助于该磁痕来显示铁磁材料及其制品的缺陷情况。磁粉探伤法可探测露出表面,用肉眼或借助于放大镜也不能直接观察到的微小缺陷;也可探测未露出表面,埋藏在表面下几毫米处的近表面缺陷。用这种方法虽然也能探查气孔、夹渣、未焊透等体积型缺陷,但对面积型缺陷更灵敏,更适于检查因淬火、轧制、锻造、铸造、焊接、电镀、磨削、疲劳等引起的裂纹。

磁力探伤中对缺陷的显示方法有多种,有用磁粉显示的,也有不用磁粉显示的。用磁粉显示的称为磁粉探伤,因为它显示直观、操作简单,人们乐于使用,故它是最常用的方法之一。不用磁粉显示的,习惯上称为漏磁探伤,它常借助于感应线圈、磁敏管、霍尔元件通过检验待测零件表面磁场强度的不同等来反映缺陷,它比磁粉探伤更卫生,但不如前者直观。由于目前磁力探伤主要用磁粉来显示缺陷,因此,人们有时把磁粉探伤直接称为磁力探伤,其设备称为磁力探伤设备。具体介绍如下。

(1) 探伤原理与方法。磁力探伤是检查铁磁性零件表面及近表面缺陷的一种无损探伤检测方法。磁力探伤是利用电磁原理来检验金属零件的隐蔽缺陷。当磁通量通过被检零件时,若零件内部有裂纹,则在裂纹部位会由于磁力线的外泄形成局部磁极,产生一对有S、N 极的局部磁场(图 3-11)。若在零件表面撒上磁性铁粉,或将铁粉与油的混合液通过零件表面,则铁粉就被磁化并吸附在裂纹处,从

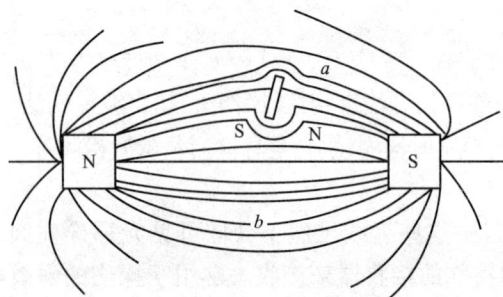

图 3-11 磁场在缺陷边缘的分布和磁极的形成
a- 横切磁力线的缺陷;b- 平行于磁力线的缺陷

而显现出裂纹的位置和大小。

磁力探伤时,必须使磁力线垂直地通过裂纹。因为裂纹平行于磁场时,磁力线偏散很小,就难以发现裂纹。

用磁力探伤法检查零件时,根据裂纹可能产生的位置和方向,可采用纵向磁化法及周向磁化法。

周向磁化法,也称横向磁化,是利用电流通过导线时产生的环形磁场来进行磁化。检验时使电流直接通过零件,在零件圆周表面产生环形横向磁场,便可发现零件表面平行于轴线的纵向裂纹,如图3-12a)所示。

纵向磁化法是指利用电磁轭或使电流通过环绕零件的线圈,使零件获得与其轴线平行的纵向磁场的磁化方法。纵向磁化主要用以发现与零件轴线垂直的横向裂纹(裂纹与磁力线的夹角不小于45°也可以),如图3-12b)所示。

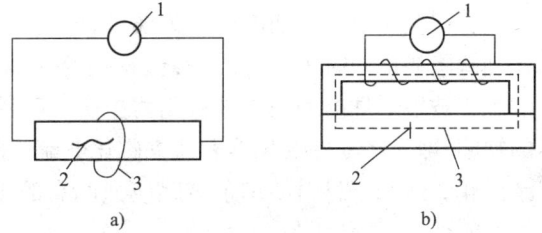

图3-12　周向磁化与纵向磁化原理
a)周向磁化法；b)纵向磁化法
1-电流表；2-缺陷；3-磁场

如果将纵向和周向磁化方法同时作用在零件上,则会在零件表面形成合成磁场矢量H_0。通过调整纵向磁场矢量H_1和环形磁场矢量H_2,就可获得任意角度的合成磁场矢量H_0,如图3-13所示。

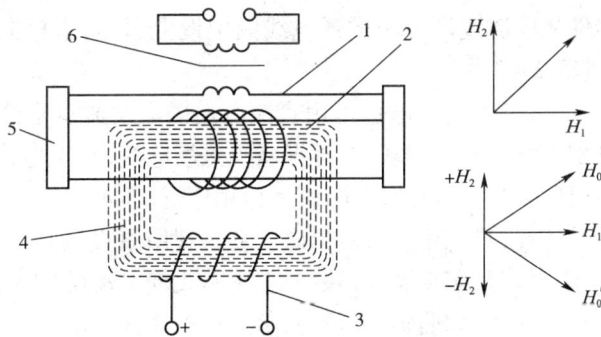

图3-13　联合磁化原理
1-低压交流环形磁化电路；2-环形磁场；3-纵向磁化直流电路；4-纵向磁场；5-被检零件；6-变压器

零件检验时选择哪种磁化方法,与零件的形状、零件可能发生的缺陷位置有关。一般来说,轴类零件多采用纵向磁化法；齿轮、圆盘类零件多选择周向磁化法。对于形状不规则的零件,多采用联合磁化法,在磁化时,磁力线的分布是极不均匀的。例如,曲轴裂纹的检查,宜用分散纵向磁化,并用大电流作周向磁化。

磁力探伤用的磁粉通常采用具有高磁导率的Fe_3O_4铁粉,粒度为$2\sim5\mu m$磁粉可干用,也可以将磁粉与液体混合成悬浮液,但所用的液体应透明澄清,黏度要低,而且渗透性应较好,且对被检零件应无腐蚀,通常采用煤油、变压器油或柴油,在每升溶液中加入$20\sim30g\ Fe_3O_4$铁粉。采用磁悬浮溶液进行探伤较采用干磁粉探伤灵敏度高。

(2)磁力探伤工序。磁力探伤的工序包括预处理、磁化、施加磁粉(或磁悬液)、检查、退磁和后处理等。

①探伤前零件的预处理工作。主要工作有消除零件表面的油污、铁锈等。用干法探伤时,零件表面应充分干燥;使用油磁悬液时,零件上不应有水分;有非导电覆盖层(如零件表面的涂漆层)的零件必须通电磁化时,应将其清除干净。

②磁化与显示缺陷。零件磁化时应根据其所用材料的磁性能、零件尺寸、形状、表面状况以及可能的缺陷情况确定检验的方法、磁场方向和强度、磁化电流的大小等。

③检查。磁力探伤的方法为两种,即连续磁化法和剩余磁化法。前者是一种将零件磁化和缺陷显示同时进行的方法,也就是说在施加磁化电流以磁化零件的同时将磁粉或磁悬液施于被检零件的表面上进行磁力探伤。后者利用零件被磁化后的剩磁来检查其表面(层)的缺陷,即先将零件磁化然后撤去磁化电流或磁场,再施加磁粉或磁悬液进行缺陷显示。剩余磁化法适用于材料的剩余磁感应强度高的零件,而连续磁化法适用于各种铁磁性材料制成的零件。

采用干法时,施加干粉的装置须能以最小的力将呈均匀雾状的干磁粉施加于被磁化零件的表面,并形成薄而均匀的粉末覆盖层。采用湿法时,通常用软管和喷嘴将磁悬液施加到零件表面上。

磁粉施加后在零件上的铁粉被吸附而形成磁痕处,便是显示的缺陷处,应做好标记。

④退磁。其目的是使零件内的剩磁减少到不妨碍使用的程度。若不进行退磁,则探伤零件的剩余磁场在使用中可能吸附铁磁性磨料颗粒,造成磨损加剧等危害。

退磁就是将零件置于交变磁场中,并使磁场的幅值由大到小逐渐降到零,将其剩余磁场退掉。其方法为将零件从电流逐渐减小的通电线圈中慢慢退出,也可向零件直接通以逐渐减小的电流,并重复进行 2~3 次。

用交流电磁化的零件,可用交流电也可用直流电退磁。交流退磁法是将零件从交变磁场中慢慢退出或是将零件放在交变磁场中,逐渐减少磁场电流,直至电流为零。采用交流退磁法只能使零件表面退磁,但它退磁速度快,因此应用广泛。

而用直流电磁化的零件,只能用直流电退磁。它是利用原直流磁场,不断改变其磁场方向,并逐渐使磁化电流降至零。用直流电退磁时应不断改变电流的方向,以获得交变的退磁磁场。汽车上的一些重要零件,如曲轴、齿轮等,都采用直流退磁法。

⑤后处理。零件探伤完毕应进行后处理,如用磁悬液检查的零件,可用汽油或煤油等溶剂去掉零件上残存的磁粉。

磁粉探伤比渗透探伤灵敏,能探测近表层的缺陷;容易掌握、结果直观等。但仅适用于铁磁性材料的零件,无深度显示,仅对与磁力线垂直的缺陷敏感。现在探伤设备上,开发了先进的旋转磁场探伤机,引入了计算机技术,可一次探测显示全方位的缺陷,并可连续探伤。

4)涡流探伤法

这是由交流电流产生的交变磁场作用于待探伤的导电材料,感应出电涡流。如果材料中有缺陷,它将干扰所产生的电涡流,即形成干扰信号。用涡流探伤仪检测出其干扰信号,就可知道缺陷的状况。影响涡流的因素很多,也意味着涡流中载有丰富的信号,这些信号与材料的很多因素有关,如何将其中有用的信号从诸多的信号中一一分离出来,是目前涡流研究工作者的难题,多年来已经取得了一些进展,在一定条件下可解决一些问题,但还远不能满足现在的要求,有待于大力发展。

涡流探伤的显著特点是对导电材料都可作用,而不一定是铁磁材料,但对铁磁材料的效果较差。其次,待探工件表面的表面粗糙度、平面度、边界等对涡流探伤都有较大影响。因此,常将涡流探伤法用于形状较规则、表面较光洁的铜管等非铁磁性工件的探伤。因为集肤效应,距表层较深的缺陷难以检测。

5)渗透探伤法

这是利用毛细现象来进行探伤的方法。对于表面光滑而清洁的零部件,用一种带色(常为红色)或带有荧光的、渗透性很强的液体,涂覆于待探零部件的表面。若表面有肉眼不能直接察知的微裂纹,由于该液体的渗透性很强,它将沿着裂纹渗透到其根部。然后将表面的渗透液洗去,再涂上对比度较大的显示液(常为白色)。放置片刻后,由于裂纹很窄,毛细现象作用显著,原渗透到裂纹内的渗透液将上升到表面并扩散,在白色的衬底上显出较粗的红线,从而显示出裂纹露于表面的形状。因此,常称为着色探伤。着色探伤不需专用设备,只需配制着色剂。着色剂是用煤油 80%、变压器油 15%、松节油 5%、苏丹红Ⅲ号 10g/L 混合而成。但着色探伤灵敏度较差。

若渗透液采用的是带荧光的液体,由毛细现象上升到表面的液体,则会在紫外灯照射下发出荧光,从而更能显示出裂纹露于表面的形状,故常常又将此时的渗透探伤直接称为荧光探伤。采用荧光探伤时,可将被检零件的表面浸入荧光渗透液内约 30min,然后用乳化剂清洗零件表面,用温水(30~42℃)洗净。为吸出渗透在零件表面缺陷内的荧光液显示缺陷,应在零件表面上均匀地涂上一层显像剂,然后用紫外线照射。

无论是干性或湿性的显像剂,都应具有良好的附着力和毛细作用,以利于将渗入在裂纹内的荧光物质吸至表面,显像剂本身不应具有荧光性能,对金属无腐蚀,对人体无毒性,易被冲洗。干性显像剂颗粒要细,一般应用 1000~6000 目/cm^2 筛子筛过。常用的显像剂有氧化镁、滑石粉等。目前应用的 D－100 荧光显像剂,使用效果好。D－100 荧光显像剂是由火棉胶 55%、丙酮 16%、无水酒精 14%、苯 9%、二甲苯 60% 组成的混合液,并取这种混合液 100mL 与 5% 锌白混合制成 D－100 荧光显像剂。

清洗用的乳化剂成分为煤油 44%、油酸 35%、三乙醇氨 21%。无乳化剂时,也可用木屑将零件表面多余的荧光渗透液除净。

此探伤方法也可用于金属和非金属表面探伤。其使用的探伤液剂有较大气味,常有一定毒性。

6)声发射检测

声发射检测的工作原理如图 3-14 所示,检测时,从声发射元发出的弹性波通过传输介质传播到材料表面,传感器将弹性波转换为电信号,然后再经过放大处理并被记录下来。由于裂纹和其他缺陷处发出独特的声信号,通过对采集的信号进行处理和分析,就可以知道零部件内部的缺陷情况。

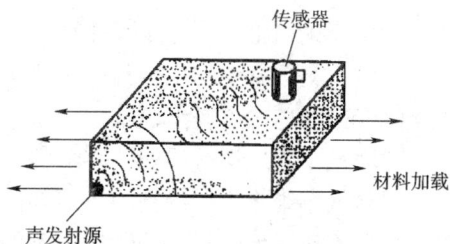

图 3-14 声发射原理

声发射检测可用于疲劳裂纹(裂纹产生与扩展时均有应变能产生,发出弹性波)的监测等,是一种快速、动态、整体的无损检测技术,是利用加载条件下零件内部缺陷活动发射出声波信号来探测缺陷。而其他无损检测则是静态的,是外加信号检测零件内部缺陷。声发射无损检测具有以下特点：

①除极少数材料外，金属和非金属材料在一定条件下均有声发射现象，所以声发射检测不受材料限制。

②不仅可以探测缺陷，而且可以依据声发射波的特点和诱发条件了解缺陷形成和预测其发展。

③操作简便，可大面积探测和监视缺陷活动情况。

7）激光无损检测技术

激光全息是激光无损检测中应用得最早、最多的一种方法，其基本原理是通过对被测物体施加外加载荷，利用有缺陷部位的形变量与其他部位不同的特点，通过加载前后所形成的全息图像的叠加来判断材料、结构内部是否存在不连续性。作为一种干涉计量术，激光全息技术可以检测微米级的变形，灵敏度极高，具有不需接触被测物体，检测对象不受材料、尺寸限制，检测结果便于保存等优点。

8）微波检测和红外线检测

微波检测是利用有缺陷时产生的反射波与无缺陷的反射波的差异（幅值、频率、相位等基本参数）来判定工件状况的方法。其特别适用于非金属材料、复合材料及有涂层的金属零件表面检测，随着汽车非金属材料和复合材料使用的增加，使用前景越来越好。

红外线检测是利用红外辐射原理，通过扫描记录或观察被检测工件表面由于缺陷引起的温度变化来检测表面或近表面缺陷的无损探测方法。由于具有非接触、遥控、大面积、直观、有效及快速的优点，有着十分广泛的应用前景。

2.汽车维修中探伤的特点

汽车在制造过程中，经过了一系列的探伤，层层把关均完好无损，才作为合格产品出厂。汽车到达用户后，在运行中一些零部件常常承受着交变应力。在长期交变应力的作用下，原来完好的零部件也将产生疲劳裂纹。这种疲劳裂纹一般都是起始于零部件表面，再从外表逐渐向内发展，即属于表面裂纹。有的转动零部件在过热或交变应力作用下，产生了表面裂纹后，又有可能因转动碾磨而在该表面产生一层致密的覆盖层，遮盖了其裂纹，变成了未露出表面的近表面裂纹。初期的表面裂纹一般十分微小，用肉眼或借助于放大镜也难以观察到，而对近表面裂纹，则是不可能观察到的。具有这种初期微小裂纹的零部件并不马上就断裂，但是，已具有了隐患。

汽车维修中的探伤有以下特点：

（1）汽车维修中的探伤任务主要是探知其零件是否有极细微的表面和近表面裂纹，以消除汽车在行驶中的安全隐患。

（2）汽车出厂运行后的各零部件表面状况不如新出厂时的好，会因运行情况不同而异。

（3）汽车维修中待探查的各零部件品种多、数量少、尺寸各异。

（4）工作场地一般不如制造厂条件好。

（5）工期一般比较急。

3.汽车维修中探伤方法的选取

在汽车维修中的待探零部件主要是用钢铁材料制成的，探伤的目的主要是探查有无表面和近表面裂纹。通过上述几种探伤方法的比较可知：磁粉探伤对铁磁质零部件的表面和近表面探伤灵敏度都比较高,且无毒,对零部件的形状、表面要求和技术要求以及投资要求都较低,而且直观、方便。因此,在汽车维修的无损探伤方法中,目前采用磁粉探伤法比较多。

事实上,在汽车制造厂中对汽车的零部件,主要也是采用磁粉探伤。人们在对其进行大量磁粉探伤的基础上,对一些汽车零部件,如曲轴、凸轮轴、连杆、气门、活塞销、油嘴等制定了相应的磁粉探伤标准。在汽车维修中,对零部件的磁粉探伤可借鉴这些标准,以增大探伤的可靠性。而其他探伤方法,因成本或其他原因,目前在汽车零部件探伤中用得少,还无相应的探伤标准,但前景更好。

4. 水压试验

水压试验专用于水冷式发动机的汽缸体、汽缸盖裂纹的检查。水压试验所需装置简单,检测结果可靠,是国家标准中所规定的检测项目。

水压试验通常在专用装置上进行,如图3-15所示。试验时先将汽缸盖连同橡胶质试验专用汽缸垫一起装于汽缸体上,缸体水套侧盖及各出水口处也应用橡胶垫及盖板进行封闭。然后用橡胶

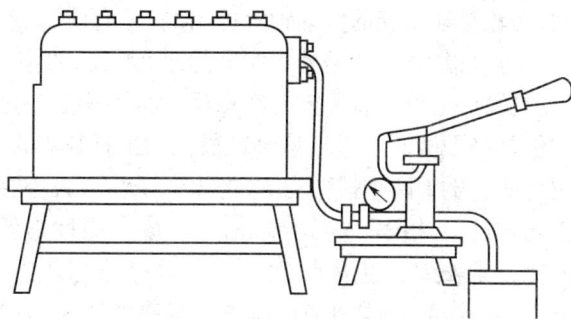

图3-15　汽缸体、汽缸盖的水压试验

垫把盖板垫(其与水压试验装置的水管相连管头)装在汽缸体前端进水口处,并向水套内压水。水满后关闭放水开关,继续压水,使水套内的水压力达到0.3~0.4MPa并持续5min时,不见汽缸体、汽缸盖上水套部位有水渗出,即通过了水压试验。若有裂纹,则裂纹处会有水渗出。

(五)汽车零件平衡的检验

在汽车修理中,对主要的旋转零件或组合件,如曲轴、飞轮、离合器压盘、传动轴甚至车轮等,要进行平衡。

1. 平衡的概念

平衡既是旋转零件质量分布的一种表征,也是这种分布的检验及在必要时的校正。后者被国际标准化组织(ISO)定义为检测以及在必要时校正转子质量分布的程序,以保证在工作转速下轴颈运转时产生的振动和轴承力在规定的范围内。

事实上,不可能也并不要求高速转动的汽车零件达到完全的平衡,而允许各自留有一定的不平衡度,各种汽车的修理技术条件中对静平衡和动平衡有具体的规定。虽然对有平衡要求的汽车零件、组合件在制造过程中都安排了平衡工序,但在长期的使用过程中,零件、组合件会因各部分磨损不均、变形以及修理作业等缘故而使其原有的不平衡程度增加。超过修理标准的要求,会给零件本身和支承件带来附加载荷,产生过大的振动,加速磨损和其他损伤。

2. 汽车零件的平衡

汽车零件的平衡分为静平衡和动平衡。

(1)静平衡。静不平衡是由于零件的质心偏离了其旋转轴线而引起的。汽车零件的静平衡要求一般是针对径向尺寸较大而轴向尺寸较小的盘形零件如发动机飞轮、离合器压盘、

制动盘、带轮等提出的。如图 3-16 所示。

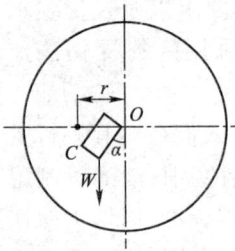

图 3-16 静不平衡的圆盘
C-零件质心；r-偏心距

静平衡校正的方法有两种：一种是减重法，另一种是加重法。前者是在零件质量偏心的同侧减去一定的质量，后者是在零件质量偏心的相反一侧加上一定的质量来使其平衡状态满足给定的要求。究竟采用何种方法，要根据零件的结构、功用等来决定。在可能的情况下，尽量采用减重法。

（2）动平衡。动不平衡是由于零件的质心偏离了其旋转轴线或零件的惯性主轴与其旋轴线不重合而引起的。汽车零件的动平衡要求一般是针对轴向尺寸较大而径向尺寸较小的轴类零件，如发动机曲轴、底盘传动系统的传动轴等提出的，还有质量较大的轮胎。

应该指出，即使是处于完全静平衡状态的零件，仍有可能是动不平衡的。例如，在一根匀质长轴上，沿其直径方向在相反的位置相隔一定距离放置两个同样的重块，显然这时的长轴仍是静平衡的。但当该轴旋转时，由于多余的两个质量而产生了两个惯性力 F，这两个惯性力大小相等，方向相反，又相隔一定距离，因而形成一惯性力偶，对两侧支承 A、B 产生附加载荷。支承也必将产生支承反力 N_A 和 N_B 与之平衡。显然，零件旋转时，两端支承受到的是方向不断变化的附加动载荷。这就是零件的动不平衡。若零件上只存在类似的一个 m（即静不平衡）或尚有第三个 m，则零件旋转时将产生离心惯性力或既有离心惯性力又有惯性力偶，都将对支承产生附加载荷。这都是动不平衡，如图 3-17 所示。

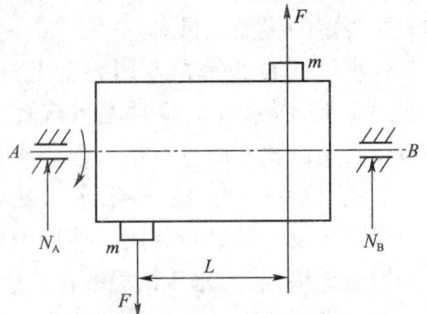

图 3-17 动不平衡示意图

在汽车修理作业中，动不平衡程度的检测一般在专用的检测装置如曲轴动平衡机、传动轴动平衡机上进行。动不平衡量的检测远较静不平衡复杂。但其检测原理都是根据动不平衡的零件转动时会给支承以附加载荷，而将支承做成径向弹性支承。检测时，在一定转速下取其支承的弹性变形量和变形时刻，并转换成电信号予以显示。例如，汽车传动轴的动平衡检测是在传动轴平衡机上进行的，检测原理如图 3-18 所示。检测时，被测传动轴支承在左右径向弹性支架上，由电动机通过万向节带动旋转。当被测传动轴存在动不平衡时，旋转中所产生的惯性力和力偶将使摆架产生径向弹性往复振动；而固定在支架上的钢丝以及与钢丝另一端相连的线圈 5 也随之产生往复振动。这种振动使线圈 5 在永久磁铁的磁场中做切割磁力线运动，产生的感应电动势经放大后，一方面在指示仪 4 上指示出不平衡量的大小，另一方面使闪光灯 3 与转轴同步发出闪光信号，从而在被检物体上指示出不平

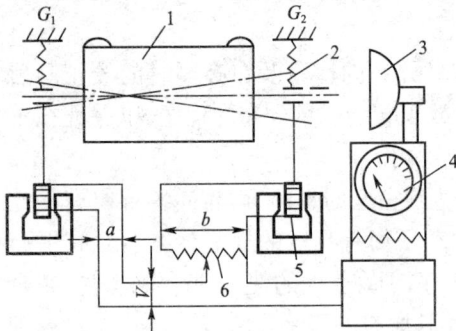

图 3-18 传动轴动平衡机的工作原理
1-被测传动轴；2-弹性支架；3-闪光灯；4-不平衡量指示仪；5-线圈；6-开关

衡所在相位。动平衡机上设计有与左、右两个摆架相应的两套分离电路，利用补偿原理来补

偿一侧不平衡质量对测量值的影响。测量时可以按需要使左、右开关 6 处于左或右两个位置,以分别指出左右两侧的不平衡相位。

进行动平衡校正,至少需要在零件上选取相隔一定轴向距离 F 的两个校正平面。校正原理如图 3-19 所示,设 m_1 和 m_2 是造成零件动不平衡仅有的两个质点。由于它们偏离了零件的旋转轴线,所以当零件旋转时,m_1 和 m_2 必定产生惯性力 F_p 和 F。取两个与零件轴线相垂直且相隔一定距离的平面 I 和 II,则惯性力 F_p 可用校正平面 I 和 II 的两个力 F_{pI} 和 F_{pII} 来予以平衡。这时,三个力之间应满足以下关系,即

$$F_p = F_{pI} + F_{pII} \tag{3-27}$$

$$F_{pI}\,a = F_{pII}\,b \tag{3-28}$$

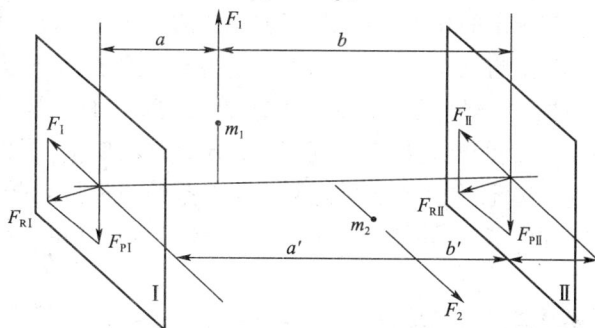

图 3-19 动平衡校正原理

同理,F 也可用校正平面 I 和 II 中的两个力 F_I 和 F_{II} 来予以平衡,即

$$F = F_I + F_{II} \tag{3-29}$$

$$F_I\,a' = F_{II}\,b' \tag{3-30}$$

显然,F_{pI} 和 F_I 在校正平面 I 内的合力为 F_{RI},F_{pII} 和 F_{II} 在校正平面 II 内的合力为 F_{RII}。同理,多个不平衡质点 $m_1,m_2,\cdots,m_n$ 都可以分解到这两个校正平面内,并分别合成两个合力。两合力 F_{RI} 和 F_{RII} 即代表了两校正平面所需校正量的大小,它们的指向则代表了所需校正的方位。与静平衡一样,也可用加重或减重的方法,但需在两个校正平面内进行。

汽车主要零件及组合件的允许不平衡值见表 3-8。组合件上一般有相应的装配标记。

汽车主要零件及组合件的允许不平衡值   表 3-8

零件或组合件的名称	平衡性质	允许不平衡值(g·cm)	
		载货汽车	轻型汽车
曲轴	动平衡	100~150	10~50
飞轮	静平衡	35~90	10~35
离合器组合件	静平衡	18	10~18
曲轴带飞轮离合器组合件	动平衡	75~150	15~50
传动轴组合件	动平衡	50~100	5~15
带轮胎的车轮组合件	静平衡	—	250~500
制动鼓与轮毂组合件	静平衡	—	400
离合器总成	静平衡	70~100	10~35

（3）零件静平衡与动平衡的关系。旋转零件静平衡的条件是分布于该旋转零件上各质量的惯性力的矢量和等于零。旋转零件动平衡的条件是分布于该旋转零件上各个质量的惯性力的矢量和等于零,同时,惯性力所引起的惯性力矩的矢量和也等于零。

由上述旋转零件静平衡和动平衡的条件可知,动平衡同时满足了静平衡的条件。因此,动平衡的零件一定是静平衡的,而静平衡的旋转件则不一定是动平衡的,因为它并不满足动平衡的全部条件。

四、汽车总成装配的技术要求

(一)汽车总成装配的一般技术要求

汽车总成装配是按照规定的技术条件,将组成总成的零件和部件连接在一起的过程。

汽车修理时的总成装配与汽车制造时不同,因为修理过程中进入总成装配的零件有三类:具有允许磨损量的旧零件、经修复合格的零件和换用的新零件。通常前两类的尺寸公差都比制造公差大,为使配合副的配合特性达到装配技术条件的要求,配套时必须按装配技术条件的要求对配合件进行选配,包括按尺寸进行选配和按质量进行选配。此外,为达到装配技术条件规定的配合特性要求,在装配过程中,往往需要进行一些钳工修合工作,如铰孔、研磨等。

总成装配的技术要求通常包括配合副配合特性、主要连接件的紧固力矩及其均匀性、各零件工作表面和轴线间的相互位置、旋转件的平衡要求、高速运动件的质量要求以及密封性、清洁度和调整要求等。

零件的配合特性要求与零件的结构、几何尺寸、形状公差以及表面粗糙度有关,常以间隙或过盈表示。

零件间的位置要求包括轴线间的平行度、垂直度和同轴度等。轴线偏差通常规定以直线长度上的偏差表示。例如,发动机连杆衬套孔和轴承孔轴线不平行、轴线的偏移会使活塞销配合和轴承与轴颈的配合间隙缩小 Δs,其数值为

$$\Delta s = \frac{el}{2L} \tag{3-31}$$

式中:e——在规定长度 L 上的轴线偏移量;

l——轴承宽度。

为保证装配精度,必须利用装配尺寸链来分析各组成环的尺寸偏差对封闭环的影响,从而采取措施来保证装配质量。总成装配中求解尺寸链的方法通常有完全互换法、不完全互换法、选配法、修配法和调整法。

(二)汽车总成装配原理与试验

总成是由许多零部件组成的,总成装配是总成修理工艺过程中的最后阶段,它是按规定的技术条件,将组成总成的零部件连接在一起。

1. 总成装配的基本概念

总成是由零件、部件和组合件组装而成的。为了清楚地表示总成各零部件的装配过程,可绘制总成装配系统图。在总成装配系统图中,每一个零件(或组件)可用一个方格表示,其中标明零件(或组件)的名称、编号及数量,并标注附加说明、调整要求、配合方法等。

绘制总成装配系统图的方法如下。

(1)先画一条横线,在横线左端画上代表基准件的方格。

(2)在横线左端按安装次序依次在横线上面画出代表直接进入装配的零件的长方格,横线下面依次画出代表部件(或组件)的长方格和垂直线。

(3)在横线的右端,画出代表总成或组件的长方格。

(4)在各组件的垂线下端,画出代表组件基准零件的长方格,并由下至上按组件的装配次序在垂线左方标出直接进入组件装配的零件长方格,右方标出直接进入装配的部件长方格和相应表示组件装配关系的横线,在横线右端标出组件基准零件的长方格,并依次在横线下方标出直接进入组件装配的零件长方格。

2. 总成装配精度

总成装配精度是指采用相应的装配方法装配后,各配合副达到总成装配技术要求中各项指标的符合程度,它包括配合精度、位置精度和回转件的运动精度等。

显然,任何装配都不可避免地会出现误差,误差大则表明装配精度低、质量差。因此,分析装配误差,选择能保证装配精度的装配方法就成为提高装配质量的主要途径之一。

部件和总成装配精度的影响因素可归纳为以下四类:

(1)部件或零件材料性质的变化。

(2)零部件几何尺寸的变化。

(3)部件相互位置公差的变化。

(4)部件或总成装配系统中装配尺寸链各环公差带分配关系的变化等。

汽车修理时,由于进入装配的零件有可用件、修复件和新件,因此总成修复后的装配往往比制造时总成的装配要复杂得多。在总成装配中,为了保证装配精度,常采用选配法、修配法和调整法等。

修配法的实质在于考虑到零件加工工艺的可能性,有意识地将零件公差加大到易于制造的公差要求范围内,在装配时通过修配方法(如补充的机械加工和手工修配)来改变某一尺寸(通常指封闭环)以达到要求的装配精度。例如,活塞与汽缸的配合可通过研磨来保证,活塞销与活塞销座孔的配合可通过铰削来保证等。

调整法是在装配尺寸链中加入调整环,装配时利用改变调整环的位置和改变调整环的尺寸,以达到封闭环所要求的精度。例如,汽车主减速器主动齿轮、从动齿轮的装配精度就是依靠调整垫片或改变从动齿轮轴两端的调整螺套的位置来保证的。

3. 典型配合副的装配原理

(1)螺纹连接件的装配。螺纹连接件装配时的基本要求是"正确紧固,可靠锁紧",重要连接件的紧固力矩应符合装配技术条件规定的要求。

①预紧力的规定。当螺栓、螺母拧紧后,连接件被压缩而螺栓伸长,两者均产生弹性变形。它们之间的相互作用力称为预紧力,其作用是保证螺纹连接的可靠性,防止松动,保证连接件之间具有足够的摩擦力和良好的密封性,并提高螺栓在动载荷下的耐疲劳强度。

②拧紧力矩。拧紧力矩是根据各部位的工作条件、螺栓的材料和尺寸等因素规定的。汽车常用螺纹拧紧力矩见表3-9。对于各重要部位的紧固螺栓、螺母的拧紧力矩,各型号汽车都有具体规定,装配时必须遵照执行。

汽车一般螺纹紧固件拧紧力矩 　　　　　　表 3-9

螺纹直径(mm)	拧紧力矩(N·m)	
	材料:35 及 45,硬度:255~285HBS	材料:40Cr,硬度:33~39HRC
6	5.9~7.8	9.8~11.8
8	17.6~22.5	21.6~254
10	31.4~41.2	45~529
12	53.9~68.6	73.5~93.1
14	88~108	137~167
16	137~167	157~216
18	196~225	225~274
20	274~314	333~382

注:汽车上用螺纹连接的紧固件,应按汽车使用说明书规定力矩紧固。若无说明书,又无特殊要求,可按本表规定拧
　　紧。但本表不适用于弹簧零件连接组(如钢板弹簧)和吸振零件(如软垫)等。在拆卸旧螺纹连接件时,所需力
　　矩高于拧紧力矩的 10%~15%,对于拆卸锈蚀的螺纹,高于力矩 1.5~2 倍。

③拧紧顺序。对螺栓组拧紧时,为了避免导致零件变形,应考虑合理的拧紧顺序。总的
原则是"由内向外,分次交叉,对称拧紧"。

(2)过盈配合副的装配。过盈配合副装配的关键在于控制配合过盈量。汽车总成中的
过盈配合副的过盈量在技术文件中都有明确规定,装配中应予以保证。

过盈配合副装配时应满足以下要求:

①保持一定紧度。为此,除尺寸上应考虑过盈量要求外,还必须考虑保证配合表面的表
面粗糙度和表面硬度的要求,否则其实际装配后的过盈量会在较大范围内变化。

②装配时应保持零件清洁并涂以润滑油,防止配合表面在压入时刮伤或咬死。

③为防止零件压入时发生偏斜,孔口应有 30°~45°倒角;轴端应有 10°~15°斜角,压入
时应尽可能采用导套和专用夹具。

④当配合过盈量较大时,装配时应采用热胀或冷缩法。当采用热胀法时,加热温度(℃)
可根据材料的线胀系数和配合过盈量计算,即

$$t_{\text{T}} = \frac{\delta_{\max} + \Delta}{100\alpha d} + t \qquad (3\text{-}32)$$

式中:$\delta_{\max}$——最大配合过盈量,μm;

　　　Δ——保证装配能顺利进行所需的装配间隙,μm,一般取$(0.001~0.002)d$ 或
　　　　　$(1~2)\delta_{\max}$;

　　　α——零件材料的线膨胀系数,μm/(m·℃);

　　　d——孔或轴的公称尺寸,mm;

　　　t——室温(或被包容件的温度),℃。

(3)齿轮传动副的装配。齿轮传动副的装配要精确地保持啮合齿轮的相对位置,使之接
触良好,并保持一定的啮合间隙,以达到运转时速度均匀、没有冲击和振动以及传动噪声小
的要求。

①圆柱齿轮的装配。圆柱齿轮的装配应保证齿轮啮合的正确性,即应保证规定的啮合

间隙(包括侧隙和齿隙差)和啮合印痕。

圆柱齿轮的啮合间隙在装配技术条件中都有规定。例如,东风 EQ1090E 型汽车变速器各直齿和斜齿齿轮副的啮合间隙,原厂规定为 0.055～0.175mm;大修时允许的啮合间隙,常啮齿轮为 0.15～0.50mm。接合齿轮为 0.10～0.40mm。当在不同点测量时,其齿隙差不得大于 0.15mm。影响齿隙变化的原因,除齿轮加工误差外,主要是由齿面磨损及中心距变化引起的。装配时应分析具体原因予以消除。

齿轮正确啮合时的啮合印痕,其长度不应小于齿长的 60%,并应位于齿面中部。影响圆柱齿轮啮合印痕的因素包括壳体变形、齿轮轴弯曲、齿面磨损、轮齿变形等。装配时应通过印痕检查,查明原因并予以消除。

②锥齿轮的装配。为了保证锥齿轮正常啮合,装配时必须使锥齿轮副的节锥顶和节锥母线互相重合,即要求两锥齿轮轴心线必须垂直相交。

锥齿轮的啮合印痕、齿隙和齿背不齐差三者是相互关联的。通常若啮合印痕正确,齿隙和齿背不齐差一般也是正确的,故锥齿轮装配时应先调整啮合印痕,然后检查齿隙和齿背不齐差。

理论分析表明,任一直齿锥齿轮,当其从正确啮合位置沿轴向移动时,齿轮的啮合印痕将同时在齿长和齿高上发生变化。当大齿轮做轴向移动时,将导致啮合印痕沿齿长方向变动;而小齿轮沿轴向移动时,将导致啮合印痕明显地沿齿高方向变动。

对于曲线齿锥齿轮,如圆弧齿锥齿轮、渐开线齿锥齿轮及摆线齿锥齿轮,其啮合印痕位置的变化除了与直齿锥齿轮一样受安装距的影响外,还受轮齿曲线的螺旋角 θ 和曲率半径 ρ 的影响。

实践表明:直齿锥齿轮和圆弧齿锥齿轮空载时,印痕应调整在偏向小头;当轮齿载荷增加时,其啮合区扩大并向大头移动。渐开线齿锥齿轮的轮齿满载时,啮合印痕扩大,同时移向小头。摆线齿锥齿轮空载时,印痕应调整在中央区;轮齿满载时,啮合区域只是在原位扩大。

关于锥齿轮啮合印痕的调整步骤,由于各型汽车的结构不同,调整方法略有差异,一般应按说明书规定的调整方法进行。先确定调整哪一个齿轮(视啮合印痕在齿轮齿长方向上偏离,还是在齿高方向上偏离,前者应调大齿轮,后者应调小齿轮),然后判定调整齿轮的方向,即确定安装距的增减;啮合印痕调整正确后再检查啮合间隙,如不合适再予以调整。

(三)汽车主要总成的磨合与试验

为了检验总成的装配质量,总成装配后应进行磨合与试验,其目的是:提高零件摩擦表面的质量、耐磨性、疲劳强度和抗腐蚀能,发现并清除在零件修理和装配中由于偏离技术条件而引起的一些缺陷,提高总成的使用可靠性和耐久性。

1.发动机的磨合试验

发动机在修理中,使用零件新旧不一,技术状况高低不同。为此需要进行磨合以达到以下目的:

(1)改善配合零件的表面质量,提高其承受载荷的能力。

(2)减少初始阶段的磨损量,延长发动机使用寿命。

(3)检查和排除装配中的缺陷,调整各机构处于最佳状态,以求发动机具有良好的动力性、经济性和可靠性。

发动机以最佳规范进行磨合,是提高发动机修理质量的主要措施之一,最佳磨合规范系指按规范磨合时,将以最少的磨合时间、最小的磨损量建立起能承受使用载荷的最佳工作表面。

发动机磨合规范的主要工艺参数是磨合转速和负荷的组合。不同类型的发动机,由于主要配合副的材料、加工工艺水平及结构不同,其磨合规范各异。根据发动机磨合过程中转速与负荷的组合不同,可将发动机磨合过程分为三个阶段,即冷磨合、空载热磨合和负载热磨合。磨合时应注意:

(1)冷磨时顶置式气门发动机装汽缸盖而不装火花塞,冷磨时曲轴转速由低速到高速可分高、中、低三挡分段进行,每一挡次运转不超过1h。冷磨时间的长短,应根据零件加工质量和装配情况而定,加工表面粗糙度值小,时间可缩短,反之则长。冷磨时,应常检视机油压力表所指示的压力是否正常和各零件的工作情况是否良好。若发现不正常情况或异响,应立即停止,进行检查并排除后,再进行磨合。冷磨后应将发动机进行部分分解,检查活塞、活塞环与汽缸内壁的接触情况,各轴颈与轴承(瓦)的磨合是否正常等。然后,排除发现的故障,将全部零件清洗干净,按规定标准全部装配,进行热试。

(2)热试时,发动机温度应保持在75~90℃。一般也按三个曲轴转速分阶段进行,每阶段约半小时。在热试过程中,应由表及里地认真观察视听,检查发动机各部分的工作情况,以及各仪表所反映出的工作数据是否正常,必要时须进行调整。

磨合转速、磨合负载的确定,以及磨合时使用的润滑油如下:

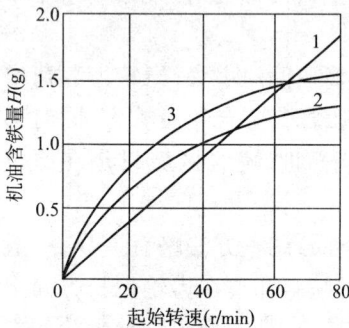

图3-20 发动机磨合磨损与冷磨起始
转速的关系
1-375r/min;2-525r/min;3-700r/min

(1)磨合转速的确定。冷磨合起始转速过高或过低都不利于磨合过程。磨合起始转速过低,将导致机油泵供油不足,不能及时导出配合副在磨合初期释放出的热量,难以形成良好的润滑条件,加速了发动机的磨合磨损。磨合转速过高,会减少摩擦表面的接触时间,从而减少摩擦表面微观粗糙度的弹性变形和塑性流动的时间;但是增加了摩擦表面的接触频率,增加了摩擦行程,因而增大了单位时间的摩擦功,导致摩擦表面的温度升高,使摩擦条件恶化。图3-20所示为某发动机冷磨起始转速与磨合期磨损的关系。由图3-20可见,转速较低时,磨合时间明显增加,增大了磨合期的总磨损量;当转速较高时,磨损速率较高,磨合期的磨损量也

大。由图3-20可见,对该型发动机而言,选用磨合转速为525r/min较适宜。冷磨合起始转速 n_1 一般选用400~600r/min,也可根据发动机额定工作转速 n_e 按下式确定,即

$$n_1 = (0.20 \sim 0.25) n_e \qquad (3-33)$$

冷磨合终止转速是根据主要配合副在磨合期形成最大单位压力时的转速确定的。图3-21所示为某型发动机在不同冷磨合转速下测得的连杆轴颈与轴承配合副总压力的变化曲线。由图3-21可见,发动机连杆轴颈与轴承配合副的总压力在900~1200r/min时达最大。作用在汽缸活塞配合副上的压力变化特性,其主轴颈与轴承配合副的压力变化特性也大体相同。因此,当再以高于1200r/min的转速进行磨合时,对改善摩擦面的接触状态已无意义。一般

发动机冷磨合终止转速为 1000 ~ 1200r/min，也可根据发动机额定工作转速 n_e 按下式确定，即

$$n_2 = (0.40 \sim 0.55) n_e \qquad (3\text{-}34)$$

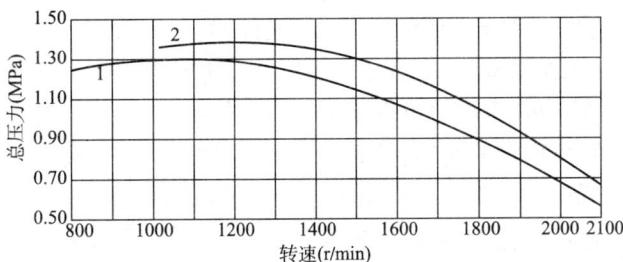

图 3-21　连杆轴预与轴承配合副的总压力与转速的关系
1-冷磨合；2-空载热磨合

试验表明，如图 3-22 所示，冷磨合时从起始转速过渡到磨合终止转速，采用有级过渡较之采用无级过渡更为有利。因为采用有级过渡时，每个磨合转速下的磨合时间是根据该转速下的磨损率已趋于稳定（或摩擦功趋于稳定）后才转入高一级转速的，所以转速的提高与表面的承载能力是相适应的；而采用无级过渡时，因转速变化导致的配合副单位压力的变化，往往来不及与表面的磨合过程相适应，导致磨损率较高。因此，在冷磨合时通常采用有级过渡，每级磨合规范的转速间距为 200 ~ 400r/min。

空载热磨合的起始转速，通常与冷磨合终止转速相近。因空载热磨合时，配合副间的负载（气体压力和运动质量惯性力）与相应转速下冷磨合时的负载相差不大（图 3-22），提高空载热磨合转速并不能使配合副间的负载相应增大，润滑油来不及将摩擦表面产生的热量排走，配合副易早期损坏。空载热磨合目的是为检查热工况下发动机各部件的情况，对发动机进行必要的调整，并消除发现的缺陷，为负载热磨合作准备。因此，通常取空载热磨合转速为 1000 ~ 1200r/min 或按 $(0.4 \sim 0.55) n_e$ 来确定。

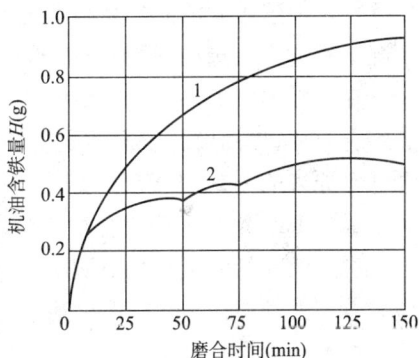

图 3-22　汽油发动机冷磨时的磨损
1-转速无级调速；2-转速有级调速

负载热磨合的起始转速，通常是根据能保证发动机主油道有足够的供油压力来确定的，一般为 800 ~ 1000r/min。选取负载热磨合的起始转速时，必须考虑加载装置的工作特性，如采用交流异步电动机作负载装置时，负载热磨合的起始转速必须大于异步电动机的同步转速。

负载热磨合的终止转速，应根据发动机磨合后能承受 75% ~ 85% 额定功率的载荷来确定，一般汽油机的负载热磨合的终止转速为 $0.8n_e$，柴油机为 n_e。

（2）磨合负载的确定。负载热磨合的负载取决于磨合转速和磨合后对配合副承载能力的要求。一般起始负载为 $(0.1 \sim 0.2) p_e$（式中 p_e 为额定功率）。磨合终止负载一般取 $(0.8 \sim 1.0) p_e$，汽油发动机一般推荐取 $0.8 p_e$。

研究表明，磨合从初始负载和转速过渡到终止负载和转速，采用有级过渡较之采用无级过渡更为有利。试验表明，在其他条件相同的情况下，无级过渡时的磨损较之有级过渡时的

磨损大45%左右。

修理企业对于发动机修理后的磨合试验规范,应根据工厂的工艺水平,参照各型号发动机规定的磨合试验规范并通过试验来确定。

国外现推行将发动机的磨合分为两个阶段进行的方案:

第一阶段:将发动机在冷磨合、空载热磨合以及在10%~20%额定功率的情况下各运转15min左右,总计30~50min(有时也可以不采用空载热磨合工序)。此阶段的主要目的是促进零件接触表面微观几何形状的改善,因此磨合磨损量较大,必须在出厂以前完成。

第二阶段:发动机负荷由10%~20%额定功率开始,分级递增至全负荷,转速也相应逐步增至额定转速。此阶段共需50~60h,相当于汽车行驶了1000~2000km。这一阶段的磨合主要是为了改善摩擦副的宏观缺陷,一般在出厂后进行。

实践表明,对于不同型号的发动机,可选用不同的磨合工艺。但有一点是一致的,就是磨合过程中应使发动机冷却液温度(风冷发动机指缸体温度)和润滑油的温度保持在最佳状态。

为了加快发动机的磨合过程,磨合时可采用专用的磨合润滑油。发动机磨合阶段结束后,按照规定程序将带有磨屑的磨合油更换成负荷发动机正常使用的润滑油后,方可正式投入使用。

(3)磨合时使用的润滑油。发动机磨合时应采用低黏度润滑油,以改善摩擦表面间的散热条件。但这种润滑油的承载能力较差,不能有效地防止表面擦伤和黏附,因此不是在所有情况下都适宜。选用润滑油黏度的依据是不同黏度润滑油磨合时的磨损量。

在润滑油中加入适量的活性添加剂,可明显改善磨合过程。例如,加入硫化添加剂可加速磨合过程,提高磨合表面的质量,磨合持续时间减少至原来的1/5~1/2,使磨合期的磨损降低至原来的1/5~1/2。这是由于硫化添加剂会吸附在零件超微观表面,起着嵌入作用,而且生成的FeS和FeS_2等化合物比金属的塑性高。因此,能促进表层微观凸出部位的塑性变形,缩短磨合时间;硫化物对润滑油还有较高的亲和力,可以有效地防止摩擦面间产生的机械黏着。发动机用硫化剂磨合后,必须对发动机润滑系统进行仔细清洗。

配制硫化添加剂是用20号工业机油加热到110℃在2h内加入4%~4.5%(质量比)的硫元素,并不断搅拌,然后在2h内将油温升至150℃,保温24h。发动机磨合时润滑油中硫化添加剂加入量(K)可按下式计算:

$$K = \frac{Qa}{b} \tag{3-35}$$

式中:Q——发动机润滑系统容量,L;

a——润滑油中所需的含硫量,kg/L;

b——硫化添加剂中的含硫量,%。

2.传动系统总成的磨合试验

1)变速器的磨合试验

变速器磨合试验由空载磨合和负载磨合两个阶段组成。各挡进行试验时的转速、负载和磨合时间,需根据变速器的结构、材料、修理时的换件情况以及表面质量等,通过试验来确定。正常情况下,变速器各挡空载磨合所需的时间为20~25min;负载磨合时间为12~

15min。磨合时所用机油温度一般不低于15℃,磨合中温升不应超过40℃。磨合试验时变速器第一轴的转速,解放 CA1091 和东风 EQ1090E 型为 1000 ~ 1500r/min,一般汽车可采用 1000 ~ 1400r/min。负载试验时加在变速器第二轴上的制动力矩,解放 CA1091 和东风 EQ1090E 型汽车见表 3-10。加载装置按产生制动力矩的方式不同有液力加载式制动器、电涡流制动器、交流或直流电力制动器、机械式制动器等。磨合后放掉机油,用煤油、柴油各占50%的混合液清洗。

有的汽车修理厂采用电脉冲齿轮磨合机。磨合时间只有 30min,磨合面的硬度高,耐磨性好,不需要用手砂轮修磨齿面。

电脉冲磨合的原理是:利用 15kHz 脉冲电流,通过齿轮间产生电火花,电火花放电区有很强的磁场,使该区间的介质电离和金属气化,在能量高度集中的细微质点上,产生高达 10000℃的高温,因此,齿轮表面凸出点逐渐被脉冲放电形成了金属气体、离子和熔态金属微粒。金属的气体和离子被润滑油吸收,而熔态金属微粒被挤移到齿轮的不平表面,同时受到润滑油冷却而淬火。

电脉冲磨合机是在一般专用磨合台上加装一套脉冲发生器,导通的脉冲电流通过变速器第二轴上的接触器(相当于电刷),使磨合的两齿轮之间形成正、负电极。为了防止从外壳处短路,应在中间轴上进行绝缘(可用尼龙或胶木套)。

解放 CA1091 和东风 EQ1090E 型汽车变速器第二轴加载力矩

表 3-10

挡位	加载力矩(N·m)
1	550
2	300
3	200
4	100
5	80
6	60(CA1091)
倒挡	100

2)后桥(驱动桥)总成的试验

后桥磨合试验是用以检查后桥装配质量和改善配合副的接触状况。后桥的磨合试验由无负载和有负载两个阶段组成。空载磨合时主动锥齿轮的转速一般为 1400 ~ 1500r/min,磨合时间应根据后桥结构、材料以及修理装配情况,通过试验来确定。

试验按正转、反转、无负载及有负载进行,运转时间不小于 1.5h,有负载一般为 15min。加载磨合时,加在每根半轴上的力矩值应符合有关技术规范的规定,如加在解放 CA1091 型汽车后桥每根半轴上的力矩值为 350N·m。磨合时各轴承温升是在运转 5 ~ 6min 后,检查温度不应高于 50℃。

后桥磨合试验设备一般由驱动装置、加载装置和台架组成。驱动装置常与三相交流笼型异步电动机直接相连或通过万向节轴与被试后桥的主动齿轮轴相连。

加载方式可采用电涡流制动器,或用后桥本身的车轮制动器作短暂加载。

五、汽车总装与验收

将修竣后的汽车各总成、组合件、零件组装成为一辆完整的汽车的过程,称为汽车的总装。

汽车总装后,尚需加以调整,使各部分符合技术条件要求,最后在行驶中试车予以检查,并鉴定其是否确实修理完好,此检查称为修竣检验。

总装配的工作是否完善,修竣检验是否落实,对汽车将来的使用性能及运行安全均有着极大的影响。

(一)汽车的总装

汽车的总装配以车架为基础,将各总成、组合件、连接零件安装在车架上,使之成为一部完整的汽车。

装配前,要对各总成、组合件及连接零件加以检查,要求有良好的技术状态。在装配中,应保持清洁,注意安装的顺序,并对某些零件、组合件进行辅助加工和选配,以及进行必要的调整。同时,工作中应正确地使用工具和设备,防止损坏零部件,以保证人身安全。

1. 总装配作业法

汽车总装配可用定位作业法,也可用流水作业法进行;可由专业小组负责,也可由各总成承修人员兼顾装配。快速修理法一般均采用定位作业法,并由各总成承修人员组成的专业小组,共同进行总装配工作。

按定位作业法装配时,应拟定全车装配工艺表。用流水作业法装配时,应拟定工作班(组)的工艺表。快速修理装配时,尚需编制交叉作业进度指示表。这些表式与拆散解体所用表式均相类似。

采用定位作业法时,应先装配车架,以车架为基础,分上下前后左右装上各总成、组合件及连接零件,使之成为一部完整的汽车。

采用定位作业法总装时,和采用定位作业法进行解体时情况一样,总装的工时越少,工作的人数越多,则工作班(组)将越多。总装的工时定额在很大程度上取决于工作班(组)的组织、设备、工具及人员的技术熟练程度,而同一工作班(组)的人数不应增加到影响每个修理人员的活动。采用流水作业法时,汽车应在传送带上进行装配。

2. 汽车总装配顺序

汽车总装的工作顺序随汽车的构造不同而有所变化,但主要的顺序则基本相同。汽车总装配的一般顺序及主要内容如下。

(1)安装前桥。将车架架好,前端用吊车提起,把装有车轮和钢板弹簧的前桥推至车架下面,使钢板前端孔与车架上支架孔对齐,装入钢板弹簧销,再用同样方法连接后端吊耳及支架,也可先在车架上装好钢板弹簧,再装前桥和车轮。如有减振器,应先将减振器装在车架上,最后将减振器与前桥连接。

安装中,应注意钢板弹簧销、吊耳销与衬套的配合,钢板弹簧销孔端部与吊耳端部的间隙应不超过0.80mm,否则,应加垫调整。销子装好后,应装好锁紧螺栓和润滑油嘴。安装减振器时,拉杆孔中的橡胶衬套等应完整。对于不对称式弹簧,应注意安装方向。

(2)安装后桥。将车架后部悬吊,把装有车轮和钢板弹簧的后桥推至车架下面,用钢板弹簧销及吊耳销使后桥与车架连接。也可先在车架上装好钢板弹簧,再装后桥和车轮。一般注意事项与前桥的相同。

(3)安装制动器。安装液压制动装置时,应先装上制动主缸,然后安装制动油管,使之与前后轮轮缸连接。安装气压制动装置时,应先装储气筒和制动阀,然后再连接各部气管。所有管路应安装牢固,以免颠振折断或磨破。

(4)安装离合器踏板及制动踏板。将踏板支架装在车架上,在踏板轴上装好离合器踏板和制动踏板。轴在支架孔内的间隙及制动踏板轴承孔与轴的间隙一般为 0.08～0.25mm 装好离合器分离叉的拉杆、主缸推杆或制动阀拉杆,并装好各部拉簧。

(5)安装发动机和变速器。总装配时,先将发动机和变速器装合在一起,然后吊装到车架上,这样较顺利,但也可以分别安装。发动机支承处应注意安装橡胶软垫。发动机与车架有支承连杆时,应注意装配好。

(6)安装传动轴。传动轴装好中间支承后,置于车架下面,再将万向节凸缘接头与变速器及主传动器凸缘接头用螺栓连接。装好的传动轴,其两端的万向节叉应在同一平面内。传动轴分成两段的汽车(如解放、跃进等),可先安装前面的短传动轴,再装后面长的。安装时,应注意短传动轴两端的万向节叉应互相垂直,而长传动轴两端的万向节叉应在同一平面内。

(7)安装消声器。消声器与排气歧管凸缘之间应装有石棉衬垫,用夹箍将消声器安装固定,并安装好消声器排气管。对于消声器及排气管平箍的固定螺栓,必须装有弹簧垫圈。

(8)安装驾驶室。驾驶室吊装时,应注意不使外表各部受到碰损。驾驶室与车架固定处,应安置橡胶软垫。在固定螺栓的螺母下面,应安置平垫圈。当螺母拧紧后,应用开口销锁住。安装驾驶室后,即可安装加速踏板、连接节气门、阻风门的拉杆以及钢丝等连接部分。

(9)安装转向器。转向器壳在车架上的固定螺栓应安装弹簧垫圈。固定螺栓装上后不要拧紧,先将转向管柱在驾驶室内固定,再拧紧固定螺栓。然后安装转向垂臂,安装转向垂臂时,可先将垂臂与直拉杆连接,再将前轮转至向前直线行驶位置,再把转向盘转至全部回转行程的中部(从一方极限位置转至另一方极限位置的总圈数之半),最后将垂臂装至垂臂轴上,垂臂螺母必须拧到底,螺母下面应垫以弹簧垫圈。

(10)安装汽油箱。将汽油箱安装到原有位置。汽油箱位置在驾驶室内的,螺栓下如有弹簧,必须照原样装好,螺母拧紧后,用开口销锁住。汽油箱在车架侧方的,应用带衬垫的夹箍固定在车架的支架上。固定螺母下面应安装弹簧垫圈,最后连接油管。

(11)安装保险杠、翼子板及脚踏板。用螺栓把脚踏板安装到车架上,然后装挡泥板及翼子板。挡泥板和翼子板之间应有布条,在翼子板与脚踏板连接处应垫上橡胶衬垫,最后将保险杠及拖钩装到车架上。

(12)安装散热器及发动机罩。散热器与车架连接处,应安装橡胶软垫或弹簧。螺母不能拧紧到使弹簧垫圈压拢或橡胶软垫失去弹性,而且螺母必须用开口销锁住。然后紧好框架螺栓,连接橡胶水管,安装好百叶窗及百叶窗拉杆与拉手等。百叶窗应能开足及关严,并开闭灵活。最后安装发动机罩等。

(13)安装全车电气线路及仪表。导线所经各处,应与板壁表面紧密贴合,并装好线夹。两线夹之间的导线应拉紧。各接头处应接触良好和紧固可靠。电开关应可靠,灯泡应安装紧固,振动时,灯光不得闪烁。

(14)各部加注润滑油、液。在安装润滑脂嘴及加油塞盖处,按规定加注润滑脂及润滑油。在液压制动主缸内加足制动液,排除管道中空气,并加满燃油和冷却液。然后进行车辆的初步试验与调整。

(15)安装车厢。吊装车厢时,用 U 形螺栓将车厢与车架固定。在装 U 形螺栓处车架纵梁的槽内应安装衬木。安装顺序不是固定不变的,例如,车厢的安装也可以在安装电气线路以前进行。加注制动液常在安装制动踏板后进行。

汽车装配后,还应进行检查,调整离合器和制动器踏板自由行程、前轮前束、转向盘游隙、点火装置、制动蹄片间隙、轮胎气压等。其中,一些检查、调整常在装配中或装配后进行。行驶中发现的缺陷,还须再次检查调整。

(二)汽车修理的竣工验收

汽车总装完毕后,要进行汽车大修后的竣工验收。汽车大修竣工验收按 GB 3798—2005《汽车大修竣工出厂技术条件》、GB/T 15746—2011《汽车修理质量检查评定方法》等相关标准的要求执行。验收的方式有汽车道路试验和汽车综合性能检测站检测两种,或两种方式相结合进行。

道路试验(路试)对汽车进行竣工验收,是简便易行也是目前使用比较广泛的方式。路试的过程包括路试前的检验、路试、路试后的检查和调整三个环节。

1.测试条件

(1)性能测试应在平坦、干燥、清洁的高级或次高级路面,长度和宽度适应测试要求,纵向坡度不大于1%的直线道路上往返进行。测试数据取平均值。

(2)除本标准规定外,其他条件参照 GB/T 12534—1990《汽车道路试验方法通则》。

2.检验内容

1)路试前的检验

(1)外部检视要求。

①检查各总成、附件、仪表等是否齐全,相互连接是否符合要求。

②油、水、制动液、电解液是否按规定加注。

③有无漏油现象、漏水现象。

④轮胎气压、灯光、信号等是否正常。

⑤离合器踏板、制动踏板和驻车制动器操纵杆应能在板槽中自由活动;踏板自由行程和位置应符合要求,返回应灵活。

⑥转动转向盘时,转向器壳不允许松动。转向盘自由转动量应符合要求(带转向助力器者除外):总质量大于或等于 4.5t 的汽车,不大于 30°;总质量小于 4.5t 的汽车,不大于 15°。

⑦驾驶室、客车厢、货厢及翼子板应左右对称。

(2)发动机无负载运转试验要求。

①发动机启动容易,在任何转速均不应有异响。

②怠速运转平稳,正常运转时转速应均匀,过渡圆滑。

③发动机供油系统在任何转速下不得断油。

④机油压力应符合技术条件规定。

⑤检查储气筒充气情况和制动管路有无泄漏,检查真空助力器或真空增压器是否工作良好及有无漏气。

2)路试要求

汽车路试的目的是通过各种工况下的行驶试验,检查汽车的动力性、操纵性、制动性、滑行性能以及总成工作状态。具体内容如下。

（1）发动机性能试验。启动是否容易，在各种转速下是否正常，有无排气管放炮及明显突爆声，有无异响。

（2）离合器有无发抖、打滑或分离不彻底、换挡发响等现象。

（3）变速是否轻便，从中间挡位起至最高挡位做突然加速或突然减速运动，变速器是否自动跳挡。

（4）在各种车速下试验传动齿轮有无异响。

（5）转向机构是否灵活轻便。在平直道路上，时速 30km/h 时，放开双手试验汽车是否跑偏及摆头。

（6）测试发动机冷却液温度、油温，以及变速器、差速器、制动鼓和轮轴温度。

（7）在平坦道路上，车速为 30km/h 时，做紧急制动，试验制动距离和制动跑偏量。制动性能应符合《中华人民共和国机动车制动检验规范》或 GB 7258—2012《机动车运行安全技术条件》中有关制动性能的规定。

（8）在平坦道路上，用二挡起步，拉紧驻车制动器操纵杆时，发动机是否熄火，以试验驻车制动器的效能。

（9）汽车走热后，在平坦道路上，汽车空载行驶速度 30km/h，将变速杆置于空挡，到完全停止为止，试验滑行性能，滑行距离应不少于 220mm。

（10）带限速装置的汽车，以直接挡空载行驶，从初速度 20km/h 加速到 40km/h 时间应符合表 3-11 的规定。

加速时间的规定 表 3-11

发动机标定功率与汽车自身质量之比（kW/t）	加速时间（s）	发动机标定功率与汽车自身质量之比（kW/t）	加速时间（s）
6.25 ~ 9.375	<30	15.625 ~ 31.25	15
9.375 ~ 12.5	<25	>31.25	<10
12.5 ~ 15.625	<20		

（11）带限速装置的汽车以直接挡空载行驶，在经济车速下，每百公里燃油消耗量应不高于原设计规定值的 85%；汽车磨合期满后，每百公里燃油消耗量不高于原设计规定。

（12）汽车车身车厢各部不得漏水。汽车在多尘路上行驶，在所有门窗都关闭的情况下，当车外空气含尘量不低于 200mg/m³ 时，车厢和驾驶室内的含尘量不得高于车外含尘量的 25%。

（13）汽车噪声应符合 GB 1495—2002《汽车加速行驶车外噪声限值及测量方法》的规定。

（14）汽车排放限值应符合国家有关规定。

3）路试后的检查与调整

在路试后应对汽车进行一次细致的外部检视，紧固重要连接螺栓和螺母，并排除路试中发现的故障和毛病。最后全车喷涂面漆一次，检验交车。

汽车大修竣工验收，除了用道路试验的方法进行外，随着技术的进步，在汽车检测站进行验收逐渐取代了路试。利用汽车检测站进行汽车大修竣工验收速度快，效率高；可以量化，数据准确，检测效果好；零件磨损小；节约能源；不受道路、气候条件的影响等。

目前,利用检测站验收,一般是在 A 级综合性能检测站进行,A 级综合性能检测站设备齐全,其功能可充分满足汽车大修竣工验收的要求。特别是现在大部分检测站已实现了自动化、半自动化计算机联网管理,不仅提高了检测效率,更保证了检测数据的公正性、客观性和准确性。

复习思考题

1.汽车维修思想有哪几类? 其主要内容各是什么?

2.汽车维护类型和维护方式有哪些?

3.汽车维修制度的主要内容有哪些?

4.汽车维护周期是如何确定的? 其基本原则是什么?

5.汽车维护的主要作业内容有哪些? 维护工艺有几种作业方法? 各有什么特点?

6.汽车维护按作业内容可分为几类? 其主要作业内容各是什么?

7.汽车日常维护、汽车一级维护、汽车二级维护的中心内容是什么?

8.汽车二级维护附加作业的定义是什么?

9.汽车二级维护附加作业的中心内容是什么?

10.什么是汽车的季节性维护? 什么是汽车磨合和维护?

11.汽车修理的方法有几种? 主要特点是什么?

12.汽车修理的作业组织有几种? 主要特点是什么?

13.汽车修理的作业方式有几种? 主要特点是什么?

14.如何统筹与优化汽车修理工艺过程?

15.进厂修理汽车的检验内容主要有哪些?

16.如何合理组织拆装作业及安装工艺顺序? 如何在拆装时保证零件的正确相互位置关系?

17.如何清洗零件的表面油污、积炭和水垢?

18.汽车零件的检验方法有哪些? 形位误差有哪些检验参数? 如何正确检测?

19.正确装配典型配合副有哪些要点?

20.影响发动机磨合质量的因素有哪些? 如何正确确定发动机的磨合转速和负载?

21.汽车总装的一般顺序是什么? 汽车修理的竣工检验标准有哪些基本内容?

第四章　汽车零件的修复

教学目标

　　1. 掌握汽车零件的修复方法：机械加工修理法、焊接修理法、金属喷涂修理法、电镀修理法、压力加工修理法、胶黏修理法。

　　2. 理解零件修复方法的选择原则：生产上的可行性、质量上的可靠性、经济上的合理性。

教学要点

知 识 要 点	掌 握 程 度	相 关 知 识
汽车零件的修复方法	掌握	机械加工修理法、焊接修理法、金属喷涂修理法、电镀修理法、压力加工修理法、胶黏修理法
零件修复方法的选择	学会	生产上的可行性、质量上的可靠性、经济上的合理性

第一节　汽车零件的修复方法

　　汽车维修时，零件可分为可用件、待修件、报废件三类，其中待修件是指从技术上、经济上考虑，"二次制造"后恢复其技术性能都合理的旧件。旧件的修复方法很多，经常采用的有机械加工修理法、焊接修理法、金属喷涂修理法、电镀修理法、压力加工修理法、胶黏修理法、激光熔覆修复法等。

一、机械加工修理法

　　机械加工修理法是旧件修复中最常用的一种方法，当采用其他方法修复零件时，也需要机械加工的配合，以恢复其技术性能。机械加工修理法的主要特点是：加工批量小，有时甚至是单件生产；加工余量小，常常是对零件某部分加工；加工要求高，几乎和新制件有同样的技术要求，包括尺寸公差、形位公差、表面粗糙度、硬度、耐磨性、结合强度、疲劳强度等。

（一）修理尺寸法

　　修理尺寸法，是将零件的损伤表面通过机械加工恢复其正确的几何形状和配合性质的加工方法。加工后的零件尺寸，不同于零件的公称尺寸（轴缩小，孔加大），相配合件的尺寸

(轴加大,孔缩小)按规定改变,以保证其配合性质不变。

1.修理尺寸的级差

对于汽车的主要零件及易损零件,如汽缸、活塞、活塞环、曲轴、凸轮轴等,为了增加其修理次数,延长主要零件的使用寿命,根据实际使用中零件的损伤程度、材料强度、结构限制等,可以将修理尺寸分为若干级差。

根据有关部门对 35 种汽车主要零件修理尺寸级差的统计,有 22 种零件采用 0.25mm 的级差。目前,国产汽车汽缸套和缸筒:汽油车分为四级修理尺寸,柴油车分六级修理尺寸;曲轴颈:汽油车分六级修理尺寸,柴油车分八级修理尺寸。

2.修理尺寸的确定

轴和孔的公称尺寸、磨损后的尺寸、修复后的尺寸如图 4-1 所示。

图中,d_r、D_r 为轴、孔磨损后的尺寸。轴和孔各级修理尺寸计算如下:

轴

$$d_{r1} = d_m - 2(\delta_{max} + C) = d_m - 2(\rho\delta + C) \tag{4-1}$$

孔

$$D_{r1} = D_m + 2(\delta_{max} + C) = D_m + 2(\rho\delta + C) \tag{4-2}$$

式中:d_m、D_m——轴、孔的公称尺寸;

$\quad d_{r1}$、D_{r1}——轴、孔的第一级修理尺寸;

$\quad\quad\quad \rho$——磨损不均匀系数,一般为 0.5 ~ 1;

$\quad\quad \sigma_{max}$——零件单侧最大磨损量,$\sigma_{max} = \rho\delta$;

$\quad\quad\quad C$——单侧加工余量,一般取 0.03 ~ 0.10mm。

令修理级差 $r = 2(\rho\delta + C)$,n 为修理尺寸级的序号,则式(4-1)、式(4-2)可以写为

$$d_{rn} = d_m - nr \tag{4-3}$$

$$D_{rn} = D_m + nr \tag{4-4}$$

式中:d_{rn}、D_{rn}——轴、孔的第 n 级修理尺寸。

(二)附加零件法

附加零件法也称镶套修理法,即在加工后的零件表面上,用过盈配合的方法镶上一规定尺寸的套筒,通过加工,恢复到零件公称尺寸的修复方法。如镶汽缸套、气门座圈、气门导管、飞轮齿圈、变速器承孔、后桥壳承孔以及端轴轴颈等,如图 4-2 所示。

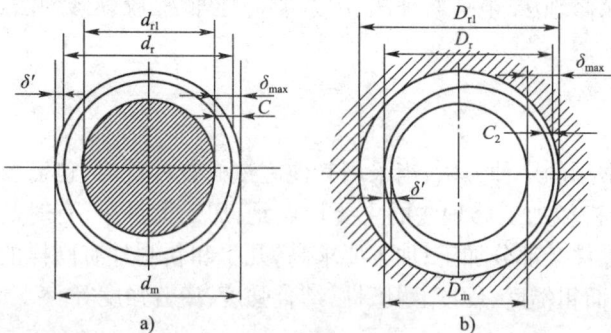

图 4-1 轴和孔的修理尺寸

a)轴的修理尺寸;b)孔的修理尺寸

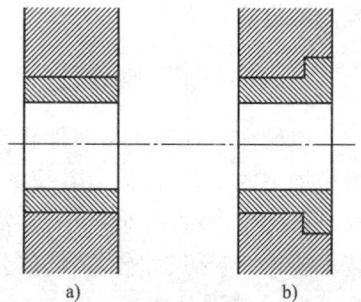

图 4-2 磨损孔的镶套

（1）材料与技术要求。镶套的材料要根据镶套的部位的工作条件来选择,如在高温下工作的部位,应与基体一致或相近似,使它们线膨胀系数相同;除此以外,材料热稳定性要好,以保证零件工作时的稳定。修理铸铁零件时应采用铸铁套,也可采用钢套。套的厚度应根据选用的材料和零件的磨损量而定。钢套的厚度不应小于2mm,铸铁套厚度不得小于4mm。根据零件表面的硬度要求,套在加工后可以进行热处理。配合部位的表面粗糙度应达到规定的要求。

（2）镶套过盈量。过盈配合件不但要求有较高的加工精度,而且要准确地控制过盈量。这样才能保证镶套后承受载荷、传递转矩不松动,同时又不致应力过大超过了材料的屈服极限。

在镶套时,为了防止长期使用后轴与轴颈产生松动,可在套的配合端面点焊或沿整个截面焊接,如图4-3所示。

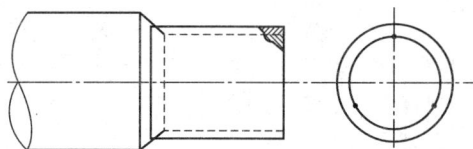

图4-3　端轴颈的镶套修复

（3）镶套的操作。具体步骤如下:

①镶套前仔细检查。镶套是一项钳工作业,镶套前应仔细检查配合尺寸、倒角、圆度、圆柱度、表面粗糙度等,作好除锈、除油的清洁工作。

②平稳压入。座孔应大头朝上,镶入件应小头朝下,两配合件椭圆长短轴一致,对正不要歪斜,用压力机平稳压入,忌用手锤敲击。

③对于重级和特重级的过盈配合镶套时,可采用温差法加热包容件,或冷却被包容件,或同时采用两种方法进行压入装配。

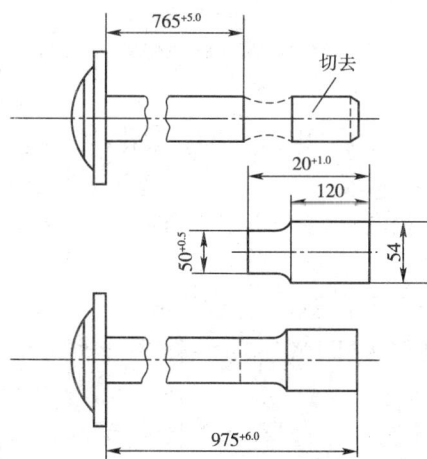

图4-4　用局部更换法修复某半轴图

（三）局部更换法

1.修复原理

局部更换法是指对被损伤的零部件局部位置进行更换或修复,其他部分保留的一种修复方法。全部更换不经济,浪费较大;比较合理的办法是将换下部分重制或修复,然后再使其和主体零部件连接在一起,恢复原有技术性能。应用局部更换法修复汽车零部件,可以简化修复工艺,扩大零件修复范围,降低零件修理成本,因而应用较广。

2.修复实例

（1）半轴的修复。如图4-4所示,将半轴花键端严重磨损部位切掉磨平,用同样材料制造切下部分,用对接焊（或摩擦焊）连接两部分,校直,车花键外圆,铣花键,热处理,光磨花键部分至最终尺寸。

（2）变速器盖球形支座修复。如图4-5所示,变速器上端变速器盖变速杆球形节座的球面处,由于磨损严重,可将支座部分割掉,用灰铸铁作一个新的支承座,用接合凸肩与变速器盖压合,焊接牢固。

（3）齿轮组的修复。变速器中一个齿轮或一个轮齿的损坏,也可采用局部更换法进行修复。

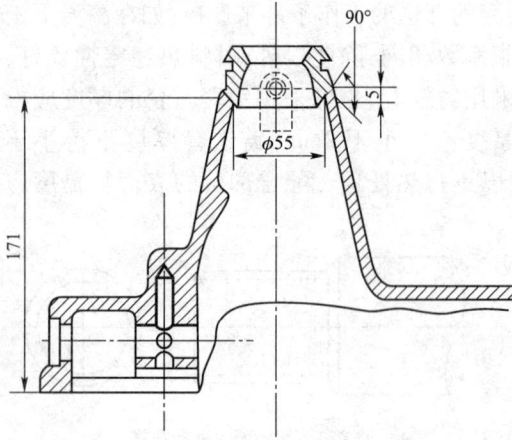

图 4-5　某变速器盖球形支座的修复

（四）翻转修理法

1. 修复原理

有些零件往往产生单边磨损，对称的另一边磨损较小。如果零件的结构允许，可将零件损坏的部分翻个面或转个角度，使零件未损坏的部分继续使用，这种修复零件的方法一般称为翻转修理法。它的特点是方法简单、节省时间、成本低、经济性好，因此得到广泛应用。

2. 修复实例

（1）齿轮类的修复。曲轴飞轮齿圈、正时齿圈，由于零件在工作中产生单面（或单向）磨损，使用一定时间后，将齿轮翻一个面（转 180°），使用未磨损的一面，这样可使零件正常工作。

（2）键槽的修复。如图 4-6a) 所示，把磨损的键槽焊死（强度允许也可不焊死）、磨光表面；将轴旋转一定角度（90°或 180°），重新按要求铣出新键槽。

（3）凸缘孔的修复。如图 4-6b) 所示，把磨损超标的孔焊死，转一个角度，另外钻出均布的新孔，加工精度符合原设计要求。

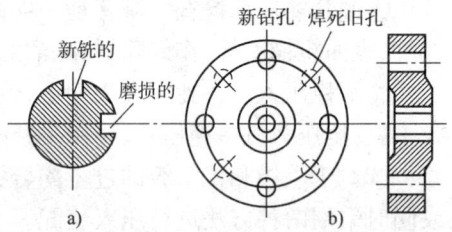

图 4-6　零件的翻转修理法
a) 键槽的修理；b) 孔的修理

（五）栽钉补板法

1. 栽钉法

这种方法常用于修复单裂纹。其方法是：

（1）用 $\phi 3 \sim \phi 5$mm 的钻头先在裂纹的两端钻出止裂孔，然后每隔 2 ~ 4mm 钻孔。

（2）在钻好的孔中攻螺纹。

（3）将紫铜螺钉旋入孔中，旋入的长度与汽缸壁厚度相同，然后将紫铜螺钉截断，其断面高出汽缸体 2mm。

（4）用同样的方法，攻螺纹并旋入紫铜螺钉。在整个裂缝上形成一条螺钉链。

（5）用小手锤轻轻敲铆紫铜螺钉的留出部分，使其铆平并相互咬紧，然后锉平，必要时可沿裂纹进行钎焊。

（6）最后用水压法检查裂纹处是否漏水，5min 不渗水为合格，如有轻微漏水，可继续用手锤轻铆渗漏处的紫铜螺钉。

2. 补板法

补板法就是用软金属皮借助铆钉或螺钉补塞裂口和裂纹的方法。主要用于修补裂纹较多，又相对集中，或有部分破洞的机体平整外表面，如汽缸体、汽缸盖、束架、驾驶室、客车厢上的裂纹。补缸体、缸盖时须注意以下几点：

①清除裂纹附近准备补板部位的油污、漆皮等物；在裂纹的始末端用 $\phi 3 \sim \phi 5$mm 的钻头钻止裂孔，防止裂纹继续扩大。

②补钉可采用黄铜皮或软铁皮,厚度为1.5～2mm,长宽要大于裂纹边缘15～20mm。

③将补钉贴在裂纹处,用手锤敲打,使补钉与破裂表面贴合。

④拿下补钉,在其四周边缘钻孔,孔距为10～15mm,孔直径为4～5mm。

⑤以补钉为样板,在裂纹四周钻孔。

⑥用丝锥在钻孔处攻螺纹。

⑦将补钉内面和待补面间垫上一层石棉垫或涂上红油漆(密封),然后将螺钉拧入螺孔中固定补钉。

⑧油漆干后,用0.3～0.4MPa的压力试水压,裂纹处不得渗水。

补大梁、驾驶室、客车厢裂纹时,常用铁皮和铆钉连接,根据铆钉的尺寸大小,可采用冷铆或热铆。

二、焊接修理法

焊接修理法是指用热量熔化金属,修补或接合零件的方法。通常将焊接分为钎焊、气焊、电焊、气体保护焊等。由于焊修的零件可以得到较高的强度,焊层厚度容易控制,且一般焊修法的设备简单,成本低、容易操作,因此在汽车维修中得到广泛应用。

(一)钎焊修理法

1.钎焊原理

钎焊是指被焊金属不熔化,焊剂熔化把被焊零件接合起来的方法。钎焊又分为软钎焊(<400℃)和硬钎焊(>500℃)。用锡焊、铅焊修理汽车散热器、油箱、化油器浮子等属于软钎焊;用铜焊修补汽缸体裂纹、多元合金焊接铝型材属于硬钎焊。

铝型材火焰钎焊,是在保持接头处完整的基础上,利用毛细吸附作用将熔化的钎料吸入接头异形断面的间隙中,以达到整个截面接头一次焊成的目的。焊接接头的形成有两个过程:一是钎料填满间隙的过程;二是钎料和母材相互作用的过程。液态钎料能否很好填满焊缝,主要取决于它的浸润性,它表现了液体在固体表面上流布开来的能力。浸润性好,毛细作用就强。

在钎焊过程中,液态的焊料与基体金属存在原子相互扩散的现象,也就是它们的相互作用的过程,当冷却后,即形成了焊缝,从而使被焊工件牢固地接合在一起。

2.铝型材的钎焊

1)铝型材钎焊的特点

(1)钎焊接头外观好。钎焊的焊缝不需要高出工件表面,接头光滑、平整;充填性比气焊和氩弧焊好,密封性好。

(2)焊接接头强度高。经测试铝型材钎焊接头抗拉强度为110MPa;而铝合金气焊为30MPa;铝合金氩弧焊为35MPa。

(3)经济性好,效率高。与铝合金气焊比,加工费仅为气焊的8%左右,为铝合金氩弧焊5%左右。原因是焊接接头光滑平整,省去了焊后的机械加工,因此生产率也得到了提高。

(4)设备简单,投资少,且易操作。

2)铝型材钎焊的焊料与焊剂

(1)焊料是钎焊用来填满焊缝,冷却后将钎焊接头连接在一起的材料,其特点如下:

①焊料的熔点必须低于母材,至少低几十度,即焊料熔化母材不熔化。

②焊料熔化后要有良好的浸润性,能够充分填满焊缝。在焊料中加入能和被钎焊金属形成同相的合金元素,可以改善其对钎焊金属的浸润性。在接触面上发生相互的原子扩散。

③焊料本身具有一定的机械强度,以满足钎焊接头的工作要求。对于有外观要求的装饰件,还要求焊缝颜色与母材大致相同。

根据上述特点,可采用含硅 10% ~ 13% 的铝硅二元合金和含硅 8% ~ 12%、铜 3% ~ 5% 的铝硅铜三元合金焊料,还可采用多元合金焊料。

(2)焊剂。为了去除氧化铝膜,改善钎焊料对钎焊金属的浸润作用,在钎焊铝合金时,一般都用腐蚀性很强的焊剂。对焊剂的要求如下:

①焊剂的熔点要比焊料低(一般低 50℃),以便在焊料熔化前就把焊缝中氧化膜清除。

②焊剂要有良好的热稳定性,要在熔化后 100℃ 的范围内能保持其作用(因为钎焊温度一般高出焊剂温度 100℃ 左右)。

③在钎焊温度范围内,焊料黏度要小,要有良好的流动性,便于浸润金属表面;但流动性也不宜过大,以防流散。

④焊剂及其生成物应有比液体焊料小的密度,以便去除,防止夹渣。

3)铝型材火焰钎焊的工艺要点

(1)焊前准备。钎焊前可做好如下准备工作:

①焊前检查。检查铝型材是否弯扭变形,如有变形要进行平整、校正。接头要平行、均匀,尺寸和角度要精确。

②表面处理。用酒精或汽油清洗表面油污;用砂纸、破布或用喷砂、喷丸清除表面氧化膜;如用化学法清洗表面,清洗后应立即施焊。

③间隙保证。一般铝型材钎焊的间隙为 0.3 ~ 0.7mm,最大不超过 1mm;为了保证钎焊接头位置和合适的间隙,应有合适的夹具和装配工具。

④夹具和装配工具。要有一定的强度,利于火焰加热,且便于钎焊操作。设计和使用时,要考虑工件的膨胀和收缩,否则加热时,钎焊剂、钎焊料流不进去。弹性夹具可克服上述出现的问题。

(2)施焊工艺。接头加热是铝型材钎焊的关键,焊剂、焊料的多少直接影响接头质量。

①焊炬的种类。手工火焰钎焊加热的焊炬有以下三种:氧 - 乙炔多孔连蓬喷嘴、汽油喷灯、石油液化气加压缩空气喇叭形喷嘴。第一种喷嘴可直接拧在三号气焊枪上就可使用;汽油喷灯灵活方便,可随点随灭,火焰温度高且较柔和,不易与焊剂起反应,焊缝较白,易于控温,多用于实验室和零星生产;第二种喷嘴加热时与钎焊剂反应小,加热均匀,焊料易一次填满焊缝,能获得质量较好的接头。

②加热方式。火焰钎焊的加热方式与气焊不同,不能像气焊那样把热量集中于焊缝区,而是不停地移动火焰,或固定火焰移动工件,使工件各部均匀受热。因为铝及铝合金导热性好,接头热量易散失,所以在较大范围内加热,才能保证接头温度均匀,使各部同时达到钎焊的温度。

③加热温度。使钎焊时的温度严格控制在母材熔点以下,在焊料熔点以上的范围内。工业纯铝熔点为 658 ~ 660℃,铝合金为 620 ~ 640℃;钎焊温度应控制在 550 ~ 600℃。因为

铝及铝合金在加热熔化时没有明显的颜色变化,简单判断加热温度的方法,是将预热钎棒一端蘸上钎焊剂放在焊缝上,若焊剂立即化为透明的液体,则说明温度合适,可以施焊。若钎焊剂不能立即熔化、发黏、冒泡,表明温度偏低,应继续加热。

④控制焊剂、焊料用量。加热温度合适后,应立即施加钎焊剂、钎焊料,用量合适,不可过多,保证焊缝填满即可。焊料用多了不但会产生焊缝高出工件、结瘤,增加了外部缺陷,而且还浪费了焊料和焊剂。

(3)焊后清理就是钎焊以后对零件表面及接头进行表面清洗和除渣。清洗的方法有三种:

①热水清洗。钎焊料凝固后(停火后20~30s),将整个接头淬入热水(50~70℃)中,将残渣崩落下来。一般在热水中泡10min,再用刷子刷洗,即可将残渣除净。

②机械清洗。用纤维刷、钢丝刷等刷洗;或用砂布、砂纸、锉、抛光轮打磨;也可用喷砂、蒸汽等喷洗。但因铝合金较软,清洗时要避免损坏钎焊焊缝。

③化学清洗。可用10%的硫酸或用5%~10%的磷酸溶液浸泡2~5min,然后用清水冲洗掉化学溶液,进行干燥存放,这样可以去掉用清水难以清除的钎焊剂残渣。

(二)气焊修理法

1. 气焊的特点

气焊是指用可燃气体与氧气燃烧产生的火焰熔化金属进行焊接的方法。经常用的可燃气体为乙炔气体,通常由乙炔发生器产生并供给。气焊时火焰热量较分散,工件受热变形大,生产率较低,其焊接质量不如电弧焊接。但是火焰对熔池压力及输入量可控制,熔池冷却速度慢,焊缝形状、尺寸和焊透程度易控制,能做到使焊缝金属与基体相近似。同时由于设备简单,不受电源限制,方便灵活,因此用途较广,主要用于碳钢、铝材、合金板件的焊接。

2. 焊接工艺

(1)焊接准备。当焊接部分厚度在6mm以上时,要加工90°~120°的V形坡口,所焊部位厚度在15mm以上时,要加工X形坡口。焊前应去油污、除锈蚀,用水进行清洗、干燥。

(2)施焊要点。施焊火焰应用弱碳化焰或中性焰;加热区用氧化焰。如采用"加热减应焊"时,施焊方向应指向减应区。

施焊时,先熔母材,再掺入焊丝,否则熔化不良。应随时用焊丝清除杂质,以防气孔和夹渣。焊丝常选用QHTI、QHT2。施焊时应一次焊完,避免反复加热而造成应力过大。

(3)焊后处理。焊接后要检查焊缝质量,如厚度不够,应补焊。用手锤敲击焊缝除渣,还可起到减小应力作用;焊接面积大时,可采用保温冷却。

3. 铝合金气焊

铝合金气焊经常用焊丝或焊粉施焊,修理厂用成分相近的废铝活塞、铝缸盖浇注成的焊丝效果也很好。铝合金气焊时,金属的熔化、堆积易于控制,能保证焊接质量。但气焊的热量小、生产率低、成本高。

1)焊前准备

(1)选择焊料。焊厚件时可选择焊丝"丝311"(含硅约5%,流动性好,成分接近母材)或"丝331"(铝镁合金焊丝),也可用上述自制焊丝。焊薄件时,常用"粉401"焊粉,其中含有氯、氟的钠盐或锂盐。熔渣对铝合金有腐蚀作用,焊后要对焊缝用热水清洗,用钢丝刷清理干净。

（2）钻止裂孔。在裂纹的两末端钻出 $\phi4 \sim \phi5mm$ 的孔,防止施焊时裂纹继续扩大。

（3）开坡口。壁厚大于 5mm 时应开 60° 坡口;为了防止焊穿,工件反面可垫石棉或紫铜板。

（4）清洁表面。焊前用 70~80℃ 氢氧化钠水溶液涂抹表面,5min 后用热水冲洗,用焊炬烤干;或用其他方法烘干。

2）施焊要点

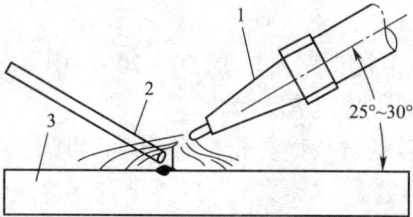

图 4-7 气焊铝合金
1-焊炬;2-铝焊丝;3-工件

（1）工件预热。工件加温至 200~250℃,使工件温度均匀上升,注意勿使零件温度过高。

（2）选择焊嘴。焊接时采用小号焊嘴,选用中性焰或轻微碳化焰,切忌用氧化焰。

（3）施焊角度。焊丝涂以糊状焊粉,当工件熔化时送进焊丝施焊,焊嘴与工件的倾角为 25°~30°,如图 4-7 所示。

（4）除渣。当焊丝熔化滴入熔池里面,表面产生皱状氧化膜时,要用焊丝挑出熔池内的氧化铝渣,防止夹渣。

3）焊后处理

（1）缓冷。将烧红的木炭放在焊补区周围加热,保温一段时间,再慢慢冷却。

（2）除渣。用热水冲洗焊缝周围,把残留的焊粉熔渣冲净,以免腐蚀铝质工件。

（3）检查。查看焊缝质量,有无气孔、夹渣,焊缝充满程度,是否需要补焊。

（三）电焊修理法

电焊就是电弧焊,是用电能熔化金属进行焊接的方法。经常使用的方法有手工电弧焊、振动堆焊、气体保护焊等;焊接的金属主要是钢材、铸铁、铝合金等。下面以振动堆焊为例说明电焊修理法。

1. 振动堆焊的过程

振动堆焊的原理如图 4-8 所示。将需堆焊的零件装卡在堆焊机床上,工件接负极,焊嘴接正极。电流从直流发电机 1 的正极经焊嘴 2、焊丝 3、工件 4、电感器 5 回到发电机的负极。

焊丝自焊丝盘 6 经送丝轮 7 进入焊嘴,送丝轮由小电动机 8 驱动。焊嘴受交流电磁铁 9 和弹簧 10 的作用产生振动,为了防止焊丝和焊嘴粘在一起,焊嘴由少量冷却液冷却。在焊嘴振动过程中,焊丝末端与堆焊表面不断地起弧和断弧,焊丝被熔化并滴在工件表面上。当堆焊堆转型工件时,工件边堆焊边转动,同时焊嘴横向移动,焊道就成为螺旋状缠在零件上。

为了控制堆焊层的硬度和工件的温度,喷嘴 11 向堆焊层或工件上喷射冷却液。图 4-8 中 12、14 为冷却液箱,13 为水泵电动机。振动堆焊的过程可分为三个阶段。

（1）短路期。焊丝送进,其尖端与工件表面接触,正负极短路,电流由零急剧上升到最大值,而电压几乎下降到零。此时,电流使焊丝加热熔化,使焊丝尖端焊接在零件表面上。短路期为循环周期的 1/4~1/3,所产生的热量为总热量的 10%~20%。

（2）电弧期。焊丝振动向后,尖端熔化处被拉断,在突然断开瞬间,由自感电势产生电弧,电弧放电使焊在零件表面上的焊丝熔化并堆焊在工件表面上。电弧期占整个周期的

1/3 ~ 2/3,所产生的热量高达总热量的 80% ~ 90% 。

（3）空程期。焊丝向后振动,远离工件,放电结束,从电弧熄灭到焊丝再次与工件表面接触期间称为空程期。空程期不产生热量,时间越短越好。

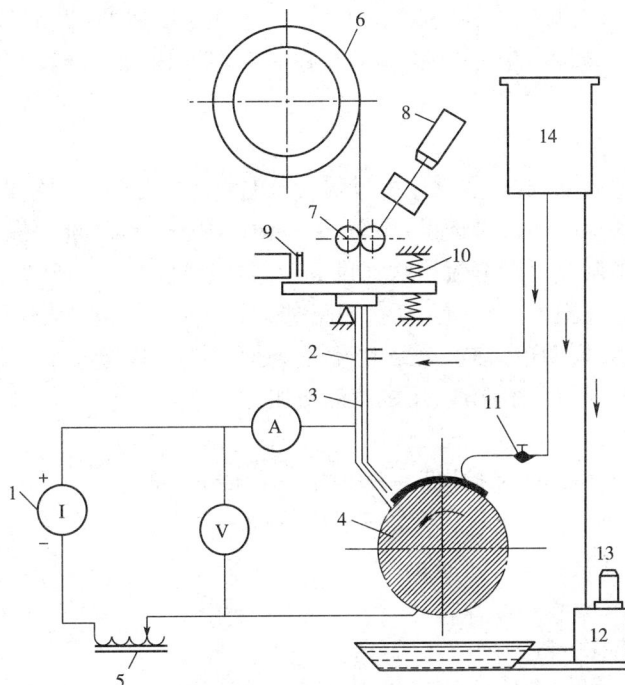

图 4-8 振动堆焊原理图

1-发电机;2-焊嘴;3-焊丝;4-工件;5-电感器;6-焊丝盘;7-送丝轮;8-焊丝驱动电动机;9-电磁铁;10-弹簧;11-阀;12、13-电动机;14-冷却液箱

上述三个阶段周而复始,从而完成了堆焊过程。其阶段的长短,取决于各堆焊参数,尤其是电感量影响较大,电感增加电弧期延长,空程期缩短。电路中最适宜的电感就是使空程期恰好在堆焊过程中消失。

2. 振动堆焊参数的选择

振动堆焊的参数很多,各参数又是互相影响的,因此,正确选择堆焊参数,是获得稳定堆焊过程和良好堆焊质量的基本条件。现将堆焊参数选择的方法介绍如下。

1)电源和极性

振动堆焊应采用具有平硬外特性的直流电源,反极性接法,即工件接负极,焊丝接正极。要极性接错,堆焊过程将不稳定,金属飞溅大,基体金属熔化不良、气孔多、表面质量差。

2)堆焊电压 U

电弧电压是振动堆焊的一个关键参数,其数值的大小取决于电弧的长短和熔滴的过渡形式,它对焊缝形成、熔滴飞溅、焊缝缺陷以及焊后力学性能都有很大影响。工作电压应根据焊丝和工件材料来选择,高碳钢焊丝熔点低,工作电压可偏低;低碳钢丝熔点高,工作电压可偏高些。一般情况下,发电机空载电压选用 16 ~ 20V,堆焊工作电压为 14 ~ 18V。高碳钢焊丝用 16V,中碳钢焊丝用 18V,曲轴堆焊用 16 ~ 18V,直径小于 25mm 的工件和铸铁件工作电压为 14 ~ 16V,电压偏低,起焊困难,堆焊过程不稳定,易产生焊不透的缺陷;电压偏高,起焊容易,但金属飞溅增大,气孔增多。

3)堆焊电流 I

堆焊电流不是一个独立的参数,无法事先选定,它取决于工作电压、送丝速度、焊丝成分与直径、电路中电阻等。焊丝直径为 1.2 ~ 1.6mm,送丝速度在 1 ~ 3.5r/min 范围内变动时,电流应在 100 ~ 200A 范围内稳定变动,摆差应控制在 10A 内,如摆动过大,表面堆焊过程不稳定。

4)电感 L

振动堆焊是脉冲放电过程,实现这种过程要求电源有良好的动力特性,为此在焊接回路中串接一个可调的附加电感,其数值为 0.2 ~ 0.7mH(ADI – 300 型堆焊机为 10 ~ 16 圈)。串接附加电感的作用是调节短路电流增长速度和电弧燃烧的时间。当电感大时,短路电流上升速度慢,空程期长,飞溅大;当电感小时,短路电流上升快,堆焊过程不稳定,熔化不良。细焊丝熔化快,熔滴过渡周期短,要求短路电流增长速度快,所以电感取小值,粗焊丝则相反。加入电感,电弧燃烧时间短,熔深浅,反之熔深增加。

5)堆焊速度 v

堆焊速度是指工件回转的线速度,一般取 0.2 ~ 0.6m/min。

$$v = \pi Dn/1000 \tag{4-5}$$

式中:v——工件回转的线速度,m/min;

D——工件直径,mm;

n——工件转速,r/min。

堆焊速度快,焊层薄,甚至不连续;堆焊速度慢,焊层厚,甚至焊不透。

6)送丝速度 v_s

送丝速度要求平稳、适中。速度过高,飞溅大,起焊困难,堆焊金属熔化不良,焊波上出现凹坑;速度过低,堆焊过程不稳,焊道不连续。送丝速度选用时应考虑焊丝直径和堆焊厚度,焊丝直径细,应提高焊丝速度;反之,应降低送丝速度。实践证明当 $v_s : v = 2 ~ 4$ 时,焊层细密,质量较好。

7)堆焊螺距 S

堆焊螺距取决于焊丝直径大小,它的选取可按 $S = (1.5 ~ 2)d$ 的经验公式选用,d 为焊丝直径。螺距过小,后焊道对前焊道有较大的退火作用,焊层硬度降低,甚至出现焊不透现象;螺距过大,焊层不平整,修复的尺寸小,零件内应力大,疲劳强度降低较多。

8)焊丝振幅与频率

焊丝振幅一般可按如下经验公式计算:

$$A = (1.2 ~ 1.3)d \tag{4-6}$$

式中:A——焊丝振幅,mm;

d——焊丝直径,mm。

振幅过小,电弧期短,短路期长,焊丝熔化不良,堆焊连续性差;振幅过大,空程期长,金属飞溅大,堆焊过程不稳定。

焊丝的振动频率一般为 50 ~ 100 次/s,频率太低,飞溅大,放电次数少,基体金属熔化不好。

9）焊丝牌号、焊丝直径、焊丝伸出长度

焊丝成分（牌号）的确定，应根据工件的技术要求，如硬度、耐磨性、切削加工性等方面的要求选定。如要求耐磨性好、硬度高的焊层应选优质高弹钢丝（70钢、65Mn 等）。

焊丝的直径大小应根据堆焊层厚度及堆焊过程稳定性来确定，厚度为 1.2~2.0mm，常用焊丝直径为 1.2~1.6mm。

焊丝伸出长度 L 可根据焊丝经验公式计算。焊丝伸出过长，堆焊过程不稳，飞溅严重，焊丝性能下降；伸出过短，焊嘴易结瘤，堵塞焊嘴，发生黏结而烧毁焊嘴。伸出长度一般为

$$L = (5~8)d \qquad (4-7)$$

焊丝与工件位置有水平角 α 和接触角 β，如图 4-9 所示。水平角 α 影响结合强度，一般 α 取 75°~90°，α 过小会使基体金属熔化不良。接触角 β 影响堆焊过程的稳定性，一般取 40°~50°。

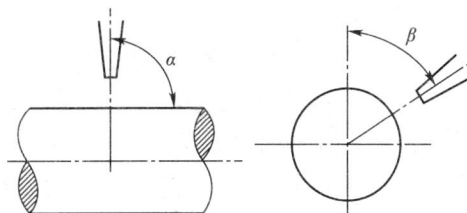

图 4-9　焊丝与工件相对位置

10）冷却剂

堆焊过程中，为防止焊嘴过热，应用冷却液对其进行冷却，冷却液为 5% 的 Na_2CO_3 水溶液，用量应为 0.01~0.02L/min（相当于 50~100 滴/min）。冷却液过少，焊丝易粘在焊嘴上；冷却液过多，易冲灭电弧。

堆焊零件直径小于 25mm 时，必须对工件进行冷却，用量为 0.1~1.5L/min。冷却液过多，堆焊层的硬度高，裂纹多；冷却液少，工件的硬度低，细工件基体金属易发生流溢。

3. 振动堆焊设备

国产 ADZ-300-1 型振动堆焊设备包括一下几个方面。

（1）直流弧焊机。交流电动机功率为 7.5kW，三相电压为 380/660V，自带 V/Δ 启动器。直流电压为 7/22V，最大直流输出电流为 300A。

（2）控制柜。面板上有总开关、直流电压表、直流电流表、调压手轮、焊丝调速手轮、振幅调节手轮以及水泵开关、指示灯等。

控制柜里装有电感器、交流和直流接触器、熔断器、硒整流堆等。

（3）堆焊机床。国产振动堆焊机床有 ADZ-300-1 型和改进后的 NU-300-1 型，其主要参数见表 4-1。

振动堆焊机床的主要参数　　　　　　　　　　　　　　　　　表 4-1

机床 参数	中心高 （mm）	中心距 （mm）	主轴转速 （r/min）	堆焊螺距 （mm/r）	纵向堆焊进给速度 （mm/min）
ADZ-300-1	300	225	0.6~2.0	2.3~4.0	230~400
NU-300-1	300	1700	0.2~1.2（无极）	最大4.0（无极）	最大460（无极）

NU-300-1 型自动堆焊机床比 ADZ-300-1 型机床轻便，电源改用晶闸管整流，空载电压为 34V，主轴转速也由晶闸管调节，整个设备共用了三套晶闸管电流，自动化强度大为提高。

4. 曲轴的振动堆焊工艺

当曲轴的轴颈磨损已超过极限尺寸，不能按其最后一级修理尺寸磨削修理时，可采用振

动堆焊方法增补磨损表面,然后再用机械加工(车削、磨削)的方法恢复到曲轴轴颈的公称尺寸,从而延长了曲轴的使用寿命。

1)焊前准备

(1)清洗。曲轴在堆焊前必须用清洗液或煤油等进行清洗,去除表面油污,用砂布打磨掉轴颈的锈迹。

(2)检查。用磁力探伤或渗透法探伤检查曲轴裂纹,如在曲轴拐角处有环形裂纹,慎用。深度浅的裂纹,除掉或补焊后再进行振动堆焊。曲轴变形严重者,应校正后再堆焊。

(3)磨削。金属喷涂修复过的曲轴,必须将原喷涂层磨掉后才能堆焊。曲轴轴颈表面金属在使用过程中因疲劳而产生一些细小裂纹,同时因受到有害气体和油酸的作用,使金属变质。在这样的金属表面上堆焊,易产生裂纹和气孔。因此,在堆焊前必须将表层磨掉。

(4)堵油孔。油孔和油道里残留油脂是造成附近焊层气孔多的主要原因,因此在堵油孔前应仔细清洗油孔和油道,然后用铜棒、炭精棒或石墨膏堵塞油孔,如图4-10所示。

(5)预热。曲轴或者直径大于60mm的其他工件,焊前必须预热,这样可以预防产生跨焊道的纵向裂纹,并减少焊层里的气孔,改善堆焊时焊层与基体金属的熔合,一般的预热温度为150～350℃,直径越大预热温度越高,预热时应垂直吊放,以防止曲轴变形。

2)堆焊过程

(1)选择参数。曲轴振动堆焊时,应选好合理的工艺参数。

(2)装卡工件。根据设备的形式(立式堆焊还是卧式堆焊)进行工件装卡,调好偏心值。

(3)堆焊连杆轴颈。六缸发动机每次焊两颈,三次焊完。为了防止轴颈圆角处应力集中,在距曲柄2～2.5mm处不应堆焊,且在堆焊靠近圆角处开始或终了两圈焊道时不浇冷却液。

(4)堆焊主轴颈。从中间一道轴颈起焊,依次往两端焊接。为了防止开始堆焊的地方有焊不透等缺陷,轴颈堆焊时最好从曲柄臂的前侧方向起焊,且圆角处不焊,如图4-11所示。

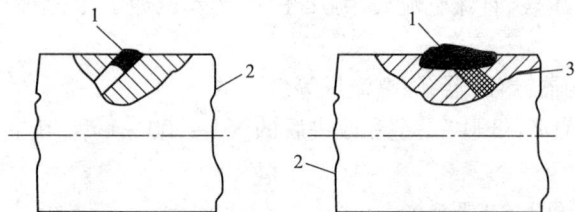

图4-10　堵曲轴颈上油孔
1-炭精棒或石墨膏;2-工件;3-石棉

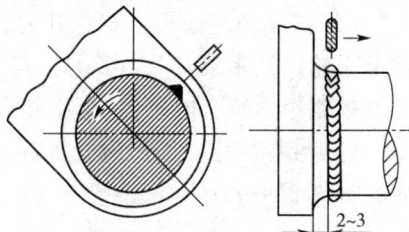

图4-11　曲轴开始堆焊的位置

3)焊后处理

(1)保温。焊后在100～200℃保温箱内保温一段时间,减少曲轴变形和消除内应力影响。

(2)检查。检查焊层质量,有无夹渣、气孔、焊道连续、厚度尺寸等情况,如有缺陷时进行必要的补焊。

(3)机械加工。按修理尺寸和车型要求进行车削和磨削(清理通油孔后进行粗磨、精磨)。

(4)涂油入库。按图样检查各部的技术要求,全部合格后,涂油防锈,入库备用。

5. 振动堆焊层的性质

（1）硬度及耐磨性。振动堆焊层的硬度是不均匀的,这是由于后一圈焊道对前一圈焊道有回火作用。焊波峰部为回火马氏体及屈氏体,硬度为 40 ~ 60HRC,焊缝搭接凹处为索氏体和珠光体,硬度为 20 ~ 40HRC。大量振动堆焊修复的曲轴装车使用表明,这种软硬相间的组织并不影响其耐磨性,与新曲轴相差不多,每行驶 10000km 主轴颈磨损 0.01 ~ 0.02mm。

（2）结合强度。堆焊层与基体的结合强度高达 5MPa,这是由于堆焊层与基体的结合是冶金结合,比喷涂修复层的结合强度高得多,使用中很少发现有脱落、掉块现象。

（3）疲劳强度。由于振动堆焊层与基体金属间有很大的内应力,因此,振动堆焊修复后的零部件疲劳强度降低比较多,最高可达 40%,因此,受大冲击负荷的柴油机曲轴、合金钢及铸铁曲轴不应采用振动堆焊修复。

振动堆焊的电功率和热量小,比手工电弧焊和其他自动堆焊更易产生焊不透、裂纹、夹渣、气孔等焊接缺陷。为了改善焊层的性能和质量,对堆焊过程可采用气体保护或焊剂保护,如蒸气保护下的振动堆焊、二氧化碳气体保护焊、埋弧焊等,其原理与振动堆焊相同,在这里就不再介绍。

三、金属喷涂修理法

金属喷涂就是把熔化了的金属,用高速气流喷敷在已经准备好的零件表面上,用以恢复零件的技术性能。按金属熔化方法的不同可分为:用乙炔氧火焰熔化金属的气喷涂、用电弧熔化金属的电喷涂、用高频感应电流熔化金属的高频电喷涂、用等离子电弧熔化金属的等离子喷涂。

（一）金属电喷涂

1. 电喷涂原理

金属电喷涂原理如图 4-12 所示。两根金属丝 2 通过送丝轮 1 等速向前送给,在金属丝尖端产生电弧,并使金属丝不断熔化。熔化的金属被 0.1 ~ 0.5MPa 的压缩空气吹散成 0.01 ~ 0.04mm 的小颗粒,并以 100 ~ 180m/s 的速度撞击到零件表面上。这样,半塑性状态的金属颗粒,以高速度撞击并填塞在粗糙的零件表面上,逐渐形成了喷涂层。

电喷涂的过程,可分为如下四个阶段:

（1）两电极接触,尖端金属丝短路熔化。

（2）熔化处被压缩空气吹断,电源突然中断,产生自感电势并产生电弧。

（3）电弧熔化的金属被压缩空气吹成小颗粒。

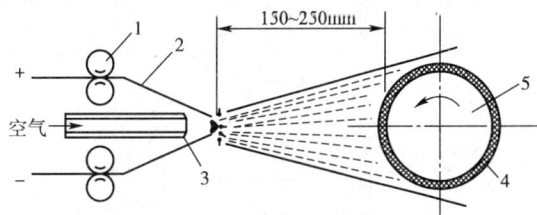

图 4-12 金属喷涂原理图
1-送丝轮;2-金属丝;3-喷嘴;4-喷涂层;5-工件

（4）电弧中断。

此后,两电极再次接触短路、重复前一循环过程,每一循环过程的时间非常短,通常只有千分之几秒。

2. 电喷涂设备

金属电喷涂设备,主要是电源、压缩空气系统、喷枪等。

空气压缩机的工作压力为 0.6 ~ 0.8MPa,供气量每枪为 0.8 ~ 1m³/min;以油水分离器清除压缩空气中的油和水,储气罐的容量必须大于空气压缩机 30s 的供气量,以消除空气压缩机供气时的脉动现象。

喷涂电源可用直流或交流电焊机,直流要比交流好些。联合控制台作为配电、配气、空气滤清和存放金属丝架及喷枪之用,吸尘用 4.5kW 的抽风机。

3. 电喷涂工艺

金属电喷涂修复零件,主要有喷前准备、金属喷涂、喷后处理三个阶段。

1)喷前准备

(1)清洁表面。零件表面的油污可用碱水清洗,表面锈蚀可用喷砂或砂布打磨去掉。

(2)表面加工。轴类零件,为了恢复其正确几何形状,保证涂层有一定厚度,可将轴颈车小或磨小 0.5 ~ 1.0mm。

(3)表面粗糙。常用的表面粗糙方法有喷砂、拉毛和车螺纹。

①喷砂。用直径为 0.5 ~ 2.5mm 的石英砂,在空气压力为 0.2 ~ 0.4MPa,喷射距离为 100mm 的情况下,向零件表面喷射。这种方法成本低,效率高,但它形成的表面粗糙度不大,涂层的结合强度低。

②拉毛。一般采用电火花拉毛,就是使用一个简单的交流 3kW 变压器供给低压交流电 (6 ~ 8V),用镍条作电极,不断地与零件表面接触产生火花,使熔化的镍颗粒粘在零件表面上,如图 4-13 所示。

火花拉毛所形成的凸凹度可达 0.1 ~ 0.75mm,颗粒能渗入基体金属达 0.123mm,因此涂层结合强度较好。曲轴轴颈喷涂时,多采用拉毛粗糙表面,拉毛后应立即喷涂,停放时间过长会影响喷涂层与基体的结合强度。

③车螺纹。车螺纹能获得较大的附着力,但车削会减弱零件本身的强度,不宜修复曲轴。为了提高喷涂层与基体金属的结合强度,可在车好的螺纹上进行滚压,使螺纹顶部形成特殊的"锁状",如图 4-14 所示。为了减小应力集中最好车成圆弧形螺纹。

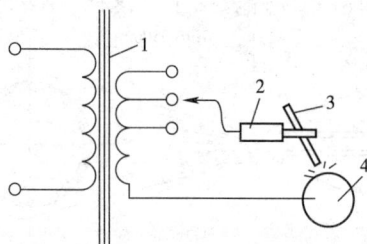

图 4-13 电火花拉毛图
1-拉毛变压器;2-焊钳;3-镍条;4-工件

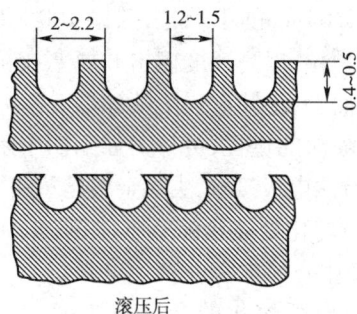

图 4-14 工件表面车螺纹(单位:mm)

(4)堵键槽和油孔。有些轴在修复处带有键槽或油孔,为了保护键槽和油孔,喷涂前应在槽或孔内镶堵木块或铅块,曲轴孔也可用炭精棒封堵,堵块要高出喷涂层 1.5mm,以便喷涂后进行清除。

2)喷涂要点

(1)选择钢丝。一般用碳素弹簧钢丝,含碳量为 0.7% ~ 0.8%。如需要更高的硬度和耐磨性,可用高碳工具钢丝。钢丝在使用前应进行除油、除锈。钢丝直径选择 1.6 ~ 1.8mm。

(2)检查压缩空气。检查方法是在钢板上贴一张白纸,置于距喷枪 100mm 处,喷射压缩空气,若发现纸上有油渍或水渍,应拆洗油、水分离器或更换滤清器滤芯。

(3)装卡工件。分立式装卡和卧式装卡。曲轴、凸轮轴、半轴套管等轴类零件,一般采用卧式装卡,喷涂工作是在机床上进行的,零件安装在机床卡盘和顶针之间,喷枪装在刀架上。

(4)参数选择。如用 SCDP-3 型金属电喷枪喷涂钢丝时,其参数如下:

压缩空气工作压力(MPa)	5 ~ 6
电压(V)	32 ~ 36
电流(A)	70 ~ 100
喷射距离(mm)	150 ~ 250
零件旋转速度(m/min)	10 ~ 15

(5)喷涂。喷涂应连续进行,不可间断;同时注意零件受热不应超过 70℃,当温度过高时可暂停,待冷却后再喷。喷涂时喷枪尽量垂直被喷表面,喷曲轴时先喷圆角,再喷轴颈中间,曲轴每转一圈,喷枪轴向移动约 5mm。一般轴类零件,如曲轴、凸轮轴喷涂层加工后的最小厚度约为 0.3mm。

3)喷后处理

(1)检查。喷涂完毕后,通常用手锤敲击喷涂层,如果发出清脆的声音,表示喷涂层结合良好,反之声音低哑,则为喷涂层与基体不够紧密,应除掉重喷。

(2)车削。由于喷涂层是由无数片状颗粒相互嵌合堆积而成,比较疏松,因此车削喷涂表面进刀量要小些,为磨削留有足够的余量。

(3)磨削。磨削时应采用粒度为 36 ~ 46 的软砂轮,先采用径向切入法,待磨至余量为 0.05 ~ 0.10mm 时,再用轴向移动法磨削。要注意砂轮压力不要过大,以免涂层龟裂脱落。同时,应大量供给冷却液,避免磨粒嵌入空隙中。

(4)清理键槽油孔。把堵塞的键槽和油孔疏通,用小砂轮或尖头小铣刀清理毛刺,加工油孔边缘倒角符合图样要求。

(5)清洗油孔。清洗最好采用蒸汽洗涤机吹洗,也可用加入洗衣粉的热水清洗。清洗后用压缩空气吹干。注意不要用汽油清洗油孔,因汽油蒸发快,孔隙中的铁屑难以除掉。

(6)浸油处理。为了提高喷涂层的耐磨性,零件喷涂后应进行浸油处理,即将加工后的零件放入 80 ~ 100℃ 的润滑油内,浸泡 8 ~ 10h,让润滑油能较多地渗入涂层,增加其耐磨性。

(7)涂油入库。将浸油后的曲轴除直接装车使用外,大部分要涂上防锈油或油脂入库备用,曲轴库存时最好立放,以防变形。

(二)金属气喷涂

金属气喷涂也称气体火焰喷涂,是用氧-乙炔火焰熔化金属,再用高速气流将细化的金属颗粒喷敷到零件修复表面上。气喷涂具有设备简单、操作简便、应用灵活、噪声小等优点,因此在汽车零件修理中应用广泛。

1. 气喷涂设备

气喷涂所用的设备主要由喷枪、氧气瓶和乙炔发生器等组成。粉末气体喷涂用的喷枪主要有上海焊割工具厂生产的 SPT-6h 型、上海喷涂机械厂生产的 SPT-E 型、戚墅堰机车车辆工艺研究所生产的 QSH-4 型等,它们都是由火焰燃烧系统和粉末供给系统组成。粉末采用气流射吸造成的负压、吸入、送粉量大小可通过调节送粉阀门来控制。

2.喷涂粉末

在粉末气体喷涂中,所用的粉末材料可分为打底粉末(或称过渡层)和工作粉末两类。打底粉末是以某一种(或多种)材料为核心,在核心外面包覆一层(或多层)另一种材料的复合粉末。目前应用最广的复合粉末是镍包铝复合粉末;工作粉末则采用的是自熔性合金粉末:镍基、铁基、钴基合金粉。

(1)打底层粉末。根据喷涂粉末的不同,喷涂层可具有耐磨、耐腐蚀、耐热等多种性能,但由于涂层与基体金属的结合强度较低(0.2MPa),从而限制了它的使用。为了提高喷涂层的结合强度,研制了打底粉末。目前常见的镍包铝打底粉末有 80Ni20Al、90Ni10Al、95Ni5Al三种,它们的结合强度可达 0.35~0.50MPa,从而保证了涂层与基体材料的良好结合。

(2)工作层粉末。基层表面喷以打底粉末后,形成一个过渡性表面层,然后继续喷以工作粉末,就可以获得一定的结合强度。为了适应在不同工作环境下的需要,设计了具有不同性能的工作粉末,按合金粉末中基本元素的组成及含量,工作粉末主要有以下几种。

①镍基合金粉末,又称镍铬硼硅系合金粉末,其中含有一定的铁和碳。

②铁基合金粉末,又称铁镍硼硅系合金粉末,属于此类合金粉末的还有铁铬镍硼硅系及铁铬碳硼系等多种。

③钴基合金粉末,又称钴铬钨硼系合金粉末。

3.喷涂工艺

喷涂工艺过程包括喷涂前工件表面的准备、喷涂打底层及工作层、喷后处理三个过程。

1)喷前准备

喷涂前工件的表面准备,是保证喷涂质量的关键,通过表面准备可以清洁喷涂表面,形成一定的粗糙度,才能保证喷涂层与工件基体的结合强度。

(1)清洁表面。对喷零件表面的油污和锈层的去除,可采用有机熔剂、蒸汽或碱水除油,并用砂布除锈。对各种铸件,往往油污渗透较深,还需用火焰多次烘烤直到油污彻底清除。

(2)加工表面。为除去表面的变性层,消除零件的不均匀磨损,并获得一定粗糙度的干净表面。粗糙表面一般采用车螺纹、拉毛和喷砂处理。

(3)封堵键槽、油孔。当修复零件表面有键槽和油孔时(如曲轴),在喷涂前必须用软金属、碳棒、木材、粉笔等进行封堵,堵塞物应稍高于涂层厚度,便于清理。

(4)预热工件。预热可以去掉待喷零件表面的水分,降低涂层与工件的温差,从而减少涂层的应力积累,改善微扩散焊接条件,提高结合强度。但因受到工件表面氧化限制,预热温度不宜过高,一般在 100~200℃。

2)喷涂工件

(1)喷打底层。在经过特殊处理并预热的工件表面上,均匀地喷上一层镍包铝粉末。打底层的厚度约为 0.1mm,根据经验只需将原工件表面金属光泽覆盖上即可。

喷涂火焰以采用中性焰为宜,喷涂距离要根据火焰功率大小来决定,一般以火焰喷向工件末端受压变弯 20~30mm 为合适,此时喷射距离为 180~200mm,这个距离可使粉末温度、飞行速度及沉积效率获得较好的配合。

（2）喷工作层。为达到一定涂层厚度,喷工作粉末时应来回多次喷涂,且总厚度不应超过 2mm,太厚结合强度会降低。轴类零件一般在车床上喷涂,火焰应选用中性焰,工件线速度应控制在 20~30mm/s。工作层应满足工件使用要求,喷涂层的厚度应均匀。

3）喷后处理

（1）检查。喷涂后应检查涂层质量,有无缺陷,是否需要补喷。

（2）加工。一般应先车削后磨削。由于涂层脆硬、结合强度低、表面多孔性,因此,在选择加工方法、切削工具、加工规范时要考虑上述特点,防止涂层脱落、孔隙堵塞。车削刀具常采用 YG6 或 YG8 硬质合金刀头,车削速度为 20~40mm/min。磨削砂轮一般粒度为 46~60,硬度为 IR1 或 IR2 的碳化硅砂轮,进给量不能太大,一般为 0.01~0.05mm。

（3）清理表面。去除键槽、油孔堵塞物,清洗油道内残渣,渗油处理。

（4）涂油入库。将加工后浸油处理的零件,涂以油脂或防锈剂,入库备用。

4. 涂层性质

喷涂层的结构不是熔合的金属结晶组织,而是由大小不同的金属颗粒不规则地堆积而成。颗粒被压扁成鱼鳞状,每个颗粒的外面都包着一层金属的氧化膜和氮化膜。涂层的性质主要由硬度、耐磨性、结合强度、疲劳强度决定。

1）涂层硬度

金属喷涂层的硬度,一般来说比原喷涂材料硬度高。喷涂层硬度变高的原因是:赤热的金属颗粒与冷的零件表面接触后,急剧冷却产生淬火作用,颗粒的金相组织有马氏体、托氏体和索氏体。80 钢丝的硬度为 230HB,喷涂后的硬度为 318HB。

喷射距离、空气压力、钢丝成分、涂层厚度等都对喷涂层的硬度有影响,但影响最大的是喷射距离。实践证明当空气压力大于 0.5MPa,喷射距离为 100~150mm 时硬度最高。距离过远,金属颗粒的速度和温度低,削弱了冲击的淬火作用;距离过近,喷涂的温度高,也减小了淬火作用。

2）涂层耐磨性

喷涂层的耐磨性优于新件和其他修复层。这是由于喷涂层是由金属小颗粒堆积而成,里面有许多小孔,可吸收润滑油,并在表面上保持一层油膜,使摩擦系数降低。因此,在完全润滑的条件下,耐磨性较好。但喷涂层金属颗粒之间的强度较低,在零件的磨合期或干摩擦的情况下,磨损较快,磨下来的颗粒易堵塞油道造成烧瓦事故,因此必须引起重视。

3）涂层强度

涂层结合强度包括涂层内部颗粒之间的结合强度、喷涂层与被修复零件基体金属间的结合强度。由于喷涂层与零件表面的结合主要是机械结合,因此结合强度很低,只有堆焊、电镀结合强度的几十分之一,电喷涂只有 0.2MPa,气喷涂可达 0.4MPa 以上,如零件表面清理不彻底,存有水、油、锈等,结合强度会更低。

涂层的抗压强度与基体金属的硬度有很大关系,在钢淬火层上的喷涂层的抗压强度可达到 600MPa 以上。

4）疲劳强度

喷涂对零件本身的疲劳强度的影响,比其他修复方法相对较小。主要原因除喷涂前表面加工量小外,最主要的是基体没有熔化,零件基体损伤小。

(三)等离子电弧喷涂

1.等离子体

物质有四态:固体、液体、气体及等离子体。随着温度升高,气体运动速度加快,气体分子之间的碰撞亦加剧。以氮气为例,当温度接近1000℃时,有些双原子已经分解为单原子,当温度继续升到4500℃时,一些原子开始电离,电子脱离原子核引力的束缚,从原子中弹放出来。在一个大气压力下,氮原子在10000℃的温度下可达到充分电离的等离子状态。由于每个原子都将分解成为电子及正离子,又两者电荷相反,而电量相等,所以称等离子体。

2.等离子电弧

等离子电弧就是温度能达到10000℃以上,使气体充分电离为等离子态的电弧。一般手工电弧焊电弧的温度为5000~6000℃,在这个温度下,电弧区气氛中只有一部分处于等离子态。因此,焊条上要有药皮,其中含有容易电离的成分,如钾、钠、钙盐,电弧才能维持稳定。

等离子电弧也称为压缩电弧,温度为5000~6000℃的一般电弧,通过"压缩"作用得到15000~20000℃的高温电弧,同时向电弧吹送氩气或氮气,就得到等离子流,可以用其进行切割、焊接和喷涂。

3.粉末材料

等离子电弧的温度可以熔化已知的任何难熔的金属或非金属粉末。目前常用的国产等离子喷涂材料列于表4-2中。这些粉末材料适合喷修常温下工作的零件,而高温下工作的零件可采用Co – Cr – W硬质合金粉末。

国产等离子喷涂材料化学成分　　　　　　　　　　　　　　　　　　表4-2

材料名称	牌号	C(%)	Si(%)	B(%)	Cr(%)	Ni(%)	Fe(%)	Al(%)	Mo(%)	Cu(%)
自熔性镍基合金	NiO_4	0.65~0.75	4~4.5	3.5~4.2	13~16	余量	≤0.15		3	3
自熔性铁基合金	FeO_4	0.6~0.7	3~3.5	2~2.5	15~17	22~25	余量			
自熔性铝基合金	FeO_7	0.75~0.9	3~4	3~3.5	15~17	5~7	余量			
耐磨合金铸铁	NT_2	3.6~4.0		2	6~8	3~4	余量		4~6	
镍包铝复合粉末	Ni/Al					80~83	余量	17~20		

自熔性合金是在合金中加入硼硅等强脱氧元素,并在喷射过程中能还原合金本身及零件表面的氧化物,组成熔渣覆盖于金属表面。同时,这些元素还有降低合金熔点、增加流动性、改善湿润性的作用。

NiO_4的喷涂工艺性及涂层的耐磨性都比较好。FeO_4的喷涂工艺性好,但涂层较软耐磨性较差。FeO_7的喷涂工艺性较差,涂层硬脆,较耐磨。NT_2喷涂工艺性好,涂层耐磨并便于磨削加工,价格也便宜。

镍包铝Ni/Al是复合粉末,其特点是加热到660~680℃时,镍与铝发生剧烈的放热反应,在喷射的过程中以熔化状态喷到零件表面上,它不仅能与零件表面充分地湿润,并且还能形成约为$0.1\mu m$厚的熔合层,有利于提高喷涂层与零件基体的结合强度。

另外,它与其他材料结合性好,除了自己作耐磨涂层外,还用来打底作中间涂层。Ni/Al涂层抗氧化,耐磨耐腐蚀性也较好。

4. 喷涂工艺

1）喷前准备

等离子喷涂的表面准备与电喷涂相似,其喷涂规范见表4-3。

等离子喷涂规范 表4-3

粉末材料	粒度(目)	送粉量(g/min)	工作电压(V)	工作电流(A)	喷涂功率(kW)
NiO_4	140~300	19.5	70	260~300	18~21
FeO_4	140~300	19.5	70	280~320	19~23
FeO_7	140~300	19.5	70	310~340	22~24
NT_2	140~300	19.5	70	260~310	18~22
Ni/Al	160~260	23	70	400~500	28~32

粉末粒度为200~300目,使用前烘干(80℃烘0.5h)。用氮做工作气体及送粉气体时,分别为$2m^3$和$0.6~0.8m^3$。

2）等离子喷涂

喷涂时要控制喷枪至零件表面的距离,零件表面温度为150~170℃。对大型零件可一次连续喷完,对小型零件及薄壁件最好采用间歇喷涂,或者一边喷一边用压缩空气冷却。

3）喷后处理

等离子喷涂后的机械加工与处理和电喷涂与气喷涂基本类似,需强调的一点是喷涂后的零件应放在150~180℃的烘箱内保温2h,并随箱冷却以减小喷涂层与零件之间的应力。

5. 喷涂层的力学性能

等离子喷涂层的硬度及结合强度列于表4-4。不同化学成分的喷涂粉末材料,其力学性能也略有不同:镍包铝涂层的硬度低,但结合强度较高,其他涂层硬度都在600HV以上。

装车使用表明,等离子喷涂层的耐磨性比新件淬硬层好得多,其磨损仅为新件的1/8~1/4。

等离子喷涂层的力学性能 表4-4

喷涂层材料	Ni/Al	Ni/Al + FeO_4	Ni/Al + FeO_7	Ni/Al + NT_2	FeO_7
硬度(HV)	230	642	651		
结合强度(MPa)	45	31.1~35.9	40.8	38.8	36.1

（四）气喷焊

气喷焊就是氧-乙炔气体火焰熔化自熔性合金粉末,再把它喷涂到工件表面上,并再经一次重熔处理,形成一层薄而平整呈焊合状态的喷焊层。它可使工件表面具有耐磨、耐蚀、耐热及抗氧化的特殊性能。

1. 喷焊材料

喷焊用的自熔性合金粉末与等离子喷涂是同一类型的,编号规则见表4-5、表4-6。牌号前加"粉"字,表示喷焊合金粉末。牌号由三位数字组成:第一位数字表示合金粉末类型,见表4-5。第二位数字表示不同喷焊(涂)方法,见表4-6。第三位数字表示同一类型合金粉末的不同序号,如粉101、粉102等,它们含各化学元素成分不同。

喷 焊 粉 末 类 型 表4-5

粉末牌号	粉1**	粉2**	粉3**	粉4**	粉5**
合金类型	镍基合金	钴基合金	铁基合金	铜基合金	复合合金

喷 焊 粉 末 牌 号 表4-6

粉末牌号	粉*0*	粉*1*	粉*2*
喷焊(涂)方法	氧-乙炔喷焊	氧-乙炔喷涂	等离子喷焊

2.喷焊设备

氧-乙炔火焰喷焊设备与气焊设备相似,包括喷焊炬、氧气瓶、中压乙炔发生器等。喷焊中、小工件用的喷焊炬如图4-15所示,喷焊炬上面装一个粉斗,在氧气的抽吸作用下,按下粉阀开关柄,粉末就送入喷焊炬,随即熔化喷出。

喷焊大工件用的喷焊枪如图4-16所示。

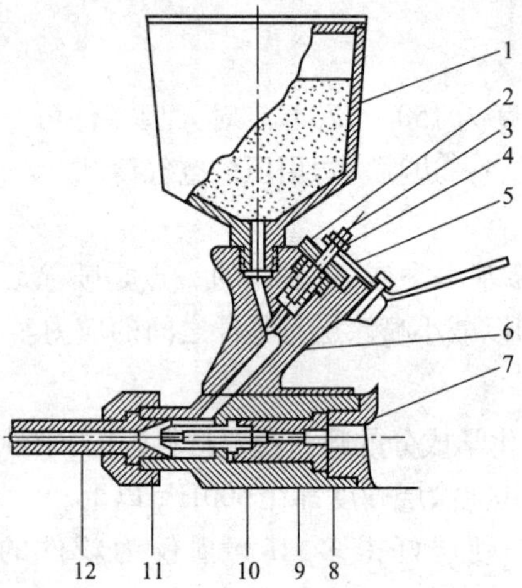

图4-15 喷焊炬

1-粉斗;2-压帽;3-调节杆;4-调节螺母;5-送粉开头;6-连接体;7-焊枪体;8-混合管;9-枪体;10-注射管;11-连接螺母;12-焊枪喷管

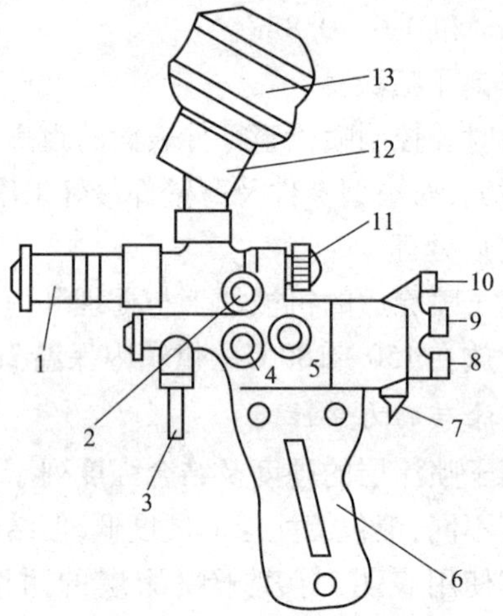

图4-16 喷焊枪

1-喷嘴;2-送粉气体控制阀;3-支柱;4-乙炔阀;5-氧气阀;6-手柄;7-气体快速关闭安全阀;8-乙炔进口;9-氧气进口;10-补充的送粉气体进口;11-粉末流量控制阀;12-料斗座;13-储粉缸

3.喷焊工艺

1)喷焊前准备

工件喷焊前的表面准备与喷涂前的表面准备相似,即对工作表面采用喷砂、滚花或车螺纹来粗糙表面,通常不采用镍拉毛。

2)气体喷焊

氧-乙炔气体火焰喷焊,包括工件预热、喷涂及重熔。

(1)工件预热,碳钢工件的预热温度为250~300℃,镍铬钢工件预热温度为350~400℃。对于局部修补的零件,可只对修补处加热,预热火焰一般为碳化焰。

(2)喷涂,当工件预热到300℃左右时,即开始向工件喷涂粉末,这时火焰略带碳化焰,喷嘴与工件距离为150mm。当涂层厚度达到0.2~0.5mm时,停止送粉,进行重熔处理。

(3)重熔,重熔火焰采用中性焰,内焰与工件的距离为5mm。喷焊层较厚时,可以进行多次喷涂,多次重熔,焊层最大厚度可达 2~3mm。重熔可以在保护气氛中进行,也可以用高频感应加热。在喷焊中小工件时,喷涂与重熔处理可用同一喷焊炬,当喷焊大工件时,重熔要另用重熔炬。

3)喷焊后处理

(1)恒温退火。对于淬透性大的合金钢件、不锈钢件喷焊后进行恒温退火,对于刚性较大的钢件,喷焊后可埋入石棉、草木灰中缓慢冷却。

(2)机械加工。对于检查后无缺陷的修复件,通常进行车、磨机械加工,方法同普通金属喷涂件,技术要求按图样规定。

(3)浸油入库。加工后的工件进行渗油处理后,涂以防锈油后入库备用。

4.喷焊层性能

喷焊层性能主要取决于喷焊合金粉末材料,当粉末材料一定时,其性能如下。

(1)硬度和耐磨性。喷焊层组织为在奥氏体上分布着碳化物和硼化物的硬质相,其硬度可达 1000~1200HV,这些硬质相分布在整个焊层内,正是由于这些软硬不同的硬质相赋予该焊层优良的耐磨性。

(2)结合强度。焊层与零件表面的结合不同于喷涂,因有重熔过程,所以它是冶金结合。用 Ni45 在 40Cr 上喷焊,测定其结合强度为 5.99~6.23MPa。

由于喷焊层具有较高的结合强度和良好的耐磨性,目前被维修行业广泛地用于修复阀门、气门、键轴、凸轮等零件上。

四、电镀修理法

用电解的方法使被修复零件的表面获得所需覆盖层的工艺过程,称为电镀修理法。用电镀修理法不仅可以恢复零件尺寸,改善表面性能,同时因电镀过程中温度不高,不会使零件变形,也不会影响零件原来的热处理结构,所以电镀修复是旧件修理中不可缺少的一种方法。

(一)电镀的一般知识

1.电解液

用于电解的电解质水溶液称为电解液。电解质溶于水,离解成正离子与负离子。溶液里的正负离子也会合成电解质分子。在这个可逆反应中,只有小部分分子处于离解状态,大部分是分子状态的称弱电解质,几乎完全离解的称为强电解质。

电解液是靠离子在溶液里移动来传送电子的,但它的电导率比金属小得多。电解液里离子浓度大,电导率高;但过浓的电解液,离子的运动互相妨碍,反而不利于导电,使电导率下降。电解液温度升高,离子的运动加快,有利于导电。一般说来,电解液的温度每升高 10℃,它的电导率可增加 10%~20%。

2.电解

在电解液里插入两个电极,通以直流电,使溶液里的离子产生化学反应称为电解。电镀就是一个电解过程。电镀时,溶液里金属正离子流向阴极,得到电子后析出镀到零件表面上;负离子趋向阳极,使阳极溶解。此时,在阴极进行的是得到电子的还原反应,在阳极进行的是失去电子的氧化反应。氧化与还原是同时进行的。

例如,镀铁时零件接阴极,阳极接溶解铁板,通电以后 $FeCl_2$ 水溶液中的 Fe^{2+} 向阴极运动,零件的表面得到两个电子,被还原为铁原子。

$$Fe^{2+} + 2e \longrightarrow Fe$$

同时,电解液中的 Cl^- 向阳极运动,从阳极铁板上拉下 Fe^{2+},每下来一个 Fe^{2+} 就留下两个电子在阳极上。

$$Fe - 2e \longrightarrow Fe^{2+}$$

这两个电子在电源的作用下,从阳极经电源内部送到阴极。溶液里 Fe^{2+} 不断地镀积到零件上,而阳极板则不断地溶解,电解液里的 Fe^{2+} 浓度保持不变。

3. 电化当量与镀积质量

金属离子在溶液里带正电,每析出一个一价的金属原子,需要给它一个电子。析出金属的质量与流过的电子数量,即电量 Q 成正比。

电镀工作中,电量 Q 的单位是安培·小时($A \cdot h$),1安培·小时($A \cdot h$)等于3600库仑(C),等于 2.25×10^{22} 个电子的电量。理论上每安培·小时($A \cdot h$)电量所能析出的金属质量(g)称为电化当量 C。

由于摩尔质量是 6.023×10^{23} 个电子所能析出的金属质量(g),因此,电化当量可从金属的摩尔质量计算:

$$C = \frac{2.25 \times 10^{22}}{6.02 \times 10^{23}} = \frac{1}{26.8} \quad (g) \tag{4-8}$$

金属镀积质量 G 等于:

$$G = CQ = CIt \tag{4-9}$$

4. 电流效率

在实际电镀过程电并不是所有电流都用来析出金属,其中部分电流在电解水、析出气体氢和氧,所以电流效率 η 等于实际镀积质量 G_0 与理论镀积质量 G 的比值,即

$$\eta = G_0/G \tag{4-10}$$

故

$$G_0 = \eta G = \eta GIt \tag{4-11}$$

酸性镀铜电流效率在98%以上,镀铁的电流效率在90%以上,而镀铬的电流效率只有12% ~ 15%。

5. 电流密度

电极表面单位面积上(dm^2)的电流强度,称为电流密度。

$$D = I/F \quad (A/dm^2) \tag{4-12}$$

式(4-10)计算的只是电极表面上的平均电流密度,实际上,零件表面的电流分布是不均匀的,在棱角、边缘、凸起处电流密度要大得多。设计挂具时,要考虑电流分布的均匀性。

6. 电镀时间

实际镀积质量 G_0 等于镀积面积 F、厚度 b 和金属密度 γ 的乘积,联合起来可得

$$G_0 = Fb\gamma = CIt \tag{4-13}$$

$$t = \frac{Fb\gamma}{\eta CI} = \frac{b\gamma}{\eta CD} \tag{4-14}$$

7. 电解液的酸度

电解液的酸度,通常以 pH 值表示。溶液的 pH 值是溶液里氢离子浓度(克离子/L)倒数

的对数,即 $pH = lg1/[H^+] = -lg[H^+]$。

电解液的 pH 值,对镀层质量影响很大;pH 值过高(酸度不定),镀层里夹有碱性氧化物;pH 值过低,有大量 H_2 析出,使镀层疏松、多孔。氢进入镀层还会使镀层变得硬脆。

有的电解液为了保持酸度稳定(pH 值变化小),加入缓冲剂,如硫酸铝、硼酸、醋酸或醋酸钠等。

8. 电镀规范

电镀规范就是电解的条件,即电解液的浓度、温度、电流密度。

在电镀工作中,就是靠正确选择并严格控制电镀规范来获得细密、光亮、耐磨的镀层。

若电解液温度、电流密度保持不变,增加电解液浓度会减弱极化作用,从而降低了电解液的均镀能力并使晶粒粗大。但浓电解液的深镀能力较好,氢不易析出,并且允许用较大的电流密度而不会得到疏松的树枝状结晶。

若电解液浓度和电流密度不变,提高电解液温度会降低阴极的极化作用,形成粗大晶粒。但温度升高增强了离子的扩散,改善了电解液的深镀能力,并可采用较高的电流密度。总之,提高电解液温度对电镀是有利的。另外,温度升高有减少镀层里的氢,使镀层软韧的作用。

有时提高温度,只是为了增加盐的溶解度和电导率。搅拌电解液可以减弱浓差极化,提高允许的电流密度。搅拌的电解液应定期地或不断地过滤,以免搅起槽底沉淀物夹在镀层里。电解液可以用机械搅拌或空气吹拌,但镀铁及氰化电解液不宜用空气吹拌,因为它会促使电解液氧化。

(二)镀铬

1. 镀铬的特点

(1)硬度高、耐磨。镀铬层的硬度高(>60HRC),比零件原表面淬火硬度还大;因其摩擦系数小,与巴氏合金配用时,μ 只有 0.085,耐磨性能好。

(2)耐热,耐腐蚀。当工作温度不超过 450℃ 时,镀铬层的力学性能变化不大,并对含酸的工作条件有很高的耐腐蚀能力。

(3)导热性好。镀铬层的导热性能比钢和铸铁好,如发动机汽缸镀铬后,改善了它的工作条件。

(4)结合强度高。镀铬层与基体金属钢、镍、铜等有较高的结合强度,能满足使用条件的需要。

(5)电流效率低。由于镀铬的效率低、沉积速度慢,所以只用来修复磨损量不大、较为贵重的汽车零件。

(6)镀液有毒。铬酐和电镀液有剧毒,对人身体有害,如果对废液、废气处理不当,会严重地污染环境,因此,限制了它的使用。

镀铬经常被用于修复各种轴颈、孔径的磨损,还广泛地用于汽车保险杠、门把手、前灯罩等装饰性电镀。此外,镀铬还大量用于量具、刃具的制造,如车刀、钻头镀铬后不易黏结,可延长使用期 1~2 倍。

2. 镀铬电解液

(1)电解液成分。镀铬电解液由铬酐(CrO_3)和硫酸的水溶液组成。阳极用不溶解的铅板,金属离子完全来自铬酐的分解。铬酐溶于水后生成铬酸和重铬酸,稀电解液中铬酸

（H_2CrO_4）多些，浓电解液中重铬酸（$H_2Cr_2O_7$）多些。硫酸应为铬酐含量的1%。

$$CrO_3 + H_2O \longrightarrow H_2CrO_4$$

$$2H_2CrO_4 \longrightarrow H_2Cr_2O_7 + H_2O$$

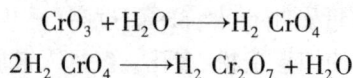

（2）镀铬的电化学反应。

①在阴极，得到电子的还原反应：

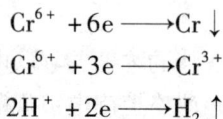

$$Cr^{6+} + 6e \longrightarrow Cr\downarrow$$

$$Cr^{6+} + 3e \longrightarrow Cr^{3+}$$

$$2H^+ + 2e \longrightarrow H_2\uparrow$$

②在阳极，失去电子的氧化反应：

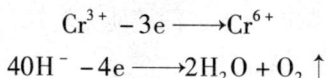

$$Cr^{3+} - 3e \longrightarrow Cr^{6+}$$

$$40H^- - 4e \longrightarrow 2H_2O + O_2\uparrow$$

大量氢气在阴极析出，消耗了85%～87%的电流，即在镀铬的过程中，也在大量电解水。在阳极析出氧气，阳极板表面生成一层深紫色的多孔氧化铅，这层氧化铅是导电的，并有利于三价铬的氧化。

（3）电解液浓度。电解液按铬酐含量分为稀、普通、浓三种。

①稀电解液。铬酐含量为150g/L的电解液称稀电解液。特点是电流效率高，镀层均匀、硬度比较大，适合于耐磨镀铬。

②浓电解液。铬酐含量为350g/L的电解液称浓电解液。特点是电流效率低、深镀能力好，沟纹、窝角里容易镀上，镀层较软，孔隙少，适用于装饰性镀铬。

③通用电解液。铬酐含量为250g/L的电解液称通用电解液，它既可以用于耐磨镀铬，也可以用于装饰性镀铬。

一般汽车旧件修复镀铬的电解液浓度，铬酐含量为150～250g/L范围内都可使用。大镀槽可配稀些，小镀槽可配浓些，但硫酸的含量一定要保证是铬酐的1%。

（4）电解液的配制。电镀用铬酐纯度应在99%以上，含杂质要少，硫酸要用化学纯的。

配制时，按镀槽实际容积计算铬酐质量，称好后放入镀槽，再加入半镀槽水，搅拌溶解后再加入其余的水。配制电解液最好用蒸馏水，或用自来水煮沸沉淀后再用，含碱及矿物质过多的井水不宜使用。

硫酸按铬酐质量的1%称量，但不要一次全部加入。因为铬酐里本来就含有一定量的硫酸，所以可先加入1/2，试镀后如镀不上再加入1/4，如能得到光亮的镀层就不必再加入，以免硫酸过多。在电镀过程中，大量水被电解，因此每隔3～4h要加水补充，以保持正常的工作液面。

铬酐及硫酸都有强烈的腐蚀性，配制电解液要注意防护，要戴眼镜、橡胶手套及围裙，并尽量避免电解液飞溅触及皮肤和衣物。

（5）电解液的维护。镀铬电解液的维护，应注意以下几点。

①防止杂质进入镀槽。铬酸的腐蚀性、溶解能力很强，要经常注意避免铜离子（Cu^{2+}）、氯离子（Cl^-）及硝酸根离子（NO_3^-）进入镀槽。这些杂质达到一定数量，特别是Cu^{2+}达到8g/L，就会使整个电解液报废。因此，设计挂具及日常操作要小心谨慎，尽量防止上述离子进入镀槽。

②定期检查电解液。在电镀过程中,铬酐不断消耗,使电解液变稀,故每隔2~3日应用密度计检查电解液的浓度,并添加铬酐。大型电镀车间,每周应进行一次或两次电解液的化学分析。进行汽缸体多孔镀铬时,为了严格控制孔隙率,更要注意电解液里硫酸和三价铬含量的分析。

镀槽电解液浓度即每升电解液中铬酐的含量,应每天检查一次,最简便的方法是测量电解液的密度,并查表核对浓度,如浓度不足,应及时补充铬酐。

③控制硫酸含量。硫酸的含量对镀积速度、镀层的质量都有很大影响,硫酸过多或过少都会使电流效率下降、深镀能力变坏,甚至镀不上。硫酸小于铬酐含量的0.5%,镀层表面呈灰色;硫酸大于铬酐含量的2%,镀层表面有结瘤,电镀时零件与阳极之间泡沫特多。硫酸过多时,可加入氢氧化钡中和,反应方程式如下:

$$H_2SO_4 + Ba(OH)_2 \longrightarrow BaSO_4\downarrow + 2H_2O$$

硫酸钡沉淀在槽底对以后电镀没有什么妨碍。沉淀1g H_2SO_4,需加入2g $Ba(OH)_2$。

④控制Cr^{3+}的数量,电解液里三价铬的含量不能超过8g/L,Cr^{3+}过多,会使深镀能力变坏,光亮镀层的工作范围变窄,镀层出现小而密的麻点,电流效率下降,甚至无法电镀。Cr^{3+}过多时,电解液阴极气泡不再是浅褐色,而呈绿色。

在电镀中应保持阳极面积≥2倍阴极面积,阳极表面每次镀前需刷至露出铅金属;镀轴、孔零件应交替进行,Cr^{3+}就不致过多。如Cr^{3+}过多时,可挂一铁棒作阴极,尽可能多挂阳极,通电氧化处理电解液至阴极处气泡呈浅褐色为止。

3.镀铬层的种类与工艺规范

1)镀铬层的种类

镀铬层的性质与电解液的温度和电流密度有很密切的关系。在不同的温度和电流密度下可得三种铬层:灰暗、光亮和乳白色铬层。

灰暗镀铬层是在较低温度和较高的电流密度下获得的。因有很大的应力,致使镀层的裂纹很多、硬度高(1200HV)、韧性差,故只用于某些量具、刃具镀铬。

光亮镀铬层的裂纹比灰暗镀铬层少,硬度比一般淬火钢高(900HV),薄镀层韧性尚可,也耐磨,最适合轴颈、销子镀铬。厚镀层或受冲击负荷较大的镀层,应在150~180℃下保温1~2h,以驱除晶格里的氢,提高镀铬层的韧性。

乳白镀铬层的裂纹稀少或没有裂纹,硬度低(400~500HV)、韧性高,适用于装饰性镀铬和受冲击负荷特别大的零件的镀铬。这种镀铬层所用的电流密度小,生产率低。

2)镀铬层的规范

耐磨镀铬层规范如下:

CrO₃	250g/L
电流密度 D	55~60A/dm²
电镀温度 T	55~60℃

装饰性镀铬规范如下:

CrO₃	350g/L
电流密度 D	10~30A/dm²
电镀温度 T	40~50℃

为了节省铬酸的消耗,降低废水、废气中的含铬量,从工艺上设法降低铬的污染而采用一种低铬酐含量的"低铬镀铬"新工艺。这种工艺的特点是:电流效率高、镀层硬度高。其工艺规范如下:

CrO_3	$55 \sim 60g/L$
H_2SO_4	$0.25 \sim 0.35g/L$
氟硼酸钾(KBF_4)	$0.35 \sim 0.45g/L$
电流密度 D	$40 \sim 60A/dm^2$
电镀温度 T	$(55 \pm 2)℃$

4. 镀铬工艺

镀铬的工艺过程为镀前准备、镀铬及镀后处理三个阶段。

1) 镀前准备

(1) 镀前磨削。零件镀前磨削的目的是去掉零件皮面的氧化皮和疲劳层,同时消除磨损造成的形位公差超标。一般零件的磨削余量在 $0.10 \sim 0.15mm$。为了减少电镀时间,对形位公差不超标的零部件,可改用砂布或砂纸打磨。对弯曲超标的零件镀前应进行校正。零件磨削后,应立即送去进行电镀前的准备工作,不宜停留时间过长,以免降低镀层的结合强度。

(2) 初步涂油。目的是洗净零件表面,尤其是内孔、油道里的油脂,以免受热后油脂外溢造成废品。少量镀件可用汽油清洗、油道内可用棉纱擦干净;大批镀件最好用碱水煮,碱水的配方如下:

NaOH	$40g/L$
Na_3PO_4	$15g/L$
Na_2CO_3	$60g/L$
水玻璃	$8g/L$

水玻璃是乳化剂,可以缩短煮洗时间。改用软肥皂或合成洗涤剂的效果也很好。

(3) 装挂具。对挂具的要求是:导电良好以保证镀层厚度均匀,装拆及绝缘方便,避免铜板部分浸入电解液。

挂具铜条截面积应足够大,通过的电流密度应小于 $8A/mm^2$。铜条不能只靠锡焊连接,要用螺钉固定或用黄铜钎焊焊牢。图4-17所示是转向节镀铬的挂具。

挂具的铜钩弯成60°菱形,不宜呈圆弧形。挂钩内侧要经常用砂布打光,以利导电。电流超过200A以上的挂具,靠挂钩导电是不够的,可用扁的软铜线作为辅助导电。在电镀过程中,经常用手摸挂钩及极板铜棒的温度,烫手的地方表明导电不好,应及时设法解决。

为了使镀层均匀,可采用图4-18、图4-19的措施。图4-18挂四块极板,镀件挂在极板中央;图4-19a)为加辅助阴极(将镀件活塞销上下各接长一段);图4-19b)为将阳极板上下端绝缘。

(4) 绝缘。零件上不需电镀的部分可用塑料薄膜包扎,不便包扎时,可涂3~4层硝酸纤维清漆(可用电影胶片溶于丙酮)。每层涂得不可过厚,干燥30min后可再涂第二层。

零件镀铬表面上的键槽及油孔在零件绝缘前用铅堵塞并锉平。有些零件的挂具支架或绝缘采用聚氯乙烯硬塑料或有机玻璃等,布纹酚醛树脂胶板也可用,黑色硬橡胶绝缘板不能用作镀铬的绝缘材料,它在热铬酸中迅速溶解。

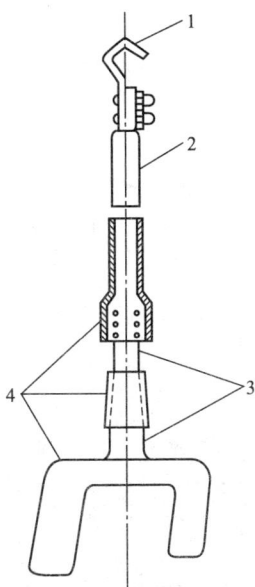

图4-17 转向节镀铬的挂具
1-挂钩;2-铁挂具;3-镀层;4-绝缘

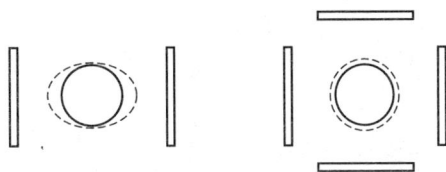

图4-18 极板位置对镀层厚度的影响

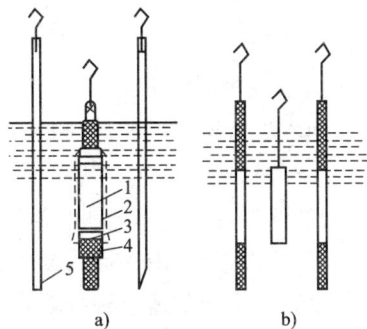

图4-19 加辅助阴极及绝缘阳极
a)加辅助阴极;b)将阳极绝缘
1-镀件;2-镀层;3-接长套;4-绝缘;5-阳极

(5)镀前除油。零件镀前涂油是保证镀铬质量的关键。零件镀铬的缺陷,如局部未镀上、脱皮、掉块等,多因此道工序未做好。

少量的镀件可用细水砂纸蘸石灰浆或洗衣粉擦拭手工除油;大批的镀件多用电解除油,电解液可用 NaOH 溶液,50g/L,温度 $20 \sim 80℃$,电流密度 $5 \sim 10A/dm^2$,时间 $3 \sim 5min$。零件先接阴极,后接阳极 $0.5 \sim 1min$,驱除零件表面吸附的氢。装挂或取下零件清理表面时,切忌带电作业,以免发生危险。

除过油的零件立即挂入镀槽,预热 $3 \sim 5min$,使零件的温度等于电解液的温度,然后再将零件提出液面,观察表面黏附棕色电解液的情况,如有不粘电解液的地方,应冲去电解液重新除油。

(6)阳极刻蚀。阳极刻蚀的目的是溶解掉零件表面的氧化膜,以增进镀层的结合强度。

零件预热后,进行阳极刻蚀,即零件接阳极,铅板接阴极通电;阳极刻蚀的电流约为正常镀铬电流的 1/2;时间为 $0.5 \sim 1min$。不锈钢、高合金钢零件的阳极刻蚀时间为 $2min$;铸铁零件、铜合金零件不进行阳极刻蚀。

2)镀铬

(1)选取电镀规范。磨损零件的耐磨镀铬常用规范如下:

电流密度 D $55 \sim 60A/dm^2$

电镀温度 T $55 \sim 60℃$

采用上述规范,每小时镀层沉积,直径增大约 $0.06mm$。在电镀过程中,电流密度和电镀温度应尽量保持稳定。

(2)低碳钢零件镀铬。应逐渐加大电流,通常的做法是开始用正常电流的 1/2 电镀,在 $15min$ 内分三次加大到正常的电流。

(3)高碳钢、高合金钢、铸铁零件电镀。开始用正常值 $2 \sim 3$ 倍的电流镀 $1 \sim 2min$,然后再恢复到正常的电流。

（4）铜合金零件电镀。在槽外用热水预热，在带电的情况下，挂入镀槽镀铬，防止铜离子进入电解液。

3）镀后处理

（1）检查。零件镀后要检查镀层质量，并检查零件恢复的尺寸，为加工留有余量。

（2）保温。零件清洗后，放入烘箱或油槽内加热至150℃，保温2h，以减少镀层的内应力、含氢量，增加韧性。

（3）加工。镀铬层的加工可以直接采用磨削，所用砂轮应较软一些，粒度为60~80目。磨削时，应用大量乳化油冷却，以防止镀铬层"烧灼"。

5. 汽缸多孔镀铬

为了增加润滑油的附着力，可将光滑的铬层变成多孔状，以使油滴互相连在一起，构成润滑油膜。多孔镀铬层，由于油膜易于吸附，因而改善了润滑条件，并提高了零件的耐磨性，因此，多孔镀铬在机械制造业和维修行业中得到了广泛的应用。

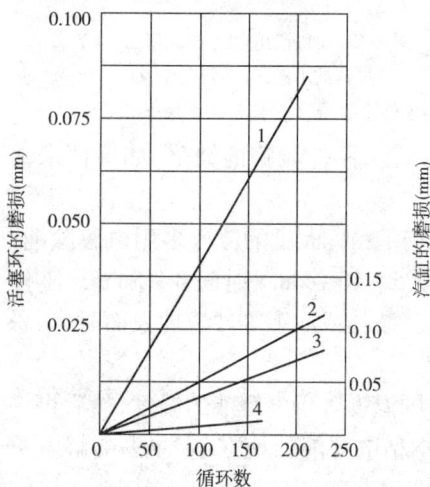

图 4-20 所示是铸铁汽缸与多孔镀铬汽缸的台架磨损试验结果。试验中每一循环急速运转5min，额定转速运转10min，停车冷却15min，共计30min。镀铬汽缸磨损只有铸铁汽缸的1/5~1/3；镀铬汽缸里活塞环的磨损只有铸铁汽缸里活塞环磨损的1/4。

多孔镀铬层可用机械加工或电解的方法获得。机械加工的方法是汽缸镀铬前对汽缸壁进行滚花，其镀铬规范与一般光亮镀铬相同。

多孔镀铬的电解方法是在汽缸镀层厚度达到0.15mm后进行几分钟的阳极刻蚀，即将汽缸改接阳极，镀铬层溶解，使原来的裂纹加宽加深而得到多孔层。适当选择电解液成分与镀铬及刻蚀的规范，就能得到所需要的多孔铬层。如果镀铬层本来的裂纹细密，腐蚀后就呈点状；如果本来的裂纹稀宽，刻蚀后就呈沟状。

图 4-20 汽缸磨损的台架试验结果图
1-铸铁汽缸中的活塞环；2-铸铁汽缸；3-镀铬汽缸中的活塞环；4-镀铬汽缸

点状多孔镀铬层的磨合性好，适用于活塞环镀铬；沟状多孔镀铬层的耐磨性好，适用于汽缸镀铬。应该强调，活塞环和汽缸这一对摩擦副只能有一个镀铬，比如镀铬的汽缸不允许装用镀铬的活塞环，以免两者互相刮伤。

在电镀条件中，温度对镀铬层的原始裂纹影响最大。一般来说，点状铬是在50℃附近获得的，而高于70℃，镀层就不会产生裂纹。浓电解液的镀铬层裂纹少，稀电解液的镀铬层裂纹密。试验结果认为铬酐浓度以250g/L为最合适。硫酸含量对铬层的孔隙率也有影响，硫酸的含量增加，裂纹趋于细密，孔隙率增大。三价铬含量的影响，是随着三价铬的增多而使裂纹变得细密。

汽缸体多孔镀铬关键在于挂具设计。镀铬后（一般要经过3~6h），要求各汽缸尺寸基本一致，并且要求每个汽缸的圆度和圆柱度小于0.02mm。

6.含铬废水处理

为了不污染环境、避免破坏地下水源,含铬废水不能随意排放,一般采取回收再用的方法。现介绍一种活性炭吸附工艺。

1)活性炭吸附机理

活性炭是具有极细内孔的炭粒,比表面积达 $800m^2/g$,有很强的吸附能力并能把氧基吸在它的周围。活性炭的吸附不仅是物理现象而且有化学反应,在吸附过程中氧基与溶液中 H^+ 化学键结合而产生 OH^-($H_2O \longrightarrow H^+ + OH^-$),因此酸性含铬废水中 Cr^{6+} 被吸附后,溶液的 pH 值上升。吸附作用的最佳 pH 值为 $3 \sim 4$,当 pH 值上升到 5 时,表明活性炭吸附 Cr^{6+} 已达饱和状态,需再生处理。

2)废水处理

含铬废水的活性炭吸附设备如图 4-21 所示,循环装置采用双柱或三柱直立串联逆流封闭循环。每根柱长不小于 1.5m,活性炭粒度为 $0.3 \sim 1.7mm$。在使用前首先用自来水冲洗除去炭粉,然后以 5% NaOH 溶液浸泡 2h,并用水冲洗到 pH 值接近 7,再以浓度为 5% 的 H_2SO_4 溶液浸泡 1h,排除硫酸并仍用自来水冲洗到 pH 值接近 5,即可使用。其运行条件为:

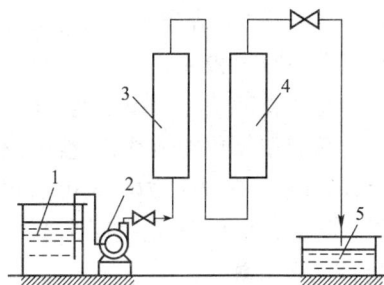

图 4-21 含铬废水的活性炭吸附装置
1-含铬废水槽;2-耐酸泵;3、4-活性炭柱;
5-清水槽

(1)废水 pH 值为 $3 \sim 4$(加硫酸调整)。

(2)流速为 $5 \sim 10m/h$(用流量计或进水压力控制)。

(3)进入泵的废水,不得含有机械杂质和悬浮物。

3)活性炭的再生

当第一号炭柱出水的 Cr^{6+} 浓度接近水中 Cr^{6+} 的浓度,且 pH 值接近 5 时,应进行再生处理。此时可用与活性炭体积相同的 5% 浓度的 NaOH 溶液,以 $0.5 \sim 1.0m/h$ 的流速逆流注入。当溶液流完后,将再生液再循环运行一次,所得到的溶液为铬酸钠 Na_2CrO_4。

用自来水顺流充分冲洗活性炭至出水 pH 值接近 7 为止(冲洗所得的碱性溶液可留待下次再生时配氢氧化钠溶液或冲洗使用),然后用 5% 的 H_2SO_4 溶液(其量约为活性炭体积的一半)顺流通过活性炭(排除的酸溶液留待下次再用),最后用自来水先顺流、后逆流充分冲洗活性炭到出水的 pH 值接近 5 时,第一号柱即可恢复使用。

4)脱钠

将再生所得铬酸钠溶液,以 $0.5 \sim 1.0m/h$ 的流速通过脱钠柱(内装有 732 型强酸性阳离子交换树脂),流出的溶液就是铬酸。用活性炭吸附,每千克炭可吸附铬酸 120g,再生后吸附效率约降低 10%。每柱活性炭可反复再生使用 $10 \sim 20$ 次。

活性炭吸附法可除去废水中 99% 的铬酸,回收的铬酸纯度较差,只能用于钝化槽或鞣革工业。采用离子交换树脂能更有效地回收废水中的铬酸,回收的纯度高,可送回镀铬槽重新使用。但是,由于交换树脂成本比活性炭高得多,现在各国都在推广活性炭吸附工艺。

(三)镀铁

镀铁与镀铬相比,具有镀积快(约为镀铬的 10 倍)、成本低、原料丰富、对环境污染小的特点,且镀层无厚镀铬的脆性易脱落缺点,因此得到了广泛的应用。修复汽车零件的镀铁多采用不对称交流低温镀铁。

铁镀层呈有光泽的银白色,具有高硬度(40~55HRC,最高60HRC)和耐磨性。化学成分与工业纯铁相似,但硬度比纯铁高5~10倍,这是由于有超细晶粒强化、应力强化、弥散强化之故。

镀铁按其溶液主盐来分,可分为氯化物镀铁、硫酸盐镀铁和氟硼酸盐镀铁等三种。

(1)氯化物镀铁常温型应用最广,以氯化亚铁为主盐,一般在30~50℃范围,电流密度高,电流效率也较高,所以其沉积速度也较硫酸盐镀铁快。最主要的优点是由于温度低,亚铁氧化的速度较高温时慢,镀液相对稳定,因三价铁影响镀层质量的情况较少。

氯化物镀铁在低温(250℃)时,镀层暗、硬、应力大。但可以采用不对称交流电起镀的办法,先镀出软而结合力好的底层,再过渡到纯直流电镀,直接镀出合格镀层,此类镀铁的专用整流器已有出售。

氯化物的使用对设备腐蚀较大,设备需防腐处理。

高温型氯化物镀铁,主盐可以采用高含量,电流大、沉积速度快,因为工作温度在85℃以上,所以镀层的内应力小。可以直接镀出纯度高、内应力小、硬度低的镀层。但因镀液温度高、能耗大,对设备腐蚀加剧,氧化成三价铁的趋势加大,对镀层影响较大,故应用范围小于低温氯化物铁。

(2)硫酸盐镀铁无论常温或高温均较氯化物溶液的应用少。主要制约因素是镀层脆性大,镀后需经热处理来改变,均镀能力也较氯化物镀铁低,但溶液对设备腐蚀小,特别是常温条件下镀层光滑,出现麻点少,可以镀厚镀层,所以还是有应用,特别是修复工件用。

(3)氟硼酸盐镀铁分散能力好,镀层脆性小,可以一次镀厚铁的能力比氯化物镀铁要高,镀液三价铁生成趋势、pH控制、电流效率、结合力都较氯化物、硫酸盐镀铁要好。但氟硼酸盐价格高,清洗水中的氟离子处理困难,应用受到限制。

1.电解液及电解规范

(1)镀铁电解液的成分及规范。

应用较多的是氯化物镀铁工艺。

氯化亚铁($FeCl_2 \cdot 4H_2O$)	350~400g/L
pH值	1~1.5
电解液温度	20~60℃
电流密度	2~30A/dm^2

(2)电化学反应。

阴极,Fe^{2+}还原为Fe,同时析出少量的H_2,电流效率为80%~95%,即

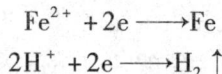

$$Fe^{2+} + 2e \longrightarrow Fe$$
$$2H^+ + 2e \longrightarrow H_2 \uparrow$$

阳极,Fe氧化为Fe^{2+},Fe^{2+}溶解的同时析出O_2,即

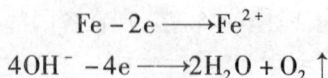

$$Fe - 2e \longrightarrow Fe^{2+}$$
$$4OH^- - 4e \longrightarrow 2H_2O + O_2 \uparrow$$

电解液里Cl^-的析出电位远高于OH^-的析出电位,因此Cl^-不能放电析出。低碳钢阳极溶解后,钢里的碳及其他杂质留在阳极表面形成一层黑色的阳极泥。

（3）镀铁电解液的氧化与水解。电解液里的 Fe^{2+} 与空气接触会氧化成 Fe^{3+}，电解液的颜色由绿变黄。

$$Fe^{2+} - e \longrightarrow Fe^{3+}$$

在酸度不足的情况下，Fe^{3+} 与 OH^- 生成 $Fe(OH)_3$ 沉淀。

$$Fe^{3+} + 3(OH^-) \longrightarrow Fe(OH)_3 \downarrow$$

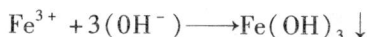

$Fe(OH)_3$ 的溶解度很小（2×10^{-10} mol/L），它是一种带正电荷的胶体，吸附在阴极上会使镀层结合强度降低；悬浮在溶液中使溶液浑浊变成黄绿色，并在电镀时出现大量泡沫，这种现象称为水解。为了防止 $Fe(OH)_3$ 沉淀使上述化学反应式向左移动，就要减少溶液中 Fe^{3+} 含量并增加酸度。间断生产的镀槽，在每次镀铁前必须进行适当时间的通电处理，使 Fe^{3+} 还原为 Fe^{2+}；同时，镀液必须保持足够的酸度。

（4）电解液的配制。用低碳钢、工业盐酸配制电解液，其化学反应如下：

$$Fe + 2HCl + 4H_2O \longrightarrow FeCl_2 \cdot 4H_2O + H_2 \uparrow$$

配100g氯化亚铁盐需铁屑：

$$\chi = \frac{100 \times 56}{200} = 28(g)$$

配100g氯化亚铁盐需工业盐酸：

$$\chi = \frac{100 \times 72}{200 \times 0.3} = 120(g)$$

一般工业盐酸的浓度约为30%。

配制时铁屑及盐酸的用量可按上式计算，再多加10%。先将盐酸注入耐酸槽，再分几批加入已除过油的铁屑，待铁屑与盐酸反应完毕，pH值为0.5~1.5时，过滤、沉淀十几小时并校正浓度到要求数值。

电解液配制后需通电处理：以低碳钢作极板，多挂阳极（阳极面积为阴极面积的4~8倍）；阴极电流密度应≤10A/dm²；每升电解液需36~40A·h的电量，一直处理到阴极边缘尖角毛刺变成圆球状。此时，表明电解液已处理完毕，即可投入使用。

配制电解液最好用蒸馏水或离子净化水，其次是雨水或经煮沸沉淀的自来水。铁屑必须是低碳钢屑，不能用含镍、铬的合金钢屑。配制电解液应在露天或良好通风条件下进行，因为盐酸雾气对人的身体健康及机具有害。铁屑与盐酸反应会产生大量氢气，故槽旁严禁吸烟、划火柴等，并一定要先切断电源再移动极板，以免发生爆炸事故。

2. 镀铁工艺

1）镀前准备

镀铁工艺中的镀前准备基本上与镀铬相同，这里只介绍需要特别注意的地方。

（1）绝缘。镀铁绝缘比镀铬要求严格，塑料薄膜要紧缠2~3层才能保证不漏电，刷过氯乙烯清漆6~8层也不一定可靠，只要稍微有点漏电，就会在漏电处长出"晶须"。特别是镀曲轴时，曲柄臂的绝缘应当先刷2~3层过氯乙烯清漆，贴上两层聚氯乙烯薄膜再刷2~3层过氯乙烯清漆。

（2）酸浸。酸浸的目的是除去零件表面的氧化物，使新的晶粒显露出来。零件在彻底除油后，在质量分数为1.15~1.17的工业盐酸中浸泡0.5~1min。

（3）阳极刻蚀。酸浸后的零件，放入浓度为 30%，质量分数为 1.24 的工业硫酸中进行阳极刻蚀。零件为阳极，铅板作阴极，阴极面积越大越好。通以大电流密度（≤80A/dm²）的直流电流 0.5～2min，零件表面即可生成一层银灰色有保护作用的钝化膜。零件阳极刻蚀后应立即用水冲洗掉残酸，以免钝化膜被溶解掉。

（4）浸蚀。浸蚀的作用是临镀前除掉零件表面的钝化膜。先将镀件挂在极杠上，不通电浸蚀 0.5～2min，然后通电开始镀铁。

（5）活化处理。采用无刻蚀交流活化处理代替上述的阳极刻蚀，能收到很好的效果。零件酸浸后挂入镀槽，以 9～10A/dm² 的电流密度，不对称比 $\beta = 1.04$ 的不对称交流处理 3～4min，然后再起镀。这样处理的优点是：避免了硫酸根负离子进入镀槽致使镀层粗糙；镀前处理与镀铁都在同一槽内进行；操作大为简化，便于实现工艺自动化。

2）镀铁

（1）不对称交流起镀。电解液的温度在 20℃ 以上时才能起镀。起镀共 3～10min，分三个阶段：

$$第一阶段 \quad D_1 = 2～4A/dm^2 \quad\quad \beta = 1.3$$
$$第二阶段 \quad D_2 = 6～8A/dm^2 \quad\quad \beta = 2$$
$$第三阶段 \quad D_3 = 10～25A/dm^2 \quad\quad \beta = 8$$

每个阶段的正向电流及反向电流（I_+ 与 I_-）计算如下：

$$有效电流 \quad I = DS$$
$$反向电流 \quad I_- = I/\beta - 1$$
$$正向电流 \quad I_+ = I + I_-$$

（2）直流镀铁。不对称交流起镀后，用选定的直流电镀至所需尺寸，其镀铁规范如下：

$$电解液温度 T \quad\quad 20～50℃$$
$$电流密度 D \quad\quad 5～20A/dm^2$$
$$酸度 pH 值 \quad\quad 0.5～1.5$$

3. 不对称交流电源

一般交流电是对称的正弦曲线，不对称交流电是正负半周大小不等的曲线。

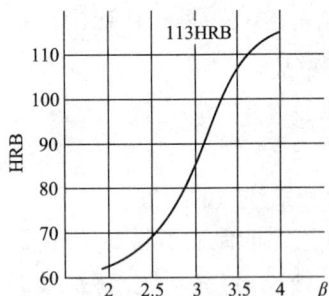

图 4-22 镀铁层硬度与 β 值的关系

正负半周电流的比值成不对称比，以 β 表示，并以 I_+、I_-、D_+、D_- 分别表示正负电流和电流密度，则有

$$\beta = \frac{I_+}{I_-} = \frac{D_+}{D_-} \quad\quad (4-15)$$

$\beta = 1$ 是对称交流，$\beta = \infty$ 是整流后的直流。用不对称交流电镀铁可以减少镀层的内应力，控制镀层硬度，使它便于切削加工，图 4-22 是镀层硬度与 β 值的关系。

用 $\beta = 2.0～2.5$ 的不对称交流电施镀时，电流密度对镀层硬度几乎没有影响。

（四）刷镀

刷镀也称涂镀、擦镀，属无槽电镀，设备简单，镀积速度快，可以在不解体或半解体的条件下快速修复零件,常用于零件的局部修复。由于其机动灵活、镀层均匀、光滑、致密、尺寸精确、成本低廉,因此在汽车修理行业得到了广泛的应用和推广。

1.刷镀的原理

刷镀就是利用刷子似的电镀笔,在工件上来回摩擦而进行电镀的方法。其原理如图4-23所示。零件作为阴极接在机床的卡盘上,石墨镀笔接阳极。刷镀时,吸满镀液的镀笔在工件上相对运动,镀液中的金属离子在电场力作用下,向工件表面扩散,镀在工件表面形成镀层,笔刷到哪里,哪里就形成镀层,直到达到所需尺寸厚度。

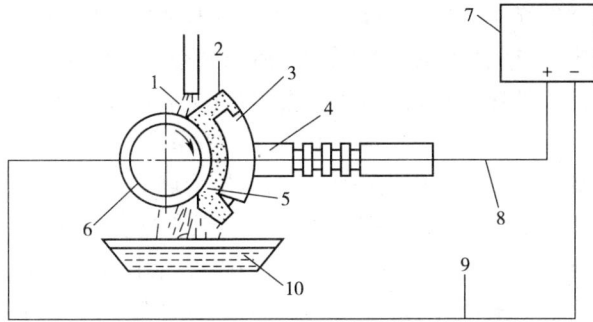

图4-23 刷镀原理简图

1-刷镀液;2-阳极包套;3-石墨阳极;4-刷镀笔;5-刷镀层;6-工件;7-电源;8-阳极电缆;9-阴极电缆;10-储液盒

2.刷镀设备

刷镀设备主要包括刷镀电源、刷镀笔及辅助工具等。

(1)刷镀电源。刷镀电源用直流电源,它要求其输出的外特性是平直的,输出的电压为0~25V,并能无级调节。目前国内刷镀电源很多,基本可分为两大类:硅整流电源和晶闸管电源。

(2)刷镀笔。刷镀笔由导电手柄和阳极两部分组成,阳极和导电手柄用螺纹相连或压紧。导电手柄的作用是连接电源和阳极,使操作者可以移动阳极作需要的动作,以实现金属的刷镀,其结构如图4-24所示。

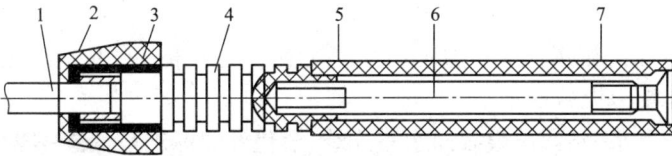

图4-24 导电手柄结构

1-阳极;2-O形密封圈;3-锁紧螺母;4-手柄套;5-绝缘套;6-连接螺栓;7-电缆插座

阳极是镀笔的工作部分,一般用石墨作阳极,为了适应零件不同形状刷镀的需要,阳极有圆柱形、平板形、瓦片形、圆饼形、半圆形、板条形等。

3.刷镀溶液

刷镀溶液按其作用不同可分为表面准备液、电镀溶液、退镀溶液和钝化溶液四大类,刷镀溶液最常用的是表面准备液和电镀溶液两种。

(1)表面准备液。表面准备液又称为预处理溶液,它包括电净液和活化液,它的主要作用是除去被镀零件表面的油污和氧化物,以获得待镀的洁净表面,为零件的刷镀做好准备。

①电净液。电净液用于镀前除油,一般工件电净时,工件接负极,镀笔接正极。利用氢气产生的大量气泡对油膜产生撕裂作用来除油,同时镀笔与工件的反复擦拭,促使溶液中的化学物质与其发生皂化或乳化反应而将油污带走,起到除油效果;但对某些氢脆敏感零件(如弹簧、高碳钢)不宜采用上述方法,以防氢脆。对易产生氢脆的零件,可采用工件接正极的方法,利用产生的氧气泡去油;但由于氧气泡少,所以去油能力差。

特殊要求的零件,可采用联合去油法,即工件先接负极,再接正极,这样既加快了去油速度,又减少了渗氢。

②活化液。活化液的作用是除去待镀工件表面的氧化膜、杂质和残留物、从而使工件金属露出其纯净的基体组织,以利于金属的沉积。活化处理有阳极活化和阴极活化,但以阳极活化居多。阳极活化即工件接正极,其活化的机理是:金属在阳极被电解液溶解及氧化物被析出或被撕掉,从而露出基体金属。阴极活化即工件接负负极,其活化的机理是:由于阴极析出大量氢气,将氧化物还原及机械地撕掉,露出基体金属。

阳极活化与阴极活化的选定,应根据工件的材料及性能要求而定。阴极活化可避免阳极活化出现的过浸蚀,但对于有些材料会产生氢脆;阳极活化能力较强,工件表面易受浸蚀,不适于要求高精度工件表面的活化,常用来刻蚀旧镀层或修正零件的偏磨。

(2)刷镀溶液。刷镀溶液很多,但常见的有镍、铜、铬、锡、锌、铟、银、金等,盐镀液和合金镀液数十种,以满足被镀件不同的要求。按金属离子在溶液中的形态不同,主要分两种。

①有机金属络合物溶液。它是大多数金属刷镀所采用的一类镀液。刷镀时采用不溶性阳极,络合物离子性能稳定,对温度和电流密度适应性强,易于形成均匀、致密的镀层,但对pH 值要求严格,要加缓冲剂。有机金属络合物溶液主要成分是主盐、络合物、缓冲剂。

②单盐溶液。这类溶液最常用的是铁及铁合金溶液。因为二价铁离子找不到理想的络合物,如用不溶性阳极和槽镀溶液,一方面阳极氧化反应强烈,亚铁离子生成大量三价铁离子,溶液变坏;另一方面,阳极包套易结块,产生阳极钝化。

试验证明,采用可溶性阳极、在以单盐为主的电解中加入防止阳极钝化的添加剂,不但解决了阳极钝化问题,而且可以为阳极溶解补充二价铁离子。

4.刷镀工艺

刷镀的工艺过程:表面准备(预加工、除油锈、绝缘)、电净→水冲→活化→水冲→镀过渡层→水冲→镀工作层→镀后处理。

电净好的标志是水冲后,被镀表面水膜连续,活化好的标志是低碳钢表面呈银灰色,中、高碳钢呈深黑灰色,铸铁表面呈深黑色。

一般用特殊镍或碱铜作过渡层。工作层一般根据工件的不同需要和要求进行刷镀。

5.刷镀层的性能

(1)镀层与基体结合强度。结合强度是衡量刷镀质量的重要指标之一。镍、铁、铁合金等刷镀层与基体的结合强度大于镀层本身强度,并且远高于喷涂,比槽镀高。

(2)镀层的硬度。由于刷镀层具有超细晶粒结构,镀层内应力较大,晶格畸变和位错密度大,所以刷镀层的硬度比槽镀镀层的硬度高,一般硬度可达到50HRC 以上。

(3)刷镀层的耐磨性。刷镀层的耐磨性比45 钢淬火好,其中镀镍层是45 钢淬火后耐磨性的1.36 倍,是镀铁层的1.8 倍,是镀铁合金层的1.4 倍。

（4）刷镀层对基体疲劳强度的影响。刷镀层由于内应力较大，所以对金属疲劳强度影响较大，一般下降30%~40%，但镀后若进行200~300℃低温回火，可降低对零件基体疲劳强度的影响。

五、压力加工修理法

压力加工修理法是指零件在外力的作用下，改变零件的几何形状、或使变形的零件恢复到原正确位置的方法。经常采用的方法有零件的校正、表面强化、零件墩粗、胀大或缩小。

（一）零件的校正

零件的校正主要是消除零件的变形（弯曲和扭曲），恢复零件的正确形状。经常采用的方法有压力校正、敲击校正和火焰校正。

1. 压力校正

压力校正是以外加的静载荷使零件产生反变形的修理方法。广泛地用于汽车的曲轴、凸轮轴、连杆、气门、缸盖、车架、工字梁等零件的校弯和校扭上。

（1）校弯。校弯经常用于轴类零件，校正时，将轴两端放在V形铁上，找出轴的最大弯曲部位（向上），用压力机在轴上施加压力，压力方向和轴的弯曲方向相反，轴受压后的变形量要大于原弯曲量，可从置于轴下的百分表观察（图4-25），压力保留一定时间后，停止加压。为了使反变形稳定，提高刚性，冷校后可进行消除应力的热处理。

某些零件结合平面所产生的翘曲不平，也可以通过压力校平。如汽缸盖的翘曲可先用压力校正，结合磨削（或刨削）予以修平。工字梁、车架等大件的压校，需用专门的设备。图4-26是在整体情况下校正纵梁弯曲的情形。

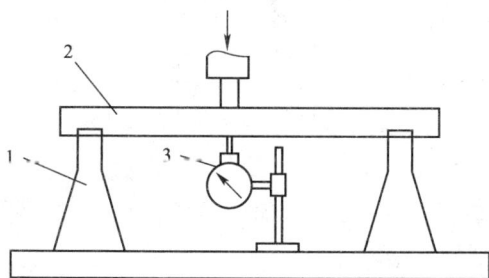

图4-25 轴的压力校正
1-V形铁；2-轴；3-百分表

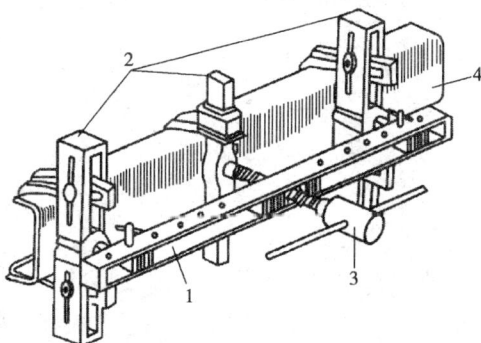

图4-26 车架纵梁压力校正
1-横挡；2-夹持器；3-螺杆；4-纵梁

（2）校扭。零件的扭曲变形造成零件不同部位的扭转，使零件形位公差超过规定。校正时必须给零件作用一个反向扭矩，恢复零件原有的几何形状。最常见的校扭为连杆的扭曲校正，将连杆大端固定，找准连杆的扭曲方向，用专门杠杆扳动连杆杆身，使连杆杆身扭转一个相反角度，使其在允许的范围内。对大件的扭曲校正，需要较大的扭矩，必须用专门的设备进行。

在压力校正中，必须考虑到金属的弹性和弹性后效的影响，因此，常采取如下措施：

①校正时，校正量要大于原来的变形量，校正量的多少，与零件的形状、材料和刚度有关，如中碳钢曲轴在压力校正时，校正量为弯曲量的10~15倍。

②施压载荷要保持一定时间,加压后不要立即卸载,保持时间视零件的情况而定,一般由数分钟到数小时。

③进行时效处理。天然时效的时间可定为数天,检查复校后方可使用。如采用人工时效,可对零件均匀加热 180～200℃,保温数小时后,自然冷却。

2. 敲击校正

敲击校正常用于校正曲轴的弯曲。曲轴的弯曲,可看成曲柄臂的变形,当用手锤或机动锤敲击曲柄臂外侧,如图 4-27 箭头所示,在外力的作用下,使曲柄下方并拢($b<a$),主轴颈轴心线位移,曲轴向上弯曲。当敲击曲柄臂内侧时,曲轴向下弯曲,校正方向与上述相反。

此外,敲击还用于焊缝、键槽、圆角等处的强化。用敲击工具敲击车架纵梁焊缝两侧,可使焊缝的疲劳强度提高 2～4 倍,从而避免了纵梁在使用中焊缝处开裂。

敲击头可装一个小滚轮;也可以装上一束直径 1.2～3mm 的弹簧钢丝,用于敲击花键槽或圆角。

图 4-28 所示为装在车床刀架上的敲击盘,敲击盘上镶有许多钢球,被敲击的工件由车床卡盘带动,敲击盘由装在刀架上的小电动机带动。

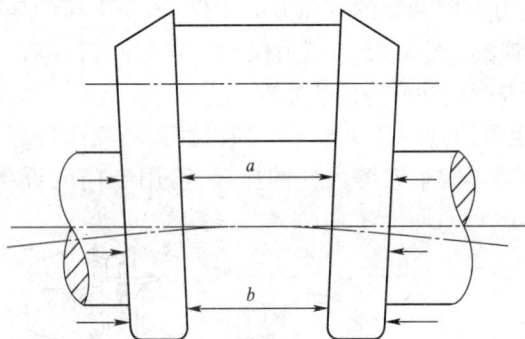

图 4-27　曲轴弯曲校正示意图

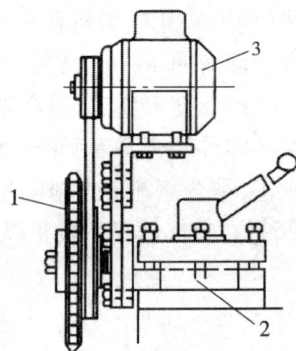

图 4-28　装在车床刀架上的敲击盘
1-敲击盘;2-刀架;3-电动机

3. 火焰校正

火焰校正是用火焰对局部变形的零件快速加热,用加热部位冷缩应力的作用来校正零件的方法。经常用其校正轴、管、平板和一些不规则的复杂零件。

用氧－乙炔火焰迅速加热工件弯曲凸起处某一点,当工件凸起点温度迅速上升时,表面金属膨胀驱使工件向下弯曲。与此同时,加热点周围和底层金属温度还很低,限制加热点金属的膨胀,于是加热点的金属受到压应力,在高温下产生塑性变形,当工件冷却后,使得工件向上弯,从而达到了校直的作用。

(二)零件的镦粗

零件的镦粗修复是对零件施加压力,使工件在垂直于压力方向产生塑性变形,使非工作表面的金属转移到工作表面,从而恢复零件工作尺寸的一种修复方法。

1. 气门头部修复

气门头部斜面经多次磨削后,锥面上边的柱形部分高度小于规定的高度,即不能使用。修复时,是将气门头中心或下边颈部的金属向锥面方向挤压,从而恢复磨损尺寸。

对于40Cr钢的进气门加热到820~870℃;对于耐热钢的排气门4Cr9Si2加热温度为820~900℃。气门镦粗后,用脚蹬踏板6,将其从模中顶出,在空气中冷却到300℃,再埋到干石灰沫中缓冷。冷却后检查气门头部镦粗的质量,斜歪的要进行校正,最后对气门头部按技术要求进行车、磨机械加工。镦粗气门头部时,可采用75kg蒸汽锤施加压力。

2. 半轴花键修复

半轴常见的损伤是花键部分磨损、可采用镦粗方法修复。半轴多用40Cr或40MnB钢调质处理制成。

修复时,将半轴花键端加热到950~1050℃,放置在限制套管内镦粗2~3mm。镦粗后的半轴约能缩短12mm,尚不妨碍装车使用。

半轴镦粗后,要进行检查校正、外径及花键的机械加工,最后进行调质处理及抛丸强化。

六、胶黏修理法

胶黏修理法是指用有机和无机化学黏结剂修复损伤失效零件的方法。它具有工艺简单、设备少、成本低、不会引起零件变形和金属组织变化的特点。

(一)无机胶黏修理法

无机胶黏修理法是用无机化学化合物制成的黏结剂修理损伤零件的方法。实际中多用氧化铜粉末和无水磷酸调和而制成黏结剂,所以也成氧化铜黏结法。它具有耐高温的特点,所以常用来黏补缸体、缸盖上的裂纹。

1. 黏结剂的组成

无机化学黏结剂是由氧化铜粉和无水磷酸调制而成,其化学反应方程式如下:

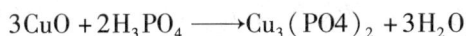

$$3CuO + 2H_3PO_4 \longrightarrow Cu_3(PO4)_2 + 3H_2O$$

磷酸铜吸收水分后,成为结晶水化物而固化。这个反应和硅酸盐水泥相类似,因此,常用其填裂、堵漏和黏结零件。

另外,磷酸铜与钢铁零件表面接触,铁与铜发生置换反应,更增加了黏结强度。

在固化过程中,氧化铜黏结剂的体积略有胀大,因此在设计接头时,尽可能采用套接或镶接的形式。

为了减缓磷酸铜的固化过程,延长黏结剂的使用期限,在无水磷酸里加入少量的氢氧化铝,氢氧化铝对黏结剂的性能没有什么影响。

2. 黏结剂的配制

氧化铜粉要用化学纯的,粒度为320目;磷酸质量分数为1.7的正磷酸。氧化铜粉和无水磷酸应放在防吸潮的容器内。长期存放的上述药品,在使用前应在120~140℃的温度下烘干2h,以防在调配黏结剂时迅速固化而不能使用。

在配制黏结剂时,首先将磷酸进行无水处理。即每100g的H_3PO_4中加入6~8g氢氧化铝,调均后加热到120~140℃,使之成为浅橙色油状溶液,保温烘干4h。冷却后质量分数为1.9左右,即成为无水磷酸。

氧化铜和无水磷酸的比例为4g:1mL,在厚铜板上先放上氧化铜粉,用竹片中间扒坑,放入适量磷酸,像搅拌水泥一样调均至能拉成10mm长的丝即可使用。需要注意的是,每次氧化铜调量不要太多,最好不要超过10g。如调制太多,因其配制是放热反应,温度陡然上升,黏结剂会冒烟立即固化而无法使用。

铜板和竹片用完后,应立即用水冲洗干净。

3. 黏结工艺

黏结前被修复工件表面应除去污垢、锈蚀和水分,零件表面如经粗糙处理(喷砂)和磷化处理,效果会更好。

黏结的适宜间隙为 0.10 ~ 0.25mm,黏结剂太薄或太厚,都会影响黏结强度。调制的黏结剂要一次用完。如需要量大时,可用几块铜板同时调配,尽可能保持接合面光整。

黏结后工件在室温下硬化 24h 后即可使用,硬化前,两黏结面切勿相对移动,以免影响黏结强度。如能在室温下硬化 4h,再放入烘箱在 60 ~ 80℃下硬化 3 ~ 6h,效果会更好。图 4-29 为汽缸体排气门座孔至导管座孔的裂纹黏结工艺。

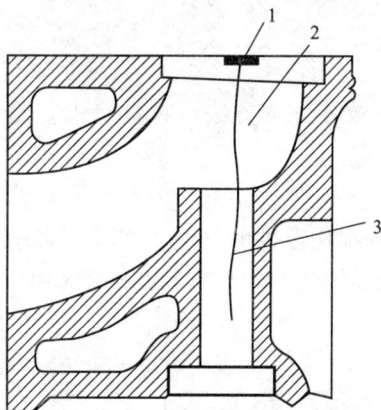

图 4-29 排气门座孔的裂纹

图中 1 为气门口至缸体上平面的裂纹,为保证黏结强度,应加双球键黏补。

图中 2 为气门内腔处的裂纹,可开深 1mm、宽 3mm 的 V 形槽,用黏结剂填补。

图中 3 为导管座孔处的裂纹,可将座孔铰大,使之与导管间留 0.1 ~ 0.2mm 的间隙,然后在孔内壁和导管外壁各均匀地涂上一层黏结剂,轻轻压入即可。

汽缸内的裂纹及气门口承孔穿孔时,可采用上述方法进行黏结修复。

实践证明,在氧化铜黏结剂内加入用量 0.5% ~ 1% 的氧化钴(Co_2O_3),0.5% ~ 1% 的氧化钛(TiO_2)及 1% 粒度为 120 目的铸铁粉,则可使黏结的耐温性提高至 1000℃ 左右。

氧化铜黏结剂还经常用于镶螺塞、管子接头的防渗漏;套接折断的钻头;黏结硬质合金刀头以及黏结轴与带轮,以代替键连接等。

氧化铜无机黏结剂,在固化前溶于水,固化后不溶于水;并且耐油、耐酸、耐高温,但不耐强碱。要想将黏结好的零件拆开,只要将其浸在 NaOH 溶液里,黏结剂就会溶解。氧化铜黏结剂的缺点是性脆、不耐冲击,黏结强度低于有机黏结。

(二)有机胶黏修理法

有机胶黏修理法是用有机化学化合物制成的黏结剂修理损伤零件的方法。实际中多用环氧树脂、酚醛树脂等配制黏结剂,所以也称环氧树脂胶黏法、酚醛树脂胶黏法。

1. 环氧树脂胶黏法

环氧树脂是一种人工合成的高分子树脂状的化合物,它能与许多种材料的表面形成带有一定程度的化学键结合,产生较大的黏结力,因此,用它配制的黏结剂用途很广泛,能修复各种金属和非金属零件的损伤。

环氧树脂黏结剂的优点是黏附力强,固化收缩小、耐腐蚀、耐油、电绝缘性好、使用方便。它的缺点是不耐高温、韧性差。

1)环氧树脂胶的组成

环氧树脂胶是以环氧树脂和固化剂为主,再加入增塑剂、填料和稀释剂等配制而成,在黏结零件时只能现用现配。

（1）环氧树脂。常用的环氧树脂分子量为 300～700，在它的线性结构两端有环氧基。环氧树脂的主要使用性能指标是环氧值，即每 100g 树脂里所含环氧基的当量数。环氧值高的树脂，分子量小，在常温下是黄色油状液体。这类树脂使用方便，黏结强度较高，并且黏结力受温度变化的影响也较小，因此最适合作黏结剂。环氧树脂环氧值低的树脂，分子量大，在常温下是青铜色固体状胶块，用于浇注和作涂料。

（2）固化剂。固化剂也称硬化剂，它与环氧树脂化合，使线性结构的树脂变成立体的网状结构。固化以后的环氧树脂就成为热固性的，温度升高也不再软化，同时也不溶于有机溶剂。它的化学稳定性好，既耐酸又耐油。

固化剂的用量、固化温度和固化时间对黏结后的性能都有很大影响。固化剂用量不足会因固化不完全而黏结不牢；固化剂用量过多，也会降低黏结后的力学性能。对于固化温度来说，室温固化方便，但黏结强度低、脆性大。

（3）增塑剂。增塑剂是增强有机黏结塑性、降低脆性的化学药品；常用的增塑剂有邻苯二甲酸二丁酯和磷酸三苯酯。邻苯二甲酸二丁酯是油状液体，除增加塑性外还有降低黏度的作用，其用量为环氧树脂质量的 10%～20%。磷酸三苯酯是白色针状结晶，用量为环氧树脂质量的 20%～30%。增塑剂的用量也要适当，多了会降低黏结强度和电绝缘性，过多时，甚至会出现长期不固化的现象。

（4）填料。加入填料的作用是改善黏结后的力学性能、耐热性和绝缘性，同时还可节约树脂的用量，填料及其作用见表 4-7。

填 料 及 其 作 用

表 4-7

名　　称	作　用	名　　称	作　用
玻璃丝、石棉丝	提高强度和韧性	铅粉、铜粉、铁粉	增加导热性
石英粉、瓷粉、铁粉	提高硬度	石墨粉、二硫化钼	提高润滑性
氧化铝粉、瓷粉	增加黏力	石英粉、瓷粉、胶水粉	提高绝缘性
石棉粉、瓷粉	提高耐火性	滑石粉、白粉	增加黏度

铸铁粉在粘补裂纹时用量为树脂质量的 10%～20%，但在填补铸铁缺陷时可用到300%。石棉粉、石英粉、氧化铝粉在粘补裂纹时用量为树脂质量的 10%～20%。玻璃丝或玻璃布也是粘补汽缸体常用的填料，它们应该是无碱的，有碱的吸湿性强，在使用中易折断并降低了黏结力。另外，玻璃布在纺织时涂用淀粉及油，有碍胶合，使用前应在 250℃ 的温度下烘烤几分钟。

（5）稀释剂。稀释剂用来降低黏结剂的黏度，以便于操作并延长它的使用时间。常用的有机溶剂如丙酮、甲苯、二甲苯都可作稀释剂。这些稀释剂只是溶解树脂，并不参加化学反应，因此用量不限，也不需另加固化剂，稀释剂在固化前应完全挥发掉。

甘油环氧树脂、环氧丙烷苯基醚等是活性溶剂，它们作稀释剂也参加了与固化剂的化学反应，因此采用这种稀释剂时，要另加一定数量的固化剂。甘油环氧树脂的用量一般为环氧树脂的 20%；环氧丙烷苯基醚的用量为 10%～15%。每 100g 这两种稀释剂所需另加的固化剂，相当于 150g 环氧树脂的用量。

2）常用环氧树脂胶配方

常用的环氧树脂胶配方,见表4-8。

常用的环氧树脂胶配方 　　　　　　　　　　　　　　　　　　　　　　表4-8

胶组成粘补部位	蓄电池	汽缸体水套裂纹	气门与汽缸间的裂纹		磨损的孔	镶套	磨损轴颈	
环氧树脂	6101　100	6101　100	637　100		6101　100	6101　100	618　100	
邻苯二甲酸二丁酯	15	15	10			10	10	
固化剂	乙二胺 8	间苯三胺　15	顺丁烯二甲酸铵	40	聚酰胺 80	乙二胺 7	间苯三胺	15
填料	石英粉　15 石棉粉　4 炭黑　30 电木粉　5	石英粉　15 石棉粉　10 铁粉　20	石英粉　10 石棉粉　12 铁粉　50		铁粉　　20 玻璃粉　10		二硫化钼　2 石墨粉　2 玻璃丝	

修补蓄电池时,可用电烙铁加工 V 形槽,滴浓硫酸浸润 10min 后冲洗烘干。镶套时配合间隙不宜过大,约 0.1mm;修复轴颈时,要车小 1mm,用玻璃丝粘环氧树脂胶一层层缠上,固化后,加工至公称尺寸。

3)环氧树脂胶黏结工艺

(1)表面准备。黏结前的表面准备包括表面机械加工、表面清洁、表面化学处理三个工序。

①表面机械加工。对有裂纹的部位在其两端钻 φ3mm ~ φ4mm 的止裂孔,防止裂纹延伸,再用砂轮或砂纸打光裂纹的周围,如图 4-30 所示。然后将裂纹加工成 60°的坡口,如图 4-31 所示。

对于工作温度较高,受力较大部位的裂纹可采用金属键扣合再用树脂胶粘补,以保证所修部位有足够的强度,如图 4-32 所示。

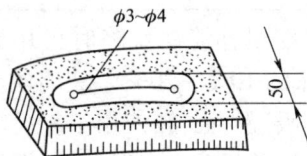
图 4-30　裂纹钻止裂孔及清洁范围

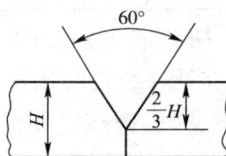
图 4-31　加工坡口

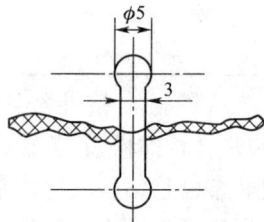
图 4-32　金属键扣合

键的材料一般用 Ni36,其强度大、热膨胀系数与铸铁相近,可采用通键或占壁厚 2/3 的键片。该种方法常用来粘补汽缸体、汽缸盖、变速器壳、后桥壳等受力大部位的裂纹。

②表面清洁。主要是清除黏结表面的油污和氧化物、水分,保证黏结质量。氧化物的清除方法很多,可用砂布擦、钢丝刷刷、砂轮打磨、喷砂;也可以用盐酸浸蚀,其中以喷砂效果较好,效率也高,在除锈的同时也除了油,粗糙的表面有利于黏结。清除油污可用汽油、苯、丙酮清洗或揩拭。如用丙酮冲洗,应立即用热空气吹干,以防止零件表面由于丙酮挥发降温而凝结水分,使胶层脱落。

③表面化学处理。被黏结表面经特殊化学处理后,可以明显地提高黏结强度。不同材

料的黏结表面,其化学处理方法见表4-9。

黏结表面化学处理方法
表4-9

黏结件材料	化学处理剂的组成	处理方法
钢	10%的硅酸钠溶液或10%的盐酸溶液,每升水中30g的马日夫盐磷化	60℃,10min
不锈钢	浓盐酸52g,40%的甲醛10g,30%的过氧化氢2g,水45g	95℃,20min
铝	重铬酸钠66g,96%的硫酸666g,水1000g	65℃,10min

黏结表面化学处理完毕之后,立即用水冲洗干净,再用丙酮揩拭、热空气吹干,然后即可涂胶。

(2)涂胶。低温(40~60℃)预热涂胶表面,然后将调好的胶均匀地涂满黏结表面,胶层的厚度应控制在0.1mm左右,太薄太厚都会影响黏结强度。涂胶后,把两黏结面贴住,用夹具夹牢,夹具的压力为34.3~68.6kPa。为了防止把胶挤出,可在黏结面内垫上直径为0.1mm的铜丝,或者在设计黏结面时预留0.1mm的间隙。

(3)固化。乙二胺等室温固化剂,一般需要固化24h,但在80℃温度下固化3h,效果会更好。间苯二胺的固化条件是分阶段固化,先在室温下固化,再分三个阶段加热,如果用红外线灯加热,可连续进行48h。

2.酚醛树脂胶黏法

酚醛树脂可以单独使用,也可以与环氧树脂混合使用,多用于黏结汽车制动器的制动蹄片及离合器的摩擦片,其主要特点是耐热性好。

黏结制动片的工艺:将两弧度相吻合的制动蹄片涂上酚醛树脂胶,自然晾干2h,再用卡子夹紧放到烘箱里加热固化,加热的温度为140℃,保温3~5h。

酚醛树脂与环氧树脂混合使用时,其用量为环氧树脂质量的30%~40%,同样要加增塑剂和填料。为了加速固化,可加入5%~6%乙二胺,这样既改善了耐热性又提高了韧性。

酚醛树脂胶使用前,零件的表面处理与环氧树脂黏结时相同。黏结时,胶层的厚度为0.1~0.3mm,涂后晾干用专用夹具夹牢,注意夹紧时不要将胶挤出过多。

酚醛树脂胶单独使用时,虽然有较高的黏结强度、耐热性好,但其缺点是脆性大、不耐冲击。因此,常和环氧树脂混合使用。

第二节 零件修复方法的选择

对某一汽车零件,修复其失效损伤的方法可能有多种,究竟哪一种方法最好,如何合理选择,需要考虑生产上的可能性,质量上的可靠性,经济上的合理性。

一、技术可行性

选择零件修复方法时,要考虑所修零件方法技术上可行,考虑企业所具备的开业条件。即考虑零件的特点、零件的工作条件、零件的加工性等,修理企业能否满足。

二、质量上的可靠性

被修复零件质量上的可靠性,通常用修复层的结合强度、修复层的耐磨性、修复层对零件疲劳强度的影响来衡量。

1. 修复层的结合强度

结合强度是评价修复质量的重要指标,如果修复层的结合强度不够,在使用中零件就会出现脱皮、滑圈、掉块等现象,即使其他性能再好也没有意义。结合强度按受力情况可分为抗拉、抗剪及抗扭转、抗剥离等,其中抗拉强度比较真实地反映修复层与基体金属的结合力。

抗拉结合强度试验,目前国家还没有统一标准。在生产中,检验零件修复层结合强度的方法有敲击法、车削法、磨削及錾削、喷砂法等,出现脱皮、剥落则为不合格。

修复层的结合强度与修复工艺规范、零件表面状态及零件的形状等有密切的关系。

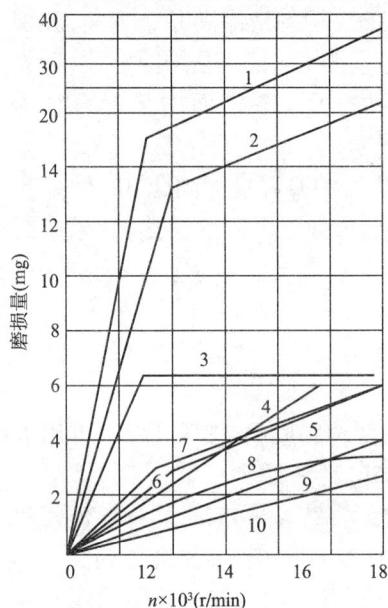

图 4-33 不同修复层的耐磨性
1-45 钢(正常);2-手工电弧堆焊(普通焊条);3-电弧喷涂层;4-手工电弧堆焊(耐磨合金焊条);5-镀铁(80℃以上);6-埋弧焊;7-埋弧焊后淬硬;8-45 钢高频淬火;9-电脉冲堆焊;10-镀铬

喷涂及电镀层由于其结合强度较低,所以不宜用于修复轮齿的齿面、滚动轴承滚道和轴颈以及其他需耐冲击的工作表面。

2. 修复层的耐磨性

修复层的耐磨性,通常以一定工况下单位行驶里程的磨损量来评价。不同修复方法所获得的覆盖层的耐磨性是不一致的。图 4-33 为几种修复层在磨损试验机上试验的磨合性与磨损曲线的试验结果。

由图 4-33 可见,采用普通焊条的手工电弧堆焊层的耐磨性最差,其抗黏着能力也很差;当采用含锰较多的耐磨焊条时,堆焊层的耐磨性可显著提高,但仍不如其他修复层。镀铬层不易磨合,但耐磨性比 45 钢淬火要好得多。电脉冲堆焊层、镀铁层的耐磨性与 45 钢淬硬层差不多,但镀铁层的抗黏着能力比 45 钢淬硬层好。这是因为在其表面上能迅速生成一层抗黏着能力的氧化膜。电弧喷涂层的颗粒性结构使其磨合性能比较好,虽然磨合期的磨损较高,但正常工作时,曲线水平,磨损很小。

3. 修复层对零件疲劳强度的影响

修复层对零件疲劳强度影响是考核零件修复质量的一个重要指标,它不仅影响零件的使用寿命,而且关系到行车安全。

表 4-10 为各种修复层对 45 钢(正常化)试棒的疲劳强度影响下降百分数。

疲劳强度降低情况表 表 4-10

各种修复层	疲劳强度降低(%)	各种修复层	疲劳强度降低(%)
45 钢(正常化)试棒	0	镀铬层	-25
电弧喷涂层	-14	镀铁层	-29
手工电弧堆焊层	-21	电脉冲堆焊	-38

由表 4-10 可知电弧喷涂层疲劳强度下降最小,电脉冲堆焊下降最大。但在实际修复

中,修复层对疲劳强度的影响相当复杂,它与修复规范、工艺参数、零件的材料、结构等有着密切的关系。振动堆焊对零件的疲劳强度影响较大,往往限制用这种方法修复转向节、半轴和曲轴。

三、经济上的合理性

汽车零件修复方法在经济上是否合理,通常用成本比较法、经验公式法、耐用系数法、系统工程法等确定。

1. 成本比较法

比较零件的修复成本和制造成本,零件的修复成本必须小于零件的制造成本才合理。即

$$C_P < C_H \tag{4-16}$$

式中:C_P——零件的修复成本,元;

C_H——零件的制造成本,元。

零件的修复成本

$$C_P = M_P + W_P + A_P \tag{4-17}$$

零件的制造成本

$$C_H = M_H + W_H + A_H \tag{4-18}$$

式中:M_P、M_H——修复、制造材料费;

W_P、W_H——修复、制造工人的工资;

A_P、A_H——修复、制造杂费,包括办公、水电、管理、废品损失等费用。

根据统计

$$M_P : W_P : A_P = 7.2 : 30.6 : 62.2$$
$$M_H : W_H : A_H = 73.4 : 5.3 : 21.3$$

即

$$A_P = 2W_P$$
$$A_H = 4W_H \tag{4-19}$$

各种零件修复与制造工人工资的平均比为

$$W_P = 2.5W_H \tag{4-20}$$

2. 经验公式法

实践经验证明,成本比较法只考虑零件的成本,不考虑零件的寿命是不可靠的,旧件修复后寿命至少要抵得新件的80%才是安全的。

$$L_P \geqslant 0.8L_H \tag{4-21}$$

即

$$C_P \leqslant 0.8C_H \tag{4-22}$$

将式(4-16)~式(4-20)联立求解得出经验公式为

$$M_P = 0.8M_H - 3.5W_H \tag{4-23}$$

3. 耐用系数法

为了计算更合理,对式(4-22)加以修正,右端乘以耐用系数 K_i 得

$$C_P \leq K_i C_H \tag{4-24}$$

式中：K_i——耐用系数，可按耐磨、屈服强度、疲劳强度、结合强度考查。

部分修复方法的耐用系数请参考表4-11。

不同的修复零件，可按其工作的环境，按不同系数计算。如综合考虑，可按四个系数中最小者计算。

耐 用 系 数 值 表　　　　　　　　　　　　　表4-11

修复方法	耐磨系数 K_1	屈服强度系数 K_2	疲劳强度系数 K_3	结合强度系数 K_4
CO_2气体保护焊	0.72	0.95	0.90	1.00
振动堆焊	1.00	0.90	0.52	0.98
气体喷涂	1.50	0.85	0.90	0.62
镀铬	1.67	0.95	0.97	0.90
镀铁	0.91	0.95	0.82	0.80

4. 系统工程法

把国民经济看成一大系统，汽车维修看成大系统中的一子系统，则有

$$C_P \leq K_i C_H + C_0 \tag{4-25}$$

式中：C_0——主要与国家和用户有关的间接费用。包括停车损失费、库存费、节省材料、能源、降低公害等费用。

上式为大力开展修旧利废找到了理论根据，不但 $C_P \leq K_i C_H$ 时可以进行零件修复，考虑到国家和人民的利益，在 $C_P - C_0 \leq K_i C_H$ 时，也可以进行汽车零件的修理工作。

复习思考题

1. 机械加工修理法包括哪些内容？
2. 举例说明什么叫修理尺寸法。
3. 简述焊接修理法的概念、内容、特点。
4. 金属喷涂法包括哪些内容？其特点是什么？
5. 什么叫电镀修理法？其特点是什么？
6. 什么叫压力加工修理法？常用方法有哪些？
7. 如何选择零件的修复方法？
8. 说明按经济上的合理性常用哪些修复方法。

第五章 汽车发动机维修

第一节 发动机维修概述

汽车发动机总成经过长期使用后,其技术状况及性能会因基础件和主要零部件的磨损、变形和裂损而显著下降,故障率增加,不再能满足使用要求和废气排放标准,最终丧失工作能力。因此,发动机维修的目的就是通过定期检测与诊断,查找故障及损坏部件,经过调整和修复,使其恢复技术状况和性能,延长使用寿命。

根据修理作业范围和程度不同,汽车发动机的维修可分为大修和小修。大修是发动机主要零件出现破损、断裂、磨损和变形,把发动机从汽车上吊下,进行解体,彻底分解后,需要进行镗缸、磨削曲轴或更换发动机损伤零件的方法,使其达到完好技术状况和使用寿命的恢复性修理。大修后的发动机,其技术状况和性能必须达到规定的技术标准。小修是指用修复或更换个别零部件的方法来消除发动机在运行中临时出现的故障或针对在维护作业中发现的隐患所进行的运行性修理。

一、发动机总成大修条件

为了贯彻视情修理的原则,防止提前进行发动机大修造成浪费,或推迟发动机大修时机造成汽车动力不足、运行速度下降、燃油、润滑油消耗量上升等不良影响,因此,规定发动机总成符合下述条件时,方可送修理厂大修。

(1)发动机加速性能恶化,明显感觉汽车起步加速时间和超车加速时间延长。

(2)发动机标定功率或汽缸压缩压力低于标准值25%以上。

(3)汽缸磨损,其圆柱度误差达到0.175~0.250mm,或圆度误差达到0.050~0.063mm。

(4)燃油和润滑油消耗量明显增加。

(5)发动机出现异响。

(6)发动机不能正常运转或根本不能运转。

(7)发动机机体发生重大损伤事故。

二、发动机总成大修检测方法

在将发动机从汽车上拆下之前,应先了解其发动机技术状况及故障症状。在对诸因素进行综合分析后,再决定拆卸与否,在发动机拆下前,应采用通用仪器设备对发动机的常用参数进行检查。检查的项目与方法主要有以下几个方面。

1.汽缸密封性的检测

汽缸密封性与汽缸、汽缸盖、汽缸垫、活塞、活塞环和进、排气门等零件的技术状况有关。在发动机使用过程中,由于这些零件磨损、烧蚀、结焦或积炭,导致汽缸密封性下降,这将使发动机功率下降,燃油消耗率增加,使用寿命大大缩短。因此,汽缸密封性是表征发动机技术状况的重要参数。

在发动机不解体的条件下,检测汽缸密封性的常用方法有:

(1)测量汽缸压缩压力。

(2)测量曲轴箱窜气量。

(3)测量汽缸漏气量或汽缸漏气率。

(4)测量进气管真空度。

(5)测量曲轴箱机油中金属磨屑的含量等。

在就车检测时,只要进行其中的一项或两项就能确定汽缸密封性的好坏。

2.测量汽缸压力

发动机的工况首先看发动机的缸压。大部分发动机的缸压为800~1100kPa,少数高压缩比的发动机缸压为1200~1300kPa。发动机的缸压大小,主要取决于燃烧室的容积;发动机的压缩比;是否有增压机构;燃烧室积炭的多少及燃烧室的密封状况等。测量活塞到达压缩行程上止点时的汽缸压缩压力的大小,可以反映汽缸密封性的好坏。汽缸压力的大小与发动机的功率密切相关,在对点火系统、燃料供给系统调整无效的情况下,应测量汽缸的压力。对于运转异常或功率不足的送修发动机,根据汽缸压力的测量结果与标准值进行比较,便可判断出汽缸与活塞的磨损情况、气门密封性的好坏以及汽缸垫是否烧损或冲坏等。

测量汽缸压力的方法有用汽缸压力表测量和用多功能发动机综合检测仪测量两种方法。用汽缸压力表测量汽缸压缩压力,方法简便,价格低廉,在汽车维修企业中广为应用,但这种方法的测量误差大;而用多功能发动机综合检测仪测量汽缸压缩压力则可获得精确的测量结果。

所测汽缸压力的诊断标准应符合《汽车大修竣工技术条件》的规定,大修后的发动机汽缸压缩压力应符合原厂设计规定。汽油机应不超过各缸平均压力的8%;在用发动机的汽缸压缩压力,不得低于《汽车运输车辆技术管理规定》中规定的标准值的25%,否则发动机应送厂大修。

根据汽缸压缩压力的测量结果可判断汽缸活塞组零件的故障,见表5-1。

根据汽缸压缩压力判断汽缸活塞组零件故障 表5-1

测 量 结 果		故 障 原 因
超过标准值		燃烧室积炭过多、汽缸垫过薄、缸体与缸盖结合面经多次修理磨削加工
低于标准值	进气道漏气	进气门密封不严
	排气管漏气	排气门密封不严
	散热器加水口有气泡	汽缸密封不严
	相邻两缸火花塞窜气	汽缸垫在这两缸之间烧蚀
	机油加注口漏气	活塞、活塞环或汽缸磨损

3.发动机功率检测

发动机有效功率是评价发动机的综合性指标之一。通过检测发动机功率可以定性地确定发动机的技术状况和定量地评定发动机的动力性变化。通常可就车使用无负荷测功仪或发动机综合检测仪检查。检测条件:发动机温度在80℃以上,点火系统、供油系统工作正常。

所测发动机功率的诊断标准应符合《机动车运行安全技术条件》和《汽车发动机大修竣工技术条件》的规定,在用车的发动机功率不得低于标定功率的75%,大修后发动机不得低于标定功率的90%。

4.发动机异响检查

发动机有异常声响表明发动机有故障。异响可用异响检测仪检查。在无检测仪器的情况下,常用人工判断。判断异响的方法是通过变换发动机工况、采用火花塞断火或喷油器断油、踏下与释放离合器踏板,以及比较发动机冷态与热态时声响强弱程度的变化。根据发动机上所有运转件产生异响时的音调、频率、音质和强度不同的声响特征通过听觉直接判断。但有一些声响不借助仪器是完全听不到的。即使能听到声响,也难以准确确定其发生部位。因此,检测人员需借助触杆式汽车拾音器在发动机前、后、左、右不同部位寻找查听异响的最强音点,与各种典型异常声响比较,便可确定异响部位和原因。

5. 进气管真空度检测

进气管内的真空度是进气管内压力与外在环境压力的差值,单位是 kPa。进气管真空度的大小可用来判断发动机的技术状况。发动机进气管内真空度随活塞组件和气门组件的磨损而变化,并且与进气管的密封性、点火系统和燃油系统的性能有关,因此,检测进气管真空度,可以判断发动机故障的部位。表 5-2 是根据进气管真空度来判断发动机故障。

根据气进气管真空度判断故障 表 5-2

测 量 结 果	故 障 原 因
50～70kPa	发动机工作正常
稳定在低于正常值 10～30kPa	进气歧管漏气
在 20～65kPa 之间摆动	汽缸垫漏气、气门密封不严、气门弹簧折断、气门导管磨损
在 45～60kPa 之间摆动	点火过迟
压力变化不规律或缓慢	混合气过浓或过稀

进气管真空度与测量地点的海拔位置有关,海拔越高,进气管真空度越低,海拔每升高 500m,真空度下降 3.3～4.0kPa。一般情况下,高转速发动机的真空度要低于低转速发动机。进气管真空度的诊断标准根据《汽车发动机大修竣工技术条件》的规定,四冲程汽油机转速在 500～600r/min 时,以海平面为准,进气管真空应在 70kPa 左右。波动范围:六缸汽油机一般不超过 3.3kPa,四缸汽油机一般不超过 5.1kPa。

6. 曲轴箱窜气量的检测

随着汽缸活塞组零件的磨损,窜入曲轴箱内的气体增多。曲轴箱窜气量的多少与发动机运行工况有关。在一定工况下,单位时间窜入曲轴箱内的气体量,是检测汽缸密封性的尺度。

曲轴箱窜气量的检测通常是在底盘测功试验台上进行的,先对发动机加载,节气门全开,发动机运行于最大转矩转速下,再用曲轴箱窜气量测定仪检测。检测的具体方法是:

(1)堵住机油标尺插口及曲轴箱通风进、出口,保持曲轴箱密封。

(2)在加机油口上安装气嘴,接上橡胶管。橡胶管的另一端连接仪表入口。

(3)缓慢均匀地开启测定仪的调节阀,直至全部开启为止。

(4)记下仪表示值。

目前曲轴箱窜气量尚无统一的诊断标准,表 5-3 所列为单缸平均曲轴箱窜气量参考值,可供诊断时参考。将测得的曲轴箱窜气量除以被试发动机的汽缸数,即为平均曲轴箱窜气量。

平均曲轴箱窜气量参考值 表 5-3

发动机技术状况	单缸平均曲轴箱窜气量(L/min)	
	汽油机	柴油机
新发动机	2～4	3～8
需大修的发动机	16～22	18～28

7. 汽缸表面及活塞顶状况检查

当发动机有异响或汽缸—活塞组件密封状况不良、缸壁拉伤时,可使用工业纤维内窥镜对汽缸表面和活塞顶状况进行窥查,必要时对异常现象可拍片分析,为发动机维修提供依据。

除此以外,条件允许时还可检测曲轴箱窜气量、汽缸漏气量以及废气中的 CO 和 HC 的排放量。

三、发动机大修工艺过程

发动机大修是汽车修理的主要作业项目之一。发动机总成大修工艺会直接影响发动机的修理质量、修理费用和在修车日的长短。因此,制定发动机大修工艺时,应从实际出发,贯彻技术－经济指标合理的原则。

目前实际采用的发动机大修工艺过程主要有下列两种。

1. 传统的发动机总成大修工艺过程

传统的发动机大修工艺应包括拆装调试工艺和零件修理工艺两个主要部分。这种大修工艺明显的特点之一就是要进行镗缸和磨曲轴,即对基础件相关零件进行修理或机械加工。

2. 以更换零件为主的发动机总成大修工艺过程

以更换零件为主的发动机总成大修工艺与传统大修工艺的区别在于零件经鉴定后,将其分为可用件和需更换件两类,取消了对汽缸和曲轴的机械加工。

对缸体和曲轴不进行机械加工有两种原因:一是不同型号发动机基础件的可维修性有异;二是虽然大多数发动机的缸体和曲轴有修理尺寸,但当缸体或曲轴损坏,且无法修复时,则以维修用发动机部件来替代已损坏的零件。维修用发动机部件俗称"中缸"或"短缸"。它由发动机制造厂家将缸体、曲轴、活塞连杆组等按装配工艺技术要求组装而成。用"中缸"取代缸体、曲轴等需更换件后,既能保证发动机的大修质量,延长质保里程,又能大大缩短发动机大修停厂时间,很受用户青睐。

3. 发动机大修过程中的工序安排方法

发动机大修工艺过程包含很多工序,如果把整个大修工艺过程视为一个系统,用统筹法对这些工序加以合理安排及规划,使其相互密切配合,协调一致,不仅可以确保大修质量,而且还能缩短工时,减少费用,从而获得较大的经济效益。检修发动机时,应先将发动机总成从汽车上拆卸下来,经分解、清洗和检验之后,再进行各项修理作业。由于车辆结构的种种差别,因此从车体上拆下发动机总成和发动机分解的步骤和方法自然不尽相同。操作时应按照车辆制造厂使用维修手册中规定的程序和操作规则进行。

第二节　曲柄连杆机构的检修

一、曲柄连杆机构的组成与维修概述

发动机曲柄连杆机构主要由三部分组成:
(1)机体组:主要由汽缸体、汽缸盖、汽缸套、汽缸垫和曲轴箱等组成。
(2)活塞连杆组:主要由活塞、连杆、活塞环、活塞销、连杆轴承等组成。
(3)曲轴飞轮组:主要由曲轴、扭转减振器主轴承和飞轮等组成。

汽缸体、汽缸盖和曲柄连杆机构是发动机产生和输出动力的主要装置,该装置的修理在发动机修理中占有重要地位。它包括汽缸体、曲轴等基础件的修理和轴承、活塞及活塞环等易损件的选配。

二、汽缸体和汽缸盖的检修

汽缸体和汽缸盖一般采用灰铸铁、球墨铸铁、合金铸铁或铝合金制造。发动机在使用中,汽缸盖与汽缸体容易出现的损伤是:汽缸体裂纹,汽缸体上下平面翘曲变形,汽缸的磨损、腐蚀及穴蚀损坏,汽缸体上平面螺栓孔螺纹损坏,汽缸盖平面翘曲,燃烧室表面裂纹,冷却水道孔边缘及螺栓螺纹腐蚀,火花塞螺纹孔损坏等故障。

1.汽缸体和汽缸盖裂损的检修

汽缸盖与汽缸体的裂纹,是汽缸盖与汽缸体损坏的主要形式,通常也是它们报废的主要原因。汽缸盖与汽缸体上容易产生裂纹的部位,一般与它们特定的结构有关,不同的机型不尽相同。但一般来说,裂纹大多发生在水套的壁厚较薄处,或工作过程中应力尤其是热应力比较集中的部位,如汽缸之间、气门座之间、汽缸与气门座之间、壁厚不同部位的过渡处以及螺栓孔附近等。

发动机使用过程中,发现冷却液异常减少,机油内混有冷却液成分,则表明缸体或缸盖可能有裂纹或蚀损穿洞。裂损会导致漏水、漏油、漏气,影响发动机正常工作。缸体裂损可用目视或五倍放大镜检查较大裂纹,也可用水压或气压试验来检查。水压试验压力为0.3～0.4MPa,用气压试验时,应在被查部位涂肥皂水。此外,也可把染色渗透剂喷到被检部位,若渗透剂渗入内部,则表明有裂纹。

缸盖和缸体的裂损可视情况采用黏结、螺钉填补或焊接修复等方法,必要时应予更换。黏结修理适用于铝合金汽缸体,气焊、电弧焊修理适用于铸铁汽缸体,螺钉填补修理需要钻止裂孔,用专用铜制螺钉填补钻孔。图5-1是螺钉填补修理方法。

图5-1　螺钉填补修理方法
1、3-钻止裂孔;2-填补钻孔

2.汽缸体和汽缸盖变形的检修

汽缸盖下平面及汽缸体上下平面的翘曲变形,破坏了零件的正确几何形状,不仅会影响发动机的装配质量,影响飞轮及变速器的装配关系,造成离合器、变速器工作时发响和磨损加剧,还将造成汽缸密封不严、漏水、漏气、甚至燃烧气体冲坏汽缸垫,这将直接影响发动机的动力性、经济性和可靠性。

汽缸体上平面和汽缸盖下平面的翘曲可用精密直尺和塞尺检查。检查方法如图5-2所示。检查标准如下:缸体的上平面度误差不超过0.10mm,丰田3Y、22R汽缸体平面度误差不超过0.05mm;汽缸盖下平面度误差不超过0.15mm。当检查结果超过规定值时,可以对翘曲平面进行磨削或铣削加工。汽缸盖磨削或铣削量一般不应超过0.30mm,可通过汽缸盖厚度的极限值加以控制。加工量过大,缸盖变薄,燃烧室容积变小,发动机压缩比增加,引起爆震,工作不正常。

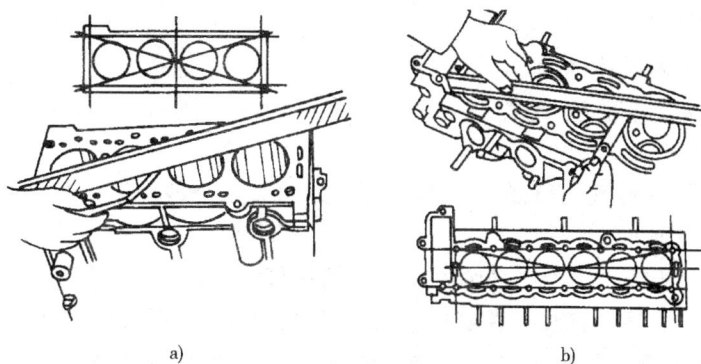

图 5-2 汽缸体平面度检查方法
a)缸体;b)缸盖

3.汽缸磨损后尺寸的测量

汽缸正常磨损的原因主要有:机械磨损、磨料磨损、化学腐蚀和黏着磨损。

(1)机械磨损:第一道气环背压最大,在上止点处磨损最大,各环的背压又都是上高下低。

(2)磨料磨损:机油中所含金属杂质(特别是在磨合期)、空气中的细砂粒等。由于杂质和砂料随活塞环在汽缸中往复运动,造成第一道气环上止点以下部位磨损大,使汽缸横断面磨成椭圆形。

(3)化学腐蚀:酸性物质造成腐蚀磨损,一般汽油中含硫量为 0.15%,由于燃烧,硫变成二氧化硫,其中一部分变成三氧化硫。三氧化硫同汽缸中气体燃烧物中的水结合形成硫酸蒸气,存在于燃气中。当冷却液温度低于 70℃时,将凝结在缸壁上,破坏了润滑油膜,并对汽缸壁产生腐蚀作用。汽缸温度越低,酸性物质越易形成。

(4)黏着磨损:润滑不良造成的磨损,发动机工作中汽缸上部润滑条件较差,温度又很高,缸壁上形不成良好的油膜,汽缸与活塞环间有微小的部分金属直接接触摩擦,形成局部高温而出现熔融黏着、脱落,逐渐扩展成黏着磨损。

汽缸在使用过程中因磨损不均匀而出现失圆状态。测量已磨损的汽缸直径是确定汽缸修理尺寸的依据。

1)汽缸的测量基数

用卡尺测量汽缸下端未磨损处(从汽缸下端面往上返 10～15mm),以获得汽缸的设计尺寸,也是测量的基数。

2)量缸表的安装

根据汽缸磨损的程度确定量缸表测杆的尺寸,并将其准确调整到比该尺寸大 1.0mm。将百分表也按磨损程度压下 1.0mm、1.5mm 或 2.0mm。

3)测量注意事项

测量时将发动机待测缸筒擦拭干净,小头(测量头一端)先下,严禁在缸内拉动测杆,以保护百分表。每个缸测 6 个点,第一气环上止点(磨损台阶处)测两点,1/2 高度上测两点,缸筒下端往上返 15～20mm 处(未磨损处)测两点,其中一个测量点正对喷油器,另一个测量点和其成 90°角。测量过程中手不许离开隔热把,以保证测量精度,百分表和测杆成 90°垂直。

测量基数 + 磨损量 = 该点的直径。

4）汽缸圆柱度和圆度的确定

（1）汽缸圆柱度的确定。整个缸套范围内,6 个测量点,最大磨损直径与最小磨损直径差值的 1/2 为圆柱度。

（2）汽缸圆度的确定。汽缸最大磨损截面上最大直径与最小直径差值的 1/2 为圆度。

5）汽缸的修理标准

前后两个汽缸中任意一个汽缸圆度误差达到 0.05 ~ 0.063mm,或圆柱度误差达 0.175 ~ 0.250mm 时需大修。能换缸套者换缸套,不能换缸套的镗缸。镗缸 0.25mm 为一级,轿车通常最高为四级,而货车通常最高为六级,第一级不修,从第二级开始镗。

如磨损未到大修程度,但圆柱度误差达到 0.09 ~ 0.11mm 以上,应更换活塞环。

4. 镗磨汽缸

镗磨汽缸是指用专用镗缸机对汽缸实施镗削加工。图 5-3 所示为汽缸镗磨工艺示意图。镗磨汽缸不仅可以恢复汽缸的正确几何形状,而且能去除汽缸表面出现的拉伤和斑痕。

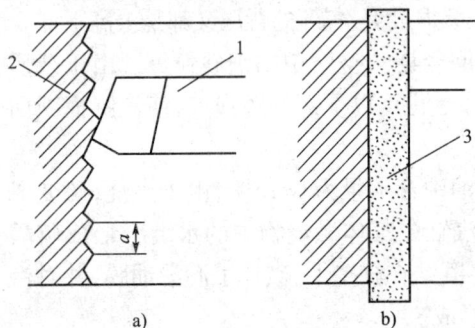

图 5-3　汽缸镗磨工艺

a）镗磨；b）珩磨

1-镗刀；2-汽缸壁；3-珩磨头

1）汽缸镗磨修理尺寸的计算

汽缸修理尺寸 = 磨损最大缸的最大直径 + 加工余量

注:加工余量通常为 0.10 ~ 0.20mm。

2）汽缸镗削量的计算

镗削量 = 活塞裙部最大直径 - 汽缸最小直径 + 配合间隙 - 磨缸余量

注:磨缸余量通常为 0.03 ~ 0.05mm。

3）汽缸镗削次数的确定

第一刀因汽缸表现硬化层、锥度和失圆,造成镗削时负荷不均衡,吃刀量应小些,可选择 0.05mm。最后一刀要降低加工表面的粗糙度值,吃刀量一般也选择 0.05mm。中间几刀的吃刀量可根据镗缸机允许的吃刀量和工艺过程要求来决定。

4）汽缸镗削方法

（1）同心法:利用汽缸磨损的最小部位。如汽缸下部活塞环行程以外的部位,使镗床主轴与汽缸原来的中心线重合。可以保证汽缸镗缸后不改变原有中心线的位置。同心法是以汽缸最大磨损部位作为镗削半径的基准,镗削量较大。减少了发动机可镗削的次数。

（2）偏心法:以汽缸最大磨损部位为基准来确定镗削中心。好处是镗削量少,缺点是汽缸的镗削中心必须向汽缸磨损较大部位偏移。

偏心法无法保证原有汽缸的中心位置,故较少使用。

汽缸采用同心镗法的定位基准,选择在汽缸下部活塞行程以外的磨损处。

5. 汽缸镗磨

汽缸经过镗削后,表面留有螺旋形的微量刀痕"螺距",其值为 0.03 ~ 0.10mm,这些刀痕会影响汽缸壁与活塞及活塞环的配合。为了降低缸壁表面的粗糙度值,则需进行珩磨。

珩磨时,将装有专用磨缸砂条的珩磨头放入待磨汽缸,使珩磨头在汽缸内作旋转运动和往复运动,进行汽缸珩磨。珩磨头砂条与缸壁的接触应力在 $98 \times 10^3 Pa \sim 490 \times 10^3 Pa$,珩磨头圆周运动速度在 $60 \sim 70 m/min$,往复直线运动速度:粗磨 $15 \sim 20 m/min$,精磨 $20 \sim 25 m/min$。珩磨头的往复运动与圆周速度之比,称为珩磨比。珩磨比越大,磨痕交叉角也越大,反之则越小。为缩短磨缸时间,一般 α 取 $30° \sim 60°$,珩磨比为 $1:5 \sim 1:3$。

6. 镶汽缸套

汽缸套分为干式缸套和湿式缸套两种,其结构特点分别是:

(1)干式缸套:特点是外表面不直接与水接触,不会产生穴蚀、漏水、漏气的故障。壁厚只有 $1 \sim 3 mm$,缸体结构刚度大。缺点是散热性差,拆装维修不方便。

(2)湿式缸套:为了防止漏气、漏水,上端安装时需高出缸体 $0.05 \sim 0.15 mm$(用铜片调整);下端有密封圈(水封 $1 \sim 3$ 个),壁厚 $5 \sim 7 mm$。优点是维修、拆卸方便。缺点是刚性较差,容易产生穴蚀和漏水、漏气。

缸筒的磨损状况是通过缸压测试和量缸来检测的。

无修理尺寸的汽缸,或汽缸虽有加大修理尺寸,但其磨损后的尺寸已接近或超过最后一级修理尺寸时,可用镶汽缸套的方法进行修理。

对于未装干式缸套的缸体,安装新缸套前,应在缸体上加工承孔。二承孔内径与缸套外径采用过盈配合,过盈量为 $0.03 \sim 0.08 mm$,汽油机干式缸套上端面应与汽缸体上平面平齐。湿式缸套更换时,只需拆旧装新,不需要对承孔机械加工。装配时注意汽缸套应高出汽缸体上平面 $0.03 \sim 0.10 mm$,以防漏水。

三、曲轴飞轮组的检修

曲轴飞轮组主要由曲轴、轴瓦、止推片、飞轮、正时传动链轮或同步带轮、扭转减振器和曲轴带轮组成。曲轴常见的损伤有裂纹、轴颈磨损、轴颈表面拉伤、烧蚀,曲轴弯曲或扭曲变形。

1. 曲轴裂纹的检查方法

浸油锤击法:首先确定可能有裂纹的部位,用柴油或煤油浸泡,然后将表面擦净,用手锤轻击表面,将裂纹中油振出。

磁力擦伤法:刷涂含有磁粉的油,在磁力探伤机上接大电流,磁粉便聚集在表面细微裂纹处。

裂纹的修理程序:先焊修再机械加工。

2. 曲轴轴颈磨损的检查

曲轴轴颈的磨损量可用外径千分尺测量。测量时将曲轴两端支承在 V 形铁上,用千分尺测量各缸连杆轴颈和主轴颈的圆度和圆柱度,其误差不应超过 $0.08 mm$,表面粗糙度 Ra 不应大于 $6 \mu m$。曲轴轴颈的圆度和圆柱度误差超过 $0.0125 mm$ 时,可用专用的曲轴磨床磨削加工,应先磨主轴颈,后磨连杆轴颈。应在曲轴磨床上磨削。

不同材料的曲轴校正量不相同。如球墨铸铁的曲轴弯曲后,其冷态校正量为弯曲校正量的 $10 \sim 15$ 倍,并保持压力 $1 \sim 3h$。45 号钢曲轴弯曲后,其冷态校正量为弯曲校正量的 $30 \sim 40$ 倍,并保持压力 $1 \sim 3h$。保持压力的目的是利用残余变形消除弯曲。

3. 曲轴的轴向定位

为了保证曲轴正常转动,需保持适当的轴向间隙,但曲轴轴向间隙过大,会产生轴向窜动,破坏活塞连杆组正确的工作位置,产生不正常的异响和振动。曲轴轴向间隙过小,增加曲轴旋转阻力,加速磨损,甚至热膨胀后还有可能因间隙过小而卡死。因此,需设轴向固定装置以防止曲轴工作时轴向窜动。

曲轴通常用止推垫圈来调整、控制曲轴的轴向间隙。不同的发动机止推垫圈安装位置也不相同,但曲轴的轴向间隙都是由止推垫圈的厚度来控制的。

(1)以曲轴的前、后两端定位,在前端设置厚度合适的止推垫圈。前止推垫圈要将有抗磨合金层的一面(上有油槽)朝向正时齿轮后边,并借助销钉予以固定。后止推垫圈将有油槽的面朝向曲柄。

(2)以四缸机为例,以第三缸主轴承盖进行轴向定位。在第三道主轴承盖装有定位销,将防止曲轴轴向位移的四块半圆形止推垫圈分装在主轴承盖两端,将有抗磨合金层和油槽的一面朝向曲柄,如装反止推垫圈钢背会磨坏曲柄。

曲轴的轴向间隙通常为 0.04 ~ 0.25mm,不同车型差距很大,如美国汽车曲轴轴向间隙为 0.038 ~ 0.165mm,最佳为 0.051 ~ 0.064mm。大众公司曲轴轴向间隙为 0.07 ~ 0.23mm,极限值为 0.30mm。

4. 曲轴的磨削加工

曲轴轴颈磨损或轴颈圆度和圆柱度误差超过极限值时,应用专用曲轴磨床进行磨削加工。一般曲轴的主轴颈和连杆轴颈都应按同一级修理尺寸磨削,以便选配同一级修理尺寸的轴瓦。磨削前应先确定各轴颈的修理尺寸,购买选配轴瓦。

1)曲轴轴颈的修理尺寸

一般曲轴的主轴颈和连杆轴颈都具有标准尺寸和 2 级 ~ 4 级的缩小修理尺寸,并配以相应尺寸的轴承。有些发动机还配以 0.05mm 的维护用轴承。少数曲轴无修理尺寸。选择的实际修理尺寸应小于或等于磨削加工后可能得到的最大轴颈尺寸。

2)曲轴的磨削

曲轴轴颈磨削的技术要求及要点如下:

(1)轴颈的磨削尺寸应按所选定的修理尺寸及轴瓦的实际尺寸进行磨削,并保证规定的配合间隙。

(2)同一根曲轴的主轴颈和连杆轴颈,应分别磨成同一级修理尺寸,否则将会破坏曲轴的动平衡。

(3)轴颈的圆度和圆柱度误差应小于 0.005mm,表面粗糙度 Ra 应达到 0.2μm 以下,尺寸公差不大于 0.02mm。

(4)轴颈工作面的两端与曲柄连接处应加工出半径 1 ~ 3mm 的过渡圆角,轴颈的油孔应有 0.50 × 45° ~ 1.00 × 45° 的倒角,并除去毛刺。

磨削曲轴时,曲轴前端装卡在曲轴磨床的尾架端,后端装卡在曲轴磨床的主轴端。主轴端以曲轴凸缘上的变速器轴承承孔作基准,借助专用工具装卡。尾架端用自定心卡盘卡紧在曲轴正时齿轮轴颈上,以该轴颈为基准,但必须限制卡紧长度,不得大于 10mm,以减小夹紧造成的弯矩。实践证明,如此固定后磨削的曲轴,曲轴的直线度误差可全部控制在 0.02mm 的范围内。安装好曲轴后,需进行主轴颈与磨床旋转轴线同轴度校正。磨削规范见表 5-4。轴颈磨削后,还须在抛光机上进行抛光,以减小轴颈表面的粗糙度值。

曲轴主轴颈磨削规范　　　　　　　　　　　　　　　表 5-4

加工方法	砂轮圆周速度（m/min）	轴颈圆周速度（m/min）	磨削深度（mm）	横向进给量（mm/s）
粗磨	25 ~ 30	12 ~ 15	0.010 ~ 0.015	—
精磨	30 ~ 40	15 ~ 25	0.003 ~ 0.005	不大于 15

曲轴磨床砂轮材料为棕刚玉（GZ），粒度 40 ~ 50 目，采用陶瓷黏结剂（A），硬度中软（ZR1 ~ ZR2）。冷却液一般为 2% ~ 3% 苏打和少量肥皂的水溶液。

5. 曲轴连杆轴颈的磨削

曲轴连杆轴颈的磨削，是在曲轴主轴颈磨削的基础上进行的。

（1）调整曲柄半径。在不改变曲轴安装形式的条件下，利用卡盘将卡具与曲轴一起位移，使第一缸和最后一缸连杆轴颈轴线与曲轴磨床主轴的旋转轴线一致。主轴颈的位移量等于曲柄半径。

（2）检查校准连杆轴颈与磨床旋转轴线同轴度。用垂直校正板检测并调整第一缸和最后一缸连杆轴颈的位置，连杆轴颈与垂直校正样板的间隙应应不大于 0.075mm，两连杆轴颈与垂直校样板的间隙应不大于 0.02mm。

（3）检查曲柄半径。在磨床上用高度游标卡尺检查两端主轴颈回转半径 R。R 应与原厂设计的曲柄半径相等，即

$$R = (H_1 - H_2)/2 \quad (mm)$$

式中：H_1——主轴颈在最高位置时最高点至工作台的高度，mm；

　　　　H_2——主轴颈在最低位置时最高点至工作台的高度，mm。

（4）调整配重。分别移动头架、尾架配重块，直至曲轴可静止在任何位置。

（5）依次磨削所有的连杆轴颈。连杆轴颈磨削时，同位连杆的分度，是利用头架和尾架花盘上的分度装置，将各组同位连杆轴颈依次转过规定分配角，其分度误差不大于 0°30′。然后按上述方法磨削其他连杆轴颈。

在连杆轴颈磨削时应尽量减小曲柄半径增加量，保证同位连杆轴颈轴心线的同轴度误差不大于 ±0.10mm，这有利于保证曲轴的动平衡性，控制压缩比变化量，提高发动机工作的平稳性。

6. 曲轴主轴承和连杆轴承的选配

现代发动机的主轴承和连杆轴承普遍采用多层合金（3 ~ 5 层）的滑动轴承。表面镀层使轴承具有良好的抗咬性、顺应性、嵌藏性和亲油性。国外有些柴油机轴承在钢背与 20 锡铝合金层间加一层 Al – Si – Mn 合金过渡层提高结合强度；在表面镀层与 20 锡铝合金层之间再镀一层镍，防止表面锡向中间合金层扩散，就构成了五层（钢背 – 铝硅锰合金 – 20 锡铝合金 – 镍层 – 表面镀层）合金轴承，轴承性能更好。现在许多引进的国产轿车发动机的曲轴轴承也采用多层结构。因此，现代汽车发动机曲轴轴承均为直接选配。

轴承在结构上设计预留了高出量（压缩量），确保曲轴与承孔的配合过盈，使钢背与承孔产生足够的摩擦力而锁死轴承自身，防止工作中轴承转动而"烧瓦"。因此，轴承上已不再允许加垫圈了。

综上所述，现代发动机轴承直接选配、不刮"瓦"、不加垫圈，这是现代曲轴轴承的修理特

点。二级维护时,必须检查轴承间隙,发现轴承间隙逾限时,即更换轴承。

7. 曲轴的密封

通常曲轴前端装有自紧橡胶油封以防止正时齿轮室内机油泄漏。在高速旋转部位仅靠油封是无法完成密封任务,通常需增设挡油盘,靠高速旋转的离心力将曲轴前端90%左右的油挡回油底壳,以减少油封的压力。丰田等公司曲轴尾端负责导向的主轴承是免维护的,故不必清洗和润滑。

曲轴后端通常有回油线,因润滑油波面明显低于曲轴,曲轴又是单方向旋转。所以顺时针旋转的曲轴依靠反向旋转螺纹的回油线,即可将润滑油吸网上去。除此以外,后端通常也装有挡油盘和填料油封等防漏装置。

8. 曲轴扭转减振器的检修

扭转减振器通常装在曲轴的前端。常用的扭转减振器有干摩擦式、橡胶式、橡胶硅油式等。

曲轴在交变载荷下高速旋转,会产生扭转振动和弯曲振动,如漏装或扭转减震器失效,一旦到了临界转速,形成共振。轻则会降低发动机的功率,重则使曲轴出现裂纹、弯曲或断裂。

扭转减振器常见故障有橡胶圈脱出、硅油泄漏。扭转减振器失效后带轮在发动机急剧改变车速时会出现严重摆动。此时必须马上更换扭转减振器。

9. 飞轮的检修

飞轮齿圈如有龟裂、磨损、拉伤等缺陷,与起动机齿轮啮合困难时,应更换齿圈或飞轮组件。齿圈与飞轮过盈量为0.30~0.60mm。拆卸齿圈时,应将齿圈均匀地加热到623~673K,然后拆下。装配新齿圈时也要加热到同样温度,按规定方向压入到常温的飞轮外圆上,然后在大气中冷却。

飞轮工作表面如有严重烧灼或磨损沟槽深度大于0.50mm时,应进行修整。修整后工作平面的平面度误差不得大于0.10mm,飞轮厚度极限减薄量为1.0mm;与曲轴装配后的端面跳动误差不得大于0.15mm。换新飞轮时要检查有无点火正时记号,若没有应用号铣打上。

安装飞轮时,应更换新的紧固螺栓,要在曲轴端定位后用规定力矩交叉拧紧紧固螺栓。注意检查离合器总成在飞轮端面上安装的定位销,定位销与飞轮的配合要紧密,不能偏斜,确保离合器安装时的定位。

曲轴、飞轮和离合器总成组装后须在专用动平衡机上进行动平衡试验。组件动不平衡量应不大于原厂规定。

四、活塞连杆组的检修

1. 活塞组件结构与维修特点

活塞组件是发动机的重要工作部件,工作条件十分恶劣,除了要承受高温、高压燃气的作用,还要在工作中作高速往复运动。因此,其技术状况的好坏,对发动机的工作性能影响极大。在发动机维修作业中,活塞组件的检修不但是大修的必作项目,而且也是小修和维护中极有可能发生的维修作业。主要包括活塞与活塞环的选配、活塞销的选配或更换。

在发动机大修过程中,活塞、活塞销和活塞环等是作为易损件更换的,这些零件的选配就是一项重要的工艺措施。所谓选配,即不完全互换性,就是以较大的公差加工零件,得到较高配合精度的工艺。

在发动机维修时,对活塞的选用要求很高。如果采用减小活塞的尺寸、形位公差的方法来达到配合要求,势必造成加工困难,制造和维修成本提高。为此,在制造时以较大的公差加工,然后将活塞分成若干组,使同组活塞的误差为最小,维修时选用同一组别的活塞,就能满足活塞的高要求。选配得到了较高的配合精度,降低了维修成本。零件的分组是在制造厂进行的,在运输和保管时要防止零件分组的错乱。维修时选用同组的零件,这是十分重要的。目前,一些进口和国产轿车在维修时常采用"三组合"或"四组合"套件,实际上就是对活塞、活塞销和活塞环的选配。

1)活塞组的损伤

随着使用时间的延长,活塞的环槽(特别是第一道环槽)、活塞裙部和活塞销座孔会出现明显的磨损。活塞裙部的磨损一般较小,磨损后会使活塞与汽缸的配合间隙加大,使活塞运动的导向性变差;活塞销座孔磨损较大时会使活塞销座孔与活塞销的配合松旷,在工作中会出现异响(活塞销响)。有时,少数发动机的活塞会出现刮伤、顶部烧蚀和脱顶等异常损坏。

2)活塞的选配

当汽缸的磨损超过规定值及活塞发生异常损坏时,必须对汽缸进行修复,并且要根据汽缸的修理尺寸选配活塞。选配活塞时要注意以下几点:

(1)按汽缸的修理尺寸选用同一修理尺寸和同一分组尺寸的活塞。活塞裙部的尺寸是镗磨汽缸的依据,即汽缸的修理尺寸是哪一级,活塞也选用哪一级修理尺寸的活塞。但是,由于活塞的分组,只有在活塞选配后,才能按选定活塞的裙部尺寸进行镗磨汽缸。

(2)活塞是成套选配的,同一台发动机必须选用同一厂牌的活塞,以保证其材料和性能的一致性。

(3)在选配的成组活塞中,其尺寸差一般为 0.010 ~ 0.015mm,质量差为 4 ~ 8g,销座孔的涂色标记应相同。

现代发动机的活塞与汽缸的配合都采用选配法,在汽缸技术要求确定的情况下,重点是选配相应的活塞。活塞的修理尺寸级别一般分为 +0.25mm、+0.50mm、+0.75mm 和 +1.00mm 等四级,有的只有 1 ~ 2 个级别。在每一个修理尺寸级别中又分为若干个组,通常分为 3 ~ 6 组不等,相邻两组的直径差为 0.010 ~ 0.015mm。选配时,要注意活塞的分组标记和涂色标记。有的发动机为薄型汽缸套,活塞不设置修理尺寸,只区分标准系列活塞和维修系列活塞,每一系列活塞中也有若干组供选配。活塞的修理尺寸级别代号常打印在活塞的顶部。

3)活塞环的选配

(1)活塞环的磨损。活塞环的磨损主要是活塞环受高温高压燃气的作用,活塞环往复运动的冲击和润滑不良所致。活塞环的耗损主要表现为活塞环的磨损、弹性减弱和折断等。在使用中受高温燃气的影响,活塞环的弹性逐渐减弱,降低对于汽缸壁的压力,使汽缸的密封性变差,出现漏气和窜油现象,引起发动机的动力性、经济性变差。

(2)活塞环的检查与选配。活塞环检查包括端隙、侧隙和背隙检查。为了确保活塞环与环槽、汽缸的良好配合,在活塞环的选配中,除选用与汽缸、活塞同一修理级别的活塞环外,还应仔细检查其端隙、侧隙及背隙是否符合规定值。轿车活塞环端隙一般为 $0.10 \sim 0.50$ mm，侧隙为 $0.03 \sim 0.07$ mm。端隙过大会导致漏气，过小则活塞环受热膨胀后开口处会顶死，引起活塞环变形，造成拉缸。侧隙过大使汽缸密封性变差，机油上窜严重；侧隙过小，发动机在高温、大负荷条件下工作时，容易使活塞环在环槽中卡死。活塞环在活塞的冲击负荷作用下而断裂。

检查活塞环端隙时，先将活塞环放入汽缸内，再把活塞倒置装入汽缸，把活塞环推到正常行程的下极限位置，抽出活塞，把塞尺插入活塞环开口间检查。检查活塞环侧隙时，待活塞环平插入环槽，然后把塞尺插入两者侧隙中检查。

活塞环的背隙是指活塞与活塞环装入汽缸后，活塞环内圆柱面与活塞环槽底间的间隙。背隙的作用是为建立背压，储存积炭和防止活塞工作时膨胀过大挤断活塞环而设置的。背隙一般不用活塞环的内圆柱面与活塞环槽底部直径差值的一半来表示。为测量方便，通常将活塞环装入活塞环槽内，以环槽深度与环槽径向厚度的差值来衡量。测量时，将环槽落入环槽底，再用深度游标卡尺测出环外圆柱面沉入环岸的数值，该数值一般为 $0 \sim 0.35$ mm。如背隙不符合要求，应更换活塞环。

在上述检查中，测量值不符合要求时，应查明原因。必要时重新选配，但不允许用锉刀锉去环口的方法修正端隙，因锉削环的两端会除去一些环面镀层，导致活塞环早期磨损。

4）活塞销的选配

发动机大修时，一般应选用标准尺寸的活塞销进行更换，以便为小修留有余地。

（1）选配活塞销的原则。同一台发动机应选用同一厂牌、同一修理尺寸的成组活塞销；活塞销表面应无任何锈蚀和斑点，表面粗糙度 $Ra \leqslant 0.2$ μm，圆柱度误差 $\leqslant 0.0025$ mm，质量差在 10 g 的范围内。

为了适应修理的需要，活塞销设有四级修理尺寸，可以根据活塞销座和连杆衬套的磨损度来选择相应修理尺寸的活塞销。

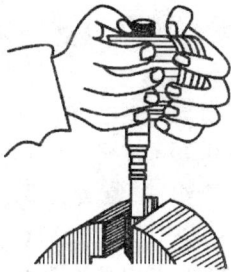

（2）活塞销与座孔的配合。活塞销与活塞销座和连杆衬套的配合一般是通过铰削、镗削或滚压来实现的。其配合要求是：常温下，汽油机的活塞销与销座为过盈配合，过盈量为 $0.0025 \sim 0.0075$ mm，与连杆衬套为 $0.005 \sim 0.010$ mm 的间隙配合，且要求活塞销与衬套的接触面积在 75% 以上；柴油机活塞销与销座的过盈量为 $0.02 \sim 0.0575$ mm，与连杆衬套的间隙比汽油机大，为 $0.03 \sim 0.05$ mm。

图 5-4　活塞销座孔的铰削

（3）活塞销座的铰削。手工进行活塞销座的铰削操作如图 5-4 所示。其铰削工艺步骤如下：

①选择铰刀：应根据活塞销的实际尺寸选择长刃活动铰刀，使两活塞销座能同时进行铰削，以保证两端座孔的同轴度。然后将选好的铰刀的刀把夹入台虎钳，并与钳口平面保持垂直。

②调整铰刀：第一刀只做试验性的微量调整，一般调整到铰刀的上刃刚露出销座即可。以后各刀的吃刀量也不可过大，以旋转调整螺母 $60° \sim 90°$ 为宜。如感到铰削量过小，可再旋转调整螺母 $30° \sim 60°$。

③铰削，铰削时要两手平握活塞，按顺时针方向转动活塞并轻轻向下施压进行铰削，掌

握要平稳,用力要均匀。为提高铰削质量,每次铰削至刀刃下端与销座平齐时停止铰削,压下活塞从铰刀下方退出,以防止铰偏或起棱,并在不调整铰刀的情况下从反向再铰一次。

④试配:在铰削过程中,每铰削一刀都要用活塞销试配,以防铰大。当铰削到用手掌力能将活塞销推入一端销座深度的1/3时,应停止铰削。然后在活塞销一端垫以阶梯冲轴,用手锤将活塞销反复从一端打向另一端,取下活塞销视其压痕用刮刀修刮。销座经刮削后,应能用手掌力将活塞销压入一端销座的1/2,接触面呈点状均匀分布,轻重一致,面积在75%以上。

2. 连杆组件的检修

连杆组件的检修主要是连杆变形的检验与校正、连杆小端衬套的压装与铰削等。

1) 连杆变形的检验

连杆在工作中,由于发动机超负荷和爆震等原因,造成连杆的弯曲和扭曲变形。连杆的弯曲是指小端轴线对大端轴线在轴线平面内的平行度误差超限;连杆的扭曲是指连杆小端轴线在轴线平面的法向上的平面度误差超限。连杆变形后,使活塞在汽缸中偏缸,引起活塞与汽缸、连杆轴承与连杆轴颈的偏磨等。连杆变形的检验需在连杆校验仪上进行。

在汽车维修技术标准中对连杆的变形作了如下的规定:连杆小端轴线与大端应在同一平面,在该平面上的平行度公差为100:0.03mm,该平面的法向平面上的平行度公差为100:0.06mm。若连杆的弯曲和扭曲度超过公差值时应进行校正。连杆的双重弯曲通常不予校正,直接更换。因为连杆大小端对称平面偏移的双重弯曲极难校正,对曲柄连杆机构的工作极为有害。

2) 连杆变形的校正

在校正连杆时,首先要记下连杆弯曲与扭曲的方向和数值,利用连杆校正器进行校正。通常是先校正扭曲,再校正弯曲。校正时应避免反复的过校正。

校正弯曲时,将弯曲的连杆置入专用的压器,弯曲的凸起部位朝外,在对正丝杠的部位加入垫块,扳转丝杠使连杆产生反向变形并停留一定时间,待金属组织稳定后再卸下,检查连杆的回位量,直至连杆校正至合格为止。

在常温下校正连杆,由于材料弹性后效的作用,在卸去负荷后连杆有恢复原状的趋势,影响连杆的正常使用。因此,在校正变形量较大的连杆后,必须进行时效处理。方法是:将连杆加热至573K,保温一定时间即可;校正变形较小的连杆,只需在校正负荷下保持一定时间,不必进行时效处理。

3) 连杆衬套的修复

在更换活塞销的同时,必须更换连杆衬套,以恢复其正常配合。新衬套的外径应与小端承孔有0.10~0.20mm的过盈,以防止衬套在工作中发生转动。过盈量也不可过大,否则会在压装时将衬套压裂。选择新衬套时,可用量具分别测量连杆小端承孔内径和衬套外径,其差值便是衬套的加工余量。通常多用经验法进行,在衬套压装前先将其与活塞销试配,如能勉强套入活塞销则为合适。如套不进或套入后感觉松旷,表示其加工余量过大或过小,均须重新选用衬套。衬套压入后,便可以镗削或铰削,使其与活塞销的配合符合规定。

需要说明的是,校正后的连杆杆身与小端的过渡区应无裂纹、表面无碰伤,必要时采用磁力探伤检验连杆的裂纹。如有裂纹,禁止继续使用,应立即更换。另外如果连杆下盖损坏或断裂时,也要同时更换连杆组合件。连杆螺栓应无裂纹,螺纹部分完整,无滑牙和拉长等现象。选用新的连杆螺栓时,其结构参数及材质应符合规定,禁止用直径相同的普通螺栓代用,连杆螺栓的自锁螺母不许重复使用。

第三节　配气机构的检修

一、配气机构的组成及故障概述

配气机构主要由以下三部分组成。

(1)气门组:气门、气门座、气门导管、气门弹簧和弹簧座等。

(2)传动组:气门摇臂总成、液压挺杆、气门间隙调整螺钉或气门间隙调整垫片等。

(3)驱动组:凸轮轴(现代轿车多使用双凸轮轴,一根凸轮轴负责进气门,另一根凸轮轴负责排气门)、正时齿轮、楔形带(或正时链轮)、张紧轮等组成。

发动机的配气机构必须按照配气凸轮型线所确定的规律定时开闭进、排气门。气门开启要迅速,落座应平稳,无反跳和抖动,确保燃烧室密封,并有较高的充气效率和较低的振动和噪声,工作可靠,寿命长。

配气机构的各组成件中,有些受高温气体的作用,有些受交变载荷的冲击,有些润滑条件极差,长期使用后,这些运动件将发生磨损、熔蚀或变形,其技术性能和配合关系会被破坏,从而导致气门关闭不严、配气机构异响、配气相位失准等故障,严重的还出现零件损坏。因此,对配气机构的检修就显得尤为重要。

二、气门组件的检修

1.气门的检修

发动机运转过程中,气门的工作环境十分恶劣,要承受冲击性交变载荷和燃烧气体的热负荷作用,尤其是排气门还要受到高温气流的冲刷和腐蚀,加之气门相对运动的部位润滑条件极差,使气门产生下列损伤:气门工作面出现烧蚀、开裂、斑点或凹坑;工作面受磨损起槽、变宽;气门杆弯曲、磨损、端部偏磨等。

气门检查包括气门顶和气门杆的磨损和弯曲检查,如图5-5所示。气门磨损主要是杆端"1"的耗损,杆部"2"的侧边磨耗、损伤、裂纹,以及气门头部工作锥面的角度 θ,气门头部厚度 x 等;气门的弯曲主要是气门杆的直线度和气门头部的偏摆量(径向圆跳动量误差)。

气门头部边缘厚度应不小于 1.0mm,气门杆的直线度误差应小于 0.03mm,气门头部的偏摆量不大于 0.05mm,气门杆的磨损量不大于 0.05mm,气门的极限长度 L 不小于标准长度的 0.5mm。超出上述限值的气门不予修复,直接更换。在此范围内的气门,当工作锥面出现磨损和烧蚀时,可在专门气门光磨机上进行加工。气门头部工作面及气门杆端部磨削后,工作表面不允许有麻点,表面粗糙度 Ra 低于 1.25μm。

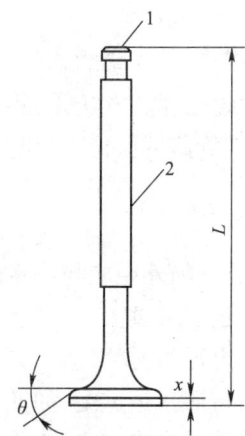

图5-5　气门顶和气门杆检查
1-气门杆尾部端面;2-杆部

气门工作面磨削后,其工作面角度应符合要求。进气门为了多进气,头部大、锥角小(锥角越小气流流动阻力越小,气流通过断面较大,通过的气流量较大,有利于保证充气系数),进气门锥角通常为30°。排气门工作温度高,为了保持足够的刚度,气门头部较小,锥度较大,排气门锥角为45°(可以减少热变形)。值得提及的是气门角度与气门座角度允许有差异,两者的差值被称作气门干涉角。气门干涉角一般为0.5°左右。其作用是为了保证气门与气门座之间形成线接触,提高工作面比压,使压力分布均匀,易于实现快速研磨。同时正干涉角在工作状态下能保证燃烧室的燃气不与工作面接触,大大减少了气门工作面烧蚀的概率。

2. 气门导管的检修

气门导管在气门运动时起导向作用,保持气门垂直运动,以保证气门和气门座的正确贴合,还起导热作用。气门杆与导管的正确间隙为0.05 ~ 0.12mm。该间隙过小,热膨胀时容易出现卡滞;该间隙过大,导致气门工作时摆动,关闭不严,造成漏气,影响汽缸密封性,特别是排气门,当高温气体窜入气门杆与导管间隙时,会产生过热,加速磨损,严重时会造成导管内润滑油烧结,气门卡死。另外间隙过大,机油易从此处窜入燃烧室,形成积炭,使排气管冒蓝烟。

1)气门导管的检查

气门导管的磨损程度可用伸缩式内径测量仪测量导管内径,再用外径千分尺测量气门杆的尺寸。如果两者之间的差值超过极限磨损量时,应进行铰削,并满足加大修理尺寸的气门杆的要求,必要时更换气门导管。气门导管内径的磨损情况,还可以通过测量气门杆与导管间的配合间隙,间接测量导管的磨损情况。测量时先把气门安装在导管内并使其提起高于汽缸盖平面10 ~ 15mm,然后将百分表杆触到气门头边缘,测量气门头的摆动量。

2)气门导管的拆卸与镶配

当气门导管松动或磨损过大超过标准时,应更换气门导管。

气门导管拆卸时,可用一个铜制的带有凸圆定位的冲头,如图5-6所示,插入气门导管内,凸圆放平稳,用手锤敲打,松动后将其从汽缸盖底部冲出,或用压具将其压出。注意不要损伤汽缸盖体。

部分轿车的气门导管的上部套有卡环,用来控制导管伸进气道的长度。拆卸时首先冲断导管上部,取下卡环,然后在将汽缸盖在水中加热至353 ~ 373K后,冲出残留导管。

注意,对于上部带有台阶的气门导管,只能由燃烧室向气门室方向压出,装配时从气门室压入,汽缸盖也可不加热。

气门导管的镶装时,首先选择外径尺寸符合要求的新气门导管,内径应与气门杆的尺寸相适应,导管外径与导管承孔的配合应有一定的过盈量,一般为0.02 ~ 0.06mm,内外表面应光滑无划痕。然后在新导管外壁薄薄地涂一层机油,将气门导管放在支架上正确对准承孔,然后用压力机平稳地压入。不能用手锤直接将气门导管打入承孔中。

气门导管安装好后,应采用成形专用导管铰刀铰削气门导管内径,使导管与气门有合适的配合间隙。进气门配合间隙一般为0.025 ~ 0.060mm,排气门配合间

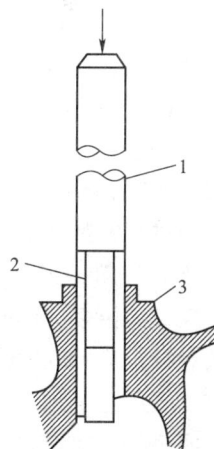

图5-6 气门导管拆卸
1-铜冲;2-气门导管;3-汽缸盖

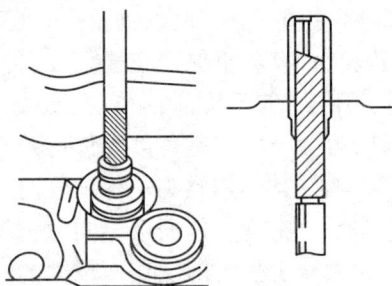

图5-7 气门导管的铰削

隙一般为 0.035 ~ 0.070mm,铰削气门的进给量不宜过大,铰刀保持垂直,边铰边试,直至间隙合适(图5-7)。

3)气门座的检修

为防止气门座在发动机工作中松脱造成戳缸之类的重大事故,气门座与承孔的配合属于重级、特重级过盈配合,相对过盈量大(-0.12 ~ -0.06mm),而且两气门座圈承孔之间的距离又比较小,强度比较低,因此在压镶气门座时应采用温差法,否则容易引起此处胀裂。

承孔磨损后可采用修理尺寸法修复,有两级修理尺寸,级差为 0.20mm。为了保证气门座的配合过盈,往往提高气门座和承孔的加工精度,同时采用合理的压镶工艺(如用气焊焰将气门座承孔适度加热后再用压力机将气门座圈压入承孔中)来提高其配合质量。

(1)气门座圈镶换。当气门座圈上出现烧蚀或磨损较严重的情况时,应铰削气门座,再配装入新气门,当气门座圈磨损过于严重,致使气门装入气门座圈后气门头部平面仍低于汽缸盖燃烧室平面 2mm 以上,或出现严重烧蚀、裂纹、松动等情况,应镶换新的气门座圈。

气门座圈镶换的工艺要点是:

①拉出旧气门座圈。

②选择新气门座圈,用内径量表测量座圈孔内径,用外径千分尺测量座圈外径,选择合适过盈量(一般为 -0.07 ~ -0.17mm)。

③镶装气门座圈,将检验合格的新气门座圈用干冰或液氮冷却至 -50℃,时间不少于10min,同时将汽缸盖上的气门座圈承孔用汽油喷灯或在箱式炉中加热至 373 ~ 423K,同时取出加热的汽缸盖和冷缩后的气门座圈,并在气门座圈外涂一层密封胶,迅速用压器将气门座圈压入承孔中。

(2)气门座圈的铰削。气门座圈与气门头部的配合为锥形,目的是使气体流通阻力小,且有自行对正中心的作用。在长期工作后工作面出现烧蚀、斑点、孔洞、凹陷、硬化层等缺陷,影响汽缸的密封性时,应对气门座圈进行铰削修整,同时修整或换气门。气门座通常用一组气门座铰刀进行加工。气门座铰刀由多只不同直径、不同锥角和把手及导杆组成,如图5-8所示。

气门座上通常加工有三个不同锥角的斜面,可用一组与其相应的不同角度的气门

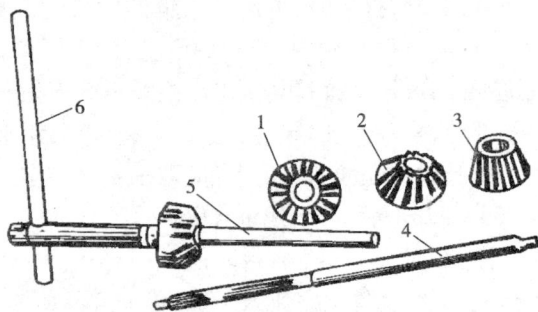

图5-8 气门座铰刀
1、2、3-30℃、45℃和60℃铰刀;4-导管铰刀;5-铰刀杆;6-铰刀把手

铰刀进行加工。气门座圈的铰削通常用手工进行。要求检修气门导管后,再进行气门座圈的铰削。铰削时,首先根据气门导管内径选择铰刀导杆,铰刀是以插入气门导管内的导杆来定中心的,导杆以易于插入气门导管内无旷动量为宜。为此,导杆插入导管内部分有的加工成约有 0.025mm 的锥形,以保证气门座工作锥面轴线与导管轴线重合。在此基础上,把砂

布垫在与气门锥角相同的铰刀下,磨除座口硬化层,用与气门工作锥角相同的粗铰刀铰削工作锥面,直至凹陷、斑点全部除去并形成 2.5mm 以上的完整锥面为止。铰削时两手用力要均衡并保持顺时针方向转动。

(3)气门座的研磨。若气门座及气门导管均按规定标准修理,经检验合格,一般可省去研磨配合工艺,若因修理条件所限,不能达到修理技术规定或在维修中各方面磨损不大时,可采用研磨方法使气门与气门座的工作结合面获得良好的配合。研磨方法有机动研磨和手工研磨,手工比较可靠而简单,故被普遍采用。

手工研磨前应先用汽油清洗气门、气门座和气门导管,将气门按顺序排列或在气门头上部打上记号,以免错乱。在气门工作锥面上涂薄薄一层粗研磨砂,同时在气门杆上涂机油,插入导管内,然后利用气门捻子,使气门作往复和旋转运动,与气门座进行研磨,注意旋转角度不宜过大,不宜过分用力,提起和转动气门,变换气门与座的相对位置,以保证研磨均匀。当气门工作面与气门座工作面磨出一条较完整且无斑痕的接触环带时,可将粗研磨砂洗去,换用细研磨砂,继续研磨。当工作面出现一条整齐的灰色环带时,再洗去细研磨砂,涂上润滑油,继续研磨几分钟即可。

利用机动研磨时,可将汽缸盖或汽缸体清洗干净,置于气门研磨机工作台上,在已配好的气门工作面上涂一层研磨膏,将气门杆部涂以机油并装入导管内,调整各转轴,对正气门座孔,调整好气门升程,进行研磨,一般 10 ~ 15min 即可。研磨后的工作面应成为一条更光泽的圆环。

4)气门与气门座的密封性检查

气门工作锥面与气门座工作锥面经过研磨后,须检查其密封状况。常用以下方法进行。

(1)将气门及气门座清洗干净。在气门锥面上用软铅笔均匀地画上若干条线,每条线相隔约4mm,然后与相配气门座接触,略压紧并转动气门1/8 ~ 1/4 圈,取出气门,检查铅笔线条,如铅笔线条均被切断,则表示密封良好;否则,应重新研磨。

(2)用煤油或汽油浇在气门顶面上,5min 内察看气门与气门座接触处是否有渗漏现象,如无则视为合格。

(3)在气门工作锥面上涂抹一层轴承蓝或红丹,然后用橡胶捻子吸住气门在气门座上旋转1/4 圈,再将气门提起,若轴承蓝或红丹布满气门座工作锥面一周而无间断,又十分整齐,即表示密封良好。

(4)用专门检验气门密封性的检测器进行气压试验法。试验时,先将空气筒紧贴头部周围,再压缩橡胶球,使空气筒内具有一定压力(60 ~ 70kPa)。如果在 30s 内气压表的读数不下降,则表示气门与座的密封性好。

5)气门弹簧的检修

气门弹簧经过长期使用后,由于受力压缩产生塑性变形,致使弹簧弹性疲劳而缩短自由长度、弹力不足,簧身歪斜以至变形和折断,影响配气的正确性和气门关闭的密封性。不仅影响发动机的正常运转,而且在顶置式气门机构装置中,还会发生气门掉入汽缸,造成机械损失事故。

(1)气门弹簧的检查。

①气门弹簧损伤的检查。气门弹簧的损伤可用磁力探伤进行检查。若发现有裂纹、凹

陷、擦痕、锈蚀等缺陷,均应更换。

②气门弹簧自由长度的检查。同一台发动机内如气门弹簧高度不一致,就会造成使用较短气门弹簧的气门晚开,如进气门晚开就会造成该缸充气量不足;如排气门晚开,就会造成该缸废气残留过多,同样会造成该缸充气量不足,使该缸热效率明显低于其他缸。因此,气门弹簧的自由长度必须符合标准,各缸气门弹簧高度必须一致。

③气门弹簧垂直度误差检查。将弹簧置于平板上,用90°角尺靠紧弹簧,弹簧上端或中部与90°角尺的间隙不超过1.5mm,否则应予更换。

④气门弹簧弹力的检查。一般在弹簧弹力试验器上进行,当弹簧弹力的减小值大于原厂规定的10%时,应予更换。

(2)气门弹簧旋转机构的检查。线圈弹簧式气门旋转机构如图5-9所示。气门开启时,气门弹簧的反作用力施加在片弹簧1的圆周上,并使螺旋弹簧3作圆形微动旋转,使气门每向上运动一次就转动一个角度,气门就在新的圆周位置上关闭,从而有效地防止气门密封带的擦伤,延续气门烧蚀点的疲劳扩展,改善气门与气门座的密封性,延长其使用寿命。片弹簧和螺旋弹簧变形、断裂、弹力减弱,均应更换。

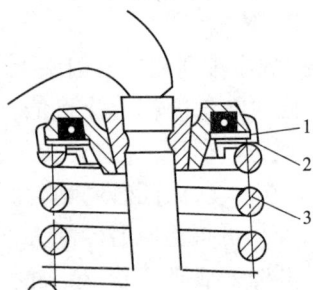

图5-9　气门旋转机构
1-弹簧片;2-座圈;3-螺旋弹簧

三、气门传动组的检修

现代发动机气门传动组的结构比较复杂、形式较多、传动链长,是维修和调整比较频繁的组件。

1.凸轮轴的检修

凸轮轴由于结构及工作特点,使其轴径和轴承在工作中发生不均匀磨损,导致轴颈失圆和凸轮轴弯曲,凸轮轴弯曲或扭转变形,凸轮工作表面磨损、轴径磨损等故障,影响配气机构工作的准确性。

(1)凸轮轴弯曲状况检查。凸轮轴弯曲变形可用其两端轴颈外圆或两端的中心孔作基准,测量中间一道轴颈的径向圆跳动量,如图5-10所示。凸轮轴径向圆跳动量的允许值为0.01~0.03mm,其极限值为0.05mm。若超过极限值,可对凸轮轴进行冷压校正,必要时应更换。

(2)凸轮高度的检查。凸轮轴上凸轮的损伤形式有表面磨损、擦伤和麻点剥落等,其中以磨损最为常见。凸轮的磨损是不均匀的,一般凸轮的顶尖附近磨损较严重。凸轮磨损后,凸轮高度 H 降低,凸轮升程不足,致

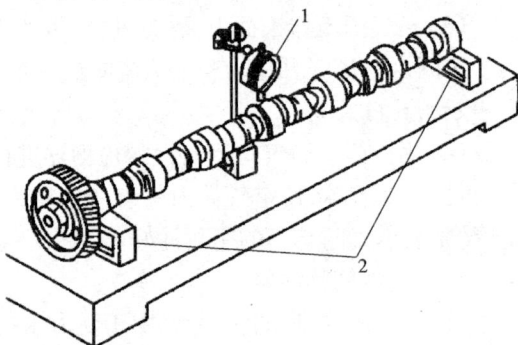

图5-10　凸轮轴弯曲的检查
1-百分表;2-V形铁块

使气门的最大升程减小,气门开启的时间—断面系数随之降低,影响了发动机汽缸的充气量,因此,可用凸轮的高度值 H 或凸轮升程 h 来衡量凸轮的磨损程度。凸轮高度可用外径千分尺或游标卡尺测量。将测量值与标准值比较,便可知其磨损程度。凸轮高度的极限磨损

量对于轿车和轻型货车为 0.2 ~ 0.5mm。凸轮高度磨损超过极限值时,应更换凸轮轴。

（3）凸轮轴轴向间隙的检查。凸轮轴轴向间隙的调整方式有以下两种:

①通过止推凸缘的厚度调整。有些发动机凸轮轴轴向间隙由止推凸缘与隔圈的厚度决定。因此可以直接测量止推凸缘和隔圈的厚度差。

②采用轴承定位。桑塔纳等轿车发动机采用凸轮轴轴承定位的方式来调整凸轮轴轴向间隙。检查凸轮轴轴向间隙时,首先拆去筒形挺杆,然后将凸轮轴装入轴承中,使百分表测杆触头抵在凸轮轴轴端,推拉凸轮轴,百分表上的摆差即为凸轮轴轴向间隙。

2. 凸轮轴轴承的检修

1）凸轮轴轴承的检查

（1）检查凸轮轴轴承和座孔有无锈蚀、毛刺、刻痕等情况。

（2）检查轴承和座孔的孔径是否正确,以及所有轴承是否合适。

（3）用砂布去除座孔的尖角和毛刺,防止安装时刮伤轴承外径。

2）凸轮轴轴承的配合要求

（1）凸轮轴轴承与轴颈的配合间隙一般为 0.03 ~ 0.07mm,最大不超过 0.15mm。

（2）凸轮轴轴承外径与缸体座孔之间的配合过盈量:剖分式轴承为 0.07 ~ 0.19mm;整体式轴承为 0.05 ~ 0.13mm,铝合金汽缸缸体为 0.03 ~ 0.07mm。

3）凸轮轴轴承的拆装

（1）冲下汽缸体上后端的堵孔盖,拆卸旧轴承套。

（2）根据凸轮轴轴颈尺寸,选配同级修理尺寸的凸轮轴轴承。

（3）正确确定每个轴承的安装顺序。某些发动机每个轴承的尺寸不一样,最大的在前,最小的在后。

（4）轴承的位置是按从发动机的前端到后端排列的。1 号在前,2 号次之,3 号以后按顺序安装。

（5）凸轮轴轴承上有大、小两孔,大的孔用来沟通润滑油道,所以要精确地对准油路。小的孔用来保证轴承定位,因此要对准汽缸体座孔内的小圆孔。

3. 液压气门挺杆的检查

液压气门挺杆失效,会引起发动机异响,应及时检查更换。鉴于液压气门挺杆能实现气门零件间隙传动的特点,目前使用较普遍。修理时主要检查挺杆体的损伤情况、挺杆体与承孔的配合间隙,并对挺杆总成进行模拟功能检查。

1）挺杆体损伤检查

检查挺杆体底面和圆柱体外表面是否出现擦伤痕迹。用刀口形直尺横置于挺杆体底平面上,检查每个挺杆体底面是否出现凹形磨损和偏磨损,如果挺杆体底平面凹陷或偏磨严重,应更换挺杆。挺杆体与承孔的接触表面磨损后,它们之间的配合间隙增大,会影响配气机构的正常工作。用内径千分尺测量承孔的内径,用外径千分尺测量挺杆体外径,其尺寸差值为两者的配合间隙。

2）泄沉试验

泄沉试验又称漏降试验,是模拟液压气门挺杆在受载沉降情况下,试验每个液压气门挺杆的泄沉速率是否在规定的公差范围内,以保证液压挺杆的零间隙作用。泄沉试验应在专用试验仪上进行,图5-11所示为泄沉试验仪。

下面以北京切诺基2.5L发动机液压气门挺杆为例简述其泄沉试验步骤。

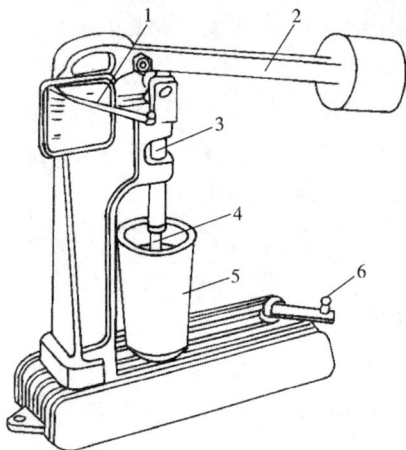

图5-11　泄沉试验仪
1-指示表指针;2-重臂;3-挺杆;4-压头;5-油杯;6-手柄

(1)将挺杆装入油杯中。

(2)在油杯中充入液压气门挺杆试验油,使挺杆完全浸没在油中。

(3)反复把重臂提起再放下,使挺杆体中的柱塞上下往复运动多次,排除挺杆体内的空气,当气泡消失后,提起重臂,将柱塞升起到正常位置。

(4)将重臂轻轻落在挺杆上。

(5)顺时针转动试验仪底座上的手柄,使试验油杯旋转,每2s旋转一圈。

(6)当指针指到刻度盘上"START"(开始)标记时,按下秒表,开始记录泄沉时间,当柱塞下沉到指针指示3.18mm的标志时结束。

功能良好的液压挺杆,其沉泄时间范围为20~110s,超过规定时间范围的挺杆应报废。

4.气门推杆的检修

气门推杆亦称摇臂推杆,其功用是把气门挺柱所受力传至摇臂。不同的发动机有不同形式的推杆,多数是定长的,也有长度可调的;推杆有空心和实心的,分别用钢管、圆钢制成。

气门推杆沿杆身轴线易产生弯曲,因此,应检测其直线度,检查时,将推杆放在平板上,在平板上滚动推杆,用塞尺测量推杆的直线度误差不得超过0.03mm,否则,必须更换推杆或进行冷压校直修理。若推杆两端磨损严重或损伤,也应更换推杆。杆身表面应光滑、平直,不得有裂纹。推杆下端凸球面半径应符合规定,以免半径减小而加快挺杆内球面磨损。气门推杆损伤还有气门推杆凹球端面和气门推杆下端凸球磨损。气门推杆凹球端面和下端凸球磨损,可采用弹簧钢丝堆焊球面,再进行修磨。

5.摇臂及摇臂轴的检修

(1)摇臂与摇臂轴的损伤。配气机构的摇臂及摇臂轴组安装在汽缸盖上,其摇臂作为换向杠杆,传递并改变凸轮的上下运动,使气门开启或闭合。摇臂的损伤主要是摇臂头的磨损和摇臂衬套的磨损;摇臂轴的损伤主要是摇臂轴轴颈的磨损、摇臂轴的弯曲变形等。

(2)摇臂的检修。检查气门摇臂与气门杆端接触处有无磨损、台阶、沟槽、麻点、划痕和磨损。如磨损严重,应更换摇臂。检查摇臂的润滑油孔是否堵塞。摇臂与摇臂轴的规定配合间隙为0.02~0.04mm,当该间隙超过0.10mm时,应更换摇臂衬套或摇臂轴。若摇臂上的调整螺钉的螺纹损坏,应予更换。

(3)摇臂轴的检修。测量轴颈磨损量和表面粗糙度,如轴颈磨损大于0.02mm,或摇臂轴与摇臂承孔配合超过规定,应予修理。其修理方法可采用电镀修复或更换。摇臂轴外圆柱面圆柱度误差应不大于0.01mm,超过时,可采用电镀修复。检查摇臂轴径向圆跳动量,进行摇臂轴弯曲变形检测。检查时,将摇臂轴放在V形铁上,用百分表测量摇臂轴中央部位的径向圆跳动量。如果摇臂轴弯曲变形,应用台式压床冷压校正,使其直线度误差在100mm

长度上不大于 0.03mm。

6. 正时齿轮、链条与链轮及同步齿形带与带轮的检修

目前正时传动除齿轮传动外,多采用正时链传动和正时同步带传动,特别是同步带有许多优点:质量轻、强度大、柔韧性好、运行中无噪声、不伸长、无需润滑、结构简单和易于维护等,所以广为轿车发动机所采用。

(1)正时齿轮的检修。正时齿轮工作过久,轮齿会发生磨损,致使齿侧间隙变大,工作出现噪声。齿侧间隙的极限值为 0.30 ~ 0.35mm,齿侧间隙超过极限值时,应成对更换正时齿轮。

(2)正时链条与链轮的检修。正时链轮与链条磨损后,链轮的直径变小链条变长,从而引起噪声和影响配气正时。因此,应检查链条的全长或规定链节数的长度以及链轮的最小直径是否超过极限值。测量链条长度时,为使测量准确,应施加 50N 的拉力。

为便于测量链轮磨损后的直径,可将新的正时链条扣于链轮上,并环绕其一周拉紧,用游标卡尺测量直径。测量后应将实测值与极限值比较,若小于极限直径应换用新件。

(3)正时齿形带与带轮的检修。正时齿形带虽有噪声小、质量轻、无需润滑、一般无需调整等优点,但其安装、调整、保护不当时,会造成早期磨损和损伤。齿形带的常见损伤有断裂、轮齿缺损、表面磨损、老化龟裂、变形和端面磨损等。当轮齿缺损超过三齿时,发动机将无法启动。对于有损伤或使用里程达到规定值的齿形带要及时更换。

注意对齿形带的保护,不要将齿形带过度扭曲或弯折,不要粘上油污或与水及蒸汽接触。带轮磨损后,若其直径小于极限值,则应更换。

四、配气机构的装配与调整

1. 配气机构的装配

将已经检验和修理好的所有配气机构零件进行彻底清洁,在零件的运动工作表面涂抹一层润滑油。

1)气门的安装

将气门油封压装于气门导管上,安装时,油封一定要压到位,防止油封变形或损坏。装上气门弹簧和弹簧座,将气门杆上涂少许润滑油,按原次序插入气门导管内,用专用工具压紧气门弹簧,装上锁片。安装不等距气门弹簧时,螺距小的一端应放在朝气门头部的一端。

2)安装正时齿轮和张紧轮

凸轮轴正时齿轮的齿数为曲轴正时齿轮齿数的 2 倍。正时齿轮、齿形带上都有正时记号,装配时应将正时记号对准,以保证正确的配气相位和点火正时。张紧轮主要用于调整齿形带张力的大小。

3)齿形带的安装

齿形带的安装按下列步骤进行:

(1)将齿形带套在曲轴齿轮和中间轴齿轮上。

(2)曲轴带轮用一只螺栓固定。

(3)凸轮轴正时齿轮上的标记应与气门室罩平面对齐,如图 5-12 所示。转动凸轮轴时,曲轴不可置于上止点。

（4）曲轴带轮上止点记号和中间轴齿轮上记号对齐，如图 5-13 所示。

（5）将齿形带套到凸轮轴正时齿轮上。

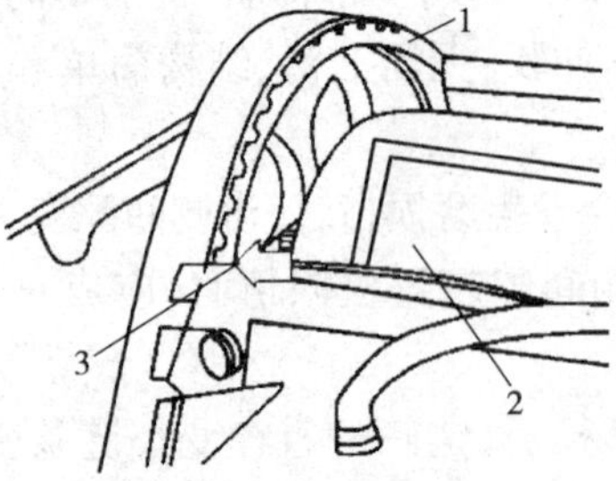

图 5-12　凸轮轴正时齿轮标记与气门室罩上平面对齐
1-凸轮轴正时齿轮；2-气门室罩；3-记号对齐

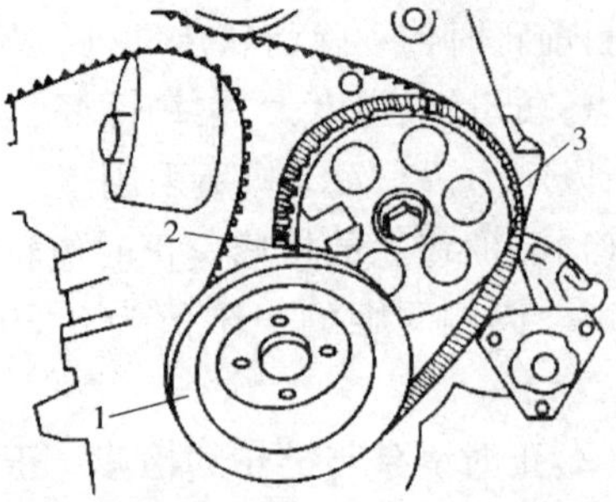

图 5-13　曲轴带轮与中间轴齿轮的正时记号
1-曲轴带轮；2-正时记号；3-中间轴齿轮

4）气门室罩的安装

在汽缸盖和气门室罩的密封表面上，将密封胶的残渣清理干净，防止安装后发生漏油现象。在干净的汽缸盖密封表面上涂以密封胶，涂胶层要均匀适量。在密封胶开始固化以前，将气门室罩安装在汽缸盖上；注意不得把密封腔接触到其他零部件上。安装气门室罩紧固螺钉，以 6.37N·m 力矩拧紧。螺钉不可拧得过紧，以免损坏铝合金的气门室罩。为防止气门室罩的变形，在拧紧螺钉时，应按照常用的交叉方式来进行。

5）凸轮轴的安装

（1）先不装挺杆，把凸轮轴装入轴承中，用百分表或塞尺校查凸轮轴轴向间隙，使用极限为 0.15mm。轴向间隙合适后再拆下凸轮轴。

（2）将气门挺杆涂以润滑油，插入相应各导孔内。

（3）安装凸轮轴时，将轴承和轴颈涂上润滑油，把凸轮轴放在轴承孔上。汽缸凸轮必须朝上，凸轮轴转动时，曲轴不可置于上止点，否则会伤及气门及活塞顶部。安装轴承盖，上下两半部要对准。按照拆卸相反的顺序拧紧轴承盖，对应四缸发动机，先对角交替拧紧第 2、3 轴承盖，紧固力矩为 20N·m，凸轮轴轴承盖安装时注意上下对准位置，然后装上第 1、4 轴承盖，装上凸轮轴并紧固，拧紧力矩为 80N·m。

（4）在油封的唇边和外围涂上薄油，将油封放入专用导管平整压入。注意不要压到头，否则会堵塞回油孔。

（5）先装半圆键，再压上正时齿轮，拧紧固定螺钉，力矩为 80N·m。

2. 气门间隙的检查与调整

使用普通气门挺杆的发动机，随汽车使用时间的延长，其气门间隙因配气机构零件的磨损、锁紧螺母的松动会发生变化，一般会引起气门间隙过大，导致气门升程减小，充气不足，排气不净，气门敲击声加重。如果气门间隙过小，造成气门关闭不严、漏气，使气门工作面烧蚀的概率增加，严重影响发动机的动力性和经济性。因此，气门间隙不仅可以补偿气门受热的膨胀量，还影响配气相位。

1）气门间隙的检查与调整

检查气门间隙时，可选用与气门间隙相等的塞尺，依据配气机构的结构不同，插入可调气门杆端与摇臂头或凸轮基圆部分与摇臂之间。用手轻拉塞尺，应能感到适当的阻力为宜，若无阻力或拉力太大,可松开锁紧螺母,转动调节螺钉调整,调整好后将锁紧螺母拧紧。少数发动机可通过改变垫片的厚度来调整。

2)设定气门可调状态的方法

气门间隙的检查和调整是在气门完全关闭、气门挺杆落至最低位置时进行的。因此,调整前,先要根据气门与活塞行程的相应关系把气门设定在可调状态,方可开始检查和调整气门间隙。

(1)逐缸判断法。先转动曲轴,找到一缸压缩行程上止点,则一缸的进、排气门可调,然后摇转曲轴180°,对四缸发动机,按点火顺序可调下一缸的两个气门。依次类推,逐缸调整完毕。

(2)"双排不进"快速判断法。根据发动机的工作循环、点火顺序、配气相位和气门的开闭角度,推算在某缸压缩终了时,除该缸的进、排气门可调外,还可调整其余缸的其他气门,例如,直列四缸点火顺序为1-3-4-2的发动机,当一缸处于压缩行程上止点时,除一缸的进、排双气门可调外,还可以调整三缸的排气门和二缸的进气门,四缸因进、排气门重叠打开,故进、排气门间隙均不可调。

具体方法步骤举例如下。

①四缸机:例如丰田12R、标致505发动机汽缸工作次序为1-3-4-2,当第一缸活塞处于压缩上止点时:1(双)-3(排)-4(不)-2(进),意思是第一缸可调进、排气门,第三缸可调排气门,第四缸不可调,第二缸可调进气门。当第四缸活塞处于压缩上止点时,调整其余气门,两次正好调完全部气门间隙。

②六缸机:直立六缸发动机,如CA6102和EQ6100E型汽油机,点火顺序为1-5-3-6-2-4。当一缸处于压缩上止点时:1(双)-5、3(排)-6(不)-2、4(进),当六缸处于压缩上止点时:6(双)-2、4(排)-1(不)-3、5(进)。

V型六缸发动机(夹角120°),如美国通用公司的V3000SFI型六缸发动机,汽缸排列为左侧1-3-5,右侧2-4-6,工作顺序为1-6-5-4-3-2。当一缸处于压缩上止点时:1(双)-6、5(排)-4(不)-3、2(进),当四缸处于压缩上止点时:4(双)-3、2(排)-1(不)-6、5(进)。

第四节　润滑系统的检修

一、润滑系统维修概述

发动机工作时,零件间以很小的间隙作高速运动,如没有良好的润滑,剧烈的摩擦将会造成零件迅速磨损,高温还会使相对运动零件热膨胀,使配合间隙消失、减摩合金熔化、黏结,活塞环卡缸等故障。因此,润滑系统性能对发动机工作影响重大。汽车发动机常采用压力润滑、飞溅润滑、重力润滑等相结合的综合润滑方式。润滑系统的常见故障是机油压力过低或过高、机油消耗过多、机油温度过高和滤清器效能减弱等。

二、润滑油质量及压力检查

1.润滑油的更换

新车完成初始的行驶里程(磨合期)后,每行驶5000km左右需更换一次润滑油,并同时更换机油滤清器。

发动机热机后熄火,停几分钟,待各处润滑油都流回油底壳,再举升汽车,拧开油底壳底部的放油螺塞,放净原来用过的润滑油。然后拧紧放油螺塞,从气门室罩加油口向发动机加注厂家规定的润滑油,油面位置应在机油尺最上面两格之间。

更换机油的同时更换机油滤清器。旧机油滤清器连同它里边的机油和它和发动机壳体间的密封圈一同更换,在新的机油滤清器内先灌满机油,再在密封圈上涂一层机油(如不抹机油,下次更换时密封圈会黏附在发动机壳体上。如同时装新旧两个密封圈,工作时肯定会发生泄漏)。然后用手力将滤清器拧至新的密封垫压平,手力拧不动后,再用专用扳手拧3/4圈即可,不可拧得过紧。

机油滤清器安装后,要重新启动发动机,检查是否有泄漏。

机油型号的选择,主要是选择适合发动机黏温性的级别。低温条件下使用的机油用 W 代表,W 以前的数字越小,W 以后数字越大,机油的黏温性就越好。

2.机油压力异常原因及诊断方法

发动机运转时,必须保持正常的油压。如果油压过低,各摩擦表面会因得不到足够的润滑而使磨损加快;如果油压过高,易使油封、油管压坏且浪费发动机的动力。汽车行驶时,润滑油的压力一般应保持在 0.2 ~ 0.5MPa;发动机温度较高而转速较低时,油压应不低于0.2MPa;发动机温度较低而转速较高时,油压应不低于0.5MPa。发动机怠速运转时,油压应不低于0.1MPa(精确的油压规定值,可参考各汽车的说明书)。

1)机油压力过低的原因

(1)机油方面,黏温性不好,冷车时机油压力正常,热车后机油压力低;机油液面低于规定值。

(2)机油集滤器堵塞或油泵发生早期磨损。

(3)限压阀弹簧过软、折断或调整不当。

(4)粗滤器后边的主油道堵塞。粗滤器装配不当,漏油。

(5)曲轴主轴承、连杆轴承或凸轮轴轴承间隙过大,造成机油流失过快。

(6)汽缸垫损坏,冷却液进入曲轴箱。

(7)机油表或传感器失效。

(8)机油过脏,造成机油限压阀卡滞在泄油的一侧。

2)机油压力过低的诊断方法

(1)机油压力始终低,首先拔下机油尺,检查机油高度,机油黏度,是否有水(有水机油会发白)和是否有汽油。

(2)检查机油压力表和传感器是否良好。打开点火开关,拆下机油压力传感器使之搭铁,如机油压力表针不动,说明机油压力表有故障。这是因为机油压力越高,传感器输出信号电流越大。传感器导线搭铁,表针应迅速上升。

(3)拆下机油感应塞,短时间发动,若机油喷射无力,应检查限压阀弹簧是否过软、折断,钢球是否磨损,如限压阀良好,拆油底壳,看集滤器是否发生堵塞。集滤器若没有发生堵塞,则应检查机油泵的配合间隙。重点检查主动齿轮与泵盖之间的间隙。

(4)检查主轴承、连杆轴承和凸轮轴轴承间隙是否过大。

(5)如发动机在运转中特别是刚维护完成试车时,机油压力突然下降,应立即熄火,检查润滑系统各部位有无泄漏,重点检查机油滤清器密封垫处。

(6)汽车行驶中突然出现"铿、锉"的沉闷响声,机油压力由正常突然变得没有了,说明曲轴主轴承合金脱落(曲轴主轴承合金脱落造成主轴承和曲轴的间隙过大,使油压迅速降低),应立即停车修理,或空车低速开到最近的修理厂修理。如继续强行行驶,会造成曲轴和轴瓦粘连。

3)发动机机油压力过高的主要原因

(1)机油黏度过高(黏度级选用的不对)。

(2)限压阀弹簧调整过硬。

(3)机油压力传感器下游的主油道堵塞。

(4)新装发动机曲轴、凸轮轴装配过紧。

(5)机油过脏,造成机油限压阀卡滞在不泄油的一侧。

三、发动机烧机油故障的诊断

气门导管油封损坏密封不良,或活塞环密封不良,都会造成烧机油的故障。诊断时打开气门室罩上的加油孔盖,启动发动机猛踩加速踏板时,如加油孔盖处有蓝烟窜出,说明活塞环密封不良,应检查活塞环是否间隙过大、折断或对口。

如机油加油口不向外冒蓝烟,只是排气管冒蓝烟,说明气门油封密封不良。

发动机烧机油。但排气管处却不冒蓝烟,说明气门导管油封损坏密封不良。活塞环密封不良时润滑油就会较多地窜入燃烧室,排气管处会有明显的蓝烟冒出。气门导管油封损坏密封不良时润滑油窜入燃烧室的比较少,且排气管处没有明显的蓝烟冒出。

活塞环密封不良时,各缸缸压都低。

将曲轴箱强制通风装置软管从曲轴箱一侧拆下,发动机工作时,用手指堵住曲轴箱一侧真空软管,应感觉到有吸力,否则,说明真空软管堵塞。曲轴箱通风不良,会造成曲轴箱向外窜机油。

气压制动汽车,空气压缩机活塞环与汽缸壁密封不良,也会向外窜机油。

四、机油泵的检修

机油泵常见的有转子式和齿轮式两种。检修重点为各部分间隙。

1. 转子泵检查重点

(1)机油泵泵轴间隙为 0.045～0.085mm,极限为 0.10mm。

(2)转子端面与泵体高度间隙为 0.03～0.07mm,极限为 0.07mm,如图 5-14 所示。

(3)外转子和壳体间隙为 0.10～0.12mm,极限为 0.30mm。

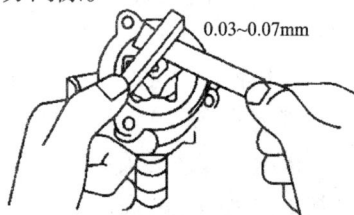
图 5-14　转子端面与泵体高度间隙检查

(4)主、从动转子间间隙极限为 0.12mm。

2. 齿轮泵检查重点

(1)齿轮和泵壳的间隙为 0.05～0.10mm。

（2）齿轮端部与泵盖的间隙为 0.05～0.15mm。

五、润滑系统各阀门的检查

机油粗滤器的旁通阀、机油细滤器的进油限压阀、机油散热器的泄油安全阀等,使用中会出现弹簧变软或折断,本应关闭时阀门却密封不严等故障。若弹簧压力过大,使阀门无法打开。应注意清洁、检查和调整这几个阀门,必要时可换新件。

第五节　冷却系统的故障诊断与检修

一、冷却系统的维修概述

发动机在工作过程中,汽缸与燃烧室内的气体温度可高达 2000℃ 左右。直接与高温气体接触的汽缸体、汽缸盖、活塞和气门等,因热膨胀而破坏正常间隙,导致运动件运动受阻或者卡死;高温使各零件的强度降低甚至损坏,润滑油失去润滑作用等。发动机冷却不足,会引起发动机过热,使充气量和功率下降。对于汽油机,还可能造成早燃、爆震和表面点火等不正常燃烧。同时,过高的温度会使润滑油黏度降低,导致零件磨损加剧。冷却过度,会使发动机温度过低,燃料蒸发困难,燃烧不完全,功率下降、油耗量增大,没有蒸发的燃油沿汽缸壁流入曲轴箱内,不仅冲刷了缸壁上的机油膜,还会稀释润滑油,使润滑效果变差。因此,必须可靠冷却发动机,保证发动机工作温度在规定的范围内。

冷却系统由散热器、水泵、风扇、节温器、冷却液温度报警装置、储液箱、调压箱、进出水软管、热水阀、加热器回水管等组成。

二、冷却系统的检修

1. 发动机冷却液检查

最常见的冷却液是由 50% 的乙二醇和 50% 的软水配制而成。这种比例的冷却液可防止在 −34℃ 结冰。如由 68% 的乙二醇和 32% 的软水混合将达到乙二醇冷却液所能达到的最大冰点 −62℃。浓度超过该比例,冷却液性能反而下降,如 100% 的乙二醇的冰点为 −30℃。50% 的乙二醇和 50% 的软水的比例能提高冷却液的沸点,达到 124℃ 左右,使其更符合现代汽车高速、高压缩比的要求,这种比例还能提供最佳的防腐蚀性保护,所以该种比例的冷却液最为常见。

在检查冷却液时,应重点检查其冰点、密度及外观,发现密度增大、液体变稠、冰点升高及出现变质、变味、发泡等现象必须及时更换。

更换冷却液必须在冷车时进行。更换冷却液要彻底,并用清洁软水清洗后,再将新的冷却液加注到规定的高度。

2. 水泵的检修

目前轿车发动机大多数使用离心式水泵。水泵常见的损伤有:水泵轴的弯曲与磨损;水泵壳体的渗漏与破裂;水泵叶轮叶片的破裂或松脱;水封垫圈与胶木垫圈的磨损与损坏;螺孔螺纹损坏及轴承松旷等。

1）水泵的拆卸

在将水泵拆卸前需将水泵放在热水加热容器中加热到80℃左右,然后用专用拆装工具压出水泵叶轮、水封副和水泵轴承组件,再用水泵轴拆卸专用工具,压出水泵轴。

2）水泵壳体的检修

检查泵壳和带轮有无损伤,轻微损伤可进行修复,损伤严重则应予更换。对于泵壳上的裂纹修理,在裂纹两端各钻直径为2.5mm的孔,沿裂纹加工V形口,采用氧乙炔焊,焊丝用铸铁焊丝。当水泵壳体与盖的结合面和壳体与汽缸体的结合面的平面度误差超过极限值(0.10mm)时应铣平。修理后壳体与盖结合面对水泵轴承孔的垂直度误差为0.05mm。当泵壳内水封结合面有沟槽、麻点时,应用铰刀铰销平整。对于磨损过大的可镶套修复。若水泵壳体上有螺孔螺纹损坏,可扩大孔径后再攻螺纹或焊补后再钻孔攻螺纹。

3）水泵轴的检修

检查水泵轴有无弯曲,轴颈磨损是否超过极限值,轴端螺纹有无损伤。水泵轴大于0.05mm时,用冷压校正,压弯量约5倍于径向圆跳动值,并停留2min,校正后径向圆跳动量应不大于0.10mm。若水泵轴颈磨损失圆,则应进行光磨和镀铬修复或镀铁修复。

4）轴承及座孔的检修

当轴承松旷,如轴向间隙大于0.30mm,径向间隙大于0.15mm时应更换新轴承。轴承座孔经常由于压入、压出轴承使座孔产生磨损,当轴承座孔磨损超过0.03mm,可用镶套法修复,轴承与轴承孔的配合一般为-0.02~+0.04mm。

5）水泵叶片的检修

检查水泵叶轮的叶片有无破损,叶轮上的轴孔是否磨损过甚。叶片破裂,通常用堆焊法进行修复或更换;轴孔磨损过甚可镶套修复。

6）其他零件的检修

(1)检查水封橡胶圈、胶木垫、弹簧等件的磨损及损伤程度,如有损伤或损坏应予更换。水泵大修时应更换水封组件。

(2)检查带轮轮毂与水泵轴的配合情况。装泵轴的孔磨损过甚,可镶套修复。

(3)检查水泵轴及带轮键槽的磨损情况,可焊补后用铣床铣出键槽或与旧键槽相隔90°~180°角的位置在铣床上重新加工键槽。

(4)装风扇离合器的,应检查有无漏油。如有泄漏应予更换离合器总成。

7）水泵的装复标准

泵轴与轴承的配合,一般为-0.010~+0.012mm,大修允许为-0.010~+0.030mm。水泵轴承与泵壳承孔配合,一般为-0.02~+0.02mm,大修允许为-0.02~+0.04mm。水泵轴与叶轮堆孔配合,无固定螺柱(螺母)的,一般为-0.04~-0.01mm;有固定螺柱(螺母)的,一般为-0.02~+0.05mm。水泵叶轮装合后,一般应高出泵轴0.1~0.5mm。水泵装合后,叶轮与水泵盖之间一般应有0.75~1.00mm的间隙,叶轮外缘与泵壳内腔之间的间隙一般为1.0mm左右。水泵轴与风扇带轮轮毂的配合,无固定螺栓(螺母)的,一般为-0.04~0.01mm;有紧固螺栓(螺母)的,一般为-0.02~0.06mm。各螺栓、螺母应按规定力矩拧紧,锁止应可靠。水泵体下方的泄水孔应畅通。水泵装合后,水泵轴应加注规定牌号的润滑脂。

8）水泵装配后试验

（1）水泵装合后,用手转动带轮,泵轴转动应无卡滞现象;水泵叶轮与泵壳应无碰擦现象。

（2）将水泵装在试验台上试验。当水泵轴以1000r/min的速度运转时,每分钟的排量不应低于规定的数值。在10min的试验中不应出现有金属摩擦声和漏水现象。

（3）在发动机上试验:试验时,不装节温器,拆下散热器回水管,启动发动机,使转速达到2000r/min左右,将水排入量筒内,检查排水量是否基本符合要求。如排水量相差过大应检查原因并加以排除。

（4）若无流量试验器,可堵住泵壳进水口,然后加水至水泵。转动泵轴时,泄水孔应无水漏出。

（5）手持带轮测试径向和轴向轴承间隙,径向应毫无旷动,轴向允许稍有旷动。

3.散热器的检修

1）散热器的清洗

将散热器卸下,用清水和压缩空气洗净吹干其外部尘垢,置于含有苛性钠10% ~ 15%（质量分数）水溶液内,加热保持在80~90℃,使散热器在其中浸煮30min左右,取出放入清水池清洗。

2）散热器的渗漏检查

散热器的渗漏检查方法之一是空气压力检测,用橡胶塞堵住散热器进、出口,然后将散热器置于水槽中,从橡胶塞中的软管通入压缩空气进行检查,在98kPa气压下试验1min,不得有漏气现象,若有气泡冒出,应做出记号,以待焊修。另一种是用散热器检测器检测,把散热器检测器安装在散热器口上,对散热器施加120 ~ 180kPa的压力,检查冷却液渗漏情况,若有渗漏应做出记号,以待焊修。

3）散热器盖的检查

将散热器检测器安装在排水口上,泵压检测器直到排气阀打开为止。在标准值75 ~ 105kPa时,阀门应处于开放状态。当冷却液温度下降,冷却系统中产生的真空度达0.98 ~ 11.8kPa时,进气阀应开启。

4）散热器的修理

（1）散热器的上、下水室的修理。散热器上、下水室碰伤塌陷,可在凹陷底部焊一钩环,然后将凹陷处拉起,并用小锤修理四周。散热器上、下水室有腐蚀或小孔时,可在清除水垢后,在其表面涂以氯化锌溶液,再放入焊锡锅内镀锡。上、下水室有较大孔洞或裂缝时,可用0.8mm厚的铜皮进行焊补修复。

（2）散热器芯管的修理。散热器芯管的修理方法有接管法、换管法和拼修法等。接管法适用于外层散热器芯管破损且损坏长度不大的情况。凡经接管法、换管法或拼修法修理的散热管,在修理完毕后,均应用通条彻底通洗以清除污垢,再进行渗漏检查。

4.节温器的检修

节温器是用来控制通过散热器冷却液的流量的。它装在冷却液循环的通路中,一般装在汽缸盖出水口。由于蜡式节温器具有工作稳定、水流阻力小、流入散热器的流量较大、结构牢固、使用寿命长、耐热、耐冻、耐压等优点而广泛采用。

1）节温器的检查

将节温器浸入水容器中,并逐渐加热提高水温。检查阀门的开启温度和阀门的提升情况。观察温度计,记下阀门开始开启的温度、完全开启时的温度,以及全开时的升程。若不符合规定,则应予更换。

节温器有低温和高温两种类型。低温型温度在 80 ~ 84℃时,阀门开始开启,在 95℃升程应大于 8mm。高温型在 86 ~ 90℃时开始开启,阀门在 100℃时升程为 8mm。如节温器在常温下开启或在冷态时关闭不严密,都应更换。

2)使用蜡式节温器应注意的问题

(1)由于蜡式节温器比折叠式节温器热容量大,因此当冷却液温度变化时,阀门的启闭反应不如折叠式节温器快。故凡装有蜡式节温器的发动机,应待发动机冷却液温度达到正常后才能起步,以免因起步后立即以高速行驶或因发动机超负荷工作而引起冷却液温度突然上升。

(2)蜡式节温器内蜡如果泄漏,弹簧就顶紧阀门,水道的水流只能经旁通管进行小循环,而不能流向散热器。这样,发动机若继续工作,将导致发动机过热以致造成严重事故。因此,应定期检查节温器,必要时予以更换。

5. 风扇离合器检修

风扇叶片出现破损、弯曲、变形后,应及时更换。汽车行驶中,风扇工作的时间不到10%,而普通风扇要消耗发动机功率的 5% ~ 10%,因此,许多汽车发动机采用自动风扇离合器,控制风扇的风量,以改变冷却强度。风扇离合器有硅油式、电磁式和机械式三种类型。

1)硅油风扇离合器

硅油风扇离合器,它是根据流过散热器空气的温度,自动控制风扇的转速。其工作状况可用以下方法检查。

(1)启动发动机,中速运转 1 ~ 2min,在风扇没有开始旋转前关闭发动机,用手旋转扇叶片应感觉较轻。

(2)启动发动机,温度上升到 85℃后,风扇应能非常有力的旋转。风扇不转或旋转无力,都说明有故障。

(3)待发动机熄火后,硅油风扇离合器刚结束工作时,用手拨动风扇叶片应感觉很重。这是因为工作腔里充满了硅油。

(4)在发动机热机情况下,通过观察双金属感温盘簧及转轴的运动情况,来判断硅油风扇离合器的工作是否正常。检查时把螺丝刀插入双金属感温簧的外末端处,从固定槽内把盘簧外端撬出,然后逆时针转动盘簧,直到感觉被拌住为止,不得用力迫使盘簧的外端转过止动处。如果轴不随盘簧的外端转动而转动,即阀片不能打开从动板上的进油孔,则表明该离合器已损坏,应解体、清洁、润滑阀片轴或更换新的硅油风扇离合器。检查后,再将盘簧外端压入固定槽内。

硅油离合器内硅油流失会导致风扇不转或转速过低,只要适量补充硅油,并做好密封,风扇离合器就可以正常工作。

2)电磁式风扇离合器

电磁式风扇离合器由温度传感器控制风扇电动机直接驱动,发动机温度在 90 ~ 85℃时,硅油风扇开始工作;发动机温度达到 95℃左右时,电子风扇开始低速旋转;发动机温度上升到 100℃左右时电子风扇开始高速旋转。故障检查方法是使风扇离合器脱离温控器的控制,打开点火开关,风扇应运转平稳,工作电流符合原厂设计规范。

3）机械式风扇离合器

采用形状记忆合金螺旋弹簧为温控和压紧装置。主动件和摩擦片为主动部分，与滚动轴承支撑于主动轴上的从动件之间，采用摩擦传动。形状记忆合金螺旋弹簧位于主动片与主动轴前盖之间，长度随温度变化而快速变化，当散热器后面的空气温度在50℃以下时，弹簧保持原来形状，离合器处于分离状态。当温度超过50℃弹簧开始伸长，推动主动件后移，使离合器逐渐接合，直到温度达60℃时，离合器完全接合，弹簧不再随温度继续升高而伸长。当环境温度下降到54℃时，离合器开始分离，风扇速度随之降低；当温度降到40℃时，离合器完全分离，轴承只是在轴承摩擦力矩作用下，很缓慢地转动。

第六节　汽油发动机电子控制系统维修

一、汽油发动机控制系统组成及工作原理

汽油发动机电子控制系统(Engine Control System, ESC)技术集中体现在汽油喷射技术、点火控制技术、排放控制技术、进气增压控制技术、自诊断技术等方面。

发动机电子控制系统主要由传感器、电子控制单元(ECU)和执行器三部分组成。传感器的作用是检测发动机各种运行状况的机械动作或热效应等方面的物理量信息，转换成相应的模拟或数字电信号，并传输给电控单元。传感器是一个完整的测量装置，它是电子控制系统的关键部件，如果没有各种传感器，电控单元就无法实现对发动机的有效可靠控制。某一实际发动机的电子控制系统应有多少个传感器，取决于控制功能的数目和实现控制功能所需考虑的影响因素（即控制精度）；一般而言，控制功能的数目越多，涉及的影响因素越多，所需的传感器也越多。

电子控制单元(ECU)主要由输入回路、A/D转换器、微型计算机和输出回路四部分组成，是一种实现多项控制功能的电子控制装置。其基本功能是接受传感器或其他装置输入的信息，给传感器提供参考（基准）电压(2V,5V,9V,12V)；将输入信息转变为微型计算机能接受的信号；存储、计算、分析处理信息；存储车型特征参数；存储运算中的数据（随存随取）；存储故障信息；根据信息参数求出执行命令数值，输出执行命令，把弱信号变为强的执行命令；将输出的信息与标准值对比，查找故障，输出故障信息；自我修正功能（自适应功能）。在发动机控制系统中，ECU不仅控制燃油喷射，还控制进气、点火提前角、怠速、增压、排放、自诊断、失效保护和备用系统等多项功能。

执行元件是受电控单元控制，完成某项控制功能的装置。在汽油机电控系统中，执行元件的动作，大多由电控单元控制执行元件电磁线圈的搭铁回路实现。也有一些执行元件是由电控单元控制的某些电子控制电路操纵，如电子点火控制器等。

二、电控汽油喷射发动机控制系统的故障诊断

1. 电控汽油喷射发动机诊断测试基本原则

计算机控制系统是电控汽油喷射发动机控制系统的核心部分，其技术状况的好坏对发动机的性能、可靠性和使用寿命是至关重要的。然而，在汽车上计算机控制系统的工作环境

十分恶劣,受到发动机工作时的高温、高压电、电磁波以及振动、潮湿、腐蚀性物质等强烈干扰和影响。为了提高发动机电控系统工作的可靠性和使用寿命,在使用和维修中应严格执行使用和维修手册中的规定,并坚持下述基本原则:

(1)电控发动机出现故障时,首先应确定是发动机本身的问题还是电控系统的问题,切不可盲目拆检。

(2)诊断时只要点火开关接通时,无论发动机是否在运转,绝对不允许断开各主要用电设备。

(3)当接通点火开关,发动机启动后故障灯不熄灭,或汽车运行中故障灯点亮,表明电控系统出现故障,应及时调出故障码,并排除故障。在排除故障的过程中应切断点火开关,但不可拆卸蓄电池的电缆线,否则,存储的故障码将丢失。

(4)诊断中若需拆除和插装线路接头时应特别小心,拆除线路接头或打开卡锁和拉出接头时应将力用在接头上,先松开锁紧弹簧或按下卡锁,再拉出接头;插装线路接头时,要使接头全部插入,并将卡锁锁住。

(5)在进行电控汽油喷射系统、燃油系统检修作业之前,必须先拆下蓄电池搭铁线,以免损坏零件。

(6)诊断电控发动机故障时,一般总是首先检查下列系统的工作情况:ECU控制电源(蓄电池、易熔线、熔断器);车身搭铁线;燃油供给系统(泄漏、汽油滤清器、电动汽油泵);点火系统(火花塞、高压线、分电器、点火器和点火线圈);空气进气系统(真空泄漏);排气控制系统(曲轴箱强制通风系统、废气再循环系统);其他(点火正时、怠速调整等)。

(7)电控系统中线路发生的故障通常是配线和插接器接触不良造成的,检查时应检查接头线端有无弯曲、是否完全插入并扣牢,当用手摇动或振动接头时检查信号是否改变。

(8)跨接启动其他车辆,或用其他车辆跨接启动本车辆时,必须在切断点火开关后再拆装跨接线。

(9)在车身上进行电弧焊接时,应在调出故障码后切断ECU的电源后进行;在靠近传感器的地方进行修理作业时,也应十分注意。

(10)电控汽车上不宜安装功率较大的无线电台,若必须安装时,电台天线应尽量远离计算机,以免对计算机工作产生不良影响。

(11)带有安全气囊系统的汽车,对安全气囊进行检修时,如果操作不当将会使气囊意外张开,因此,必须严格按操作程序进行。

2. 电控汽油喷射发动机故障检测程序

1)向客户调查

为了迅速地查找到故障源,首先必须了解故障的情况、出现的条件、如何发生以及是否已检修过等与故障有关的情况和信息。为此,必须认真了解客户对故障现象的描述。

2)目测检查

目测检查的目的是为了在进入更为细致的测试和诊断之前,能消除一些一般性的故障因素。其内容包括:拆除空气滤清器,检查滤芯及其周围是否有脏物、杂质或其他污物,必要时更换;检查真空软管是否破裂、老化或挤坏;检查真空软管是否堵塞,其经过的路径和接头是否恰当;检查电控系统电路线束的插接情况,包括传感器或执行器的电连接器是否良好、线束间的插接器(接头)是否松动或断开、导线绝缘层是否损坏、导线是否断裂等;检视每个传感器和执行器有无明显的损伤;运转发动机并检视进、排气管及氧传感器处是否有泄漏等。对发现的故障进行必要的排除,并重新装上空气滤清器。

3)基本检查

当故障码显示正常而发动机存在故障征兆时,在按征兆进行诊断之前,进行基本检查。基本检查主要包括基本急速转速的检查、基本点火正时的检查与调整以及燃油压力的检查等。

三、电控汽油喷射发动机控制系统的维修

(一)进气系统检修

在电控汽油喷射系统中,计算机主要根据空气流量计测得的空气流量信号或进气管压力传感器测得的进气歧管压力信号来控制喷油量,因此,进气系统密封不严漏气,将对发动机工作带来严重影响。为此在检修时应注意以下几点:

(1)发动机机油尺、机油加注口盖、连接软管等的脱落均会引起发动机工作失常。

(2)当空气流量计以后的进气系统零件、管件松脱、裂开均将吸入空气,导致发动机工作失调。检修时应对上述部位是否漏气进行认真检查。

1.空气流量计及线路检修

1)叶片式空气流量计的检修

叶片式空气流量计的检测方法主要有在线检测和元件单独检测两种:在线检测是传感器在工作状态时检测有关端子的电压对传感器、ECU 及连接导线的综合检测,而元件单独检测主要是传感器与线路不连接的情况下,对传感器内部情况进行检测,一般检测有关端子之间的电阻值或通断情况,如图 5-15 所示。

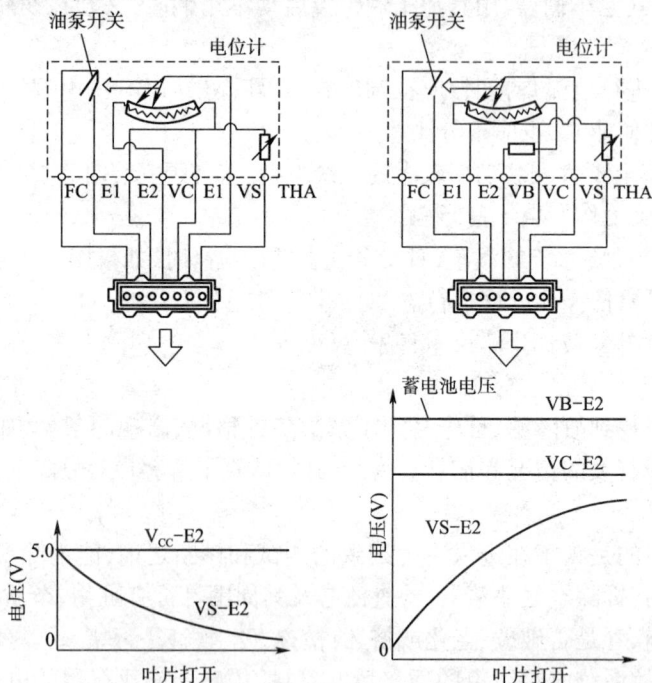

图 5-15　检测有关端子之间的电阻值或通断情况

(1)元件单独检测。关闭点火开关,拔下空气流量计与 ECU 连接线插头,测量空气流量计各端子之间的电阻值,若导通(0Ω),说明油泵开关正常,否则油泵开关损坏。

测量 FC—E1 之间电阻值,当叶片不转动时,FC 与 E1 之间不通,用手稍稍拨动叶片,FC 与 E1 之间导通(0Ω),说明油泵开关正常,否则油泵开关损坏;也可分别测量 VC—E2 之间、VS—E2 之间、THA—E2 之间电阻值。上述各端子之间的电阻值应符合表5-5所列值。

端子之间的电阻值 表5-5

端　　子	电 阻 值(Ω)	温　度(℃)
VC—E2	200～600	
VS—E2	200～400	
THA—E2	10000～200000	−20
	4000～7000	0
	2000～3000	20
	900～1300	40
	400～700	60
FC—F1	∞→0	

(2)在线检查。

①接通点火开关,但不要启动发动机。

②找出 ECU,测量 ECU 插接器相应端子的电压,应符合表5-6的值。如不符合表5-6的值,还应检查 ECU 与空气流量计之间的导线,若导线正常,则应检查或更换 ECU。

ECU 插接器相应端子的电压 表5-6

端　　子	条　　　件		标 准 电 压(V)
VC—E2	接通点火开关		46
		测量叶片全开	3.7～4.3
		测量叶片全关	0.2～0.5
	怠速		2.3～2.8
VS—E2	3000r/min		0.3～1.0

2)卡门涡旋式空气流量计的检修

检测卡门涡旋式空气流量计电路原理如图5-16所示,其插接器端子排列如图5-17所示。其中 THA 为进气温度传感器。

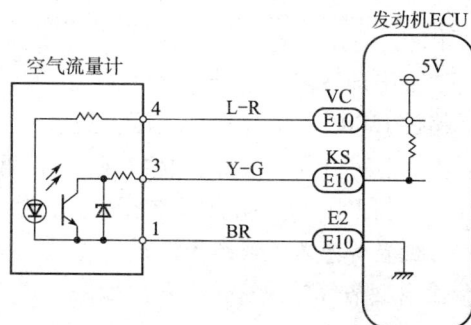

图5-16　检测卡门涡旋式空气流量计电路原理

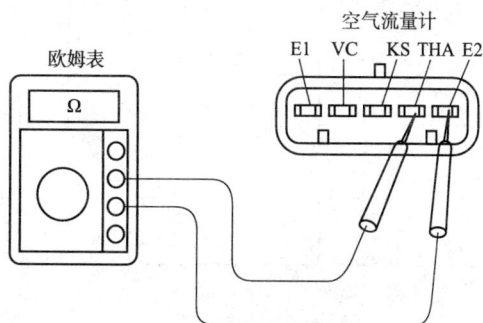

图5-17　卡门涡旋式空气流量计插接器端子排列

（1）元件检测。拔下空气流量计插接器插头,测量 THA 与 E2 之间的电阻值,0℃时为 4~7kΩ;20℃时为 2~3kΩ;40℃时为 0.9~1.3kΩ。如不符要求应更换流量计。

（2）在线检测。

①找出 ECU,测量 ECU 插接器 KS 与 E2 端子之间的电压。

②接通点火开关,但不启动发动机,此时 KS 与 E2 端子之间的电压应为 4~6V。

③发动机运转时 KS 与 E2 端子之间电压应为 2~4V,即不是 0V,也不是 5.0V,进气量越大,电压越高。

④检测 ECU 插接器 VC 与 E2 端子之间的电压,若在正常值 4~6V,则应检查 ECU 与空气流量计之间的导线或空气流量计;若电压不正常则应更换 ECU。

3）热线式空气流量计的检修

（1）元件检测。

①如图 5-18 所示,将蓄电池的电压加于 D、E 端子之间,测量 B、D 之间的电压应为 2~4V。

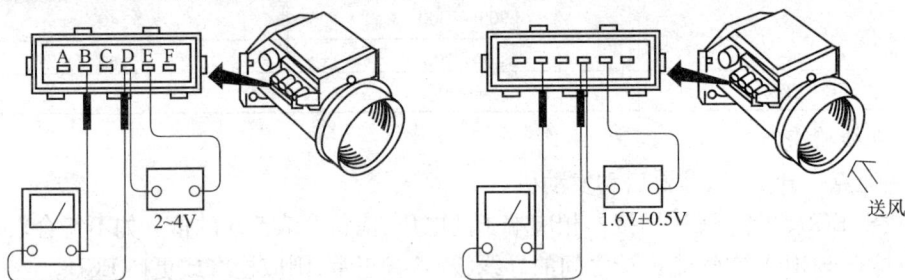

图 5-18　热线式空气流量计元件检测

②送风通过空气流量计,B、D 之间的电压应在 1~1.5V 之间变化。

如所测电压不正常则应更换流量计。

（2）在线检测。

①接通点火开关,不启动发动机。

②测量 E、D 之间电压应有 12V。

③若无电压,再测量 E 与 C 之间电压,其值若为 12V,则说明 D 端搭铁不良,应检查 D 与 ECU 之间的导线或 ECU 的搭铁线是否搭铁。

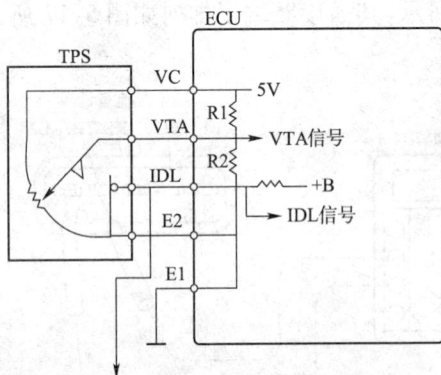

图 5-19　线性输出型节气门位置传感器与 ECU 的连接

④测量 B、D 之间电压,应为 2~4V。

⑤启动发动机,测量 B、D 之间电压,应在 1~1.5V 之间变化。

⑥使发动机冷却液温度上升至 60℃以上,发动机转速上升超过 1500r/min,然后用电压表测量 F、D 之间电压。关闭点火开关,电压应回零并在 5s 后又跳跃上升,1s 后再回零,这说明自清控制信号正常。

2.节气门位置传感器及线路检修

1）线性输出型节气门位置传感器的检修

线性输出型节气门位置传感器与 ECU 的连接参阅图 5-19 所示。

（1）元件检测。拔下传感器插接器插头,测量各端子之间的电阻值应符合表 5-7 所示值。如电阻值不正常,则应更换节气门位置传感器。

各端子之间的电阻值　　　　　　　　　　　　　　表 5-7

节气门开度	端子 VTA—E2	端子 IDL—E2	端子 VC—E2
全闭	0.2~0.8kΩ	0Ω	固定值
全开	2.8~8.0kΩ	∞	固定值
从全闭到全开	逐渐增大	∞	固定值

（2）在线检测。打开点火开关,不启动发动机。

测量各端子之间的电压应符合表 5-8 所示值。

各端子之间的电压　　　　　　　　　　　　　　表 5-8

节气门开度	端子 VTA—E2	端子 IDL—E2	端子 VC—E2
全闭	0.7V	低于1V	5V
全开	3.5~5.0V	4~6V	5V
从全闭到全开	逐渐增大	4~6V	5V

2）开关输出型节气门位置传感器的检修

开关输出型节气门位置传感器结构简单,只需测量其怠速触点和功率触点的通断情况即可判定其好坏。怠速触点在节气门全闭时应闭合,节气门略打开一点即断开。功率触点在节气门开度小于 50% 时应断开,节气门开度超过 50% 时应闭合。

3. 发动机转速与曲轴位置传感器、凸轮轴位置传感器及线路检测

1）电磁式传感器的检修

该曲轴位置传感器安装在曲轴前端的带轮之后。在带轮后端设置一个带有细齿的薄圆齿盘(用以产生信号,称为信号盘),它和曲轴带轮一起装在曲轴上,随曲轴一起旋转。在信号盘的外缘,沿着圆周每隔 4° 有一个齿。共有 90 个齿,并且每隔 120° 布置 1 个凸缘,共 3 个。安装在信号盘边沿的传感器盒是产生电信号发生器。其结构如图 5-20 所示。发动机转动时,信号盘的齿和凸缘引起通过感应线圈的磁场发生变化,从而在感应线圈里产生交变的电动势,经滤波整形后,即变成脉冲信号,产生曲轴 1° 转角的信号。

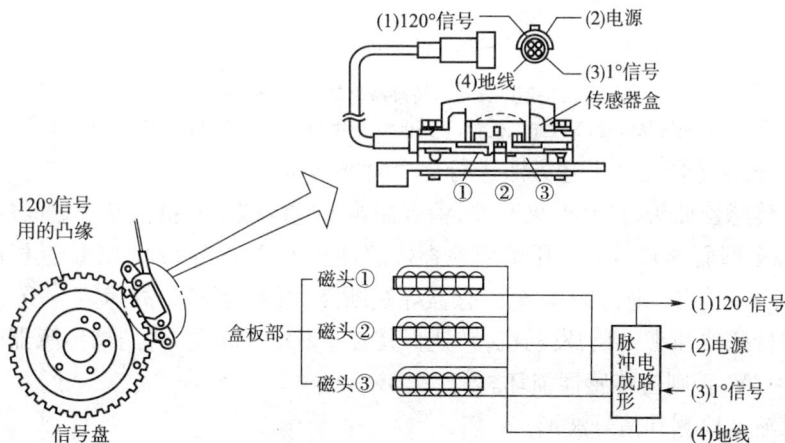

图 5-20　电磁式传感器结构（日产）

（1）元件检测。关闭点火开关，拔下传感器插头，用欧姆表测量传感器感应线圈的电阻值，测量值应符合原厂规定，其阻值一般为 300 ~ 1500Ω。

（2）在线检测。

①用交流电压表 2V 挡测量其输出电压：启动时应高于 0.1V，运转时应为 0.4 ~ 0.8V。

②用频率表测量其工作频率。

③用示波器检测其输出信号波形。

④如果在传感器上能检测到电压信号，而 ECU 插接器上检测不到信号，则应检查传感器至 ECU 之间的导线及插头。

2）光电式传感器的检修

光电式传感器结构及工作原理如图 5-21 所示。光电式传感器可安装在凸轮轴上或分电器内，由信号发生器与带缝隙和光孔的信号盘组成。信号盘外围有 360 条缝隙，产生 1°（曲轴转角）信号；外围稍靠内侧分布着 6 个光孔（间隔 60°），产生 120°信号，其中有一个较宽的光孔是产生对应第 1 缸上止点的 120°信号的。信号发生器固装在分电器壳体上，主要由两只发光二极管、两只光敏晶体管和电子电路组成。两只发光二极管分别正对着光敏晶体管，发光二极管以光敏晶体管为照射目标。信号盘位于发光晶体管和光敏晶体管之间，当信号盘随发动机曲轴运转时，因信号盘上有光孔，产生透光和遮光的交替变化，造成信号发生器输出表征曲轴位置和转角的脉冲信号。

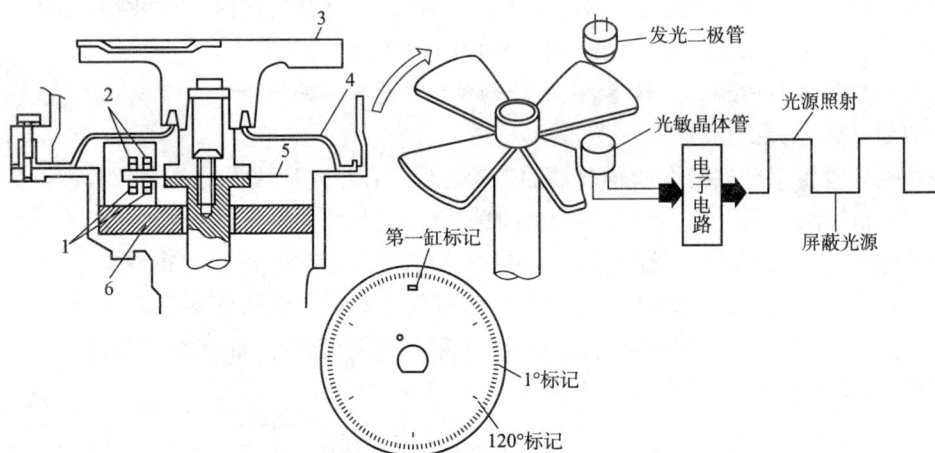

图 5-21　光电式传感器布置及工作原理
1-光敏晶体管;2-发光二极管;3-分火头;4-密封盖;5-遮光盘;6-线路基座

检修光电式传感器可按下述方法进行：

（1）拔下传感器插头，打开点火开关，检查插头上电源端子与搭铁端子之间的电压，应为 5V 或 12V（视车型而异），若无电压则应检查传感器至 ECU 的导线和 ECU 上相应端子的电压，若 ECU 端子有电压，则为 ECU 至传感器导线断路，否则为 ECU 故障。

（2）插回传感器插头，启动发动机，转速保持在 2500r/min 左右，测量传感器输出端子的电压，应为 2 ~ 3V，否则为传感器损坏。

（3）用示波器检测其信号波形。

3）霍尔式传感器的检测

霍尔式传感器是利用霍尔效应的原理,产生与曲轴转角相对应的电压脉冲信号的。它是利用触发叶片或轮齿改变通过霍尔元件的磁场强度,从而使霍尔元件产生脉冲的霍尔电压信号,经放大整形后即为曲轴位置传感器的输出信号。

检修霍尔式传感器可按下述方法进行:

(1)拔下传感器插头,打开点火开关,检查插头上电源端子与搭铁之间的电压,应为8V或12V(视车型而异),若无电压则应检查传感器至ECU之间的线路及ECU上相应端子的电压,ECU相应端子有电压,则为传感器至ECU之间线路断路,无电压则为ECU故障。

(2)插回传感器插头,启动发动机,测量传感器输出端子信号电压,应为3~6V,若无信号电压,则为传感器故障。

(3)用示波器检查传感器输出电压波形。

4.进气压力传感器及其线路检修

进气压力传感器根据发动机的负荷状态测出进气歧管内绝对压力(真空度)变化,并转换成电压信号,与转速信号一起输送到电控单元提供计算喷油持续时间的基准信号。进气压力传感器与ECU的连接电路可参阅图5-22。

检测方法:

(1)拔下传感器插头,打开点火开关,测量插头上VC端子与E2端子之间的电压,应为4.5~5.5V。若无电压,则应检查ECU上相应端子的电压。若ECU相应端子上电压正常,则为ECU至传感器之间线路故障,若无电压则为ECU故障。

(2)插回插头,拆下传感器上的软管,打开点火开关,测量ECU插接器上PIM与E2端子之间在大气压下输出的电压,应符合图5-23所示的输出特性。

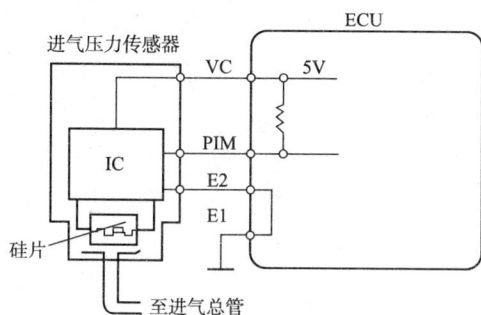

图5-22 进气压力传感器与ECU连接关系

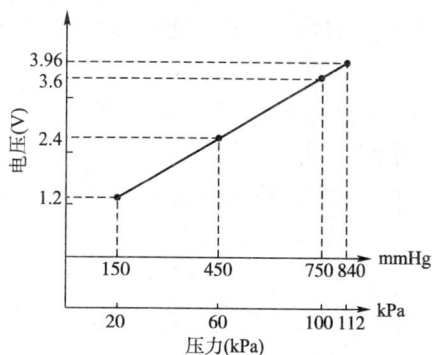

图5-23 进气压力与输出电压的关系

(3)对传感器施以13.3~66.7kPa的负压(真空度),再测ECU插接器上PIM与E2之间的电压,应符合表5-9所列值。

PIM的真空度与E2间电压的关系 表5-9

真空度(kPa)	13.3	26.7	40.0	53.5	66.7
电压(V)	0.3~0.5	0.7~0.9	1.1~1.3	1.5~1.7	1.9~2.1

5.进气温度、冷却液温度传感器及其线路检修

进气温度传感器通常安装在空气滤清器之后的进气软管上或空气流量计上,还有的在空气流量计和谐振腔上各装一个,以提高喷油量的控制精度。冷却液温度传感器用于检测发动机冷却液温度,传感器安装在发动机冷却液通路上,冷却液温度的变化将引起电阻值的变化,进气温度和冷却液温度传感器工作原理相同,内部是一个具有负温度电阻系数的热敏电阻,外部用环氧树脂密封。

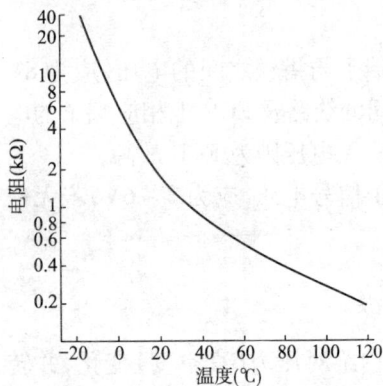

图5-24　传感器电阻与温度变化关系

进气温度传感器、冷却液温度传感器两者检测方法相同。

1)元件检测

拆下传感器,测量传感器THW、THA端子与E2端子之间在不同温度下的电阻值,应符其特性曲线相应温度下的电阻值(图5-24)。否则应更换传感器。

2)在线测量

(1)拔下传感器插头,打开点火开关,测量插头上THW、THA端子与E2之间的电压,应为5V。若无电压,则应检查ECU插接器上THW、THA端子之间电压,若为5V,则为ECU与传感器之间线路故障,若无5V,则为ECU故障。

(2)插回插头,启动发动机,测量传感器THA、THW端子与E2之间在不同温度下的电压,应在4~5V之间变化,温度越低电压越高,温度越高电压越低。

（二）燃油喷射系统检修

燃油喷射系统的作用是根据发动机工作所需,供给最适量的燃油。系统主要由燃油供给装置、传感器和控制装置等组成。在电控燃油喷射系统中,燃油供给系统及其控制电故障将直接影响到发动机性能,因此对燃油喷射系统及其控制电路的检修也是重要内容之一。

1.燃油喷射系统的油压检查

燃油系统油压是保证发动机正常工作的必备条件,在检修时首先要检测系统油压。

检测方法是:

(1)将系统残余油压泄掉,将油压表接入管路中。

(2)分别在下列条件(工况)下检查油压:

①静止油压。打开点火开关但不启动发动机,ECU将控制油泵工作2~3s,配备叶片式空气流量计的电喷发动机可跨接油泵使之运转2~3s。

②启动工况油压。

③怠速工况油压。

④正常运行工况油压。

⑤系统最高油压:压力表指示油压应比没夹住回油管时高2~3倍,否则油泵性能下降,泵油压力不足。

⑥管路油压回落检查:接通点火开关并连续启动15s,记下油压表所指示的压力,待30s后再次观察油压表指示的压力,其值不应回落。

2.油泵控制电路的检查

要检查油泵控制电路,首先必须熟悉该车型的油泵控制电路,不同车型油泵控制电路各有差异,因此,检查的方法、步骤不尽相同,但检查的基本方法和思路是相同的。图5-25所示为具有转速控制的油泵控制电路,大致可按下列步骤检查。

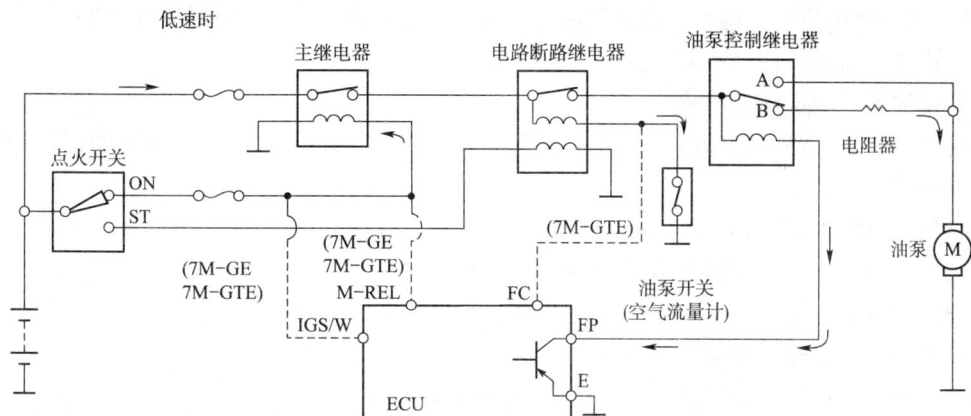

图 5-25 具有转速控制的油泵控制电路

1)检查油泵的电源供给电路

油泵电源供给电路一般受 EFI 主继电器及熔断器控制,当熔断器断路或主继电器出现故障时,接通点火开关,燃油泵控制 ECU 的 +B 端子将无电压。

2)检查油泵控制电路

油泵工作电路主要由油泵继电器控制,油泵继电器受 ECU 控制。

(1)检查油泵继电器和油泵 ECU。

(2)检查油泵调速附加电阻(旁路电阻)。

(3)检查 ECU 控制线路 FC、FPC、DI 等端子(丰田车系),切诺基汽车检查 SBEC Ⅱ 控制器 51 端子。

3.油泵检查

拔下油泵线路插接器,用万用表欧姆挡测量油泵电动机插接器插座两端子之间的电阻值。若电阻为无穷大,则电动机内部有断路故障或电刷接触不良。若电阻为零,则电动机内部有短路故障。这两种情况均应更换油泵。

4.喷油器及其控制电路的检修

喷油器是燃油供给系统中的重要组成部件,其性能好坏及其控制电路对发动机工作性能及能否工作影响很大。喷油器及其控制电路的检修主要有以下内容。

1)喷油器工作状况检查

在发动机热启动后使其怠速运转,将螺钉旋具或听诊器放在喷油器上方,若能听到各缸喷油器发出的清脆均匀且有节奏的"嗒、嗒"声,表明喷油器工作正常。若某缸喷油器的工作声音很小或听不见工作声,表明该缸喷油器工作不正常或完全失效,应对喷油器及控制线路进行检修。若发动机杂声较大,声音不很明显,可拔掉喷油器线束插头后测听响声是否消失。若各缸喷油器工作声音清脆均匀,表明喷油器良好。

2)喷油质量的检查

(1)喷油器油束形状检查。拆下喷油器,安装到喷油器试验台上,启动喷油器试验台,观察喷油器工作情况,性能良好的喷油器油束应呈圆锥形状,油束喷射角度一般为 20°~30°。

(2)喷油器滴漏检查。启动喷油器试验台,设置测试系统油压为 0.35MPa,观察喷油器的喷嘴,在 1min 内滴漏不允许超过 1 滴。

(3)喷油器的供油量检查。启动喷油器试验台,测量其喷油量,一般喷油量为 200mL/min,各喷油器的喷油量的误差不超过 15% ~20% 。

3)喷油器控制电路的检查

喷油器控制电路一般均由点火开关或主继电器供电,由 ECU 控制喷油器的搭铁回路。检查方法如下:

(1)拔下喷油器插接器插头。

(2)接通点火开关,不要启动发动机。

(3)测量喷油器控制线插接器插头上的电源线的电压,应为 12V。若无电压,则应检查点火开关及熔断器或主继电器及线路。

(4)检查 ECU 的喷油器搭铁线 E1、E2,搭铁是否良好。

(5)将专用检查试灯串接到喷油器插接器两插头上,启动发动机,试灯应闪烁,不亮或不闪烁则控制回路有故障,可检查喷油器至 ECU 的线路和 ECU 是否有故障。也可用示波器检测喷油器脉冲波形,对控制电路进行检查。

5.油压调节器检修

(1)油压调节器工作状况的检查。先测量发动机运转时的燃油压力,怠速运转时的燃油压力应为 250kPa 左右。拔下油压调节器真空软管,并检查燃油压力。此时的燃油压力应比怠速运转时的燃油压力高 50kPa 左右。如压力变化不符合要求,即说明油压调节器工作不良,应更换。

(2)油压调节器保持压力的测量。当燃油系统保持压力不符合标准值(低于 147kPa)时,应作此项检查。其检查方法是先将油压表接入燃油管路,用一根短导线将电动燃油泵的两个检测插孔短接。打开点火开关(旋至 ON 位置),并保持 10s,让电动燃油泵运转。关闭点火开关,拔去检测孔上的短接导线。用包上软布的钳子将油压调节器的回油管夹紧。5min 后观察燃油压力,该压力称为油压调节器保持压力。如果该压力仍然低于燃油系统保持压力的标准,说明燃油系统保持压力过低的故障不在油压调节器;相反,若此时压力大于 147kPa,则说明油压调节器泄漏,应予更换。

6.断油控制系统的检测

断油控制系统有急减速断油、超速断油和溢油消除三种功能。其中超速断油功能的检测要让发动机超速运转,容易造成发动机损坏,因此,通常只检测急减速断油和溢油消除两种功能。

1)急减速断油功能的检测

先启动并预热发动机。再拔下节气门位置传感器线束插头,用一根导线将插头内与节气门位置传感器的怠速开关相接的两个插孔短接。慢慢踩下加速踏板,逐渐提高发动机转速,检查发动机转速是否在升高到 1700r/min 后突然自行下降至 1200r/min,此后若踩住加速踏板不动,发动机转速将在 1200 ~1700r/min 之间来回变化,即出现游车状态,说明急减速断油控制系统工作正常;否则,说明急减速断油功能不正常,应检查怠速开关、发动机转速传感器及其线路。

2)溢油消除功能的检测

拔下喷油器线束插头,将万用表两测笔接在喷油器线束头两插孔内。再将加速踏板踩到底,同时启动发动机,检查电压表指针,指针应无摆动,否则,说明溢油消除功能失效,应检查节气门位置传感器及控制线路。

(三)怠速自动控制系统的检修

怠速自动控制系统的故障会使发动机怠速失常,出现怠速不稳、怠速过高或过低、无冷车快怠速、无空调快怠速等故障。其原因主要是计算机、控制线路及怠速控制阀出现故障。这些故障通常不能被计算机故障自诊断电路检测出来,只能通过人工检测的方法找出故障部位。

怠速控制系统的检测方法主要有:

(1)在冷车状态下启动发动机,暖机过程中发动机怠速应能达到规定的快怠速转速(通常为1500r/min左右)。在发动机达到正常工作温度后,怠速转速应能恢复正常(通常为700r/min左右)。如果冷车启动后怠速不能按上述规律变化,则说明怠速控制系统有故障。

(2)当发动机达到正常工作温度后,打开空调开关,发动机怠速应能上升至700r/min左右。若打开空调开关后发动机转速下降,则说明怠速控制系统有故障。

(3)在发动机怠速运转中,对怠速调整螺钉作少量调整,发动机怠速转速应不会发生变化(调整后应使怠速调整螺钉恢复原来位置)。若在调整中怠速转速有变化,说明怠速控制系统不工作。

(4)拔下怠速控制阀线束插头,用电压表测量。如果在发动机运转中,怠速控制阀线束插头有脉冲电压输出,说明怠速控制系统工作正常。若无脉冲电压输出,可打开空调开关后再测试,若仍无脉冲电压输出,说明怠速控制系统不工作。对此,应检查计算机与怠速控制阀之间的线路是否接触不良,有无断路。如线路正常,则说明计算机有故障,应更换计算机。

(四)排放控制系统检修

现代汽车对发动机的污染源采取许多控制有害物排放及净化的措施。由发动机 ECU 控制的减少有害物排放措施有装用三元催化转化器及空燃比反馈控制、废气再循环(ECR)控制、二次空气喷射控制、活性炭罐吸附及泄放控制等。排放控制系统的某些故障一般不能被计算机故障自诊断电路检测出,只能通过对各个零部件的检测来查找故障。

1.三元催化转化器

为了进一步降低发动机排气中 CO、HC 和 NO_x 的排放量,现代轿车汽油机在排气系统中,普遍安装净化装置,对上述三种有害物质进行净化处理,这种净化装置称为三元催化转化器。三元催化转化器安装在排气消声器前面,由三元催化转化芯子和外壳等构成。为了提高芯子的抗颠簸性能,芯子的外面通常用钢丝包裹。三元催化转化器使用中注意事项:

(1)装有三元催化器的汽车,不能使用含铅汽油。含铅汽油燃烧后,铅颗粒随废气排放经三元催化器时,会覆盖在催化剂表面,使催化剂作用面积减少,从而大大降低三元催化器的转换效率,这就是常说的"三元催化器铅中毒"。经验表明即使只使用过一箱含铅汽油,也会造成三元催化器的严重失效。

(2)应避免未燃烧的混合气进入三元催化器。三元催化器开始起作用的温度是200℃左右,最佳工作温度是400~800℃,而超过1000℃后作为催化剂的贵金属成分自身也将会产生化学变化,从而使三元催化器内的有效催化剂成分降低,使催化作用减弱。催化器降低碳氢化合物(HC)和一氧化碳(CO)这两种有害物质是通过在三元催化器内部进行燃烧使其转化为水(H_2O)及二氧化碳(CO_2)而实现的,这种反应会产生热量,发动机工作正常情况下,这两种成分的含量适当,燃烧所产生的热量会使三元催化器保持在最佳工作温度附近,而发动机工作出现异常时排气中这两种成分的含量远远超过正常情况。燃烧所产生的热量有很大可能将使三元催化器温度超过工作上限,从而伤害到催化剂,三元使催化器损坏。

(3)行驶应特别注意不要"托底"。三元催化器大多数内部都是蜂窝陶器形成的催化剂承载体,碰撞后容易破碎,使三元催化器和排气系统堵塞。

2. 氧传感器及其线路的检修

三元催化转化器对CO、HC和NO_x三种有害物的转换效率与发动机的空燃比有关,只有当发动机在理论空燃比A/F9 = 14.7:1(过量空气系数 $\alpha = 1$)运转时,三元催化转化器才同时对三种有害物质都具有最高的转换效率。氧传感器用来检测排气中氧的含量,以电信号输送到ECU,ECU根据氧传感器的输入信号,对实际空燃比相对理论空燃比的偏离情况作出判断;并以此对喷油量进行修正,实现空燃比的精确控制。氧传感器的基本电路如图5-26所示。

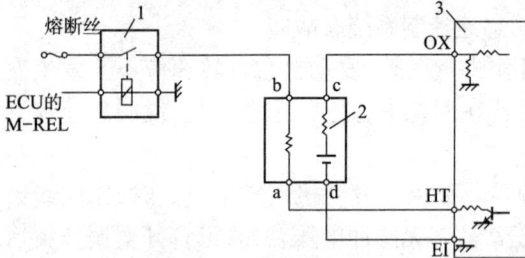

图5-26 氧传感器的电路
1-主继电器;2-氧传感器;3-发动机 ECU

1)氧传感器加热器电阻的检测

点火开关置于"OFF",拔下氧传感器的导线插接器,用万用表欧姆挡测量氧传感器接线端中加热器端子与自搭铁端子(图5-25的端子 a 和 b)间的电阻,其电阻值应符合标准值(一般为 $4 \sim 40\Omega$;具体数值参见具体车型说明书)。如不符合标准,应更换氧传感器。测量后,接好氧传感器线束插接器,以便作进一步的检测。

2)氧传感器反馈电压的检测

测量氧传感器反馈电压时,应先拔下氧传感器线束插接器插头,对照被测车型的电路图,从氧传感器反馈电压输出端引出一条细导线,然后插好插接器,在发动机运转时从引出线上测量反馈电压。

3. 燃油蒸发控制系统的检修

将发动机热车至正常工作温度,并使之怠速运转:拔下蒸气回收罐上的真空软管,检查软管内有无真空吸力。若系统工作正常,在发动机怠速运转中电磁阀应不通,软管内应无真空吸力,如果此时软管内有吸力,应检查电磁阀线束插头内电源电压是否正常。若有电压,说明计算机有故障;若无电压,说明电磁阀有故障。踩下加速踏板,使发动机转速大于2000r/min,同时检查上述软管内有无真空吸力。若有吸力,说明正常;若无吸力,应检查电磁阀线束插头内电源电压。若电压正常,说明电磁阀有故障,若电压异常或无电压,说明计算机或控制线路有故障。若要单独检查电磁阀,可拔下电磁阀线束插头,向电磁阀吹气,电磁阀应不通气,再将电源接在电磁阀两接线柱上,同时向电磁阀内吹气,电磁阀应可以通气。如果有异常,则说明电磁阀有故障,应更换。

4. 废气再循环控制系统的检修

高温、高压和富氧是产生 NO_x 的主要因素。当发动机燃烧温度超过1370℃时,就会形

成 NO_x。而在发动机做功的瞬间燃烧室温度达到2000℃以上。由此可见 NO_x 根本不可能消除,只能在现有的条件下设法减少 NO_x 的排放。废气再循环装置(EGR),可适时适量地向进气歧管输入燃烧后的废气,有效降低燃烧室温度和含氧量,使 NO_x 的排放明显降低。其工作原理如图5-27所示。废气再循环装置的好坏对发动机工作性能有很大影响。

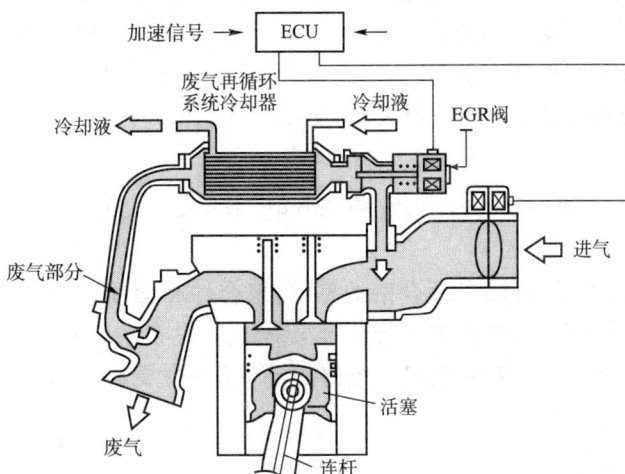

图5-27　废气再循环装置工作原理

(1)废气再循环系统工作的检查。启动发动机以怠速运转,将手指伸入废气再循环阀中,按在膜片上,检查废气再循环阀有无动作。在冷车状态下踩下加速踏板,使发动机转速上升至2000r/min左右,此时废气再循环阀应不开启,手指上应感觉不到膜片的动作。在发动机热车后(冷却液温度高于50℃),踩下加速踏板,使发动机转速上升至2000r/min左右,此时废气再循环阀应开启,手指应可感觉到膜片的动作。若废气再循环阀不能按上述规律动作,则说明该系统工作不正常,应检查该系统各零部件。

(2)三通电磁阀的检查。拔下三通电磁阀的线束插头及真空软管,拆下三通电磁阀,如图5-28所示。当电磁阀线圈不接电源时,A和B、A和C之间应不通气,B和C之间应通气;否则,说明三通电磁阀损坏,应更换。接上电源,A和B之间应通气,A和B、B和C之间应不通气。否则,说明三通电磁阀损坏,应更换。

图5-28　三通电磁阀的检查

(3)废气再循环阀的检查。让发动机以怠速运转。拔下连接废气再循环阀与废气调整阀的真空软管。用手动抽真空器对废气再循环阀膜片室施加约19.95kPa的真空度。若此时发动机怠速运转性能变坏甚至熄火,说明废气再循环工作正常;若发动机运转性能无变化,说明废气再循环阀损坏,应更换。

(4)废气调整阀的检查。启动发动机,并预热至正常工作温度。拔下连接废气调整阀与废气再循环阀的真空软竹,用手指按住真空管接口,当发动机怠速运转时接口内应无真空吸力;踩一下加速踏板,使发动机转速上升至2000r/min,此时接口内应有真空吸力。如不符合要求,说明废气调整阀工作不正常,应拆卸检查。拆下废气调整阀,在连接节气门体真空管的接口处接上手动抽真空器,用手指堵住连接废气再循环阀的真空接口,向连接排气管的进气口内施加气压,同时扳动手动抽真空器,施加一定真空,在连接废气再循环阀的接口处应能感到有真空吸力;停止抽真空后,真空吸力应能保持住,无明显下降;放掉排气管进气口的压力,真空吸力也应随之消失。如有异常,应更换废气调整阀。

第七节　发动机的装配与调试

发动机的装配是把新零件,修理合格的零件,组合件和辅助总成,按照规定的工艺和技术条件装配成完整的发动机,并对其进行磨合与调试:发动机的装配与调试是发动机大修的最后一个作业环节,装配质量对发动机的维修质量有着重大影响,对大修后的发动机使用寿命影响极大。

一、发动机的装配

发动机装配包括各组合件装配和总成装配两部分。总装配的步骤,随车型、结构的不同而异,但其原则是以汽缸体为装配基础,由内向外逐段装配,基本顺序雷同。

1. 发动机装配注意事项

(1)使用专用工具。

(2)待装配零件、部件必须保持清洁,不得粘有异物,如汽缸体上的油孔(道)、曲柄连杆机构的油道安装前应用压缩空气吹净。凡经过加工的零件,如镗磨过的汽缸、磨削加工的曲轴等,必须彻底清洗表面的金属磨屑(粒)。

(3)间隙配合零件时,有相对运动的配合副工作表面应涂清洁的润滑油,组装过盈配合件时,应涂以少许机油,以减小装配阻力。汽缸衬垫和进、排气歧管的衬垫应涂以石墨润滑脂;螺栓应涂以红月油。

(4)装复配合件需要在零件工作面施加压力或锤击时,必须加垫软金属块或使用铜铳。

(5)各部位螺栓、螺母应按技术标准上规定的力矩和顺序拧紧,以防零件松脱和变形。

(6)装配中应注意装配记号的方位、对正,各部位的配合间隙符合要求,以确保安装关系正确。

(7)凡规定用开口销、金属锁丝、弹簧垫圈等锁紧件者,均应装妥。

(8)正确安装密封件。应根据上作压力大小和温度高低选用不同材质的新密封件,保证零件的密封表而应光洁平整,并使接触压力大小均匀一致。在装用金属或非金属衬垫时,应涂上密封胶,以提高防漏效果。

(9)装配中应注意检查各零件的装配质量,以确保发动机装复后符合技术要求。

2. 发动机装配的要点

1)活塞连杆组的装配

对于全浮式活塞销的活塞连杆组,应预热活塞(50~70℃),注意活塞顶上的向前标记与连杆杆身的向前标记;各道活塞环不应错位或装反,有数码或标记的一面应朝上,相邻活塞环的开口应相应错开。对于半浮式活塞销,应按厂家规定进行热装(连杆加热到240℃)或在常温下进行压装。压装时应采用专用承压和导向工具,以免活塞裂损或活塞销偏位。

2)曲轴的安装

轴瓦装入缸体时,对于"组瓦",因各道轴瓦可互换,注意上、下轴瓦不可装反,轴瓦上的油孔(或油槽)与缸体上的油道口对正。对于"对瓦",因各道不可互换,不仅上下不能装反,每对瓦的前后位置也不能装错。安装推力轴承时,应将有抗磨合金层并有油槽的一面朝向曲柄一侧。各道轴承盖应对号入座,按规定力矩和顺序拧紧其螺栓。曲轴轴向间隙,应符合要求。

3)活塞连杆组的安装

装入汽缸前要确认活塞与汽缸序号一致,把各道活塞开口方位调整好。连杆轴承盖装配好后,应检查连杆大头的轴向间隙是否符合要求。

对于轻型柴油发动机,活塞连杆组装入汽缸后,应检查活塞顶凸出或凹入汽缸体上平面的距离是否符合要求。不符合标准值时,应选用不同厚度的汽缸垫调整。

4)凸轮轴及配气机构的安装

对下置凸轮轴发动机,安装曲轴后应接着安装凸轮轴,注意各道轴承装入座孔时,其油孔应与座孔上油道对正,轴颈与轴承配合间隙及凸轮轴轴向间隙符合要求。顶置凸轮轴的安装,应在汽缸盖安装后进行。对于双凸轮轴的,注意区分进气凸轮轴与排气凸轮轴。摇臂轴安装时,应识别进、排气摇臂和摇臂轴,两者不可互换。正时链条、齿形带和齿轮安装时,应注意配气正时记号要对正,如图5-29所示。

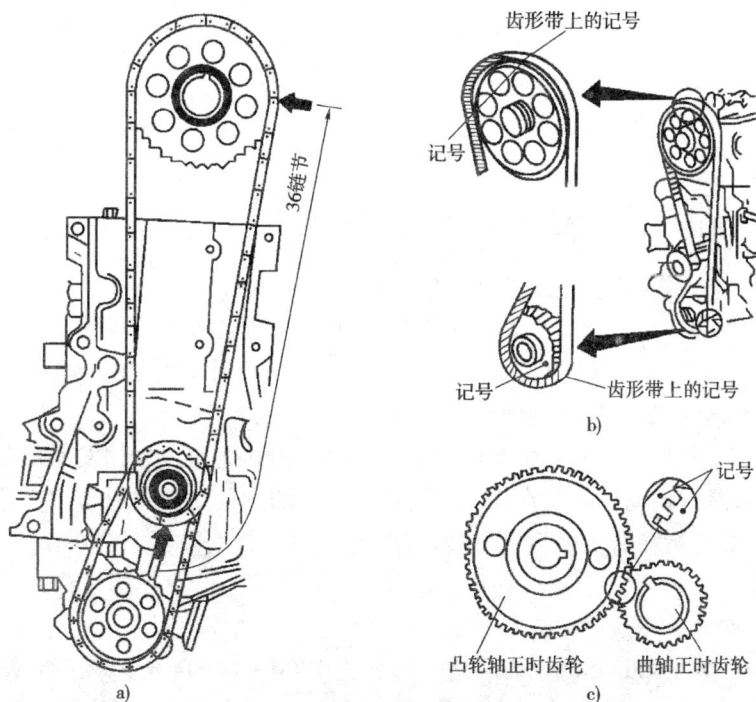

图5-29 配气正时记号
a)链条与链轮正时记号;b)齿形带与带轮正时记号;c)正时齿轮记号

5)分电器的安装

分电器安装时应注意其传动环节相关零件的方位,以保证点火正时准确无误。

(1)曲轴定位。摇转曲轴,使第一缸活塞处于压缩行程上止点前、制造厂家所规定的点火提前位置。

(2)机油泵驱动轴定位:部分车型的机油泵由分电器轴驱动,分电器传动轴端的偏置双切面刃部与机油泵轴端的偏置槽口相配合:由于分电器插入汽缸体座孔后,其轴上齿轮与凸轮轴上的螺旋齿轮啮合过程中,要相对转过一个角度,因此为了保证分电器安装后位置正确,机油泵轴槽口的方位要预先设定,可与缸体平行或倾斜一定角度,如图5-30所示。

(3)分电器与分火头定位。安装分电器前,应使其壳体上的记号与其传动齿轮轴上的记号对齐,如图5-31所示。然后将分电器插到位,并将其固定,确认分火头指向与分电器盖上"1"缸高压线插孔方位一致,则表明分电器安装正确。值得提出的是,当换用维修用发动机(中缸)时,上述三项不必进行。

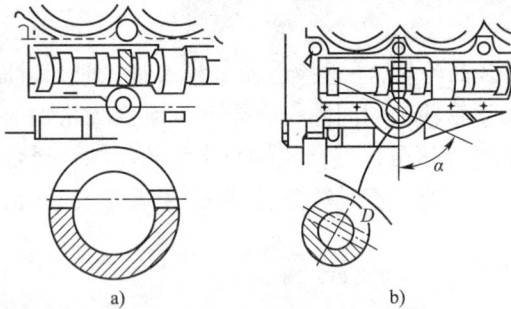

图5-30 机油泵轴定位
a)槽口平行;b)槽口倾斜

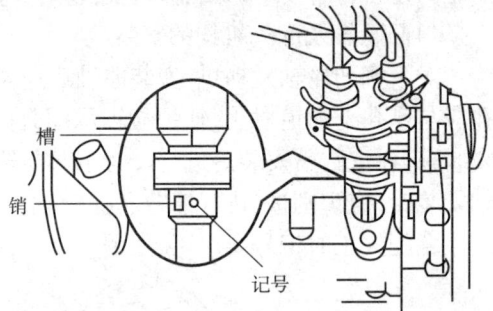

图5-31 分电器定位

二、发动机的磨合与调试

发动机总成经大修装配后,应按一定的规范和要求进行磨合与调试。磨合是修理工艺过程的一个重要工序,其目的是测定发动机总成的工作性能,检查其维修、装配质量,及时发现和消除隐患,扩大相互摩擦零件的接触面积,以减小各摩擦表面的表面粗糙度值,降低零件初期阶段的磨损量,延长总成的使用寿命。

发动机的磨合分冷磨合和热磨合两种。冷磨合是用其他动力带动发动机运转进行磨合的过程。热磨合是以发动机本身产生的动力进行磨合的过程。发动机自行空运转磨合称为无载热磨合;加载自运转磨合称为负荷热磨合。

1.冷磨合规范

1)冷磨合转速

起始转速一般为400~500r/min,终止转速为1200~1400r/min。起始转速过低,尤其是发动机自润沿磨合,曲轴溅油能力不足,机油泵输油压力过低,不能满足配合副很大摩擦阻力和摩擦热对润滑、冷却、清洁能力的需求,势必引起配合副破坏性耗损。由于高摩擦阻力和高摩擦热的限制,起始转速亦不能过高。发动机磨合的关键是汽缸、活塞环、活塞和曲轴与轴承等配合副的磨合,配合面上的载荷主要由连杆活塞组的质量和离心力形成的。

2)冷磨合载荷

冷磨合时单靠活塞连杆组所产生的载荷显然不够,磨合效率低。实践证明,装好汽缸盖,磨合后期堵死火花塞螺孔,借助汽缸的压缩压力来增加冷磨载荷是极为有益的。

3)冷磨合的润滑

现行的润滑方式有自润滑、油浴式润滑和机外润滑。实践证明,机外润滑方式效果最佳,对提高磨合效率极为有利。所谓机外润滑是指由一专门的泵送系统,将专门配制的黏度较低,硫化极性添加剂含量高的专门的发动机润滑油,以较大的流量送入发动机进行润滑的润滑方式。不但使摩擦表而松软,加速磨合过程,而且润滑、散热以及清洁力很强,还可以提高磨合过程的可靠性。

4)磨合时间

各级转速的冷磨合时间约为 15min,共 60min。

2.热磨合规范

1)无载热磨合规范

无载热磨合是为有载热磨合作准备,其磨合原理与冷磨合类似,因此无载热磨合转速取发动机额定转速的 40% ~55%。

2)有载热磨合规范

起始转速取额定转速的 4% ~50%,磨合终了转速一般取额定转速的 80%。四级调速,起始加载取额定转速的 20%,磨合终了前载取额定转速的 80%,采取四级加载方式,与四级调速相应组合。

三、发动机总成修理竣工技术要求

1.一般技术要求

(1)装备齐全、按规定完成了发动机磨合,无漏油、漏水、漏气、漏电现象。

(2)加注的润滑油量、牌号以及润滑脂符合原厂规定。

(3)无异响,急加速时无突爆声,化油器不回火,消声器无放炮声,工作中无异响。

(4)润滑油压力和冷却液温度正常。

(5)汽缸压力符合原厂规定,各缸压力差,汽油机应不超过各缸平均压力的 8%,柴油机不超过 10%。

(6)四冲程汽油机转速在 500 ~600r/min 时,以海平面为准,进气歧管真空度应在 57.2 ~70.5kPa 范围内。其波动范围,六缸发动机不超过 3.5kPa,四缸发动机不超过 5kPa。

2.主要使用性能

(1)发动机在正常工作温度下,5s 内能启动。柴油机在 5℃,汽油机在 -5℃ 环境下,启动顺利。

(2)配气相位差不大于 2°30′。

(3)加速灵敏,速度过渡圆滑,怠速稳定,各工况工作平稳。

（4）最大功率和最大转矩不低于原厂规定的90%。

（5）最低燃料消耗率不得高于原厂规定。

（6）发动机排放限值符合GB7258—2012《机动车运行安全技术条件》之规定。

二级维护竣工的发动机除装备齐全有效之外，还必须进行性能检测。要求能正常启动，低、中、高速运转均匀、稳定，冷却液温度正常，加速性能好，无断火、放炮等现象。发动机稳定后应无异响。无负荷功率不小于额定值的80%。

第六章　汽车底盘维修

教学目标

1. 掌握离合器故障分析、拆装和检查方法。
2. 掌握机械式变速器和自动变速器的维修方法。
3. 理解主减速器、差速器、悬架系统、转向系统和制动系统的失效形式。
4. 掌握主减速器、差速器、悬架系统、转向系统和制动系统的拆装及维修。

教学要点

知 识 要 点	掌握程度	相 关 知 识
离合器维修	掌握	离合器常见故障分析、离合器的拆装及检查
变速器维修	掌握	机械式变速器、自动变速器的维修
主减速器和差速器的维修	掌握	主减速器和差速器的失效形式及其拆装与检修
悬架系统的维修	掌握	悬架系统的失效形式及其拆装与维修
转向系统的维修	掌握	转向系统的失效形式及其检查与维修
制动系统的维修	掌握	制动系统的失效形式及其检查与维修

第一节　离合器的维修

一、离合器常见故障分析

1. 离合器打滑

1）故障原因

（1）离合器踏板自由行程过小。

（2）摩擦衬片表面油污。

（3）膜片弹簧变形或压紧力不足。

（4）飞轮或压盘变形。

2）排除方法

（1）调整离合器踏板自由行程。

（2）修磨或更换摩擦衬片。

（3）更换膜片弹簧。

（4）更换飞轮或压盘。

2. 离合器发响

1）故障原因

（1）分离轴承损坏或缺油。

（2）摩擦衬片粘油或磨损、离合器中心偏斜、膜片弹簧损坏。

（3）分离叉或连杆卡住。

2）排除方法

（1）更换分离轴承。

（2）更换相应的零件。

（3）修理或更换分离叉或连杆。

3. 换挡困难

1）故障原因

（1）离合器踏板自由行程过大。

（2）离合器液压管路中有空气。

（3）离合器主缸或工作缸失效。

（4）离合器盖或压盘失效。

（5）离合器从动盘花键毂及变速器第一轴花键过脏。

2）排除方法

（1）调整离合器踏板自由行程。

（2）放掉液压管路中的空气。

（3）修理离合器主缸或工作缸。

（4）修理或更换离合器盖或压盘。

（5）清洗从动盘花键毂及变速器第一轴。

二、离合器的拆装、检查和安装

1. 离合器的拆卸

离合器的拆卸步骤如下：

（1）拆下变速器。

（2）用专用支架固定飞轮。

（3）按对角线顺序将每个螺栓稍拧松一圈，直至弹簧张力消失为止。

（4）卸下螺栓。

（5）取下离合器盖及压盘总成，然后分解离合器盖及压盘总成。

（6）分解前，应做出装配记号，以便安装。

2. 离合器的检查与维修

1）离合器零部件的检修

离合器应保证发动机与传动机构平稳而可靠地接合和暂时而彻底地分离。但在使用中离合器各零部件的技术状况将逐渐变坏,以致不能完成上述任务。为此,在修理时应对各零部件进行仔细的检查和必要的修理。

(1)膜片弹簧磨损深度和宽度的检修。如图6-1所示,用游标卡尺检测膜片弹簧磨损的深度和宽度。极限:深度0.60mm,宽度5.00mm。

膜片弹簧因经受长期负荷而疲劳,造成磨损、弯曲、折断,或弹力减弱而影响动力的传递。若弯曲须校正,磨损严重或折断应予更换。

(2)飞轮摆差的检修。如图6-2所示,用百分表量头接触飞轮的工作面,检查飞轮的圆跳动(摆差)量。最大极限值为0.20mm。超过时应更换飞轮。

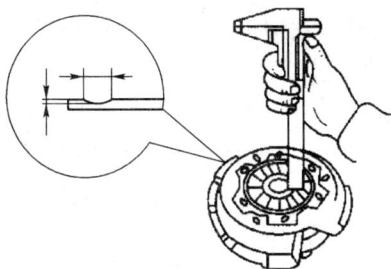

图6-1 膜片弹簧深(宽)度的检测   图6-2 飞轮摆差的检查

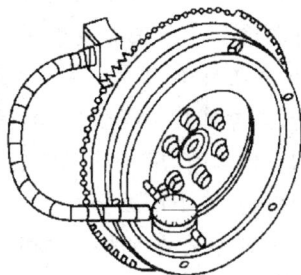

(3)导向轴承的检修。图6-3所示为变速器第一轴前导向轴承的检查。导向轴承通常是永久性润滑。不需要经常清洁或加注润滑油。一般对它的检查是一面用手转动轴承,一面向转动方向施加压力,检查其转动是否灵活。若轴承阻滞或松旷、卡住或阻力过大,则应用专用工具拆卸下修整或更换。

(4)压力板的检修。检查压力板是否有过度的烧蚀、斑点、不平或刮痕等。压力板的拆卸如图6-4所示,先拆下复位弹簧,用钻头钻通铆钉头,用冲子将其冲出。对于轻度的不平或烧蚀可进行光磨修复。而对于严重的刮痕甚至出现裂纹引起离合器工作振抖时,则必须予以更换。

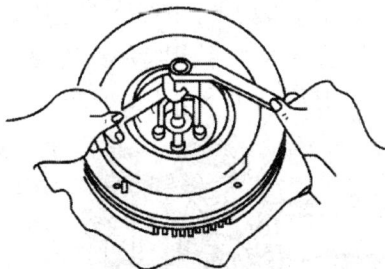

图6-3 导向轴承的检查   图6-4 压力板的拆修

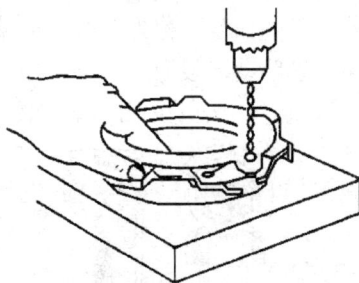

(5)从动盘、摩擦片的检修。从动盘是离合器的一个主要零件,离合器传递动力就是靠从动盘摩擦片和主动部分的摩擦作用来实现的。因此,它的常见损伤现象有摩擦片的磨损烧蚀、破裂和粘有油污。从动盘的损伤一般是花键孔的磨损、钢片翘曲、破裂等。

离合器在正常使用中,摩擦片的磨损是缓慢的,因为它只有在接合、分离的瞬间与飞轮、压盘产生滑磨。摩擦片的磨损加剧甚至烧坏,多是因为离合器摩擦力不够,以致长期打滑,或使用调整不当所致。摩擦片上有油污的原因很多,如飞轮后面变速器第一轴的轴承或分离轴承装油过多,发动机曲轴后面油封漏油,以及变速器的油沿第一轴漏出等,驾驶中起步过猛也是使摩擦片损坏破裂的原因。

①从动盘摩擦片的检修。从动盘摩擦片磨损的检查如图 6-5 所示。

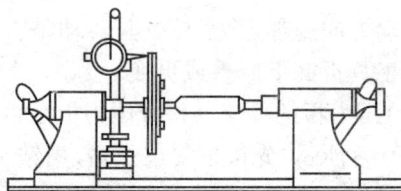

用深度游标卡尺测量铆钉头的深度,检查摩擦片的磨损程度。

摩擦片工作面与铆钉头深度极限为 0.30mm,摩擦片磨损极限为 0.50mm。超过极限应更换。摩擦片的技术状况通常用"目测法"检查。

在修理中,如摩擦片技术状况确实比较完好,可继续使用。如摩擦片有轻微烧蚀、硬化,可用锉刀或粗砂布磨光后使用。

摩擦片表面与铆钉头深度小于 0.50mm,应更换摩擦片。如部分铆钉头露出,而摩擦片的厚度适宜,可加深铆钉孔重铆。摩擦片磨损过薄或破裂,应予更换。

经检查,如摩擦片不符合使用标准,应更换新片。

拆除旧摩擦片时,应用比旧铆钉直径小 0.40~0.50mm 的钻头,钻出铆钉铆头,然后再轻轻冲下旧铆钉,取下旧摩擦片。

用钢丝刷刷去从动盘的灰尘和锈迹,检查从动盘的其他零件。

②从动盘钢片翘曲的检查与校正。从动盘钢片翘曲会引起起步时离合器发抖和磨损不均匀,因此对其翘曲度应进行检查(图 6-6)。

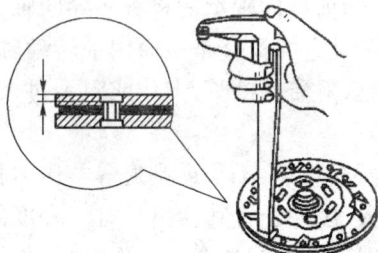

图 6-5　从动盘摩擦片磨损的检查　　　　　图 6-6　从动盘钢片翘曲的检查

从动盘钢片翘曲度又称为圆跳动或偏摆。可安装在检查架上,用百分表在从动盘最外周边缘处测量。圆跳动极限为 0.80mm,如超过极限,可如图 6-6 所示,用特制夹具(图 6-7a)进行冷压校正;或放在专用架上用百分表检测,边测边用特制扳手予以校正(图 6-7b)。

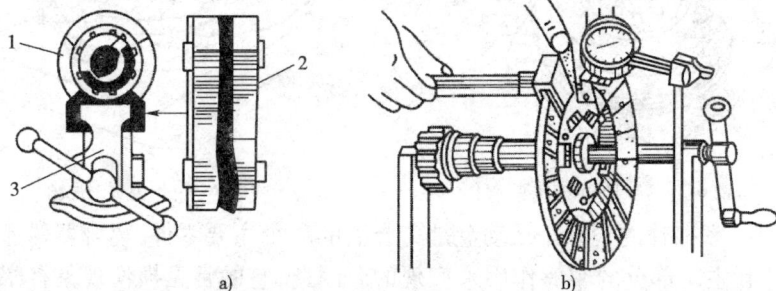

a)　　　　　　　　　　　　　　b)

图 6-7　从动盘的校正
a)火模校正;b)扳手校正
1-钢片;2-夹模;3-台虎钳

③从动盘与接合盘的检修。从动盘钢片与接合盘的铆钉可用手锤敲击检查,如有松动和断裂应予更换或重铆。

从动盘花键套键槽磨损过大,将导致起步或车速突然改变时发响。可用样板检查,其键齿宽度磨损不得超过0.25mm;或将其套在变速器第一轴未磨损的花键部分,用手来回转动从动盘作配合检查,不得有明显的晃动(其间隙不超过0.44mm),否则应换新件,或将键槽堆焊后用插床修整键槽。更换或修整后的花键套键槽与第一轴花键的配合间隙应为0.04~0.19mm,过大会发响,过小会导致分离不彻底。

④新摩擦片的选配。换用的新摩擦片直径、厚度应符合原车规格,两摩擦片应同时更换,质量应相同。两摩擦片的厚度差不应超过0.50mm。

摩擦片用的铆钉应是铜或铝的。铆钉的粗细应与从动盘上的孔径相密合。铆钉的长度必须根据摩擦片铆钉孔下平面和从动盘的厚度,将铆钉穿入孔中,再伸出2~3mm为宜。将两片新摩擦片同时放在钢片上,使其边缘对正,并用夹具夹牢。选用与钢片孔相适应的钻头钻孔,钻好对称两孔后,用螺钉定位,再钻其他各孔,然后用埋头钻钻出埋头孔,含铜丝的摩擦片,深度为摩擦片厚度的2/3,不含铜丝的为1/2。

铆钉头的位置应交错排列,摩擦片内外圈的铆钉头应相对,相邻的铆钉头须一正一反。

⑤摩擦片的铆合。摩擦片的铆合可用手工进行,也可以在铆合机上进行。

将与铆钉头直径相同的平冲夹在台虎钳上,将铆钉插入摩擦片铆钉孔中,使摩擦片向下,将铆钉头抵紧平冲,再用开头冲将铆钉冲开后铆紧。铆钉紧度要适宜,不可过紧,以免损伤摩擦片。

新铆摩擦片的表面距铆钉头的距离应为1.20~1.50mm;外边缘的径向圆跳动量不大于0.10mm。

⑥摩擦片表面的修磨。为了使摩擦片与飞轮、压盘能很好的接触,铆好的摩擦片表面还应进行修磨。其方法一般是在飞轮平面上涂一层白粉,放上从动盘,略施压力转动检查,锉去较高的部分,直到平整均匀地接触,平面度误差不大于0.50mm。

⑦摩擦片修后质量及其平衡的检查。最后对铆好的摩擦片进行质量检查,其要求是:摩擦片不得有严重裂纹或损伤,铆钉头的深度应距摩擦片平面1mm以上;无弹片的从动盘、摩擦片与钢片应密合(0.10mm的塞尺不能插入)。

将从动盘组合件置于顶针间进行静平衡试验,不平衡度应在原规定范围内。一般的不平衡允差为18g·cm。如有不平衡时,可在直径128mm圆周上装置平衡块。

(6)离合器盖的检修。离合器盖因压盘弹簧强弱不均匀或固定螺栓松动的影响,会发生变形或有裂痕。安装分离杆的窗孔磨损,使窗孔与分离杆或压盘挂耳的配合间隙增大,从而使离合器工作时发响。

离合器盖变形,可放在平板上用手按住检查,如有摇动即为变形;或用塞尺在离合器盖几个凸缘处测量,如间隙超过0.50mm,应予以校正。

窗孔磨损可堆焊进行锉修,直到分离杆或压盘挂耳与其配合时,左右侧面没有松动即可。

(7)压盘与飞轮的检修。压盘上除允许有从主销孔伸向边缘的缝隙外,不得有其他性质的裂缝。

离合器压盘、中间主动盘及飞轮工作面在直径285mm范围内的平面度误差均应不大于0.12mm。

飞轮及压盘工作面磨损起槽、不平,应用油石磨光。如磨损沟槽超过0.50mm或翘曲超过0.20mm时,应磨削平面,但磨削后的压盘厚度应不小于规定。双片的应不小于11mm,前压盘厚度应不小于9mm;一单片的应不小于11.35mm。

压盘厚度小于(总限度不超过2mm)规定时,应予更换。

离合器中间主动盘传动销承孔磨损超过0.50mm时,应更换。

(8)压盘弹簧的检修。弹簧因经受长久的负荷而疲劳,造成弯曲、折断或弹力减弱,因而影响动力的传递。检查弹簧如有弯曲、折断应更换。各弹簧高度不得相差3mm,过低应更换,或在弹簧座上加垫圈,但厚度不得超过2mm。弹簧强度的减弱程度,不得低于规定值。

(9)分离轴承的检修。分离轴承常因维护不当缺油而发响,或受自然磨损而松旷,甚至损坏,分离轴承应转动灵活,将轴承用手压紧轴承内套转动,若有阻滞,则为轴承座或滚珠磨损,应予更换。若转动灵活,但稍有"沙沙"的响声,则为缺油现象。

①分离轴承座轴颈如磨损松旷可堆焊修复。

②分离轴承内孔磨损超过0.03mm或轴向间隙超过0.60mm时,均不得继续使用。

③加油软管如破裂应予更换,管内堵塞应予疏通。

④分离叉支柱板损坏应更换。球形支柱磨损应焊修,或更换。

⑤分离叉护罩损坏应更换。

⑥离合器拉杆弯曲应校直,螺纹损坏应予更换。

⑦拉簧折断或拉力减弱,不能保持原位应更换。

⑧离合器踏板轴与衬套磨损、松旷超过0.50mm时,应更换衬套,如轴磨损可焊修。

⑨分离轴承的加油。分离轴承缺油时,加油的方法有两种:

a.用润滑油和润滑脂各50%加温溶解后,将轴承放入油内浸煮(温度不可过高,以免变质),待冷却后,将轴承取出,清除外部油脂。

b.用注油管将轴承接在注油软管上,用润滑脂枪加注润滑脂。

2)离合器操纵机构的检修

(1)离合器主缸的检修。

①离合器主缸内壁磨损超过规定值(一汽奥迪100型轿车为0.125mm),活塞与缸筒间隙超过0.20mm(一汽奥迪100型轿车),皮碗老化或复位弹簧失效时,应更换相应零件。

②工作缸筒装配前,应清洗干净,活塞、密封圈、皮碗及缸套等零件应涂抹锂基润滑脂。

③安装离合器主缸。

a.按规定力矩拧紧离合器工作缸连接管固定螺母。

b.按规定力矩拧紧工作缸固定螺母(一汽奥迪轿车该力矩为25N·m)。

c.把推杆装到离合器踏板上,并装好锁销、夹片及复位弹簧。

d.将工作缸注满制动液,并对液压系统放气,检查有无渗漏之处。

(2)离合器工作缸的检修。

①检查离合器工作缸各零件的磨损情况,磨损严重的零件应修理或更换。

②装配离合器工作缸活塞时,应在活塞上涂抹锂基润滑脂。

③按规定力矩(25N·m)拧紧离合器工作缸固定螺栓。

④按规定力矩(15N·m)拧紧软管接头。

⑤将离合器工作缸注满制动液,放气并检查有无渗漏现象。

3)液压系统中空气的排出

离合器液压操纵机构检修之后,管路内可能进入空气。另外,加注液体时也可能使空气进入液压系统。

空气的排除方法如下:

①支起轿车,将离合器主缸储液罐内的制动液加至规定的高度。

②将一段软管一端接在离合器工作缸的通气阀上,另一端接在盛有制动液的容器内(图6-8)。

③一人在驾驶室内慢慢地踩下离合器踏板数次,到感到有阻力时,踩住离合器踏板不动;另一人拧松离合器工作缸上的通气阀直至制动液流出,之后拧紧通气阀。

④按上述方法连续操作几次,直至制动液中无气泡为止。

⑤将空气排除后,应重新检查调整离合器踏板的自由行程。

3.离合器的装配与调整

膜片弹簧离合器的装配顺序大体类同,可按拆卸时的相反顺序进行安装。安装时应满足以下要求:

(1)将离合器从动盘(附摩擦衬片)装在飞轮上,一轴前端轴承孔内作导向,并用支架固定飞轮。

(2)安装从动盘。安装时应保证飞轮与离合器从动盘同心,一般是利用变速器第一轴插入从动盘毂与飞轮中心孔内,待离合器安装好后,再取出第一轴,或用专用工具将离合器从动盘装在飞轮上(图6-9)。由于从动盘毂两边长度不对称,安装时一定要注意方向,例如丰田轿车离合器规定短毂朝前、长毂朝后(以汽车前进方向为参照),而五十铃NHR和WFR型汽车离合器则规定长毂朝前、短毂朝后。如果装反,离合器就不能正常工作。

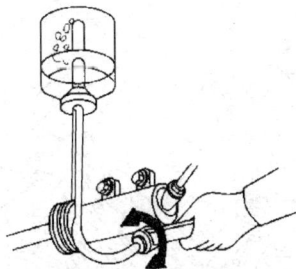

图6-8　排除空气

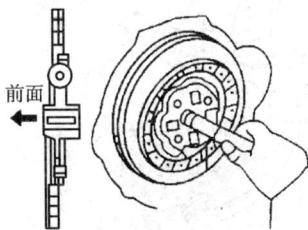

图6-9　安装离合器从动盘

(3)安装时,应根据轿车型号确定离合器从动盘毂长短的前后方向,多数轿车是短的朝向飞轮。

(4)安装离合器盖。各螺栓按对称依次平均拧紧,最后按规定力矩拧紧(红旗CA7220、一汽奥迪100型轿车该力矩为25N·m,捷达高尔夫轿车为20N·m,二汽神龙富康轿车为15N·m)。

(5)装配后,检查膜片弹簧端头与专用工具之间的距离,看其平整程度。

（6）装配时,以下部件应填注润滑脂:离合器从动盘花键毂;分离轴承前沿及轴承座内侧;分离叉及推杆接触点;分离叉枢轴点,如图6-10所示。

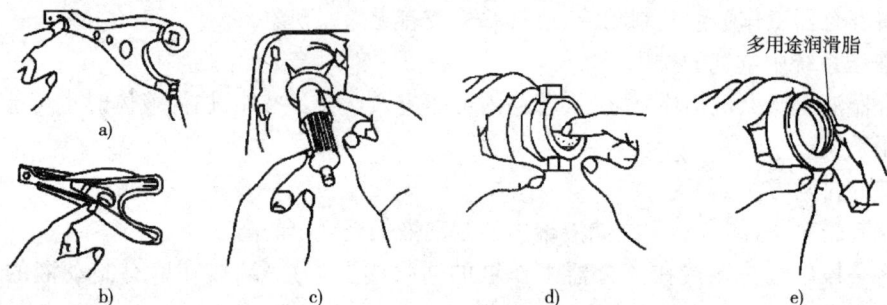

图6-10　分离叉和分离轴承的润滑部位

a)分离叉和分离轴承毂套接触点,分离叉和推杆的接触点;b)分离叉枢轴点;c)第一轴轴承盖与分离轴承接触点;d)分离轴承毂套内部;e)分离轴承前沿

（7）安装变速器。

（8）调整离合器踏板高度与踏板自由行程和推杆行程,其步骤如下:

①踏板高度的调整。踏板高度的调整如图6-11所示。拧松锁紧螺母,转动止动器螺栓直至高度符合规定,离合器踏板高度可用直尺测量,一般轿车规定值为170～190mm。

②踏板自由行程和推杆行程的检查与调整。正常的踏板自由行程是保证离合器完成接合和彻底分离的必要条件。检查踏板自由行程时可用直尺测量,其方法是先检查出踏板完全放松时的高度,再测出当按下踏板感觉有新阻力时的高度,前后两次高度差,即为踏板自由行程,其值应符合规定,如踏板自由行程不符合规定时应予调整。

对液压操纵的离合器,踏板自由行程的调整如图6-12所示。拧松锁紧螺母,转动主缸推杆直至踏板自由行程和推杆行程符合规定(推杆行程是与踏板自由行程相对应的,例如丰田海艾斯汽车离合器踏板自由行程为5～15mm,相应的推杆行程为1～5mm)。调整完毕后,锁紧锁止螺母,再重复检查自由行程和推杆行程。

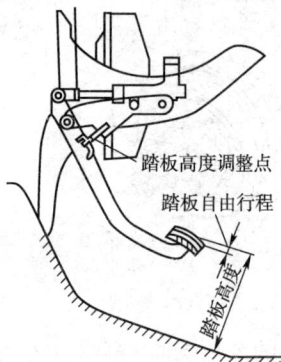

图6-11　检查调整踏板高度

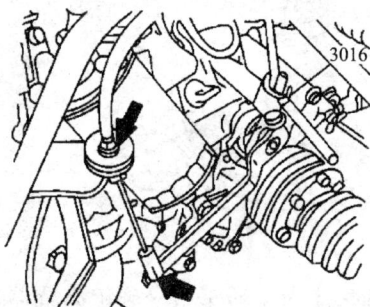

图6-12　上海桑塔纳轿车离合器踏板自由行程的调整

对于机械拉索式操纵系统,其踏板自由行程是拉索及分离装置各部连接部件的间隙,自由行程的调整是通过调整拉索长度来调整的。

③踏板工作行程的检查。在踏板高度和自由行程调整正确后,再检查踏板工作行程是否符合规定,例如一汽奥迪100轿车,规定为145mm,上海桑塔纳轿车规定为(150±50)mm;

富康汽车规定为140mm;检查工作行程的目的是为了保证踏板踩下后,与底板间保持有一定间隙。

(9)离合器液压系统空气的排出。离合器液压系统中若有空气必须及时排出,否则会影响离合器的正常工作,放气时应将离合器储液筒装满制动液,然后在分泵放气阀上装一根胶管(长度要适宜),把胶管下端放在有半瓶制动液的玻璃杯内。再用力迅速踩下离合器踏板数次,然后踩住踏板不放,拧松放气孔螺塞,直至工作液流出再拧紧螺塞,连续操作几次,直到工作液中无气泡时为止。再拆下胶管,往储液筒中添加制动液。使用的制动液应符合规定,且不可与其他牌号的制动液混用。

第二节　变速器维修

汽车在行驶过程中,随着行驶条件的变化,常常需要改变汽车的驱动力和行驶速度。变速器的主要功用就在于改变由发动机传到驱动轮上的转矩和转速,以适应各种行驶条件的需要。目前,汽车上使用的变速器主要有普通齿轮式变速器和自动变速器两种型式。这两种型式的变速器都分别有不同的结构类型。下面分别介绍这两种型式的变速器的维修。

一、普通齿轮式变速器的维修

普通齿轮式变速器工作时,其内部的各个零件间的相对运动是很频繁的,而零件本身又承受了各种力的作用。因此随着汽车行驶里程的增加,普通齿轮式变速器各零件的磨损和变形也逐渐加剧,达到一定程度后,便会造成变速器换挡困难、自动脱挡,异响和漏油等故障,尤其是道路路况较差及城市交通拥挤堵塞的情况下,由于停车、起步换挡过于频繁,更容易造成变速器内部零件的早期损坏。使用操作不当也会造成变速器的早期损坏。

对普通齿轮式变速器常见故障进行分析,找出零件损坏的原因和部位,加以适时的维护修理,对保持变速器总成状态的完好,满足汽车在各种条件下行驶的需要具有重要意义。目前,技术及制造工艺比较完善的汽车,大都采用换件修理法,或者更换总成,或者更换零件。还有部分车辆仍以零件修复法进行变速器的修理,或个别车型在没有配件的情况下,也进行零件修复。普通齿轮式变速器的维修,主要在于变速器零件的检修及装配试验。

(一)变速器的检验与修理

1. 传动齿轮

齿轮的损伤形式主要有齿面磨损、齿端磨损、疲劳剥落、腐蚀斑点、轮齿破碎或断裂等。其原因主要是由于齿轮间的摩擦、齿轮工作时所受的机械应力以及润滑油变质腐蚀所致。修理齿轮时应按照以下要求:

(1)轮齿工作表面上有小斑点,如果面积不超过齿面面积的25%时允许继续使用。

(2)齿顶有细小剥落,允许继续使用,但必须整修和磨光其锋边利角。

(3)轮齿表面如有不大于0.20mm痕迹或阶梯形磨损时,允许修平使用。

(4)轮齿磨损超过0.25mm,啮合间隙超过0.50mm,长度方向上磨损超过全齿长的30%时,必须予以更换。

(5)齿轮上无论何处产生裂纹,必须更换。

2. 第一轴

在工作过程中,由于受转矩、弯矩、冲击和滑磨等影响,变速器轴往往产生弯曲变形、轴颈磨损及键齿磨损等。第一轴的检验与修理要求如下:

(1)将第一轴装在车床中心顶尖上,用百分表检查其弯曲度,若其中部摆差超过0.10mm时,应进行校正或更换。

(2)常啮合齿磨损超过0.25mm,且啮合齿隙超过0.50mm时,应予以更换。

(3)直接传动接合齿磨损超过0.40mm,啮合齿隙超过0.60mm,且其长度方向上的磨损超过全齿长的30%时,应予以更换。

(4)花键磨损超过使用极限后应予以更换。

(5)轴承、轴承挡圈及轴颈如有损坏或轴颈磨损超过轴颈与轴承配合间隙允许的极限时(国产载货汽车一般不超过0.07mm),必须更换第一轴。

(6)轴体上不得有任何性质的裂纹,否则应更换。

3. 中间轴

中间轴的检验与修理要求如下:

(1)中间轴中部摆差大于0.10mm时应进行校正或更换。

(2)各轴颈磨损超过0.02mm时,应采用镀铬修复或更换。

(3)带齿轮的中间轴,其轮齿磨损超过0.25mm,啮合齿隙超过0.50mm时,应予以更换中间轴。

(4)轴体上不得有任何性质的裂纹。

4. 第二轴

(1)轴中部摆差大于0.10mm时应进行校正或更换。

(2)轴颈磨损超过0.02mm时,应采用镀铬修复或更换。

(3)花键磨损超过使用极限后应予以更换。

(4)轴体上不得有任何性质的裂纹。

5. 变速器换挡拨叉

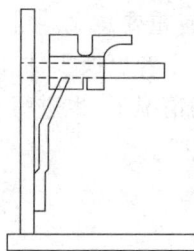

图6-13　变速器换挡拨叉弯曲和扭曲检验

变速器换挡拨叉的损坏主要是换挡拨叉的弯曲和扭曲。其检验可按图6-13所示方法进行。一旦产生弯曲和扭曲变形,可采用敲击或冷压方法进行校正。当变速器换挡拨叉上端导动块磨损及下端端面磨损后,往往影响齿轮的正常啮合,使齿面产生不均匀磨损。严重时将导致变速器"自动脱挡"。因此变速器换挡拨叉上端导动块凹槽及下端端面磨损超过其使用极限,或其相应的配合间隙超过使用极限时,必须修复或更换新件。

6. 变速器换挡拨叉轴和定位互锁装置

变速器换挡拨叉轴的弯曲、磨损,定位球凹槽、互锁销凹槽的磨损以及定位球、互锁销的磨损,定位弹簧的疲劳损伤等达到一定程度时,将导致变速器"自动脱挡"。变速器换挡拨叉轴弯曲变形可用百分表或平板进行检查。用百分表测量其中部摆差,或将其放在平板上测量其与平板之间的缝隙,测量的摆差值或缝隙值若超过车辆的使用极限(国产中型货车通常为0.20mm)时,应进行冷压校正或更换。变速器换挡拨叉轴磨损超过0.15mm时,或与变速器盖上拨叉孔配合间隙超过0.25mm时,均应将变速器换挡拨叉轴车削、磨削后镀铬修复或予以更换。定位球凹槽、互锁销凹槽轴向磨损有明显沟痕或其深度超过 0.70mm 时,可堆焊高硬度合金后用砂轮进行修整。定位球、互锁销磨损严重,定位弹簧疲劳损伤或折断,均应更换。定位弹簧的弹性检查方法:是将弹簧放入变速器盖上的定位孔内,当弹簧与孔的上边缘平齐或接近平齐即为合适,否则为不合适,应及时更换。

7. 变速器壳体

变速器壳体的损伤形式主要有变形、裂纹及轴承孔的磨损。主要原因是由于工作负荷和自身重力所致,工作负荷即传递转矩过程中齿轮通过轴与轴承作用于壳体的力。对常见的第一轴和第二轴在上方、中间轴在下方、发动机前置、后桥驱动的汽车变速器来说,工作负荷对变速器壳磨损的影响规律是:

(1)第一轴与中间轴和中间轴与第二轴齿轮传动中的径向分力通过轴与轴承施加于壳体前、后端,造成轴承孔偏磨和壳体变形,从而使上、下两轴线间距加大,且后端大于前端。这将导致两轴线在其公共平面内产生平行度误差,检查方法如图6-14 所示。

(2)齿轮传动所产生的力,将造成壳体扭转而导致上、下两轴线在其垂直于公共平面的方向产生偏斜和翘曲变形。

(3)频繁使用紧急制动(包括中央驻车制动器)时,也会使壳体发生扭转,但与前进方向所产生的扭转变形方向相反。

(4)当汽车在繁重工作条件下使用低速挡运行较多时,壳体承受很大扭曲力矩,更易产生由上述变形所产生的形位误差。

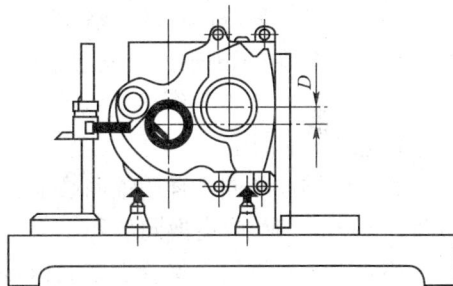

图6-14　变速器壳体两轴座孔中心线平行度的检测

变速器壳所产生的上述轴线平行度误差,将使圆柱齿轮(或接合齿圈)传动如同锥齿轮和斜齿轮传动而产生轴向分力,从而导致变速器自动脱挡。同时,轴线不平行还使齿轮啮合印痕减小、单位压力增加及引起齿面接触处传力过程中的弹性变形加大而发生边缘啮合。这将加大齿轮传动中的不等速和转矩不均匀性。这是产生啮合冲击噪声和加剧齿轮磨损的原因之一。

对于悬臂式固定于发动机机体或飞轮壳后端面的变速器来说,在自身重力及其冲击力的作用下,前端面将发生微动磨损和变形,甚至固定螺栓孔处发生断裂。由于平面下方受挤压压力大。其磨损和变形的可能性加大,将造成壳体前端面与第一、二轴轴线不垂直。其后果与飞轮壳后端面与曲轴轴线不垂直相同,即变速器直接挡易自动脱挡、第一轴轴承易损坏、第一轴回油螺旋线处易漏油以及离合器从动盘易损坏。变速器壳体通常容易在变速器壳体与变速器盖(或飞轮壳)接合的平面处产生翘曲变形。

变速器壳体与盖接合平面的平面度误差,特别是对非上置式盖者可造成漏油现象。如仅是接合处的变形修理,则应将该平面与平板贴合,或将两配合表面扣在一起检查缝隙,当缝隙超过 0.50mm 时,用铲刀或锉刀修整后即可使用。

变速器壳体上的裂纹一般用目测或敲击法检查。凡未延伸到轴承孔的裂纹均可用环氧树脂胶粘接,或用螺钉填补法修复,也可用焊接法修复。但应特别注意保证修复质量,以防再次开裂。在条件许可的条件下,应更换壳体,因为任何形式的裂纹,均属于非正常的工况现象。

变速器壳体轴承孔的磨损,将导致变速器轴轴线的偏移,使变速器各轴之间难以保持正常的平行关系,从而加剧齿轮的磨损或轴的弯曲变形。修理时应检查第一轴、中间轴及第二轴两两中心线的平行度与倾斜度。在300mm长度内平行和倾斜度不应超过0.15mm,否则应堆焊轴承孔后再钻孔或更换壳体。

8.变速器盖

变速器盖的损伤主要有裂纹和球节座的磨损。

目测检查变速器盖边缘上的裂纹。当其长度不超过50mm、并且不通过变速叉轴安装孔、数目不多于三条时,可用环氧树脂胶粘接、螺钉填补或焊接修复,当裂纹较严重时,应予以更换。

球节座磨损后的检验通常是将球节装入座孔后,进行配合检验。当球节露出部分超过球高的1/3,或球节低于座孔上平面4mm时,应予以修理。修理方法有两种:一是修座孔,用低碳钢焊条堆焊后,进行车削或铣削,或将座孔扩大后镶入加工好的座圈;另一种是将球节堆焊后进行车削,车削前应将变速杆压直,车削后再恢复原状。

9.同步器的检验与修理

1)锁环式同步器

当齿圈锥面和同步环圆锥面磨损后,使齿圈和同步环端面间的间隙减小,当该间隙小于或等于0.3mm时,应更换同步环。

检查同步环锥面与接合齿锥面积,该面积一般不少于总接触面积的80%,通常采用印迹检查法检查。达不到该要求时,可用研磨剂轻轻研磨接触面,直至达到要求为止。

2)锁销式同步器

检查同步器锥形摩擦表面磨损状况。当摩擦环端面与锥盘端面接触有磨损痕迹时,同步器失效不起同步作用,即不能实现无冲击换挡。修理时,允许将锥环端面车去1.0mm(最大值)。修磨锥环端面后即可恢复同步器功能。当摩擦锥环斜面上0.4mm的沟槽磨损后仅有0.1mm时,即使端面未磨损,也必须更换锥环零件或同步器总成。更换同步器总成后,如仍用原锥盘,则应检验锥环端面和锥盘端面之间的间隙,其间隙值应保证在使用范围内。如果该间隙过小,应更换磨损的同步器零件。

10.变速器换挡操纵机构的检查与调整

(1)换挡操纵机构各铰接点球头严重磨损或间隙过大时,会使变速操纵杆产生抖动,也有可能造成换挡位置不准、换入的各挡不能完全到位,以致在使用中发生换挡困难和塞挡、脱挡现象。此时应旋紧各球头螺塞,以消除过量间隙。调整后的铰接点球头应转动灵活、无摩擦、无松旷。

(2)每6个月调整一次操纵机构各铰接点球头与球座的间隙,并加注润滑脂。

(3)以空挡位置为换挡操纵机构的原始位置,对于操纵杆件进行调整。

(二)变速器的装配与试验

1.变速器的装配

变速器的装配是其拆检分解的逆向过程,装配时应将修复好或更换的零件清洗干净,准备好装配工具及装配所需要的润滑脂等。其过程按拆检分解顺序过程由后向前进行。变速器的装配环境温度也要适当,因为只有在适当的环境温度下才能保证正确的测量结果,即保证正确的装配配合标准要求。

2.变速器的试验

变速器装配后,应在试验台上磨合并进行空载和有载试验。负荷为传递最大转矩的30%左右。运转前,选用并按规定容量加注清洁的变速器专用润滑油。各挡运转时间的总和一般不少于1h。运转中,第一轴转速在1000~2000r/min,油温在15~65℃时,不允许有自动脱挡现象,操纵机构和同步器换挡应轻便、灵活、迅速、可靠。运转和换挡时均不得有异常响声,变速杆不允许有明显的抖动现象,所有密封装置不得有漏油现象,磨合试验结束后,应进行清洗。其清洁度应符合原设计规定。修复后的变速器,其齿轮运转噪声应符合国家有关规定。

二、自动变速器的维修

自动变速技术是人们一直追求的目标,经历了相当长的发展过程。现在汽车上使用的自动变速器主要有以下几种类型:

(1)液力自动变速器。

(2)液压传动自动变速器。

(3)电传动自动变速器。

(4)有级式机械自动变速器。

(5)机械式无级自动变速器。

(6)电子控制自动变速器。

在以上6种类型中,目前最广泛采用的是液力自动变速器,尤其是电子控制的液力机械自动变速器普遍应用于现代轿车。液力自动变速器主要由液力变矩器、齿轮变速器、油泵、液压控制系统、电子控制系统、油冷却系统等几部分组成。本节主要介绍液力自动变速器的维修。

自动变速器的结构和工作原理都十分复杂。不论是换挡执行元件损坏,还是控制电路、阀板中的控制阀或其他任何部件出现故障,都会影响自动变速器的正常工作。自动变速器不易拆装,给故障的诊断与排除带来一定的困难。因此,当自动变速器出现故障或工作不正常时,首先应利用各种检测工具和手段,按照合理的程序和步骤,诊断出故障的原因,以便有针对性地进行检修。盲目的拆卸分解往往找不出产生故障的真正原因,甚至造成自动变速器不应有的损坏。下面着重介绍诊断自动变速器故障时常用的检验方法,常见故障的诊断与维修。

(一)自动变速器检验

自动变速器的检验大体可分为基础检验、失速试验、时滞试验、液压试验和道路试验等内容,目的是发现和找出存在的问题,确定故障所在的部位及相应的修理方法。

1.基础检验

进行基础检验的必要前提是汽车的发动机工作正常,底盘性能良好,尤其是汽车的制动系统性能良好,不然的话,有可能使发动机加速不良,车轮制动器拖滞或其他问题的反映误认为是自动变速器的故障表现。

基础检验由一系列检验项目组成,这些检验项目是:发动机怠速检验、节气门全开检验、节气门阀拉索检验、自动变速器油液位检查、空挡启动开关检验和超速挡控制开关检验。通过这一系列检验可以判明自动变速器是否已准备好正常的工作,而且通过这些检验,可以发现许多最基本的问题。因此,必须进行这一系列检验。

(1)发动机怠速检验。该检验的关键内容,就是确定当自动变速器选挡手柄置于"N"位时,汽车发动机的怠速转速是否在规定的范围内。

如果发动机的怠速转速过低,则当选挡手柄从"N"位换至"R"、"P"、"1"或"2"位时,会因不稳定的怠速而使汽车整体发生振动,影响乘坐的舒适性,若怠速转速过低情况比较严重的话,则在选挡手柄位置变换时,还可能引起发动机熄火。当然,过低的怠速转速对发动机的排放控制也是非常不利的。

如果发动机的怠速转速过高,则当选挡手柄从"N"位变为其他位置时,将产生过度的换挡冲击。另外,怠速转速过高还将引发异常的车辆蠕动问题。虽然车辆蠕动是装用自动变速器的汽车所特有的现象,即选挡手柄置于"D"或"R"等位且发动机怠速时,若松开制动踏板,即便是未踩加速踏板,车辆也会有轻微的移动,但怠速转速正常的汽车,蠕动现象应该是轻微的,在允许范围之内的。如果蠕动超出了允许的范围,譬如当选挡手柄置于"D"位或"R"位时,除非用力踩下制动踏板,否则汽车就会开始移动的话,则可能在车辆起步前进或倒车时出现失控的局面,甚至发生不应有的前后碰撞。

发动机的怠速检验在满足以下条件后方可进行:发动机达到正常工作温度;已安装空气滤清器;进气系统所有的管路和软管均已接好;所有的附件(包括空调在内的用电器)均已关掉;所有的真空管路,包括废气再循环(EGR)装置在内,均已正确连接;电子控制燃料喷射(EFI)系统的配线插接器已完全插好;点火正时已正确设定;同时自动变速器位于空挡。

满足上述条件后可将转速表连接至发动机,并开始检查怠速。检查时,最好先将发动机以2500r/min的转速高速空转大约1.5s,然后再检查怠速转速的高低。例如,对日本丰田汽车公司雷克萨斯LS400轿车所装用的发动机来说,怠速转速范围为(650±50)r/min;对同属该公司生产的凯美瑞轿车所用3VZ-FE型发动机,怠速转速范围则为(770±50)r/min。若怠速不符合规定,则应检查怠速控制阀和进气装置。

(2)节气门全开检验。这项检验要求将加速踏板踩到底时,发动机的节气门应全开,显然,其目的是检查发动机的输出功率是否在规定的范围内。

若节气门不能全开,当汽车高速大负荷时,因发动机功率输出受限而达不到最高车速,汽车加速性能变坏,影响自动变速器强制低挡的响应时间。

如经检验发现节气门开度不符合要求,应对发动机节气门操纵系统进行必要的检查和调整。

(3)节气门阀拉索检验。这项检验用于检查表征发动机负荷大小的节气门开度,能否被准确地反映到自动变速器内部的节气门阀处。

在自动变速器节气门阀拉索上,都有调节记号,即在拉索上嵌有一如图6-15所示的挡块标记。检查时,应注意拉索的具体类型。对有长的橡胶防尘罩套的拉索(图6-15),检查时必须使发动机的节气门处于全开位置,即必须将加速踏板踩到底,这时,橡胶防尘罩套末端与挡块标记间的距离应为 0~1mm,若超出此范围,可用调节螺母调整拉索的长度;对仅有极短橡胶防尘罩套的拉索(如丰田汽车公司的雷克萨斯 LS400 轿车等),则需在发动机节气门处于完全关闭位置时检查,若短的防尘罩套与拉索上的挡块标记间的距离范围在 0~1mm 内则为合格,若此距离不符合标准,同样用调节螺母对拉索的长度加以调整。

如对防尘罩套末端与挡块标记间距离的变化听之任之而不加检查和调整,则当该距离过大,即标记距罩套末端过远时,由于一定的发动机节气门开度反映在自动变速器节气门阀处要滞后一定值,所以如图 6-16 中实线所示的自动变速器换挡规律会水平地向下移动一段距离(见实线下方的虚线),这时,在给定的发动机节气门开度下,自动变速器只能在比原定的升挡车速 v 高的某一车速值 v″才出现升挡变换,因而换挡点升高,并造成过大的换挡冲击;若节气门阀拉索上的挡块标记跑到了防尘罩套内部,则会使自动变速器节气门阀过早地工作,即反映在图 6-16 中,换挡规律曲线会水平地向上移动一段距离(见实线上方的虚线),这时,在给定的发动机节气门开度下,自动变速器仅需较原定的升挡车速为低的某一车速值 v′,便可发生升挡变换,因而换挡点降低,并引起发动机的功率损失等后果。

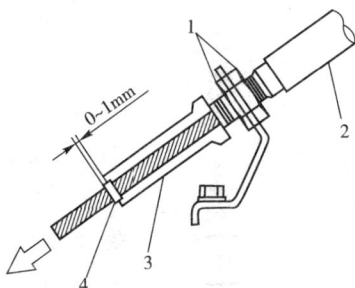

图 6-15 节气门阀拉索检查
1-调节与锁紧螺母;2-外拉索;3-防尘罩套;4-挡块标记

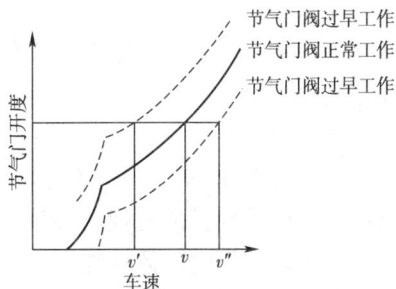

图 6-16 节气门阀拉工作情况对换挡规律的影响

(4)自动变速器油液位检查。这项检查用于检验自动变速器中的油液位置是否在规定的范围之内,同时一并检查自动变速器油的状况。

检查时发动机和自动变速器的温度必须达到正常工作温度(自动变速器油温为 70~80℃),再将选挡手柄自"P"位依次变换至"1"位,然后又依次返回"P"位,满足这些条件后,方可在发动机怠速状态下检查液位是否在规定的范围内。

若发动机未运转或更换自动变速器油时,应将液位调整在油尺上的冷态(COOL)范围内,但此结果仅可作为参考,只有热态下的检查合格才可以被接受。

如果检查时发现自动变速器油液位低于规定值,应立即添加原厂规定的自动变速器油,否则有可能会出现油泵吸入空气问题,轻者发生齿轮和其他旋转零部件润滑不良,离合器和制动器打滑,重者则影响到自动变速器工作质量。若加油过量造成液位过高,也应放掉多余的油液,否则有可能在车辆行驶过程中由于颠簸晃动而出现油液自通风管溢出问题。另外,若液位过高造成控制阀体的排油孔泄油不畅,将妨碍离合器、制动器的平顺分离,使挡位变换不稳。

(5)空挡启动开关检验。空挡启动开关是一个多位开关,它可以通知电子控制单元(ECU)自动变速器是否处于空挡启动状态,以及选挡手柄所处的不同位置等内容。

空挡启动开关检验的目的是核查汽车的发动机是否仅在自动变速器选挡手柄处于"N"

或"P"位时方可启动,以及倒车灯开关是否仅在选挡手柄置于"P"位时才接通,从而使倒车灯点亮。检查时,若发现发动机在选挡手柄被置于除"N"和"P"值以外的其他位置(如"D"、"2"、"1"位等)时也能启动,则应按以下方法进行调整。

拧松空挡启动开关螺栓,然后将选挡手柄设定在"N"位,接下来将空挡启动开关上的空挡基准线与凹槽对齐,并保持位置不动,拧紧螺栓至规定力矩。

(6)超速挡控制开关检验。这项检验用于确认自动变速器的超速挡电控系统是否工作正常。

检查时的自动变速器油温应处于正常状态(70~80℃),然后将发动机熄火,打点火开关,按动超速挡(O/D)控制开关,查听位于变速器内的相应电磁阀有动作时是否发出"咔嗒"声,如有"咔嗒"声,则说明被检自动变速器的超速挡电控系统工作正常。

若需确认自动变速器能否在按下超速挡(O/D)控制开关时,可以在发动机节气门开度和汽车行驶速度适宜时产生由三挡升为四挡(超速挡)的升挡变换,以及从四挡降为三挡的降挡变换,则必须进行道路试验。

2.失速试验

对自动变速器中液力变矩器的工作特性来说,除增扭状态与耦合状态的分界点,即耦合器工作点之外,还有一个重要的点,这就是失速点,它对应了液力变矩器一种特定的工况,即泵轮转动而涡轮不转。失速的最大值发生在泵轮以最高转速旋转而涡轮静止不动时,这时的泵轮或发动机转速,就是液力变矩器的失速转速。

进行失速试验的目的是通过测取选挡手柄置于"D"位或"R"位时的失速转速,来检查自动变速器和发动机的整体性能。

进行失速试验时,应满足以下要求:自动变速器油温在50~80℃范围内,为保证安全,应选择开阔且有良好附着力的平坦地面,同时,试验要由两人配合进行,一人进行试验,另一人在车外观察车轮或车轮垫木的情况。

试验时,先用垫木挡住4个车轮,然后将转速表接至发动机,拉紧驻车制动器操纵杆,再将制动踏板牢牢地踩到底。准备就绪后启动发动机,将选挡手柄拉至"D"位,再把加速踏板一脚踩到底,与此同时,记住发动机的最高转速,即失速转速;接着,将选挡手柄推至"R"位进行同样的试验并快速读出相应的失速转速。试验完成后,将"D"位和"R"位的失速转速与汽车制造厂家提供的失速转速标准值进行比较,以分析原因,找出故障所在。

为便于说明问题,以日本丰田汽车公司的雷克萨斯LS400轿车为例。该轿车"D"位时的失速转速为(2000±150)r/min,"R"位时亦为相同数值。

若试验结果为"D"位和"R"位失速转速都低,则可能的问题为发动机输出功率不足,或导轮单向离合器运转不正常,此时要注意的是,如失速转速低于规定值600r/min以上,则极有可能是液力变矩器单向离合器的故障,若试验结果为"D"位和"R"位失速转速均高,则可能的问题是油路压力太低,自动变速器油液位不正确或超速挡单向离合器运转不正常。

如果试验发现仅是"D"位失速转速高,那么可能的问题大致为油路压力太低,前进挡离合器打滑,2号单向离合器运转不正常以及超速挡单向离合器运转不正常等;如仅是"R"位失速转速高,则可能的故障原因有油路压力太低,直接挡离合器打滑,第一挡和倒挡制动器打滑,以及超速挡离合器打滑等。

由于失速发生时发动机所发出的全部能量都转化为液体的动能,所以液力变矩器中油液的冲击和温升相当大,因此,自加速踏板踩下到松开,整个时间不得超过5s,以防油温急剧升高和液力变短器损坏。另外,连续试验的次数亦不得超过3次,且连续试验时,应等油温降至正常后再做下一次试验。

3. 时滞试验

时滞试验的目的是测定发动机怠速时,自动变速器自选挡手柄从"N"位换到"D"位或"R"位,直至感觉到换挡冲击为止的这一段滞后时间,换言之,也就是说从"N"位换到"D"位或"R"位,中间经历液压控制系统启动,行星齿轮装置启动,一直到将驱动力矩传至汽车驱动轮这一段完整的时间。

测定时滞的时候,先用驻车制动器锁住汽车,然后启动发动机,在关掉空调系统的前提下检查怠速转速是否在允许的范围内,如是,则将选挡手柄从"N"位换至"D"位,用秒表测量从换挡开始至感觉到振动的时间差,然后用同样的方法,测量"N"位至"R"位时的时滞。对绝大多数装用自动变速器的汽车来说,"N"位至"D"位的时滞应小于1.2s,"N"位至"R"位的时滞应小于1.5s。

进行时滞试验时,自动变速器的油温应正常(70~80℃),同时,各项试验之间起码要有1min以上的间隔,以便使变速器内部的相应离合器和制动器恢复至全开状态。另外,为使测量结果准确可靠,同一内容试验应反复做3次,并取各次测量结果的平均值作为最终的时滞值。

以雷克萨斯LS400轿车为例,对时滞超过规定值的可能原因进行分析。若从"N"至"D"位的时滞较长,说明油路的压力太低,前进挡离合器磨损,超速挡单向离合器动作不正常。若从"N"位至"R"位的时滞过长,可能的原因是油路压力太低,直接挡离合器磨损,第一挡和倒挡制动器磨损,以及超速挡离合器磨损等。

总而言之,自动变速器中离合器、制动器盘与摩擦片之间的间隙因磨损等原因变得越大,则接合所需时间越长;而管路中的油压越低,获得离合器、制动器活塞工作压力所需的时间也越长,因而时滞越长,这不妨作为分析问题的出发点。

4. 液压试验

液压试验即测量自动变速器的油路压力。进行该项试验时,油温应处于70~80℃之间,为安全起见,测量油路压力时,一定要有两人配合,即一人进行测量,另一人站在车外观察车轮或车轮垫木的情况。

具体的试验程序如下:

(1)预热自动变速器油。

(2)拆下自动变速器壳体上的测试塞,将油压表连接上。

(3)拉紧驻车制动器操纵杆,并用垫木将4个车轮挡住。

(4)启动发动机并检查怠速转速是否正常。

(5)将制动踏板踩到底,将选挡手柄换入"D"位。

(6)在发动机怠速运转的情况下,检查并记录油路压力,然后,将加速踏板踩到底,在发动机转速达到失速转速时,迅速记录油路最高压力。

(7)用同样的方法对选挡手柄置于"R"位时的油路压力进行检测。

一般来说,如果选挡手柄无论置于"D"位还是置于"R"位时测得的油路压力都高出规定值,那么造成这种现象的可能原因有节气门阀拉索失调、节气门阀故障和调压阀故障;如果在"D"位和"R"位上测得的油路压力都低于规定值,则可能的原因有节气门阀拉索失调、节气门阀故障、调压阀故障、油泵故障和超速挡直接离合器故障。

假如出现的问题是仅在"D"位时油压低,则可能的故障原因为"D"工况油路泄漏成前进挡离合器故障;若仅是在"R"位时油压低,则可能的故障原因有"R"工况油路泄漏、直接离合器故障,或第一挡和倒挡制动器故障。

5. 道路试验

由于自动变速器最终是以其在车辆行驶状态下所表现出来的使用性能和换挡性能的优劣来加以评价的,所以,道路试验是重要的,而且也是必需的试验。

道路试验是对汽车自动变速器性能的最终检验,检验内容侧重于换挡点、换挡冲击、振动、噪声和打滑等诸方面。进行道路试验时,由于只能凭试验人员的感觉来判断是否已换挡,即捕捉换挡冲击来加以判断,所以试验人员应尽可能多地积累操纵各种自动变速器的经验,否则路试的结果不会太理想。

道路试验前,汽车的发动机、底盘等各总成或系统的技术状态应完好,自动变速器应已经过了各种检查和试验。考虑到取决于自动变速器换挡规律的升、降挡换挡点因具体的车辆型号不同而异,所以在进行道路试验前,要设法找到被试车型自动变速器的换挡规律图或换挡一览表,以便加以对照检查。

进行道路试验时,自动变速器中的油液温度应处于正常状态,即 70~80℃。

(二)自动变速器常见故障的诊断与维修

1. 自动变速器过热

自动变速器正常的工作油温为 80~90℃,变速器工作温度过高,会造成油液过早氧化,特别是变速器的工作温度超过 120℃时,油液中的抗氧化添加剂失效,油液氧化速度急剧地加快。

1) 变速器油温过高可能造成的故障

(1)加快油液的氧化速度,油液中会产生大量的积炭,并可能造成各种卡滞。

①换挡阀发生卡滞。1-2挡换挡阀轻微卡滞会造成1挡升2挡时有换挡冲击;2-3挡换挡阀轻微卡滞会造成2挡升3挡时有换挡冲击;3-4挡换挡阀轻微卡滞会造成3挡升4挡时有换挡冲击。

如换挡阀发生严重卡滞,会造成缺挡。变速器内装有高速挡/M挡离合器时,若2-3挡换挡阀卡滞在不工作的一侧,变速器不仅没有3挡,而且液力变矩器不会进入锁止工况,变速器也没有倒挡。

②锁止继动阀卡滞在工作一侧,就会出现启动正常,一挂挡就灭车的故障。氧化造成的积炭和油泥还会造成蓄压器卡滞,节气门阀、强制降挡阀、主调压阀、滑行制动调节阀等卡滞,还有可能堵塞自动变速器油滤清器,造成一系列故障。阀轻微卡滞会造成3挡升4挡时有换挡冲击。

(2)计算机启动失效保护程序。装有自动变速器油温度传感器的车型,当变速器油底壳处油温上升到135℃以上时,计算机会启动失效保护程序,变速器不许进入锁止工况,变速器不能升入 4 挡。

当变速器出现工作温度过高时,一定要及时修理,以避免引发上述故障。

2)离合器、制动器打滑造成变速器过热

(1)离合器和制动器打滑。

①自动变速器油液面过低。变速器在所有的挡位上油液的液面都必须高于控制阀体,否则空气会侵入液压控制系统。此时用举升器举起汽车,启动发动机,运转时用手摸油底壳可以明显感觉到高频振动。这是因油泵内侵入空气,窜入出油处导致油液脉动引发的。在变速器前部可听到"吱吱"或"呵呵"声,急加速时能听到尖叫声。变速杆位移时,有海绵状感(就像液压制动系统内有空气时踩制动踏板时的感觉)。挂挡时间滞后,挂上挡后至少需 3~4s 汽车才能起步。变速器时而能升挡,时而不能升挡,车速很低(油液液面越低,侵入空气越多,车速越低),所有的离合器和制动器都打滑,并可听到由于润滑不良造成的干摩擦声。

②变速器内油液液面过高。变速器在 P 位时所有的离合器、制动器都处于释放状态,此时自动变速器油液面最高。自动变速器采用单一的压力润滑方式,在 P 位时,其液面高度必须低于行星齿轮机构,以及和它们一起旋转的离合器。

自动变速器油液面过高,在行星齿轮机构和离合器的搅动下,空气与自动变速器油混合,自动变速器油出现泡沫状,会造成以下危害。

a.主油压不稳定,时而主油压过高,换挡时有换挡冲击;时而主油压过低,所有的离合器、制动器都打滑;车速上不去,自动变速器油液面过高时,最高车速通常只有 80~90km/h。

b.自动变速器油液面过高,变速器还会向外窜油,汽车行驶中,车裙处向外返黑烟(窜出的油滴到排气管上)。

c.自动变速器油的泡沫化会破坏润滑效果,使正常情况根本不可能产生的磨损现象发生。正常的液面高度是在热车(变速器油温在 35~45℃)、急速、汽车停在平地上,所有挡位都走一遍,擦干净油尺,在 P 位测量,有油尺的一律在最上边的两格之间,没有油尺的,液面应和加油孔平齐,或往下 10mm 之内。

③其他因素造成的自动变速器油中有空气。除了自动变速器油过多和过少或空气侵入外,诸如自动变速器油滤清器堵塞等因素也会造成自动变速器油中侵入空气。自动变速器油滤清器堵塞后,随着发动机转速的提高,油泵因供油不足而产生真空,使油泵内真空度加大,油泵外为正压,油泵内为负压,此时状态再好的密封圈也无法阻挡空气的侵入。在大负荷、换挡和满载时油泵内会侵入较多的空气,这时变速器前部有时会有轰鸣声,用手摸油底壳可以感觉到高频振动,最高车速通常只有 80~90km/h。变速器内总是烧蚀一组中高速挡的制动器。

(2)主油压过低会造成离合器和制动器都打滑。除液压系统中有空气造成主油压过低外,油泵发生早期磨损、主调压阀失调或卡滞在泄油一侧、节气门拉索过松、节气门位置传感器输出电压过低、主油压电磁阀密封不良、离合器或制动器的工作系统发生泄漏、蓄压器发生泄漏等因素均可能造成主油压过低。

(3)单向离合器打滑。与其并联的单向离合器打滑,也会造成变速器过热。

3)变速器锁止离合器锁止力矩不足导致变速器过热

(1)变速器锁止离合器锁止力矩不足引起的故障。变速器锁止离合器锁止力矩正常时，进入锁止工况时，经过短暂的滑动摩擦后便进入静摩擦状态。锁止力矩不足时离合器盘始终处于滑动摩擦和高频振动之中，滑动摩擦会造成变速器油温过高，进入锁止工况20min左右，装在发动机节温器内的过热报警装置开始报警（冷却液温度达到110℃）。高频振动会直接影响到与输入轴直接发生联系的离合器，使该组离合器通常行驶2000~3000km烧蚀一次。维修中若不能解决高频振动的问题，长此以往，输入轴上的行星齿轮也会发生早期磨损。

(2)造成变速器锁止力矩不足的因素。

①锁止电磁阀密封不良，锁止电磁阀为常开式电磁阀，接上蓄电池电压，用0.5MPa压缩空气检查，应保证完全密封。只要有轻微泄漏，就必须更换。

②变速器内油液过脏，造成离合器盘和变速器壳之间接触不良。对于这种情况将变速器驱动毂朝下，反复摇动变速器，尽量将脏油多放出一些。加入清洗剂（如煤油或自动变速器专用清洗剂），将输入轴插到位，用于反复旋转，使里边的涡轮反复搅动，将清洗剂用放脏油的方法放出。加入清水反复搅动，洗掉清洗剂，将水放净，再用干燥的压缩空气将变速器内吹干，最后加注洁净的自动变速器油。

③变速器和锁止离合器盘的接触面，即变速器在发动机一侧的平面端面圆跳动量必须小于0.20mm，否则必须更换变速器总成。

④变速器内支承导轮的单向离合器发生卡滞，导致变速器过热。发生此故障时，汽车车速上不去，大部分汽车在温和踩加速踏板时最高车速只有50~60km/h。加大节气门开度时，也只有80~90km/h。部分输出功率较大的发动机车速可以达到120km/h左右。失速试验时，失速转速正常。自动变速器油没有变黑变臭，变速器十分烫手。

⑤自动变速器油冷却器堵塞导致变速器过热。汽车行驶过程中，自动变速器油冷却器的正常温度应为60℃。变速器油温过高，而手摸自动变速器油冷却器发凉，说明冷却器堵塞。

从变速器上拆卸下自动变速器油冷却器的进、出油管，用0.2MPa压缩空气（压力过低不起作用，压力过高会损坏冷却器）加压吹，若吹不通，加入专用清洗剂浸泡，浸泡后再用压缩空气加压吹使冷却器畅通。

2. 自动变速器异响

变速器内部主要是金属件，在产生异响的同时，噪声随着金属零件传遍整个变速器，从声源上很难准确判断变速器中哪个部位发生异响。另外自动变速器的某些异响只出现在一些特定的工况，只有再现这种特定工况，才能重新听到异响声。在没有准确地找到造成变速器异响声源之前，盲目地分解变速器，会给故障的查找带来极大的困难。

(1)大负荷急剧改变车速时变速器前部有金属撞击声。只在大负荷状态下急剧改变车速，才能听到变速器前部有金属撞击声，可能性最大的是变速器导轮与泵轮或涡轮间发生运动干涉，但不能完全排除变速器前部的行星齿轮机构发生运动干涉。

为了准确地判断故障，可专为此做一次失速试验。失速转速只要不高出标准值200r/min以上，表明变速器内没有任何零件转动，随发动机曲轴旋转的只有变速器和油泵。如果油泵内部有金属撞击声，汽车将无法行驶。

失速试验时听到的金属撞击声,是由于导轮与泵轮或涡轮发生运动干涉发出的,分解变速器,在油底壳和变速器内可以发现从导轮上掉下来大量的铝末。维修时必须更换变速器总成。

(2)只在行驶中才有异响声。使用自动变速器的汽车严禁空挡滑行,因此空挡时没有异响(空挡时行星齿轮不转),行驶中能听到异响,最常见的是行星齿轮机构发出的异响。

判断异响的具体部位时,支起驱动轮,挂挡旋转,再现异响声,判断异响的大致部位,以便下一步的重点检查。

行星齿轮机构能够产生异响的原因有以下几项:

①行星架上行星齿轮轴周围有黑色的"眼圈",说明行星架过载,已经发生变形。应更换行星架。

②行星齿轮与行星架之间的轴向间隙过大。行星齿轮与行星架之间轴向间隙的正常值是 0.2 ~ 0.7mm,超过 0.8mm,应更换行星架。

③用手旋转行星齿轮,检查其运转是否平滑。如不平滑,则应检查齿轮上是否有硬伤。

④检查行星齿轮机构之间是否漏装止推垫圈或推力轴承。

(3)只在特定挡位发动机制动时有异响。变速器内的单向离合器在它负责的工作挡位上,踩着加速踏板时,发动机曲轴带着变速器输入轴转动,处于锁止状态。迅速、完全地放松加速踏板,实行发动机制动,驱动轮带着变速器输出轴转动时,变速器内单向离合器与行星齿轮机构一起反向旋转。

变速器内单向离合器发生卡滞,或有磕伤,旋转时就会和同组的行星齿轮机构在发动机制动时发生运动干涉,发出"嗡嗡"的异响声。踩下加速踏板异响声又立即停止。单向离合器卡滞后应及时更换,因为卡滞会造成烧蚀,会造成它附近的零件变形。

(4)中、高速行驶中一阵剧烈的金属撞击声后汽车不能行驶。故障发生前没有任何征兆,在行驶中突然听到一阵剧烈金属撞击声,随后汽车就不能行驶了,或虽能重新起步,但最多只能走1min多。这种故障一般是变速器涡轮花键毂早期磨损。

(5)拌挡或换挡后,一阵剧烈金属撞击声,油尺孔冒蓝烟,汽车不能行驶。变速器大修后,起步挂挡时或换挡时,突然出现一阵剧烈金属撞击声,油尺孔冒蓝烟,汽车不能行驶。这种故障很可能与单向离合器有关。

变速器装配中要特别注意单向离合器的装配方向。由于单向离合器负责固定的行星齿轮机构元件不同,与之配合的施力装置不同,所以发生的故障也不同,有的会发生反向行驶;有的会在某些前进挡位形成空挡;有的则会锁住旋转方向,例如 D 位或 L 位不能起步,2 位上起步正常;也有时发动机输出转矩较大,致使单向离合器散架,单向离合器中滚珠在离心力作用下被抛出,打坏旁边的零件,本节刚开始描述的情况就属于此类故障。如一挡单向离合器散架后打坏紧挨着它的低速挡制动器、使后行星排的三个元件在所有挡位上都没有固定装置,汽车在所有挡位上都形成空挡,无法行驶。

(6)大负荷时变速器前部有轰鸣声。大负荷时,换挡和满载时变速器前部有轰鸣声,通常是自动变速器油滤清器堵塞。

造成自动变速器油滤清器堵塞的因素有以下几项:

①油液过脏。

②变速器拖底。

③换油不彻底,只放出行星齿轮机构内的油,没有放自动变速器及冷却器内的油。旧油中抗氧化添加剂,无法溶入新油中,而分离出来结成块状,堵在滤网上(不易发现)。

(7)汽车急加速时变速器前部有尖叫声。此种噪声故障伴随有挂挡时滞时间明显延长。通常挂前进挡时滞时间只有 10~1.2s,挂倒挡时滞时间只有 1.2~1.5s。故障原因是自动变速器油液面过低,导致主油压过低,挂挡时滞时间被延长到 3~4s。

(8)汽车行驶中变速器内传出很轻的"咔咔"声。离合器或片式制动器工作间隙过大,在它不工作的挡位上,随着由它负责固定的行星齿轮机构振动,使其彼此间会发生碰撞而发生很轻的"咔咔"声。

(9)在空挡位加速时发出"唔、唔"的尖叫声。在 P 位和 N 位随着发动机转速的提高,变速器内发出"唔、唔"的尖叫声。拔出油尺,发现油液发白,说明自动变速器油进水,应及时检修或更换自动变速器油的冷却器,并彻底更换自动变速器油。

(10)所有挡位都有连续的异响声。如果所有挡位都有连续的异响声,且汽车车速越高轰鸣声越大,做主油压试验时怠速油压过低,失速油压正常,说明变速器油泵发生早期磨损,如不及时更换,汽车行驶 1000km 左右,所有的离合器和制动器就会发生烧蚀。

3. 一挂挡就灭车的故障原因

使用自动变速器的汽车,起动时正常,但无论往哪个挡位上挂挡就立即灭车。挂挡灭车是因为发动机负荷过大造成的。在实际修理时应注意以下几点。

(1)发动机怠速过低。通常轿车发动机的怠速为900r/min,当发动机怠速只有700r/min时,汽车没有蠕动。

使用自动变速器的汽车,松开制动踏板,不用踩加速踏板,汽车便可以很低的速度移动,这种移动称蠕动。汽车没有蠕动说明怠速过低,蠕动过快则为怠速过高。

当发动机怠速只有 500r/min 时,因输出转矩过小,不足以克服行驶阻力,一挂挡就灭车。

(2)空调离合器开关继电器信号中断。因空调的使用要消耗掉一部分发动机的动力,所以启动空调时,空调离合器开关继电器应同时给 ECU 和 TCU 信号,前者使发动机转速提高200~300r/min,后者增大主油压。

如 ECU 没有接到信号,启动后挂挡时,发动机怠速没有提高,就会出现一挂挡就灭车。

启动后,打开空调,一挂挡就灭车,二次启动时,关掉空调,挂挡如不再灭车,应重点检查空调离合器开关继电器和电路。

(3)锁止继动阀卡在工作端。大部分一挂挡就灭车的原因,是由于锁止继动阀卡滞在工作端造成的。

锁止继动阀负责改变液力变速器锁止离合器盘后侧油腔的通路。在没有进入锁止工况时,锁止离合器盘后侧油腔和变速器进油道相通,锁止离合器盘前、后油腔均为 0.4MPa 油压,锁止离合器处于分离状态。进入锁止工况后,进油通道关闭,通向油底壳的泄油通道打开,变速器进入锁止工况。

如锁止继动阀卡滞在工作端,变速器始终处于锁止工况,这时挂挡如不踩加速踏板,不提高发动机转速肯定要灭车(这和传统汽车不踩离合器就挂挡是一样的)。

锁止继动阀刚开始卡滞时,在行驶中等红灯时,有类似传统汽车离合器分离不开,汽车总往前窜动的感觉。

控制阀体如装有上、下阀体,锁止继动阀大部分装在上阀体,它是所有滑阀中套筒最长的,直径也仅次于主调压阀,所以是较易发生卡滞的滑阀。

锁止继动阀一旦发生卡滞,必须拆下来用 1200 号砂纸沿圆弧方向打磨,直到在不加油润滑的前提下,依靠自身重力能够在阀孔中滑动为止。

如果只是用浸洗剂浸泡控制阀体,也许当时可以消除一挂挡就灭车的故障。但通常在一周左右时间,故障会重新出现。

(4)锁止电磁阀或其电路短路。当点火开关旋至 ON 位时,变速器内所有电磁阀的正极都接上了电源,但其负极是否搭铁,则需计算机根据相关传感器的信息再决定。如锁止电磁阀或其线路短路,便等于自己接上了负极,只要接通整车电源,变速器便进入锁止工况。此时一挂挡就会灭车。

检查锁止电磁阀的电阻值,如电阻值过低说明锁止电磁阀内部短路,必须更换,如锁止电磁阀电阻值正常,应进一步检查线路,检查有无短路处。

第三节　主减速器和差速器的维修

一、失效形式及故障分析

主减速器(含差速器)是汽车传动系统中一个重要的部件,发动机发出的动力经离合器、变速器(分动器)、传动装置而传至主减速器(即主传动器)。主减速器不仅承受很大的径向力和轴向力,还要经过它把转矩增大,传递给差速器和半轴而至驱动轮。

主减速器的主要失效形式有:圆锥主动齿轮端头的螺纹损伤;前后轴承座颈因磨耗而受到的损伤;花键因长期使用而产生的花键沿宽度的磨损;以及锥形主动齿和从动齿的齿面的自然磨损或斑蚀、剥落;或由于驾驶技术关系使两齿受到严重碰击而致断裂等情况。

差速器是当汽车转变方向的时候,保证两主动车轮能够在不相等的速度情况下工作。由于左右两主动轮产生滚动而不是滑动,因此减低了轮胎的磨损和转向的困难。

差速器主要的失效形式有行星齿轮的自然磨损、齿轮的损坏和十字轴的磨损等。

汽车在行驶中,由于半轴齿轮和行星齿轮承推垫片磨损变薄而引起差速器齿轮啮合间隙增大及半轴齿轮键槽磨损而产生不正常的响声,这种响声只在汽车转向时发生,此情况称为差速器发响。

此外,在行驶中常见的故障有发响、过热等。

1. 发响

发响是齿轮在啮合中产生撞击或啮合间隙不当而造成的不正常的声响。车辆在急剧改变车速或上坡时,听到后桥发响,一般为啮合间隙过大或啮合不良造成的。在加速或放松加踏板减速后,听到后桥发响,一般为啮合间隙过小或啮合不良引起的。

主减速器发响的根本原因是齿轮、轴承发生了比较严重的磨损或损坏,在工作中破坏了它们之间的正常啮合,因而在工作中产生了撞击声响。

此外,由于差速器和主动锥齿轮和从动锥齿轮轴承磨损,或主动锥齿轮和从动锥齿轮的磨损而使啮合间隙增大,轴承损坏或齿轮个别轮齿打坏,从动锥齿轮的铆钉或螺栓松动等,都有可能引起发出响声。

2.过热

过热的现象是指汽车行驶一定里程后,用手触摸主减速器壳体很烫手,且有不能忍受的感觉。

(1)手摸接近轴承处,手放上时能够忍受但又不能长久停留,即认为合适,因轴承有预紧度,温度高一点是可以的。但如手放上后不能忍受,说明轴承装配过紧,应进行检查调整。

(2)如普通发热,则说明缺少润滑油或啮合间隙过小,此时应加足润滑油;齿轮啮合间隙过小应适当调整放大。

二、主减速器和差速器的拆装与检修

1.主减速器和差速器从车上拆卸

现代丰田小型轿车上使用的IRS型主减速器、差速器,其结构与普通型略有不同,但内部结构、原理、功用均相同,都是一种单级式主减速器结构。现以丰田IRS型主减速器和差速器修理全过程为例介绍,其他普通型的修理可参照进行。

(1)拆下卸油塞,放尽主减速器和差速器内的润滑油。拆下伴扼凸缘与传动轴凸缘的连接螺栓、螺母,将传动轴分离卸下。

(2)用千斤顶将主减速器和差速器壳体支撑稳妥,拆下左右两侧传动半轴连接螺栓、螺母,取下传动半轴。拆下后弹簧支撑座螺母。

(3)拆下后弹簧支撑座4个固定螺栓。

(4)拆卸主减速器和差速器壳体6个螺栓(左右各3个)。

(5)将千斤顶缓缓放松,将壳体慢慢放低,然后取下。

(6)拆卸上盖。拆卸8个固定螺栓,取下上盖和垫圈。拆卸侧齿轮轴,用专用工具将侧齿轮轴自壳体上拆下(图6-17)。

(7)用专用工具拆卸侧齿轮轴油封(图6-18)。

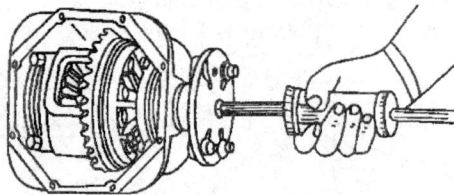

图6-17 拆卸侧齿轮轴　　　　　图6-18 拆卸侧齿轮轴油封

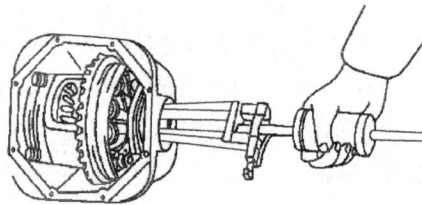

(8)拆伴扼凸缘。用手锤子和錾子将螺母锁紧圈撬开。用专用工具将凸缘固定,再用套筒扳手拆卸固定螺母(图6-19)。用专用工具拆下伴扼凸缘(图6-20)。

(9)拆油封和抛油环。用专用工具拆下油封,再拆下油环。

(10)拆前轴承和轴承隔圈。用专用工具拆下前轴承,再拆下轴承隔圈。如轴承或隔圈磨损严重和损坏,应予更换。

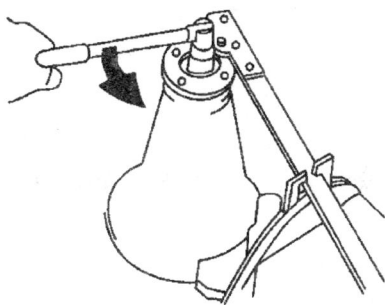

图 6-19 拆卸固定螺母

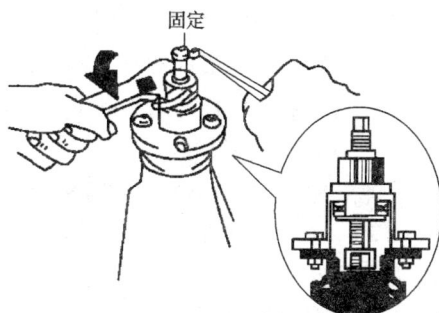

图 6-20 拆卸伴扭凸缘

（11）拆差速器壳体和从动锥齿轮。在轴承盖和差速器外壳上做出装配记号。拆下左右两个轴承盖。

（12）用专用工具拆下两侧轴承预荷重的调整平垫圈。

（13）拆下差速器壳体左（LH）、右（RH）两侧轴承外座圈，挂妥标签，以作装配时的位置记号（图 6-21），取出差速器壳体，自主减速器和差速器壳体内拆下从动锥齿轮。

2. 主减速器和差速器的解体、检查和修理

（1）用专用工具夹住主动锥齿轮后轴承，由压力机将主动锥齿轮和后轴承分离，取出平垫圈（图 6-22）。

检查主动锥齿轮和从动锥齿轮的磨损和损坏情况，必要时予以更换。

图 6-21 轴承外座圈挂标签

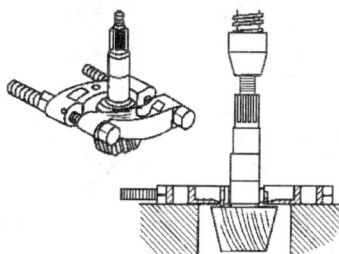

图 6-22 拆卸主动锥齿轮后轴承

（2）更换主动锥齿轮后轴承。

①在主动锥齿轮上装上新（或旧）的平垫圈，垫圈的斜削面应对正主动锥齿轮。

②用专用工具垫在后轴承的下面，用压力机将主动锥齿轮压进后轴承到适当的位置。

（3）更换主减速器和差速器壳体上的主动锥齿轮前后轴外座圈。

①用铜棒抵着外底圈边缘，分几处用手锤轻敲，将外座圈平稳地卸下。

②安放妥更换的新外座圈，用压力机压进新外座圈至适当的位置。

（4）用专用工具拆卸差速器壳侧轴承，对侧轴承进行检查或修理，必要时应更换新件（图 6-23）。

（5）拆从动锥齿轮。

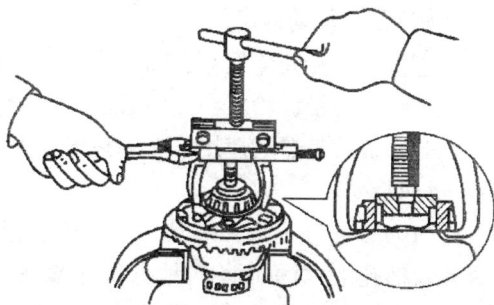

图 6-23 更换外座圈

①用手锤、一字螺丝刀敲开从动锥齿轮固定螺栓的锁定板,在从动锥齿轮与差速器壳体之间做好装复记号。锁定板如损坏,应换用新件。

②用塑胶锤或铜锤轻敲从动锥齿轮,使之与差速器壳体分开。

(6)拆差速器壳体并检修各零件。

①用手锤敲冲头,使壳分解。卸下小齿轮(行星齿轮)轴、两个行星小齿轮、两个侧齿轮(半轴齿轮)和4个推力垫圈。

②检查各零件磨损及损坏情况,必要时应予以修整或更换。

(7)差速器壳体的装复。

①差速器壳体经检拆修整,即予装复。选用适当厚度的推力垫圈,确保达到额定的齿隙(两侧应选用相同厚度的垫圈)。标准齿隙为 0.05～0.20mm。推力垫圈厚度为 0.96～1.04mm,1.06～1.14mm,1.16～1.24mm,1.26～1.34mm。

②装妥差速器壳体内的推力垫圈及两行星小齿轮和轴、侧齿轮和推力垫圈,并检测齿隙(图6-24)。

③检查侧齿轮齿隙(图6-25)。将一个行星小齿轮固定,用手拨动齿轮以百分表检测齿隙。标准齿隙为 0.05～0.20mm。如不符合标准,可选用不同厚度的推力垫圈,予以调整。

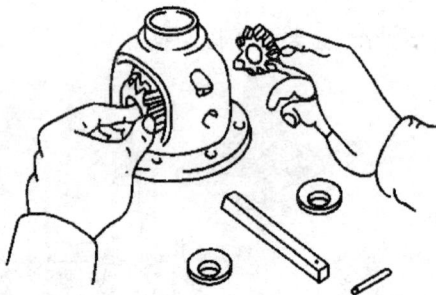

图6-24　组装差速器

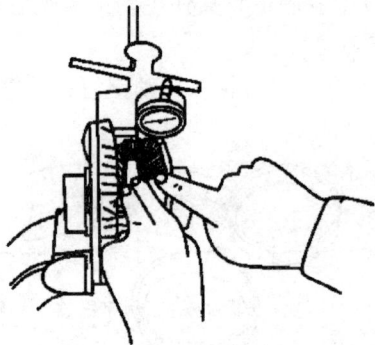

图6-25　检查侧齿轮

④装插销。用手锤敲击冲头,将插销经差速器和行星小齿轮轴上的小孔,继续轻敲插销和差速器壳体,以便紧固。

(8)装妥新的侧轴承。用专用工具衬着新的侧轴承,用压力机压入差速器壳体孔内。

(9)装妥从动锥齿轮。

①将差速器壳体接合表面清洗干净。

②将从动锥齿轮放在油浴容器中,加热到100℃左右(不能超过110℃)。

③取出后趁热迅速用洁净的溶剂将从动锥齿轮接触表面揩干净,对正已做好的装配记号,迅速装妥。

(10)装妥锁定板和螺栓。装好锁定板,将从动锥齿轮固定螺栓涂以润滑油。装进锁定板孔及螺孔中,对称而均匀地分次拧紧,然后再按规定力矩拧紧。拧紧力矩为98.5N·m。

(11)装锁止螺栓。用手锤和冲头将锁定板边部敲起与螺栓头部包住,防止螺栓移动。

(12)检查从动锥齿轮的圆跳动量。

①将差速器壳体装上主减速器后,拧紧调整螺母到轴承不存在间隙时为止。

②用百分表检测从动锥齿轮的圆跳动量。最大圆跳动量为 0.07mm。

3. 主减速器和差速器的装配和调整

（1）主动锥齿轮的装配和调整。

①装妥后轴承的主动锥齿轮装进主减速器和差速器壳体内。

②装妥前轴承。

③检查和调整好齿轮接触面之后，将隔离圈、抛油环和油封装妥。

（2）装伴扭凸缘（图6-26）。用专用工具将伴扭凸缘装好。将螺母螺纹涂以润滑油，用梅花扳手和活扳手拧紧螺母。

（3）调整主动锥齿轮预载荷（图6-27）。

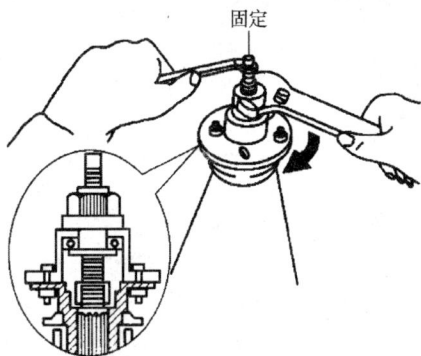

图 6-26　装伴扭凸缘

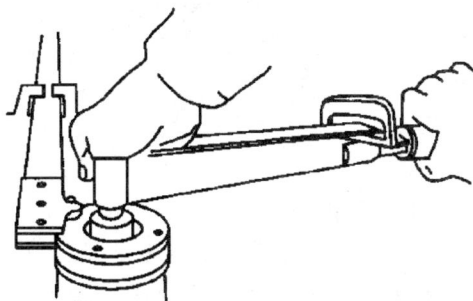

图 6-27　调整主动锥齿轮预载荷

①用专用工具将伴扭凸缘固定住。

②调整主动锥齿轮预载荷（预紧力）时，拧动伴扭凸缘中央螺母即可。

③因未装隔离圈，故每次只能拧紧螺母稍许，不要拧得过紧。

（4）用扭力扳手测量主动锥齿轮与从动锥齿轮之间齿隙的预载荷（图6-28）。新轴承为 $1.2 \sim 1.9 N \cdot m$，旧轴承为 $0.6 \sim 1 N \cdot m$。

（5）装差速器壳体。

①将轴承外座圈按拆卸时所做标记装在原来的位置，不要将左右方向搞错。

②将差速器壳体装于主减速器和差速器壳体内。

（6）调整从动锥齿轮与壳体的间隙（图6-29），只要在从动锥齿轮的背侧垫以平垫圈调整，即可确保应有的间隙。

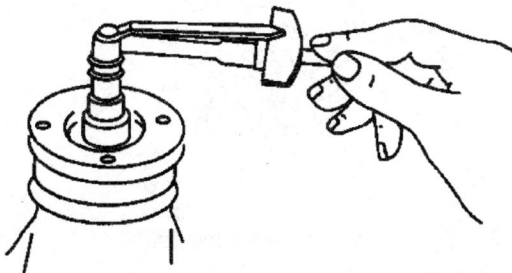

图 6-28　测量预载荷

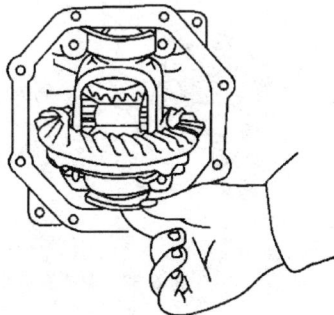

图 6-29　调整从动锥齿轮与壳体的间隙

(7)用木锤敲从动锥齿轮边缘,垫圈和轴承即可自由上紧。

(8)将从动锥齿轮齿面与侧轴承毂固定定位,然后测量其齿隙(图6-30)。齿隙参考值为 0.10mm,按齿隙的大小选用不同厚度的从动锥齿轮侧垫圈,分置于差速器壳体两侧。

(9)将装好侧垫圈的差速器壳连同外座圈一同装入主减速器差速器外壳,用木锤敲入。如图6-31 所示,用百分表检测从动锥齿轮齿隙。齿隙应为 0.13~0.18mm。如齿隙不符合规格,应进行调整。

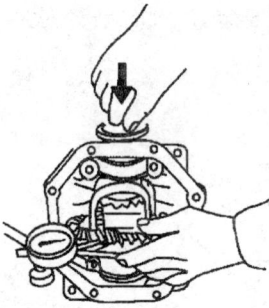

图6-30　测量齿隙

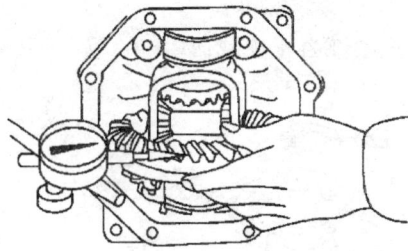

图6-31　检测从动锥齿轮齿隙

(10)调整侧轴承预载荷(图6-32)。拆卸从动锥齿轮侧垫圈,用千分尺测量其厚度。

(11)以所测齿隙作为参考值,装上比拆下的从动锥齿轮侧垫圈厚度大 0.06~0.09mm 的新垫圈。

选用的新垫圈,应可用手指压入 2/3 的位置为合适。然后用木锤轻敲侧垫圈于安放位置,再检查从动锥齿轮齿隙。

(12)用百分表检测从动锥齿轮齿隙。齿隙应为 0.13~0.18mm。如齿隙不符合规格,则可平均增加或减少两侧之间等量尺寸的垫圈,调整到规定的齿隙。更换侧垫圈后,齿隙可能有 0.02~0.03mm 之间的变动。

平垫圈与差速器之间应无间隙,但应有与从动锥齿轮的间隙。

(13)装侧轴承盖。装两侧轴承盖时,应对准拆卸时与外壳所做的装复记号,用扭力扳手按规定力矩拧紧 4 个固定螺栓,拧紧力矩为80N·m。

(14)用转矩计测量总预载荷。总预载荷(除主动锥齿轮预载荷外)应为 4~6N·m。

(15)如图6-33 所示检查调整从动锥轮与主动锥轮之间的轮齿接触情况。

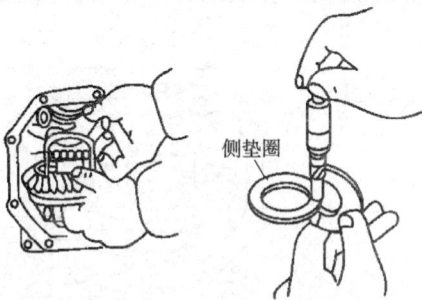

侧垫圈

图6-32　调整侧轴承预载荷

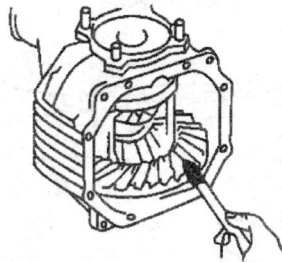

图6-33　检查轮齿接触情况

①在从动锥齿轮 3 个或 4 个不同位置的轮齿上涂以红丹颜料。

②以手握住伴轳凸缘,并朝两个不同方向旋转,检视轮齿的啮合印痕情况。

（16）如图 6-34 所示,根据检视的轮齿印痕情况,选用调整垫片以达到正确接触的位置。如果轮齿接触印痕不能达到正确接触的位置时,可选用不同厚度的垫圈重复以上步骤给以调整,直到达到正确的啮合印痕为止。

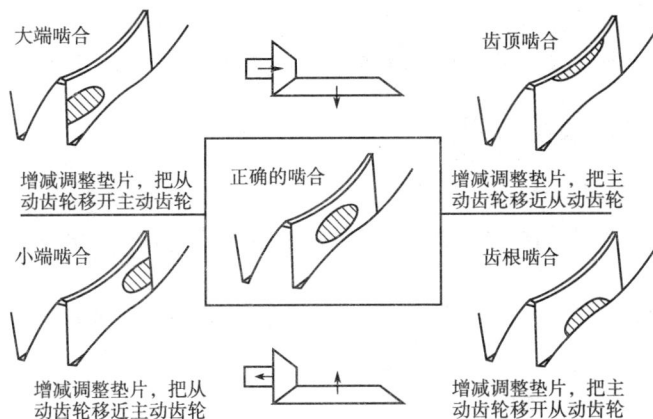

图 6-34　检查齿轮啮合情况

（17）装隔离环和前轴承。当从动锥齿轮与主动锥齿轮的啮合齿隙调整正确后,装上新的轴承隔离圈和前轴承。

（18）装抛油环和新油封。安装抛油环,在油封端涂以润滑油,用专用工具装妥新油封,油封深度为 1.5mm。

（19）装妥伴扭凸缘。用扭力扳手按规定力矩拧紧凸缘螺母,拧紧力矩为 110N·m。

（20）检查前轴承预载荷。

①如预载荷大于额定值,应更换轴承隔离圈。

②如预载荷小于额定值,则以 13N·m 的力矩再拧紧,直到达到额定预载荷为止。

③应重复测量预载荷程序。

（21）检查伴扭凸缘的斜度。用百分表检测伴扭凸缘的纵向和横向斜度。最大纵向斜度为 0.10mm,最大横向斜度为 0.10mm。如斜度大于最大值,则应检查轴承。不能将主动锥齿轮螺母拧紧以减少预载荷。

（22）用手锤和錾子敲紧主动锥齿轮螺母锁紧垫圈。

（23）装侧齿轮轴油封。将油封端涂以多用润滑油。用工具将油封装妥,直到与主减速器和差速器外端端面平齐为止。

（24）装侧齿轮轴。装齿轮轴之前,应换好卡环。用木锤将齿轮轴敲入,直到与主动锥齿轮轴相接触为止。

（25）测量齿轮轴的偏移量。最大偏移量为 0.20mm。如偏移量大于最大值,则应更换侧齿轮轴。装上主减速器、差速器外壳盖以便装上车架。

4. 主减速器和差速器的安装

（1）安装主减速器和差速器。将主减速器和差速器用举升器或千斤顶顶住,然后装上外壳螺栓并按规定力矩（97N·m）拧紧。

（2）装妥后弹簧支架座。用扭力扳手按规定力矩（19.5N·m）拧紧后弹簧支承座 4 个固定螺栓。

（3）装妥后弹簧座支承螺母。用扭力扳手按规定力矩(75N·m)拧紧后弹簧座支承螺母。

（4）各部连接和加注齿轮油。

①将传动轴凸缘与伴扭凸缘连接。

②连接后传动半轴。按规定力矩(70N·m)拧紧4个连接螺栓。

③装妥泄油塞。将主减速器和差速器壳内注满齿轮油,装妥泄油塞。

三、典型驱动桥的装配与调整

驱动桥的装配精度要求较高,装配质量对总成性能的影响较大,如果内部零件配合不当,将会导致产生不正常的响声并加速零件磨损,严重时甚至会打坏齿轮、烧坏轴承,造成不应有的损失。

驱动桥装配时应进行检查和调整,其中主要是圆锥滚子轴承的预紧度和齿轮啮合印痕及间隙的检查和调整。

1.上海桑塔纳轿车驱动桥的装配与调整

上海桑塔纳轿车驱动桥为变速转向驱动桥,它由主减速器、差速器和驱动轴组成,其装配调整步骤如下。

1）主动轴的安装与调整

桑塔纳轿车的主动轴就是变速器的输出轴,其装配与调整要求可参见手动变速器维修部分内容。

2）装配主减速器和差速器

（1）将差速器的复合式止推垫片上涂上齿轮油,然后装入差速器壳内。

（2）安装半轴齿轮、凸缘轴并用六角头螺栓拧紧。

（3）把两个小行星齿轮错开180°,转动凸轮轴,使行星齿轮、止推垫片和差速器罩壳对准,推入行星齿轮轴并锁紧。

（4）将从动齿轮加热到100℃左右,安装到差速器壳上,并用定心销导向。将圆锥滚子轴承加热到100℃左右压紧,并压入车速表驱动齿轮,压入深度为1.4mm,为保证这一要求,压入时可采用厚度为1.4~1.5mm的垫圈或挡圈。

（5）调整主动锥齿轮和从动锥齿轮的啮合间隙。桑塔纳汽车的驱动桥是通过改变 S_1（从动锥齿轮调整垫片）、S_2（从动锥齿轮调整垫片）、S_3（主动锥齿轮调整垫片）的厚度来实现的。

2.日本丰田(海艾斯)汽车驱动桥的装配与调整

1）主动锥齿轮轴承的安装及预紧力调整

装配时,应将轴承等清洗干净,并涂以薄机油,然后把调整垫片、减速器壳分别装在内轴承和主动锥齿轮轴上,再装上外轴承结合盘和锁紧螺母。

轴承预紧度的调整方法如下:主动锥齿轮轴承预紧度是靠增减两轴承之间的调整垫片厚度来调整的,增加垫片厚度,轴承预紧度减小,反之则增大。供选用的调整垫片厚度从0.25~0.45mm起,每隔0.05mm为一级。轴承预紧度是在锁紧螺母上的紧固力矩达170~210N·m时,用扭力计测量预加应力来判断的。新轴承要求预紧力矩在1.9~2.6N·m(旧轴承为0.9~1.3N·m),主动轴应能灵活转动,且无轴向间隙感觉为合适。调整时还应注意以下几点:

（1）调整预紧力矩时只安装主动锥齿轮、隔圈、垫片、外轴承、结合盘,不安装油封。油封应在调好预紧力后再安装。

（2）拧紧结合凸缘螺母时,可用专用工具(09330 - 00020)夹住凸缘。

（3）测量预紧力矩前,应左右转动几次轴承,使它紧贴,然后再测量。在拧紧锁紧螺母时,要不断地转动轴承外壳,以防轴承卡住。

2）差速器的安装与调整

（1）差速器在装合前,应将止推垫片、行星齿轮和半轴齿轮的工作面涂以齿轮油（或机油）,装配时应注意使止推垫片有油槽的一面朝向齿轮,并要求两半轴齿轮垫片的厚度相同。

（2）将半轴齿轮及止推垫片、行星齿轮及止推垫片装入差速器壳内。

（3）用手握住朝向轴承外壳那一面的行星齿轮,同时测量半轴齿轮的齿隙。标准间隙为 0.05 ~ 0.20mm。如间隙不符合要求,可换装不同厚度的止推垫片予以调整,止推垫片的厚度有 1.60mm、1.70mm、1.80mm 三种。

（4）调好啮合间隙后用手锤和冲头把直销冲入壳体和行星齿轮轴的孔内,再把销和差速器壳铆死。

（5）用压力机和专用工具(09605 - 30011)把差速器轴承压在差速器壳上。

（6）将齿圈放在油缸中加热到100℃,然后用清洁液把齿圈接触面清洗干净,在齿圈固定螺栓上涂上齿轮油,对准齿圈和差速器壳上的记号,迅速把齿圈装在差速器壳上。

（7）装上锁片及固定螺栓,均匀对称地拧紧紧固螺栓,拧紧力矩为 93 ~ 105N·m,然后用冲头把锁片及固定螺栓锁死,如图 6-35 所示。

（8）将差速器总成装在减速器壳上。

①将轴承外座圈分别放在各轴承上(注意:左、右轴承外座圈标记,不要装错),将差速器总成装在减速器壳上,再将调整螺母分别装在减速器壳上,注意对准螺扣,且齿圈和主动锥齿轮间有一定的间隙。

②将盖和托架上的记号对准,把两个轴承盖螺栓拧入 2 ~ 3 圈,用手压下轴承盖。如果轴承盖在托架上没有配合紧,就表明调整螺母没有对准,如有必要,应重新安装调整螺母。

③拧紧轴承盖螺栓直至弹簧垫圈稍微被压缩,然后用专用工具(09504 - 000011)调整齿圈侧的螺母直至齿圈齿隙约达 0.2mm。

④用专用工具(09504 - 00011)把调整螺母拧紧在主动锥齿轮侧。如果因拧紧调整螺母造成啮合间隙的改变,应再次检查调整。

⑤把千分表放在齿圈侧的轴承端顶上,拧紧另一调整螺母直至千分表的指针开始运动,把轴承预紧力调整到零,如图 6-36 所示。

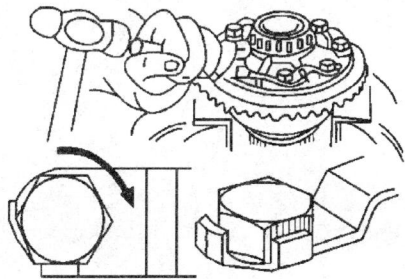

图 6-35 锁片的锁定

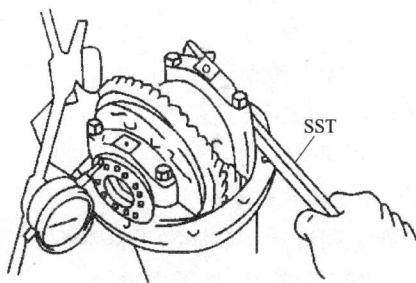

图 6-36 轴承预紧力的调整

⑥从零预紧力位置拧入调整螺母 1~1.5 圈,然后用扭力计测量预紧力矩,其值应为 0.4~1.6N·m。

3)主、从动锥齿轮啮合印痕和间隙的调整

(1)检查啮合印痕,方法同前。

(2)检查啮合间隙。当啮合印痕符合要求后,固定主动轴,将千分表触头抵住从锥齿轮大端,来回转动从锥齿轮即可从千分表上读出间隙。齿隙应在 0.13~0.18mm 范围内为宜。待啮合间隙和印痕均符合要求后,用 70~90N·m 的力矩拧紧差速器轴承盖螺栓。

4)安装半轴

将油封涂上多用润滑脂,然后将制动底板和轴承护圈插在半轴上。安装时注意轴承的方向,用专用工具(09515-30010)把半轴压入底板内,再用开口环钳安装开口环。

5)驱动桥的装复

(1)将桥壳用 U 形螺栓固定在悬架上,选用新衬垫将差速器和减速器总成装在桥壳上,装上螺母并拧紧,拧紧力矩为 250N·m。

(2)加注准双曲面齿轮润滑油(SAE90APIGL-5)至规定液面,并旋上加油螺塞。

(3)用 4 个自锁螺母把球壳与半轴装好,拧紧力矩为 67N·m。安装半轴时应防止桥壳内的挡油圈变形或损坏油封。

第四节   悬架系统的维修

一、失效形式及故障分析

1.车身侧倾过大

(1)横向稳定杆弹力减弱,或连接杆损坏,应更换稳定杆或连接杆。

(2)横向稳定杆或下悬架臂磨损及损坏,应更换。

(3)减振器损坏应更换。

2.乘坐不舒适(太软或太硬)

(1)轮胎尺寸或帘布层数不符合规定,应更换符合规定型号的轮胎。

(2)轮胎充气压力不正确,应调整气压至规定范围。

(3)减振器损坏,应予以更换。

(4)弹性元件弹力减弱、磨损或损坏,应予以更换。

3.汽车在平地上停放车身倾斜

(1)一侧悬架弹簧弹力减弱,应予以更换。

(2)横向稳定杆连接杆损坏或磨损,应予以更换。

(3)悬架臂衬套磨损,应予以更换。

4.悬架有不正常声音

(1)悬架臂球头节润滑不良或磨损,应予以润滑或更换。

(2)减振器损坏,应予以更换。

(3)稳定杆连接杆损坏或磨损,应予以更换。

（4）悬架连接有松动处,应重新拧紧。

（5）悬架臂衬套磨损,应予以更换。

5.行驶不稳定

（1）弹性元件弹性减弱,应予以更换。

（2）减振器损坏,应予以更换。

（3）稳定杆弹力下降、损坏或稳定杆连接杆磨损,应更换相应零件。

（4）悬架臂衬套磨损,应予以更换。

（5）悬架臂球头节磨损,应予以更换。

（6）转向系统故障,应予以检修。

（7）车轮定位不当,应重新调整。

（8）车轮损坏或不平衡,应换新车轮或重新平衡。

二、悬架系统的拆装

1.前桥与前悬架的拆装

前桥与前悬架是汽车行驶系统的一个组成部分,它支撑着汽车前部;同时还承受路面作用于车轮上各方向的力及力矩,吸收、缓和路面上的各种冲击力。

前桥与前悬架按其结构可分为独立悬架和非独立悬架。独立悬架多用于轿车上,非独立悬架多用于货车上。

1)非独立悬架的拆装

这种悬架结构比较简单,主要由前轮毂、制动鼓、前转向节、减振器、钢板弹簧等组成。

（1）前轮及制动鼓的拆卸。

①拆下前轮毂盖上的固定螺栓,卸下前轮轮毂密封盖及垫片。

②松开锁紧螺母上的锁紧垫片,卸下锁紧螺母及垫片。

③拆下锁环及调整螺母。

④用手拉动制动鼓,拆下外轴承。

⑤拆下轮毂及制动鼓。

⑥用拉器拉下前轮内轴承,拆下油封。

⑦逐个拆下螺母,把轮毂与制动鼓分开。

（2）减振器的拆卸。减振器下面用螺栓固定在钢板弹簧的下托板上,上端固定在大梁的吊耳上,上下结构相同,拆卸方法也相同。

①减振器从车上的拆卸(图6-37)。

a.拆下下吊耳螺母19、弹垫20和平垫圈21。

b.拆下减振器橡胶套23。

c.同样拆除上吊耳的固定螺母、弹垫、平垫圈、橡胶套,就可以从车上拆下减振器总成。

②减振器的拆卸。

a.把减振器的下连接环夹在台虎钳上。

b.把减振器向下拉到头,使防尘罩与工作缸之间露出间隙,用专用扳手旋下储油缸螺母1,依次拆下密封垫2、储油缸盖3、油封4、油封垫圈5、油封弹簧6。

c.用挑针把密封环 7 从导向座总成 8 上挑出,然后把活塞 12 及导向座总成 8 一起从工作缸中抽出。

d.倒出储液缸内的减振器液,从储液缸中取出工作缸,从工作缸的下部旋下支撑座及压缩阀总成 26。

e.把减振器的上连接环夹在台虎钳上,旋下复原阀螺塞 18,就可以拆下减振器杆上套装的活塞等零件。注意:记住几个阀片的位置。

③减振器的装配。按与拆卸相反的顺序进行,但装配时须注意以下两点:

a.油封装复时不要损坏刀口,把外表面有圆角的一端朝向储液缸螺母 1。

b.支撑座及压缩阀总成 26 是压入到工作缸 28 上的,把隔片 27 放到距支撑座为 120mm 的地方后,将工作缸放到储液缸内。

④转向节的拆卸(图 6-38)。

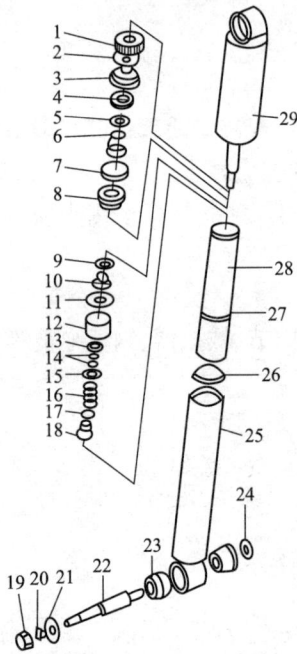

图 6-37　减振器分解图

1-储油缸螺母;2-油封密封垫;3-储油缸盖;4-减振器杆油封;5-油封垫圈;6-油封弹簧;7-储油缸螺母密封环;8-导向座总成;9-进液阀限位座;10-进液阀弹簧;11-进液阀阀片;12-活塞;13-复原阀阀片;14-复原阀调整垫片;15-复原阀弹簧支撑座;16-复原阀支撑弹簧;17-复原阀下调整垫圈;18-复原阀螺塞;19-螺母;20-弹垫;21-平垫圈;22-连接销;23-减振器橡胶套;24-垫圈;25-储油缸总成;26-支撑座及压缩阀总成;27-减振器液隔片;28-工作缸;29-减振器杆及防尘罩总成

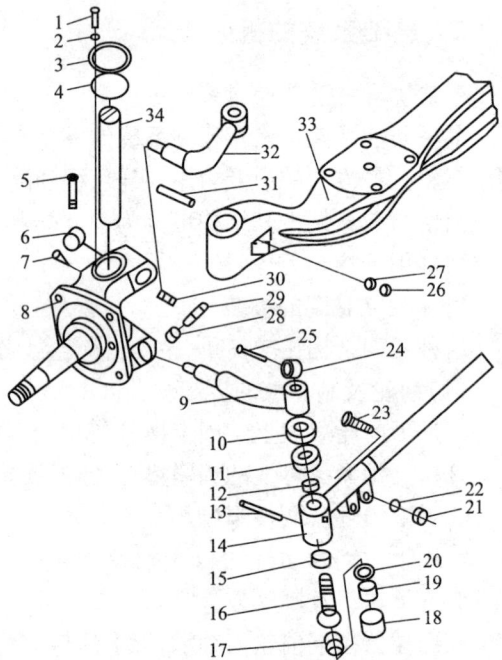

图 6-38　前转向节及横拉杆分解图

1-螺栓;2-弹垫;3-盖板;4-垫片;5、13、25-开口销;6、24-螺母;7-油嘴;8-右转向节;9-左转向节臂;10-油封盖;11-油封垫圈;12-密封罩;14-横拉杆接头;15、17-球头碗;16-球头销;18-螺塞;19-弹簧;20-球头碗弹簧座;21、28-螺母;22、27-弹垫;23-螺栓;26-螺母;29-止柱;30-平键;31-楔形锁销;32-转向节上臂;33-前桥;34-主销

a.在拆完前轮毂、制动鼓及制动底板的前桥上,拔下开口销25,拧下螺母24。

b.从左转向节臂9上拉下球头销16及横拉杆总成、直拉杆总成。

c.拔下开口销5、拧下固定螺母6,用手锤轻敲,拆下左转向节臂9及平键30,用同样的方法,拆下转向节上臂及平键。

d.拆下固定盖板的螺栓1及弹垫2,拆下上、下盖板3及垫片4。

e.拆下螺母26及弹垫27,用冲子冲出楔形锁销31。

f.压出转向节主销34,拆下右转向节8及转向节内孔的压力轴承和调整垫片。

g.拆下转向节后,若主销衬套已磨损,用压床压出转向节主销衬套,予以更换。

⑤转向节的装配。按与拆卸相反的顺序进行,但需注意以下几点:

a.主销在压入转向节前,其缺口应对正楔形销孔。

b.转向节主销与衬套的间隙应适当,符合产品技术要求。

c.转向节臂及横直拉杆的固定螺母要固定可靠,并用开口销锁紧。

⑥钢板弹簧从车上的拆卸(图6-39)。

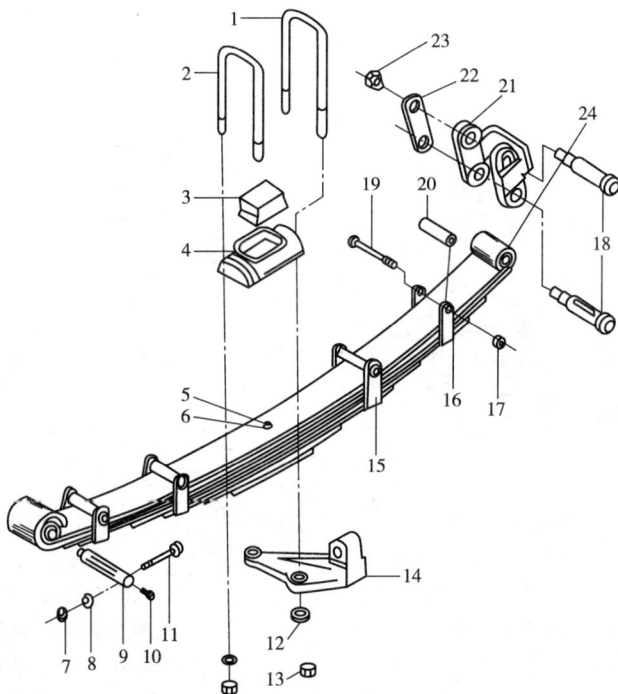

图6-39　前钢板弹簧分解图

1、2-前钢板弹簧U形螺栓;3-前弹簧橡胶垫;4-压板;5-中心螺栓;6-螺母;7、13、17、23-螺母;8、12-弹垫;9-前钢板弹簧与支架销;10-油嘴;11-锁紧螺栓;14-前减振器下支架;15-弹簧夹子;16-弹簧片;18-前钢板弹簧吊环销;19-螺栓;20-套管;21-前钢板弹簧吊环;22-吊环锁片;24-钢板弹簧衬套

2)独立悬架的拆装

在发动机前置前驱的轿车上,广泛应用滑柱式独立悬架,也叫麦弗逊式独立悬架。这种悬架由撑杆总成、控制臂和稳定杆组成。图6-40为奥迪轿车前悬架分解图。

撑杆总成的拆装如下。

①撑杆总成从车上的拆卸。

a. 松开半轴螺栓9,举起车身并支撑住,拆下车轮。

b. 在不拆开制动油管或管线的情况下卸下制动钳安装螺栓,拆下制动软管支架,将制动钳悬挂在一旁。

c. 拆下稳定杆螺母11,把稳定杆的头部从控制臂上拆下,取下橡胶套。

d. 拆下转向节上的自锁螺母10,抽出螺栓8,把上控制臂外端从转向节上拆下。

e. 拆下传动轴螺栓,将控制臂向下推,从轮毂轴承盖中抽出传动轴19。

f. 拆下自锁螺母7,卸下转向拉杆5。

g. 拆下自锁螺母2,垫圈3,把撑杆总成从车上拆下。

装配按与拆卸相反的顺序进行。装配时一定要注意:传动轴花键要滑动自如;传动轴螺母要待汽车放到后面后再紧定。

②撑杆总成的分解(图6-41)。

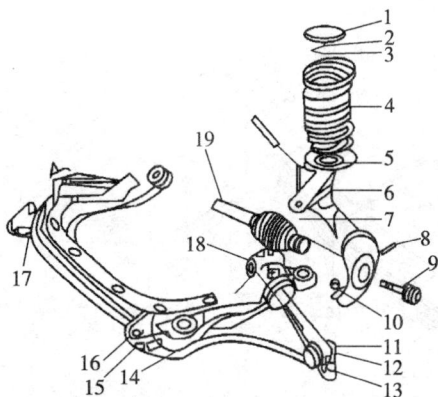

图6-40 奥迪轿车前悬架分解图

1-盖板;2、7、10-自锁螺母;3-垫圈;4-悬架弹簧;5-转向拉杆;6-转向节总成;8、9、16、18-螺栓;11、15-螺母;12-垫圈;13-球头销;14-支架;17-橡胶垫;19-传动轴

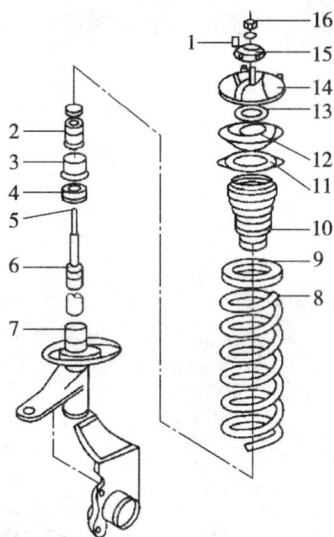

图6-41 撑杆总成分解图

1、16-自锁螺母;2-限位挡块;3-密封盖;4-螺母;5-活塞杆;6-减振器;7-车轮轴承罩;8-螺旋弹簧;9-密封圈;10-保护套;11-保护环;12-弹簧座圈;13-导向轴承;14-轴承垫板;15-弹簧支柱座

a. 把撑杆总成放在工作台上,给螺旋弹簧装上专用的弹簧压缩器,压缩弹簧至足以拆下活塞杆上的自锁螺母16及弹簧支柱的自锁螺母1。

b. 待拆下自锁螺母16及自锁螺母1后,拆下弹簧支柱座15。

c. 拆下撑杆总成上面的零件:轴承垫板14、轴向轴承13、弹簧座圈12。

d. 放松弹簧压紧器,拆下螺旋弹簧8。

e. 拆下保护套10、密封圈9、限位挡块2及密封盖3。

f. 用专用工具拆下螺母4,从车轮轴承罩上抽出减振器总成。

③控制臂的拆卸。控制臂的装配位置如图6-40所示。其拆卸顺序为:

a.拆下自锁螺母10,拆下螺栓8。

b.拆下螺母11及垫片12,把稳定杆从控制臂孔中拆下。

c.向下压控制臂,把球头销13从车轮轴承罩上拆下来。

d.从副车架上拆下螺栓9,取下控制臂。

④稳定杆的拆卸。稳定杆的装配位置如图6-40所示。其拆卸顺序为:

a.拆下控制臂上的螺母11及垫圈12。

b.拆下L形夹子上的螺母15、螺栓16,拆下U形夹及橡胶垫17。

c.拆下另一侧的U形夹子上的螺栓及螺母,拆下稳定杆。

2.后桥与后悬架的拆装

后桥与后悬架位于汽车后部,起着支撑汽车后部质量的作用。其结构与前桥和前悬架大致相似。因此,这里只就一种螺旋弹簧非独立悬架作详细阐述。

螺旋弹簧非独立悬架多用于发动机前置前驱轿车的后悬架上,主要由车桥、螺旋弹簧、各种推力杆、减振器等组成。图6-42为奥迪轿车后桥分解图。

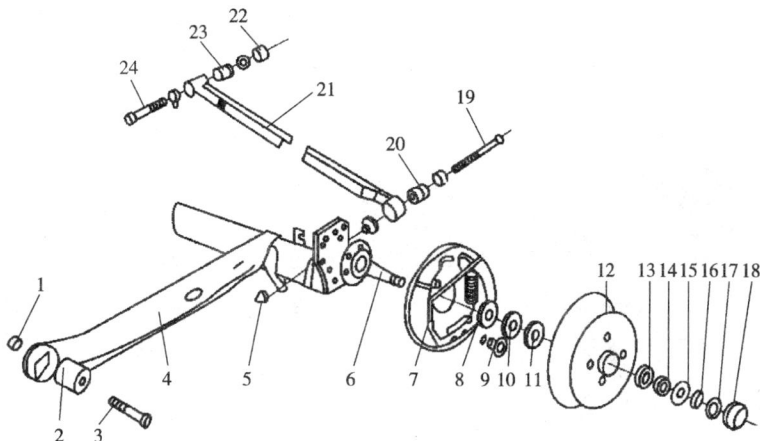

图6-42 奥迪轿车后桥分解图

1、5、22-自锁螺母;2、20、23-橡胶衬套;3、9、19、24-六角头螺栓;4-纵臂;6-短轴;7-制动底板总成;8-油封;10、11-内轴承总成;12-制动鼓;13、14-后轮外轴承总成;15-垫圈;16-锁紧螺母;17-开口销;18-润滑脂盖;21-横向推力杆

1)后轮毂及制动鼓的拆装

(1)拆卸。

①将车支起,拆下装饰罩,拆下轮胎螺栓,卸下轮胎。

②拆下润滑脂盖18,拔下开口销17。

③用轴头扳手拆下锁紧螺母16及垫圈15,拆下后轮外轴承总成14,拆下制动鼓12。

④用拉器拉下后轮内轴承,拆下油封。

⑤拆下固定螺栓9,卸下制动管路、制动底板及短轴。

(2)装配。按与拆卸相反的顺序进行,各部位的螺栓要按规定的力矩拧紧。轮鼓轴承锁紧螺母的松紧要合适。拆装后,开口销17要更换新件。

2)横向推力杆及支撑杆的拆卸

(1)拆下自锁螺母5,拔出螺栓19,拆下横向推力杆车桥的一头。

（2）拆下自锁螺母22，拔出螺栓24，就可以从车上拆下横向推力杆21及支撑杆的一端。

（3）拆下支撑杆另一端的固定螺母及螺栓，拆下支撑杆。

（4）用压床压出横向推力杆两端孔内的橡胶衬套20、23，如有损坏或老化应予以更换。

3）螺旋弹簧及减振器的拆装

螺旋弹簧及减振器的结构如图6-43所示。这种形式的悬架弹簧与减振器是套在一起的，因此，拆卸时要注意支撑好车辆。

首先拆下螺母11及螺栓1，然后拆下螺母10，卸下减振器与弹簧总成。

（1）减振器与弹簧总成的拆卸（图6-44）。

①用螺旋弹簧压缩器把螺旋弹簧压缩到能拆下减振器杆上的固定螺母1。

②放松螺旋弹簧压缩器，拆下弹簧上座3、软垫4、缓冲块5、螺旋弹簧10及螺旋弹簧下座8。

③拆下防尘套6，卸下保护罩。

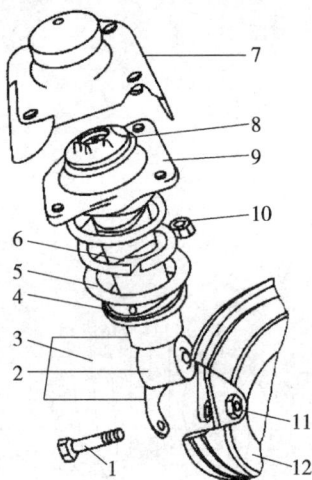

图6-43 奥迪型轿车减振器与螺旋弹簧安装图
1-螺栓；2-减振器；3-后梁；4-弹簧下座；5-螺旋弹
簧；6-防尘罩；7-连接件；8-弹簧上座支撑橡胶；
9-弹簧上座；10、11-螺母；12-制动鼓

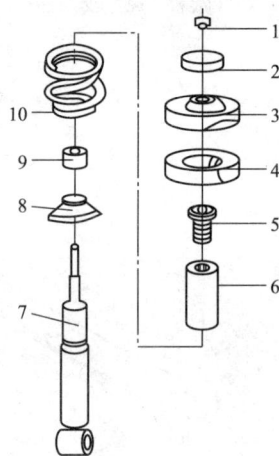

图6-44 减振器螺旋弹簧分解图
1-螺母；2-隔振垫；3-螺旋弹簧上座；4-弹簧
软垫；5-缓冲块；6-减振器防尘套；7-减振
器；8-弹簧下座；9-保护罩；10-螺旋弹簧

（2）装配。减振器与弹簧总成的装配按与拆卸相反的顺序进行。装配弹簧时，要用弹簧压紧器固定，防止弹簧飞出。各种橡胶衬套有损坏或老化时，应予以更换。

4）车桥总成的拆装

车桥的结构如图6-42所示。

（1）拆卸。

①支撑好车身，卸下后轮，卸下排气消声器吊架，将排气消声器和排气管放低。

②拆下驻车制动器连杆平衡臂上的螺母，从支架上拆下拉索护套，将驻车制动器拉索从其支架上拆下来。

③拆开制动软管并堵塞管线开口。

④拆下纵臂4上的螺母1，拆下制动压力调节器弹簧。

⑤拆下横向推力杆的固定螺母5及螺栓19，拆下减振器下支撑的固定螺母及螺栓。

⑥拆下螺栓3,在调整驻车制动器拉索的同时,拆下后桥总成。

⑦将纵臂放在压床内,从纵臂上压出衬套。

(2)装配。装配按与拆卸相反的顺序进行。注意:纵臂衬套装复时,衬套上的槽在纵臂内应处于水平位置。

三、悬架系统的维修

悬架的维修主要是对各元件的安装及功能进行检查,元件不得有松动、间隙过大、弯曲或变形、弹力减弱、磨损过度等,特别是悬架臂弯曲、衬套磨损或球头节磨损,将使车轮定位失准,易发生故障。主要检查内容如下。

1.悬架弹簧

(1)弹簧有无裂纹、损坏或磨损,可通过外观目测检查。有裂纹、损坏及磨损过度的应更换。

(2)弹簧弹力是否下降。可将汽车停放在平地上,各轮胎充气至规定值,按检修手册所规定的部位,测量车辆高度。

(3)弹簧安装情况。如螺旋弹簧的端部是否紧靠弹簧座;钢板弹簧的纵向、横向间隙是否符合规定;U形螺栓和卡子有无变形、松弛、损坏等,应视情况更换相应的零件。

2.悬架杆件

(1)用撬杠撬动各悬架臂、支撑杆、稳定杆和控制杆的固定架,检查各个方向的间隙。若间隙过大说明连接松动或衬套磨损,应重新拧紧或更换衬套。

(2)对撑杆式悬架可用手扳住轮胎顶部,推拉车轮来检查上支架的间隙,检查上支架安装部位有无松动、损坏。松动则加以拧紧。损坏的零件应予以更换。

(3)检查悬架臂有无变形,若有变形应予以校正或更换变形的零件。

(4)检查安装连接情况,安装松动的应按规定力矩重新拧紧,支架有裂纹和损伤的要更换。

(5)检查球头节间隙,间隙过大、磨损严重的应予以更换。

3.减振器

(1)检查减振器有无油液泄漏、变形和损坏,若有则应更换。

(2)检查安装部位有无裂纹、损坏或间隙过大,若有则应更换相应零件或作适当修复。

(3)检查减振器的工作情况。用手在汽车的四周用力向上或向下扳动,然后放开,看上下的振动是否立即停止。如不能,则说明减振器已经失效,应予以更换。

4.车轮定位

检查前轮定位情况,使之应在规定值范围。在汽车直线行驶时,检查后轮轨迹,它应以汽车纵向中心线为对称。

第五节 转向系统的维修

转向系统是驾驶员操纵汽车行驶方向的枢纽,其性能的好坏,直接关系到车辆操纵性和运行安全。在汽车的使用中,容易遇到转向系统故障,若不及时检修和排除,就有机械失灵以致交通事故的危险。因此,在使用中要注意维护,发现故障要及时诊断,消除不安全隐患,确保车辆安全运行。

随着车辆的使用里程延长,转向装置零件的磨损也会越大,以致改变了原来正确的几何尺寸和配合间隙,使之技术状况变坏,从而影响到汽车的操纵稳定性,同时也使机动性能降低。

一、失效形式及故障分析

1.行驶跑偏

1)现象

汽车行驶中,转向盘位于中间位置不动,汽车却自动地向某一边行驶。

2)原因

(1)左、右轮胎磨损不等或气压不相同。

(2)两前轮定位参数不一致。

(3)左、右转向横拉杆弯曲、变形,铰链处间隙过大。

(4)两前悬架螺旋弹簧变形过大。

(5)轮毂轴承磨损后出现间隙过大。

3)排除方法

(1)检查轮胎气压和两轮磨损程度。调整左、右轮胎气压至规定值(200kPa)。若两轮胎磨损相差较大,应轮胎换位。

(2)调整前轮定位有关参数,使之符合规定值。

(3)左、右转向横拉杆若变形或弯曲,应校直或更换,铰链处若间隙过大(0.25~0.50mm),更换球头销(座)。

(4)螺旋弹簧若发生较大的塑性变形或折断,应更换新件。

(5)轮毂轴承若磨损过度,应更换。

2.转向偏重

1)现象

左右转动转向盘时,感到非常吃力。

2)原因

(1)前轮定位不正确。

(2)轮胎气压不足。

(3)转向传动机构变形、磨损,球头销过紧。

(4)转向器内缺油。

(5)安全转向柱及凸缘变形。

(6)前螺旋弹簧折断或车身变形。

3)排除方法

(1)用前轮定位仪检查前轮定位参数,使其达到规定值。

(2)若轮胎气压过低,应对其充气,使之达到规定值(满载时前后轮气压均为200kPa)。

(3)将左、右转向横拉杆铰接处拆开,视球头销(座)是否有过紧处,若有,应调松并加注润滑油,变形、磨损严重,应更换。

(4)若转向器内油量过少,应加注油至规定高度。

(5)若安全转向柱及凸缘变形严重,应校正或更换。

(6)更换折断了的前螺旋弹簧,若车身变形,应维修或更换。

3. 左、右转向轻重不一致

1)现象

汽车行驶中,向左再向右转动转向盘,感到一侧重,另一侧轻。

2)原因

(1)分配阀中的滑阀调整不当,使滑阀偏离中间位置。

(2)分配阀滑阀台肩两侧的预开缝隙不等。

(3)滑阀内有污物,使滑阀或反作用柱塞卡住,造成左右移动阻力不同。

(4)动力缸一侧存有空气。

3)排除方法

视各有关部件,看其损坏程度进行调整、修复或更换。

二、转向系统的检查

1. 转向盘游动量检查

(1)停放汽车,使前轮位于自动回正位置,在不转动前轮时,测量转向盘的游动量(图6-45)。

(2)如果游动量超过规定值,则调整齿条导轨。如果仍然得不到规定值,检查转向齿轮机构和联动机构。

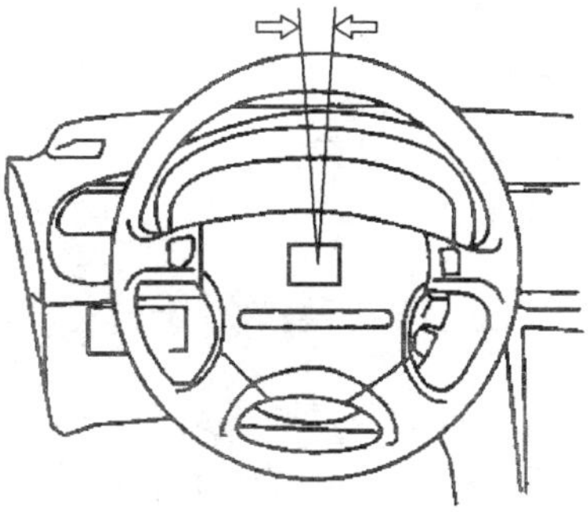

2. 转向柱检查

(1)检查转向柱的滚珠轴承及滚珠轴承的间隙、运动情况,如有噪声或间隙过大,则更换万向节或转向柱总成。

图6-45 转向盘游动量检查

(2)检查定位凸缘是否损坏,如损坏则更换定位凸缘。

(3)检查减振板、减振板导向元件、滑盖是合变形或断裂,如有变形或断裂应更换。

(4)检查倾斜杆预载。

①将倾斜杆从松动的位置移到锁止的位置3~5次,然后测量倾斜杆端部的预载,其预载为70~90N。

②如测得的值不在规定的范围内,则按以下步骤调整预载:松开倾斜杆,将转向柱置于"空挡"位置。拆下M6的锁紧螺栓,拆下限位器,左、右转动锁紧螺栓来调整预载,将倾斜杆拉到最高位置,并装入限位器,再次检查预载。如测得的值不在规定的范围内,则重复上述步骤。

3. 动力转向泵压力检测

注意,应先检查动力转向液的液位和转向泵皮带的张力。

(1)从转向泵出口接头上拆下软管,然后将转向泵管接头适配器连接到转向泵出口。

(2)将软管适配器连接到动力转向压力表上,然后将出口软管与适配器相连。

(3)将动力转向压力表接到转向泵接头适配器上。

（4）完全接通断流阀和压力控制阀,启动发动机,使之怠速运转。

（5）从一侧锁止位向另一侧锁止位转动转向盘几次,使转向液升温至工作温度。

（6）接通断流阀,测量平稳后的液压,如转向泵良好,则压力表的读数至少应为1500kPa。

（7）断开断流阀,然后逐渐断开压力控制阀,直至压力表指针不动,读取压力值。

（8）立即使断流阀接通,如果转向泵工作良好,压力表读数至少应为6400～7400kPa。

4. 动力转向泵皮带检查与调整

1）检查

（1）皮带张力测量仪检查法。在皮带上连接皮带张力测量仪,测量皮带张力。检查皮带是否有裂纹或损坏,如必要时换用新皮带。皮带标准张力为:旧皮带390～540N,新皮带740～880N。

（2）非皮带张力测量仪检查法。在动力转向泵带轮和曲轴带轮间的皮带上施加98N的力,测量皮带的垂度,正常时旧皮带为13.0～16.0mm,新皮带为11.0～12.5mm。

2）调整

（1）松开动力转向泵安装螺母,转动调节螺栓使皮带张力达到标准值,然后重新拧紧安装螺母。

（2）启动发动机,将转向盘从锁止位转至锁止位几次,然后使发动机停转,重新检查皮带的垂度。

三、转向系统的维修

1. 转向传动机构的维修

（1）卸下六角头螺栓及螺母,分离支架和齿轮罩。

（2）从支架上拆下左、右转向横拉杆。

（3）从支架上拆下转向减振器。

（4）检查支架、锁止板是否有变形或裂纹,变形轻微时可修复或校正,严重时更换。

（5）检查左、右转向横拉杆,看其是否有弯曲现象,若有弯曲超过1.0mm或发生双向弯曲,应更换新件。

（6）用磁力探伤机检查左、右转向横拉杆,看其是否有裂纹,若有裂纹,必须更换。

（7）检查调整拉杆上的螺纹是否损坏,若损坏应更换。

（8）检查左、右转向横拉杆两端球头销与销座的连接,看其是否松动,必要时更换球头销。

2. 动力转向系统的检修

（1）检查液压系统的油压(637～784kPa)。若油压过低,应检查该系统的渗漏之处或动力缸、分配阀、叶轮泵的工作情况,必要时应更换有关部件。

（2）检查液压油的黏度,看其是否变质或有无杂质,视情况对其更换。

（3）检查储油罐中的油面高度。若油面过低,应检查有无渗漏之处,并将液压油加至规定高度。

（4）检查液压系统中是否混有空气,若有,应立即排除。

第六节　制动系统的维修

常见的制动系统维修主要有制动踏板位置的检查和调整、制动液的检查和更换、制动器的维护、制动跑偏故障的诊断与排除、驻车制动系统的检查和调整、ABS 警告灯点亮的检修、ESP 警告灯点亮的检修。

一、失效形式及故障分析

1. 常规制动系统的故障诊断

制动系统的故障原因和排除方法见表6-1。

制动系统故障诊断表 表6-1

故障现象	故障原因	排除方法
制动踏板软弹性	液压系统中有空气	排除液压系统中的空气
	制动蹄片弯曲或变形	更换不合格的制动蹄
	制动蹄片或衬块和制动鼓或制动盘没有完全贴合	研磨制动蹄片或衬块使制动蹄片或衬块和制动鼓或制动盘完全贴合
	后制动器调节不当	调整后制动器
制动踏板高度降低	制动片自动调整不灵,使蹄片和制动鼓之间的间隙过大	开动汽车,向前向后使用制动停车,制动器即自动调整。若踏板行程仍过大,则需要调整制动蹄片和制动鼓的间隙
	后制动蹄片磨损严重	更换制动蹄片
	制动蹄弯曲变形	更换制动蹄
制动踏板高度降低	液压系统中有空气	排除液压系统中的空气
	液压系统泄漏	加注制动液到规定的液面,踩下制动踏板,检查制动钳、制动轮缸、油管、软管及接头处是否泄漏,并进行修理和更换
	制动液不合理,温度高时制动液汽化	用清洁的制动液清洗液压系统并加注规定的制动液
	制动主缸活塞密封圈磨损或主缸缸内孔刮伤、泵缸磨损或锈蚀	更换制动主缸活塞密封圈或制动主缸
	制动钳与其固定支板导轨接合面形成油污、铁锈或腐蚀,制动衬块粘在支板接合面上	清除制动钳和导轨接合面上的污垢

故 障 现 象	故 障 原 因	排 除 方 法
制动踏板硬，制动失灵	真空增压器真空软管松动或软管漏气	紧固连接处或更换漏气软管
	制动蹄片或衬块质量不良	更换制动蹄片或衬块
	制动蹄弯曲或破碎	更换不合格的制动蹄
	制动钳在导销处卡住或扒劲，后制动蹄在支撑底板上扒劲	更换导销和衬套，清除后制动支撑座底板上的铁锈污垢或更换制动底板
	制动钳、制动轮缸、制动主缸的活塞黏结或卡住	检修制动钳、制动轮缸和制动主缸，或更换部件
	真空增压器止回阀失灵	在发动机转速1500r/min时使发动机熄火，等2min后踩下制动踏板，若真空增压器的作用不到2次，说明止回阀损坏
	真空增压器内部卡住	检查真空增压器的工作是否正常，若不正常应更换
	制动主缸缸回油孔被污垢堵塞	检修或更换制动主缸
	制动管路堵塞或不畅	用压缩空气清洁管路污垢，更换不合格零件
	制动液不合格，使橡胶零件膨胀，在缸孔中卡住	更换橡胶零件和规定的制动液
制动器拖滞	真空增压器内部卡住	找出真空增压器发卡原因，必要时更换增压器
	停车制动拉索调整不正确或卡住	调整停车制动拉索，更换卡住的拉索
	后制动器复位弹簧软或损坏	更换后制动复位弹簧，必要时更换制动蹄
	制动器自动调整器不起作用	检修自动调整器，更换不合格的零件
	制动钳、制动轮缸，制动主缸的活塞卡住	检修制动钳、制动轮缸和制动主缸，必要时更换
	制动摩擦片被制动液或润滑油玷污	找出被玷污的原因，更换全部制动蹄
	制动主缸回油孔堵塞	用压缩空气吹通回油孔，严禁用铁丝捅堵塞的孔
	制动蹄上摩擦片松动或不合适	紧固或更换制动蹄
	制动钳固定支板螺栓松动	紧固螺栓
	后制动器底板松动	紧固后制动器底板螺栓
制动时跑偏	一侧制动摩擦片有油污	找出油污原因，更换两侧摩擦片
	一侧制动蹄弯曲、变形或摩擦片松动	更换两侧制动蹄
	一侧制动钳固定支板松动	紧固松动的螺栓
	制动摩擦片与制动鼓或制动盘未磨合	研磨制动摩擦片
	制动钳活塞卡住	检修或更换制动钳
	制动摩擦片被水浸湿	在行驶中，连续使用制动使水分蒸发
	悬架装置紧固件松动	紧固悬架装置的螺栓
	轮毂轴承磨损或损坏	更换轮毂轴承
	轮胎气压不当	按标准给轮胎充气

续上表

故 障 现 象	故 障 原 因	排 除 方 法
制动时发抖	制动鼓或盘划伤或不圆	同时更换左右两侧制动鼓或盘
	制动蹄变形,摩擦片打滑	更换制动蹄片
	摩擦片上有油污	找出油污的原因
	制动轮缸有故障	检修制动轮缸
	制动盘摩擦片卡住	更换制动蹄片
	真空增压器有故障	更换真空增压器
制动时有噪声	制动蹄片磨损,蹄片铁直接与制动鼓接触	更换制动蹄
	制动蹄摩擦片松动或复位弹簧折断	更换损坏的零件
	制动底板凸台不平	更换制动底板
	制动盘或制动鼓破裂,磨出沟痕	更换制动盘或制动鼓
	使用不合格的制动片	更换不合格的制动片
	制动蹄弯曲变形或破碎	更换全部制动蹄
	制动盘表面铁锈过多	清洁制动盘上的铁锈
	制动钳上有毛刺或生锈	清洁制动钳上的毛刺或铁锈

2．ABS 故障及诊断

1）使用 VAG1552 故障诊断仪的正确操作步骤

（1）关闭点火开关,将诊断仪与诊断插接器对接后再打开点火开关。

（2）输入地址信息:键入功能代码"03"后按"4"键即可进入 ABS 工作环境。

（3）输入功能代码:根据所需功能键输入代码,再按"Q"键确认。

（4）完成所需功能后,键入功能代码"06",再按"Q"键确认即可退出。

（5）关闭点火开关,将诊断仪与诊断插接器拆开。

2）故障码的读取和消除

在安装好诊断仪并输入地址信息后,若键入"02"再按"Q"键将显示故障数量,之后按"→"键将依次显示每一个已检测到的故障码。

在安装好诊断仪并输入地址信息后,若键入"05"再按"4"键,即可清除故障码。若故障码无法清除,说明该故障码所代表的故障还没有排除;若故障码能被清除,说明故障码所代表的故障已被排除或属间歇性故障。

3）间歇性故障的诊断

（1）由于振动而导致故障现象间歇出现时,一般都是接触不良故障。可用手上下左右摇动线束插接器、线束、传感器和其他元件,若摇动某一部位时故障再现,说明故障发生在该处。

（2）若怀疑某元件温度过高或过低引发故障时,可使用热吹风加热或用冷喷雾剂冷却被怀疑有故障的元件,以确定该元件是否有故障。

（3）若怀疑电源电路接触电阻过大时,可打开所有电器开关（包括前照灯和后除霜开关），看故障是否再现。

按上述方法若不能再现故障以查明故障原因，就只能等到下次故障出现时再进行诊断。一般来说，间歇性故障必然会越变越严重，不会变好。

4）制动压力调节器故障的诊断

桑塔纳 2000GSi 型轿车 ABS 制动压力调节器是否有故障可用 VAG1552 故障诊断仪诊断。诊断时，连接好诊断仪并输入地址信息后，按表 6-2 对各车轮进行检查，若检查结果正常，说明制动压力调节器无故障。车轮检查顺序为左前轮、右前轮、左后轮、右后轮。

桑塔纳 ABS 制动压力调节器的故障诊断　　　　　　　　　　表 6-2

步骤	诊断仪屏幕显示	辅助操作	正常检查结果
1	ABS 液压泵测试		
2	踩下制动踏板		
3	进油阀:0V 出油阀:0V 出油抱死		车轮抱死
4	进油阀:通电出油阀:0V 出油抱死		车轮抱死
5	进油阀:通电出油阀:通电车轮自由转动	踩下制动踏板	车轮可自由转动,踏板回弹,能听到泵电动机工作噪声
6	进油阀:通电出油阀:0V 车轮自由转动		车轮可自由转动
7	进油阀:0V 出油阀:0V 出油抱死		车轮抱死,踏板自动微微下沉
8	放松制动踏板	放松制动踏板	

5）根据故障码诊断、排除故障

（1）故障码 00283、00285、00287、00290。在故障诊断时，若读取出上述故障码，说明 ABS 存在与轮速传感器有关的故障，可能原因是传感器或齿圈漏装、传感器线圈或线束短路或断路、传感头与齿圈间隙过大、传感器线束插接器接触不良、车轮轴承间隙过大、ABS 处理器有故障等。上述故障码的诊断按表 6-3 进行，在每一步的检查中，若检查结果与表中不符，则进行下一步的检查，以下其他故障码的诊断相同。

故障码 00203、00285、00287、00290 的诊断　　　　　　　　表 6-3

步骤	检查内容	检查结果	排除方法
1	检查轮速传感器安装是否正确	不正确	重新正确安装
2	检查轮速传感器的输出电压和电阻	正确	更换 ABS 处理器
3	检查轮速传感器和线束插接器	不正确	更换或修理
4	检查轮速传感器齿圈	不正确	更换
5	检查车轮轴承间隙	不正确	更换或修理
6	检查轮速传感器与计算机之间的线束	不正确	更换或修理

（2）故障码 00668。出现此故障码，说明供电端子 30 未提供电压或电压过高，可能原因有 ABS 熔断丝熔断、蓄电池电压过高或过低、ABS 线束插接器损坏、ABS 处理器故障等，故障码 00668 的诊断按表 6-4 进行。

故障码 00668 的诊断　　　　　　　　　　表 6-4

步骤	检 查 内 容	检查结果	排 除 方 法
1	检查 ABS 系统 30A 熔断丝	不正常	更换
2	打开 ABS 线束与处理器的连接,打开点火开关,测量线束端子 8 与 9、24 与 25、8 与 23 之间的电压	均为9.5~16.5V	更换 ABS 处理器
3	检查 ABS 线束插接器	不正常	修理或更换
4	检查蓄电池电压	不正常	维护或更换

（3）故障码01044。当 ABS 处理器软件编码与 ABS 线束的硬件跳针连接不一致时即会出现此故障码,可按表6-5进行诊断。

故障码 01044 的诊断　　　　　　　　　　表 6-5

步骤	检 查 内 容	检查结果	排 除 方 法
1	用 V. A. G552 诊断仪检查 ABS 处理器软件编码	错误(正确码为04505)	重新编码
2	检查线束跳针 6 与 22 是否导通	不导通	修理或重新更换线束

（4）故障码01130。当 ABS 受高频电磁波干扰或处理器认为车速信号不正确时,即会出现该故障码,可按表6-6进行诊断。

故障码 01130 的诊断　　　　　　　　　　表 6-6

步骤	检 查 内 容	检查结果	排 除 方 法
1	检查轮速传感器输出电压	正常	更换 ABS 处理器
2	检查轮速传感器	不正常	修理或更换
3	检查传感器与处理器之间的线束	不正常	修理或更换

（5）故障码01276。当车速在20km/h以上时,若 ABS 处理器监测到液压泵电动机不工作即会出现此故障码,可能原因有供电不足、液压泵电动机连接不良、电动机损坏、ABS 处理器故障等,可按表6-7进行诊断。

故障码 01276 的诊断　　　　　　　　　　表 6-7

步骤	检 查 内 容	检查结果	排 除 方 法
1	检查蓄电池电压是否过低	过低	充电
2	将蓄电池直接接在液压泵电动机上	电动机不工作	更换
3	检查 ABS 熔断丝和处理器线束插接器	不正常	修理或更换
4	用 V. A. G552 故障诊断仪清除故障码并对制动压力调节器进行诊断	故障重现	更换 ABS 处理器
		故障不重现	按间歇性故障诊断

6）根据故障现象诊断、排除故障

有些故障 ABS 处理器无法检测到,即防抱死制动系统(ABS)工作不正常,但调不出故障码。在此情况下,只能根据故障现象进行诊断。

（1）发动机熄火状态下，打开点火开关，ABS 警报灯不亮。出现此种故障现象，可能是警报灯电源电路断路、灯泡烧坏或警报灯控制器损坏，可按表6-8进行诊断。

ABS 警报灯不亮故障的诊断　　表6-8

步骤	检查内容	检查结果	排除方法
1	检查 ABS 警报灯熔断丝及其插座	不正常	更换或修理
2	拆开 ABS 处理器插接器,打开点火开关	警报灯亮	更换警报灯控制器与处理器之间的线束
3	检查 ABS 警报灯	灯泡烧坏	更换
4	检查 ABS 警报灯电源和搭铁线路	线路断路	更换线束
5	检查 ABS 警报灯电源和搭铁线路插接器	不正常	修理或更换
6	检查故障现象是否重现	故障重现	更换警报灯控制器
		故障不重现	按间歇性故障诊断

（2）发动机启动后，ABS 警报灯常亮。出现此现象而无故障码记忆，可能是 ABS 警报灯控制器损坏、控制器电路断路或处理器故障，可按表6-9进行诊断。

ABS 警报灯常亮故障的诊断　　表6-9

步骤	检查内容	检查结果	排除方法
1	检查 ABS 警报灯控制器与处理器间电路是否断路	断路	更换线束
2	检查 ABS 警报灯控制器	不正常	更换控制器
		正常	更换 ABS 处理器

（3）ABS 工作异常。ABS 工作不正常与驾驶状况、路面条件及 ABS 各元件均有密切关系，若出现此故障现象而无故障码记忆，可按表6-10进行诊断。

（4）制动踏板行程过长。可按表6-11进行诊断。

ABS 工作异常故障的诊断　　表6-10

步骤	检查内容	检查结果	排除方法
1	检查轮速传感器安装是否正确	不正确	重新正确安装
2	检查轮速传感器的输出电压	正常	更换 ABS 处理器
3	检查轮速传感器和线束插接器	不正常	修理或更换
4	检查轮速传感器齿圈	不正常	更换
5	检查车轮轴承间隙	不正常	修理或更换
6	检查 ABS 处理器插接器及中间插接器	不正常	修理或更换
7	检查故障现象是否重现	不重现	按间歇性故障诊断
8	拆下 ABS 处理器,检查 ABS 线束相应端子间、轮速传感器电阻(检查时同时摇动线束及插接器)	电阻正常	更换 ABS 处理器
		电阻不正常	修理或更换线束及插接器

制动踏板行程过长故障的诊断　　　　表 6-11

步骤	检 查 内 容	检查结果	排 除 方 法
1	目视检查液压管路接头处有无泄漏	有泄漏	拧紧管接头
2	检查制动盘磨损情况	不正常	更换制动盘
3	检查驻车制动装置	不正常	更换
4	对制动系统进行排气检查	有空气排除	重新排气
5	用 VAG1552 故障诊断仪检查制动力调节器中出油阀的密封性能	密封不良	更换调节器

　　(5)踩制动踏板费力。在制动时,若感觉踩制动踏板非常吃力,一般是因真空助力器工作不良或制动压力调节器中进油阀不能打开所致,可按表 6-12 进行诊断。

踩制动踏板费力故障的诊断　　　　表 6-12

步骤	检 查 内 容	检查结果	排 除 方 法
1	用 VAG1552 故障诊断仪检查制动压力下调节器中的进油阀	不正常	更换调节器
2	检查真空助力器及踏板行程	不正常	按普通制动系统故障维修

　　(6)不能与诊断仪通信。在对系统进行检查或诊断时,若无法与 VAG1552 故障诊断仪通信,可能是 ABS 处理器电源或诊断线路断路所致,可按表 6-13 进行诊断。

不能与诊断仪通信故障的诊断　　　　表 6-13

步骤	检 查 内 容	检查结果	排 除 方 法
1	将诊断仪与其他车接口通信试验	无法通信	维修诊断仪
2	检查 ABS 电源熔断丝	熔断	更换
3	诊断仪屏幕有无显示	无显示	修理诊断插接器及其线束
4	拆下处理器插接器,检查线束中处理器接线端子 13 与诊断连接端子 7 是否导通	不导通	更换诊断插接器或 ABS 线束
		导通	更换 ABS 处理器

二、制动系统的检查

　　汽车制动系统技术状况的好坏,直接关系到行车安全。评价制动系统技术状况的综合指标是制动距离。制动器摩擦片与制动鼓磨损、油污或卡滞;液压制动系统中有空气、制动液渗漏及主缸内制动液不足;气压制动系统控制阀或制动气室密封不良以及空气压缩机皮带松弛、工作效率降低等,均会造成制动距离的增加。因此,制动系统的检查,除制动系统零件的紧固、清洁和润滑外,主要是检查制动蹄片与制动鼓间隙、真空增压器的密封性,以及制动系统中空气的排除等。

　　1.前轮制动器的检查
　　前轮盘式制动器的拆卸与分解:
　　(1)将车架起,将车轮和制动管路拆下。
　　(2)拆制动钳体。
　　(3)拆下弹簧、制动摩擦块、垫片及支撑板等。

（4）拆卸汽缸体滑动轴套、防尘罩和活塞。

桑塔纳 TEVES 型盘式制动器的摩擦块的使用极限不应超过 7mm。在拆卸制动钳时，如不更换摩擦块，拆卸之前应在摩擦块上作记号，便于重新装配，否则会影响制动效果。

制动摩擦块的检查：外侧摩擦块可以通过轮幅上的孔进行目测检查其厚度，内侧摩擦块可以利用反光镜进行目测。摩擦块的使用极限为 7mm。同时还应检查磨损的均匀度。更换制动盘时，同一车辆两个制动盘必须同时更换，以确保两轮所产生的制动力相等。修理时，还应检查制动盘有无偏摇，如果偏差大于 0.06mm，应予更换。

拆装制动块时，在活塞回位之前，应先抽出制动油罐中的制动液，特别在已经添加了制动液后，容易造成腐蚀油漆涂层的现象。排放制动液时，只能用专门的盛放制动液的塑料瓶或容器。制动液有毒性，切忌通过软管用嘴吸出。

2. 后轮鼓式制动器的检查

利用制动器底板上的观察孔检查制动摩擦片的厚度和拖滞情况。新的摩擦片厚度为 5mm，磨损极限为 2.5mm。制动摩擦片是用铆接的方式与底板连接固定在一起的。更换时，可以连底板一起更换，也就是更换整个制动蹄，也可以只更换制动摩擦片本身。

更换后轮制动摩擦片可按如下方法进行：

（1）撬下轮盖，松开车轮螺母，拆下车轮。

（2）通过车轮螺栓孔，向上拨动楔形调整块，使制动蹄放松，然后取下制动鼓。

（3）用钳子拆下制动蹄保持弹簧及座圈。

（4）用螺丝刀或撬杆取出软蹄和下复位弹簧，拆下驻车制动拉索。

（5）用钳子拆下楔形调整块弹簧以及上复位弹簧，取出制动蹄。

（6）若更换摩擦片，应先去掉旧铆钉及孔中的毛刺，并按先中间，后两边的顺序，重新铆接新摩擦片。

（7）装上复位弹簧，并把制动蹄与推杆连接好。

（8）装上楔形调整块，凸出的一边朝向制动底板。

（9）将另一制动蹄装到推杆上，并装入上复位弹簧。

（10）装制动拉索。

（11）将制动蹄装到支架中，并装上制动蹄保持弹簧和座圈。

（12）装入制动鼓及后轮轴承并调整轴承间隙。

（13）用力踩制动踏板一次，使后制动器能正确就位。

3. 真空增压器的检查与更换

一般情况下，在发动机怠速时产生的真空度为 50kPa，在大节气门开度时真空度为 10kPa；在抬起加速踏板，踩下制动踏板，真空度为 80kPa，此时真空增压器的增强系数为 3.0。

（1）真空增压器的检查。将发动机熄火，然后用力踩制动踏板若干次，以清除真空增压器中留有的空气。用适中的力踩下制动踏板并保持在一定位置，然后启动发动机。如果真空增压器正常，则制动踏板的位置应有所下降，否则应检查真空管路。如果真空增压器已损坏，则应更换一个新的。

（2）真空增压器的更换。更换真空增压器时，最好将制动主缸与支架一起从车身上拆下,这样比较方便。各螺母的拧紧力矩是15N·m。

4.驻车制动的检查与调整

驻车制动的传动机构为机械式,通过钢丝绳传动作用于后轮。驻车制动的自由行程是在制动手柄处2齿。放开驻车制动量,两个后轮都应能自由转动。如果需要对驻车制动进行调整,可按如下方法进行:

（1）松开驻车制动。

（2）用力踩制动踏板一次。

（3）将驻车制动拉杆拉紧2齿。

（4）拧紧调整螺母,直到用手不能拨动两个被制动以后的后轮为止。

（5）放松驻车制动,观察两个后轮是否都能运转自如。

5.制动系统放气

制动系统维修后或者制动系统进行清洗、换液后,都需对制动系统进行放气。制动系统放气需借助于一定的仪器,也可以人工进行。放气以制动主缸为中心,先远后近,顺序如下:右后轮轮缸、左后轮轮缸、右前制动钳、左前制动钳。人工放气时,将软管一端接在放气螺塞上,另一端插在容器中,用力踩制动踏板并保持住压力,然后拧松放气螺塞,排出空气,再将放气螺塞拧紧,重复几次上述步骤。注意:制动主缸上方的储液罐是否有液体,随时添加直至空气全部排出,出现新的制动液为止。

6.制动液的补充更换

位于前制动主缸上方的制动液储液罐上有制动液液面的最高（max）和最低（min）标记。如发现制动液少了,应及时添加。制动液有毒性和腐蚀性,不可与油漆相接触,同时它还有较强的吸湿性,能吸收周围空气中的水分,过多的水分会降低制动液的制动效能,所以必须每两年更换一次制动液。

三、制动系统维修

1.桑塔纳 ABS 的维修注意事项

（1）ABS 警告灯（K47）或驻车制动及制动液位警告灯（K118）点亮时说明系统发生故障。在车速低于20km/h 时某些故障系统检测不到。

（2）若警告灯不亮,但制动效果不良,则可能是液压制动系统有空气或常规制动系统存在故障。

（3）对 ABS 进行维修前,为快速查明故障原因,应先用 VAG1552 故障诊断仪读取故障码。

（4）拆开 ABS 线束插接器时,应先关闭点火开关。

（5）维修前,必须关闭点火开关,并拆开蓄电池负极线。

（6）拆装 ABS 元件时,应彻底清洁连接部位和支承面,但绝对不能使用汽油、稀释剂等类似的清洁剂。注意防止制动液流进线束插接器内。

（7）拆下的 ABS 元件必须放在清洁处,若需维修时间较长时应覆盖好或用塞子封闭管口,防止润滑油、润滑脂等含矿物油的物质沾染元件或进入系统内。

（8）制动压力调节器拆下后必须放在专用支架上，以防搬运中碰坏阀体。

（9）系统拆开后，不要使用压缩空气，也不要移动车辆。

（10）需更换元件时，应使用原厂配件，安装时再从包内取出配件。更换计算机或制动压力调节器后，应用 VAG1552 故障诊断仪对计算机进行编码，否则 ABS 警告灯闪烁，系统不能正常工作。

（11）维修中若拆开过液压制动系统，维修作业完成后，应使用专用 VW1238A 制动液充放机和 VAG1552 故障诊断仪配合，对系统进行加液和排气。

（12）在维修后试车时，应至少进行一次紧急制动。当 ABS 正常工作时，制动踏板会有反弹的感觉，且紧急制动时车速下降快速、平稳。

2.计算机(ECU)编码

更换 HCU(液压控制元件,即制动压力调节器)或 ECU(计算机)时,应使用 VAG1552 故障诊断仪对 ECU 进行编码,其步骤如下:

（1）将 VAG1552 故障诊断仪连接到诊断插接器上。

（2）在地址输入处输入 03,按"Q"键。

（3）在功能选择处输入 07,按"Q"键。

（4）在编码输入处输入 04505,按"Q"键。

（5）显示已输入的编码正确后按"→"键。

（6）在功能选择处输入 06,按"Q"键。

（7）结束,从诊断插接器上拆下诊断仪。

3.系统加液和排气

当备件为湿式 HCU 时,更换 HCU 后只需按普通液压制动系统进行加液和排气,若备件为干式 HCU,更换后除应按普通液压制动系统进行加液和排气外,还需对 HCU 的第二回路进行排气,使用 VAG1552 故障诊断仪进行排气步骤如下:

（1）按普通制动系统加液和排气,直到排气时无气泡排出为止。

（2）将 VAG1552 故障诊断仪连接到诊断插接器上。

（3）在地址输入处输入 03,按"Q"键。

（4）在功能选择处输入 04,按"4"键。

（5）在组号输入处输入 001,按"Q"键。

（6）踩下制动踏板并保持,液压泵工作,踏板回弹;松开制动踏板,将左右前制动放气螺塞松开,按"→"键;踩制动踏板 10 次,将左右前制动钳放气螺塞拧紧,按"→"键。

（7）重复进行步骤(6)7 次。

（8）排气完成后按"→"回到"功能选择"菜单。

（9）在功能选择处输入 06,按"Q"键。

（10）将 VAG1552 故障诊断仪从诊断插接器上拆下,结束。

4.ABS 控制器(制动压力调节器和 ABS 组件)的维修

1)拆卸控制器

步骤如下:

（1）关闭点火开关,拆下蓄电池及支架。

（2）从 ABS 处理器上拆开端子线束插接器。

（3）踩下制动踏板,并用制动踏板架固定。

（4）在控制器下垫一块布,用以吸收拆卸制动液管时流出的制动液。

（5）从制动压力调节器阀体上拆下制动液管 A 和 B（图6-46）,并记下记号,立即用密封塞将调节器阀体上的管口塞住。用软铅丝把制动液管 A 和 B 扎在一起,挂到高处,使其管口高于储液器的液面。

（6）从制动压力调节器上拆下制动液管 1、2、3、4（图6-46）,并做上记号,立即用密封塞将调节器阀体上的管口塞住。

在操作过程中必须特别小心,不能使制动液渗入 ABS 处理器壳体中,否则会使元件腐蚀而损坏系统。

（7）从支架上拆下控制器。

2）分解控制器

步骤如下:

（1）压下插接器侧的锁扣,拆开制动压力调节器上液压泵的线束插接器。

（2）用专用套筒扳手拆下 ABS 处理器与制动压力调节器的四个连接螺栓。

（3）将制动压力调节器与 ABS 处理器分离。注意:拆下制动压力调节器时要直拉,不要碰坏阀体。

（4）在 ABS 处理器上盖一块不起毛的布,以防灰尘及脏物进入。将制动压力调节器安放在专用支架上,以免在搬运时碰坏阀体。

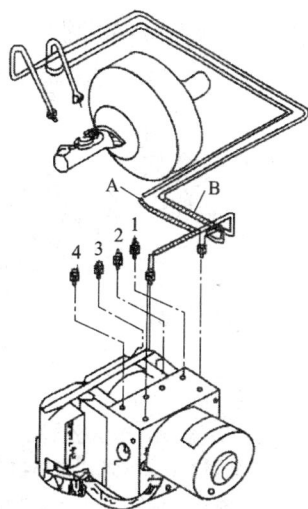

图 6-46　拆下制动液管 A 和 B
1、2、3、4-调节器与轮缸连接的制动液管

3）装配控制器

装配场地必须清洁,不允许有灰尘及脏物。装配步骤如下:

（1）把 ABS 处理器与制动压力调节器装成一体,用专用套筒扳手拧紧连接螺栓,拧紧力矩不得超过4N·m。

（2）插上电动液压泵的线束插接器,注意锁扣必须到位。

（3）安装控制器。安装时应注意调节器阀体管口处的密封塞,只有在制动液管要装上时才能拆下,以免异物进入制动系统。安装步骤如下:

①拆下相应的密封塞,依次装上连接各制动轮缸的四根制动液管,并在检查制动液管位置正确后,以20N·m的力矩拧紧管接头。

②拆下相应的密封塞,依次装上连接制动主缸前、后腔的两根制动液管,并在检查制动液管位置正确后,以20N·m的力矩拧紧管接头。

③插上 ABS 处理器线束插接器。

④对 ABS 充液和放气。

⑤若更换了 ABS 处理器或制动压力调节器,则必须对处理器重新编码。

⑥打开点火开关检查,ABS 警告灯应亮2s后再熄灭。

⑦使用 VAG1552 故障诊断仪,先清除存储的故障码,再读取检查有无新的故障码出现,

以确定装配和安装是否正确。

⑧最后试车检测 ABS 功能。应至少在 40km/h 的初始速度下紧急制动,若可以感觉到制动踏板有轻微的颤动,路面上基本没有轮胎拖痕,说明 ABS 工作正常。

5. 前轮速传感器的维修

桑塔纳 2000GSi 型轿车前轮速传感器和前轮轴承的安装位置如图 6-47 所示。

1)拆卸前轮速传感器

步骤如下:

(1)顶起前轮使之离地。拆下前轮及前轮制动器。

(2)如图 6-48 所示,拆卸带齿圈的前轮毂时,首先用 200mm 拉器 1 的两个活动臂钩住前轮轴承壳的两边。注意:要找好位置,只有一个位置才能钩住。

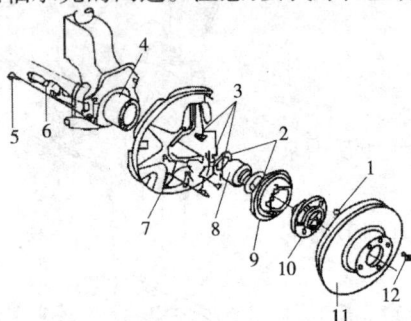

图 6-47 桑塔纳前轮速传感器和前轮轴承的安装位置
1-齿圈固定螺栓;2-前轮轴承弹性挡圈;3-防尘板紧固螺栓;
4-前轮轴承壳;5-传感头固定螺栓;6-感感头;7-防尘板;8-前
轮轴承;9-齿圈;10-轮毂;11-制动盘;12-十字槽螺钉

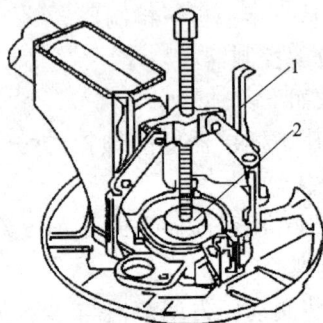

图 6-48 拆卸带齿圈的轮毂
1-拉器;2-专用压块

(3)在前轮毂要压出一侧的中心放一专用压块,转动拉器上的螺栓使其顶住压块,直到将带齿圈的前轮毂顶出。

(4)拆下齿圈固定螺栓,分开齿圈和轮毂。

(5)拆开传感器线束插接器,拆下传感头固定螺栓,即可拆下传感头。

2)安装前轮速传感器

安装步骤与拆卸时相反,但应注意以下几点:

(1)左、右前轮速传感器的传感头零件不同,也不能互换。

(2)安装传感头时,先清洁传感头安装孔,并涂以固体润滑膏 G000650。

(3)传感头和防尘板固定螺栓拧紧力矩为 10N·m。

3)检查齿圈

检查内容及方法如下:

(1)顶起前轮使之离地,用手转动前轮感觉有无明显的轴向摆动,若有明显摆动,应检查齿圈的轴向圆跳动量。轴向圆跳动量应不大于 0.3mm。

(2)若齿圈轴向圆跳动量过大,应检查前轮轴承是否损坏或轴向间隙过大。若轴承损坏或轴向间隙过大,则应更换前轮轴承。

(3)齿圈轴向圆跳动量过大而引起齿圈与传感头碰擦时,应检查齿圈有无变形或断齿现象。齿圈变形或齿数残缺时,应更换齿圈。

（4）检查齿圈齿隙中有无脏物，若有，应清除干净。

4）检查前轮速传感器输出电压

检查方法如下：

（1）检查前，先顶起前轮，松开驻车制动器，并检查前轮速传感器的传感头与齿圈间隙是否符合标准，标准间隙应为 1.10～1.97mm。

（2）拆开 ABS 处理器线束插接器，用万用表或示波器在线束插接器处测量前轮转动时相应端子间的电压。测量时前轮以 30r/min 的转速转动；左前轮测量端子为 4 和 11，右前轮测量端子为 3 和 18；用万用表测量时，传感器输出电压应为 70～310mV；用示波器测量时，传感器输出电压应为 3.4～14.8mV/Hz。

（3）若输出电压不符合标准，应检查前轮速传感器电阻是否符合标准，至少在四个位置检查传感头与齿圈间隙是否符合标准，线束和传感头的安装是否正确。

6. 后轮速传感器的维修

桑塔纳 2000GSi 型轿车后轮速传感器和后轮轴承的安装位置如图 6-49 所示。

1）拆装后轮速传感器

步骤如下：

（1）翻起汽车后座垫，拆开后轮速传感器的线束插接器。

（2）拆下固定传感头的内六角头螺栓，拆下传感头。

（3）拆下后梁上的传感器线束保护罩，拉出线束和线束插接器。

（4）安装时按与拆卸相反的顺序进行，但注意：左、右后轮速传感器零件不同，也不能互换；安装传感头时，先清洁其安装孔，并在安装孔内涂以固体润滑膏 G000650；传感头固定螺栓拧紧力矩为 10N·m。

2）检查齿圈

检查内容及方法如下：

（1）顶起后轮使之离地，用手转动后轮感觉有无明显的轴向摆动，若有明显摆动，应检查后轮轴承的径向圆跳动量。后轮轴承的径向圆跳动量应不大于 0.05mm。

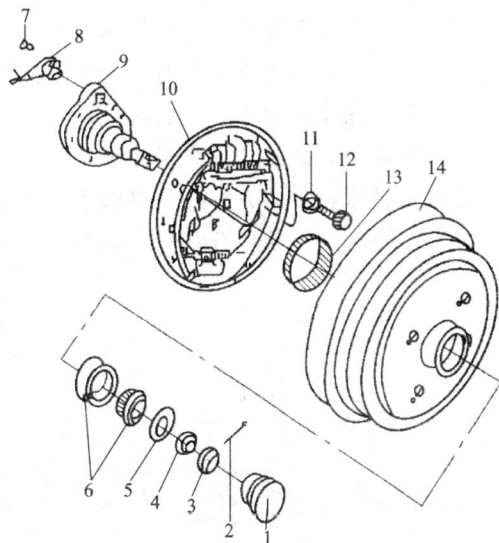

图 6-49　桑塔纳后轮速传感器和后轮轴承的安装位置
1-轮毂盖；2-开口销；3-螺母防松罩；4-六角螺母；5-止推垫圈；6-车轮轴承；7-传感头固定螺栓；8-后轮速传感器传感头；9-后轮短轴；10-后轮制动器总成；11-弹簧垫圈；12-六角头螺母；13-齿圈；14-制动鼓

（2）后轮轴承的径向圆跳动量过大或轴承损坏，会影响后轮速传感器的传感头与齿圈间隙。检查后轮轴承，若后轮轴承的径向圆跳动量过大，应调整轴承间隙；若轴承损坏，则应更换轴承。

（3）若因后轮轴承的径向圆跳动量过大而引起齿圈与传感头碰擦时，应检查齿圈有无变形或断齿现象。齿圈变形或齿数残缺时，应更换齿圈。

（4）检查齿圈齿隙中有无脏物，若有，应清除干净。

3) 检查后轮速传感器输出电压

检查方法如下：

(1) 检查前先顶起后轮，松开驻车制动器，并检查后轮速传感器的传感头与齿圈间隙是否符合标准，标准间隙应为 0.42~0.80mm。

(2) 拆开 ABS 处理器线束插接器，用万用表或示波器在线束插接器处测量后轮转动时端子间的电压。测量时后轮以 30r/min 的转速转动；左后轮测量端子为 2 和 10，右后轮测量端子为 1 和 17。用万用表测量时，传感器输出电压应大于 260mV；用示波器测量时，传感器输出电压应大于 12.2mV/Hz。

(3) 若输出电压不符合标准，应检查后轮速传感器电阻是否符合标准，至少在四个位置检查传感头与齿圈间隙是否符合标准，线束和传感头的安装是否正确。

复习思考题

1. 离合器装配好后如何进行调整？

2. 变速器零件主要失效形式有哪些？后果如何？

3. 简述变速器的装配工艺过程。

4. 传动轴装配时应注意哪些事项？

5. 后桥锥齿轮啮合印痕如何检查和调整？

6. 后桥磨合试验后有哪些要求？

第七章　汽车车身的维修

第一节　汽车车身常见的损伤形式

汽车车身损伤有碰撞产生的损伤,也有疲劳、断裂及腐蚀破坏,但主要是碰撞损伤,所以车身修理就是把碰撞后的车身恢复原来的状况。恢复方法及步骤是:校正基础件,更换、修理覆盖件及附件,进行车身涂装。

一、轿车车身的结构形式

1. 车架与车身分体式

车架(大梁)与车身是独立的两部分,车身通过螺栓与车架连接,连接点有减振橡胶垫块。车架支承车身,起着主要承载的作用,碰撞时,主要由车架承受撞击力。这种形式在货车、客车中仍在采用,在小轿车上已很少采用了。

2. 整体式车身

取消了能分开的独立车架,用加强的车身下部构件代替了车架,并采用框架式车身结构增强车身强度及承载发动机、传动系统总成的能力,又称承载式车身。现代轿车基本采用这种形式(图7-1)。

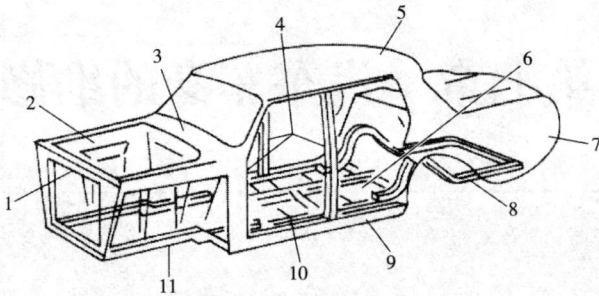

图7-1 整体式车身结构

1-散热器托架;2-车轮罩板;3-前围板;4-车门立柱;5-顶盖;6-地板;7-后顶盖侧板;8-后梁部分;9-车门槛板;10-底梁;11-前梁部分

二、轿车车身的组成

车身可分为车身前部(前围)、侧部(侧围)、顶盖(顶围)、后部(后围)和底部(地板)。各部又可细分为零部件。

(1)车身前部(前围)包括前左右车门铰链立柱前的部位,有散热器罩、发动机罩、前围板、灯框、左右翼子板、风窗玻璃框、仪表等(图7-2)。

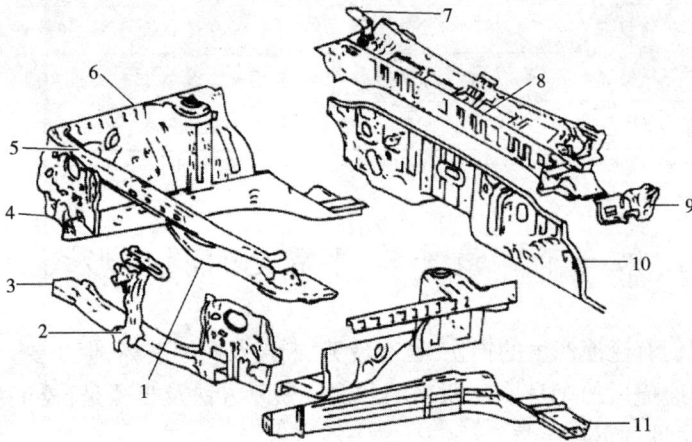

图7-2 车身前部结构部件

1-前悬架横梁;2-机罩锁支架;3-前横梁;4-散热器侧支架(侧挡板);5-散热器上支架;6-前挡泥板;7-机罩铰链;8-前围上盖板;9-盖板侧板;10-前围板;11-前纵梁

(2)侧部(侧围)前立柱与后围立柱之间的部分,包括车门及附件、门框中立柱、车窗、门锁装置等(图7-3)。

(3)顶部(顶围)与前部、侧部、后部相连接的车顶部分,有顶部框架及蒙皮、顶窗等。

(4)后部(后围)包括汽车后部框架、后玻璃窗或尾门和后保险杠等。有两种形式,一种是轿车式,行李舱与乘坐室是分开的;另一种是旅行车后吊门式,行李舱与乘坐室是不分开的(图7-4)。

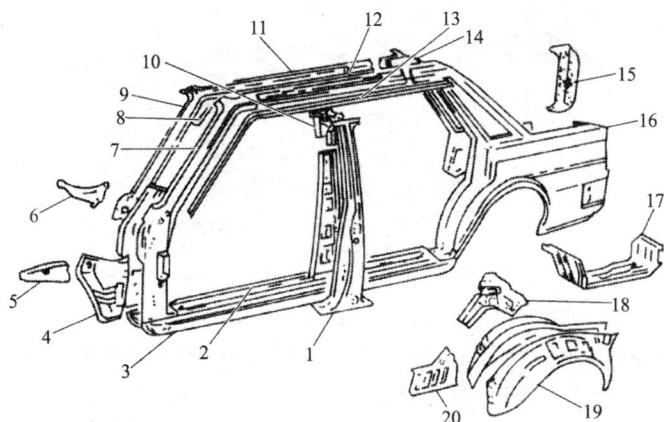

图 7-3　车身侧部结构部件

1-中立柱;2-地板主侧梁;3-外侧护板;4-盖板侧板;5-前车身柱下角撑板;6-盖板侧托架;7-前车身上部外柱;8-前立柱上部内侧加强板;9-前上部内立柱;10-中立柱上部外侧加强板;11-顶盖内侧梁;12-顶盖外侧梁;13-顶盖水槽;14-顶盖内侧板;15-后侧板支架;16-后侧板;17-后侧板下部延长板;18-行李托架至地板连接件;19-后轮罩外板;20-后轮罩中心撑板

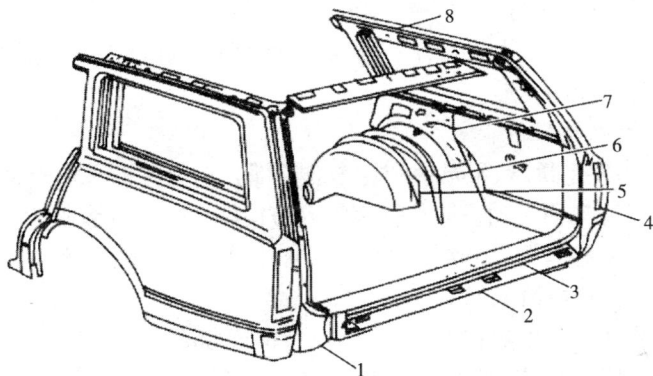

图 7-4　旅行车式后部结构

1-顶盖内侧后板;2-车身后底板下板;3-车身后底板上板;4-后侧板;5-后轮罩内板;6-后轮罩外板;7-顶盖侧板内前板;8-顶盖内侧板

(5)部底(地板)包括地板、行李舱地板、左右门槛板、地板横梁及支承件等。

除以上外,车身还有许多附件,如门锁机构、保险杠机构以及车门、发动机罩、行李舱盖等。此外,车身内部座椅及内饰也是与车身密不可分的。

三、大客车及货车车身

大客车及货车车身,特别是货车车身一般采用车架形式,但大客车车身也有采用框架承载式车身的(无车架)。

客车车身由立柱、横梁等框架组成骨架(图7-5),外部焊铆钢、铝蒙皮。为增加蒙皮强度及平整度,多用预应力张拉工艺将蒙皮焊在车身骨架上。

货车则有驾驶室,长头、短头驾驶室相似于轿车车身前部,平头驾驶室外形相似于客车车身前部,多由薄钢板冲压件组成。货车有车架及货厢,车架承担车体质量及货厢内货物的质量。

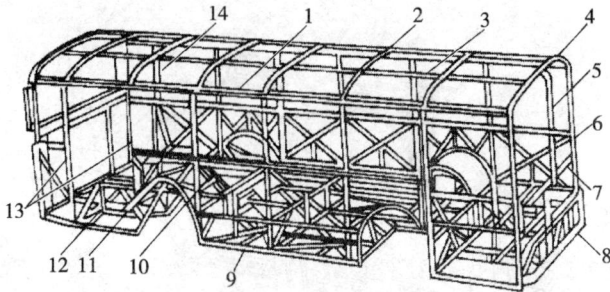

图 7-5　客车车身骨架

1-上边梁;2-顶横梁;3-顶纵梁;4-前风窗框上沿;5-风窗中柱(鼻梁);6-前立柱;7-前风窗框下沿;8-前围裙边;9-侧裙边;10-斜撑(牛腿);11-窗台;12-底架(承载式车身的底部);13-门立柱;14-窗立柱

四、汽车车身常见的损坏形式

汽车车身损坏主要是碰撞所致。轻微碰擦并不能使车身车架及骨架变形,只需将钣金件敲打复位即可:但碰撞严重,就应分析碰撞的部位和损伤的形式。

1. 车架式车身的碰撞损伤

碰撞会造成车架变形,发生边梁左右弯曲、上下弯曲、断裂及菱形变形、扭转变形等,有时是整体变形,有时为局部变形。

2. 整体式车身的碰撞损伤

整体式车身分为发动机舱、乘员室和行李舱三部分。为保证乘员安全,乘员室的结构应使其变形很小(强度高);而发动机舱与行李舱容易损坏、变形,以吸收能量;来自侧面的碰撞振动则被减振钢板、顶盖侧梁、中立柱和车门吸收。车辆受到碰撞后,损伤形式为歪斜、下垂、弯皱和扭曲。车身碰撞情况如下:

(1)前部碰伤对于较轻的碰撞,保险杠会被后推或断裂;支撑变形;前翼子板、散热器与座、散热器上支撑、机罩锁支架都会变形弯曲。对于较重碰撞,除上述损伤更严重外,前侧梁会弯曲,前悬架横梁因此弯折,发动机移动,前围板变形等。

(2)后部损伤对于较轻碰撞,后保险杠、后地板、行李舱盖及地板可能变形。对于严重碰撞,后顶盖侧板会塌陷至顶板底面,中心车身立柱弯曲,后侧梁上弯变形等。

(3)侧面碰撞损伤造成车门及门框构件、中立柱以及地板变形,前翼中部受到严重的侧向碰撞时,前轮会被推进去,前悬架横梁和侧梁均变形,损坏悬架系统和转向系统性能。

(4)顶部碰撞损伤由高处坠落物撞击车顶,车顶下陷,车顶侧梁、后顶盖侧板和车窗都会损伤,车门、立柱也会因此受损。

汽车撞击及倾翻的变形是综合性的。有全车均受损伤的,但多数只是部分受损伤,有修复的价值,未损伤的部位还可作为修复基准。

第二节　车身尺寸的测量

一、测量基准

(1)水平基准面汽车设计时,为便于测量车身高度,人为假想一个与地板平行的平面,这就是水平基准面,侧面看是一条平行于底面的线。对于不同厂家生产的汽车,这个基准面与地板的距离是不同的,有的在地板最低点下约400mm,有的就与地板最低点重合,也有的在地板最低点上几十毫米。工厂提供的测量数值是以基准面计算的,所以维修车身时一定要查询原生产厂的有关资料。汽车维修时,可以视作业的方便把车身架起来,从平台上测量各点高度,对照原厂资料上的尺寸,很容易求出基准面尺寸与实际底面尺寸的差值,也就是把所有高度尺寸都增加或减少一个数值,以方便维修测量(图7-6)。

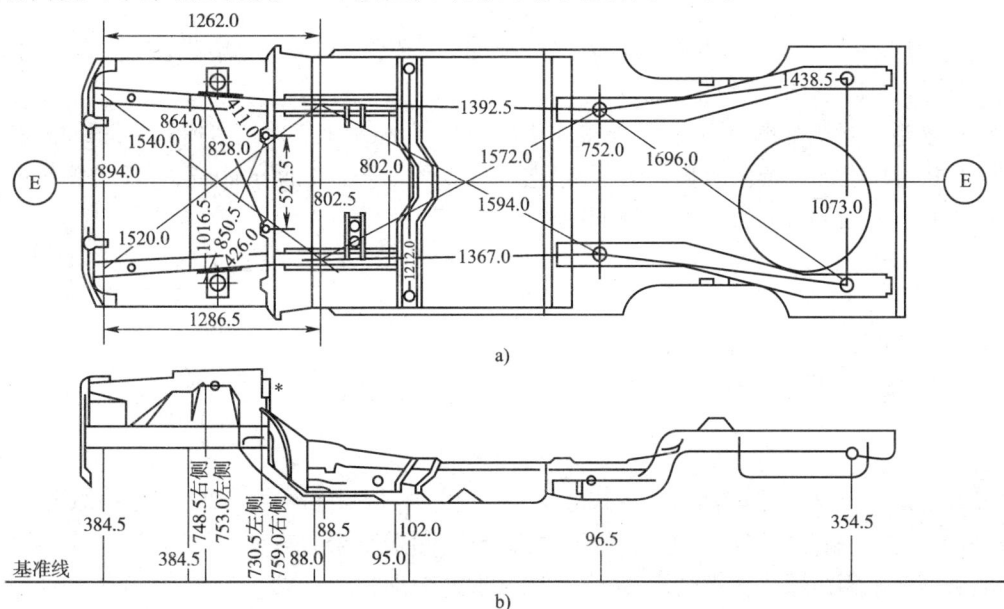

图7-6 整体式车身的下部车身尺寸

(2)中心面(线)用一个平面把汽车纵向分为左右相等的两部分,这一假想平面为中心面,它垂直于水平基准面。工厂提供的车身数据就是此面(线)到各部分的距离尺寸。大部分汽车是左右对称或基本对称的,不对称的汽车极少,但其资料会标明尺寸数据,从车顶俯视下去,这个面就是一根线,即车架或车身中心线,左右对角线以它为交汇点,若左面损伤,可以右边尺寸为参考修理,参看图7-6a)。

(3)零平面(线)汽车车身分为前部、中部和后部三部分,交接的两个面垂直于水平基准面,有的车以前部、中部交接的面为零平面或零线,以此为准,标前后各点与零线相距的尺寸。通过水平基准面(线)、中心面(线)及零线的尺寸标注,就可以把车身每个点的坐标尺寸都标出来。搜集原厂尺寸是非常重要的,检测评估损坏时,可以这些尺寸为基准,判定损伤程度;修复、校正也以这些尺寸为依据;竣工检验还是以这些数据为检验标准。

除上述方法用来表示车身尺寸外,生产厂还对各主要框架标注对角线尺寸,用特定的测量点标注内框尺寸。这些尺寸精确反映出汽车的标准尺寸,有利于修整及安装(图7-7)。

二、测量仪器

汽车碰撞损伤明显时,用目测及卷尺、直尺量就能大致断定其损坏程度、形式及尺寸差异。

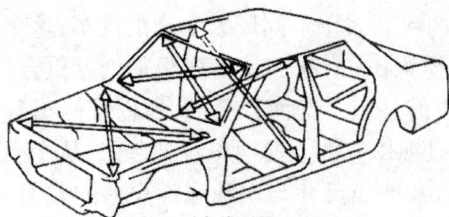

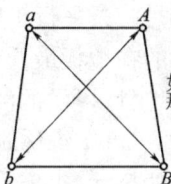

如果Ab=aB
那么，没有倾斜翘曲

对角线测量

图7-7　对角线测量

但遇到不明显变形以及初步校正后进一步校正、调整及检验，就需要比较精确的测量，精确测量的仪器也有简单和复杂之分：

（1）轨道式量规如图7-8所示，轨道式量规的左、右测量销沿轨道滑槽移动，销插入被测量孔中，从滑尺上即可读出两孔间的距离，它也可以测量两点之间的距离，可任意测量两点（包括对角线），也可测量点与基准线的距离。

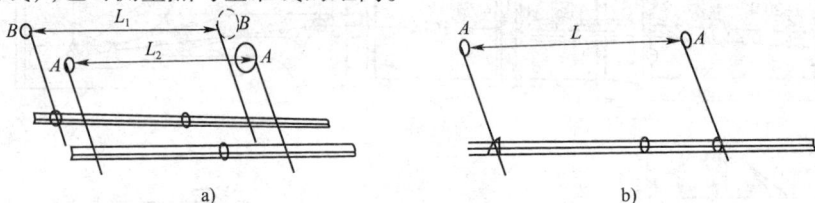

a)   b)

图7-8　用轨道式量规测圆孔中心距

（2）自定心量规（中心量规）与轨道式量规有一定相似，可测量和诊断车架的破坏程度（图7-9）。

自定心量规端部可以制成垂直弯臂，取代挂钩，测量车架更方便，稍作改进也可测量轴距、前束等。车辆作翘曲检查时，在两个基本无损伤的地方悬挂两个量规，又在损伤区悬挂两个量规。正常情况下，这些量规应平行，且中心在一条直线上。

如检查到不平行及中心销错位，车辆已发生翘曲，可以据此测量出损伤点与基准线的差值。利用轨道式量规与中心量规可以检查、诊断汽车扭转变形、菱形变形、断裂损伤、上下弯曲、左右弯曲等损伤。

（3）通用测量系统把中心量规、轨道式量规技术集合成框架式带底平台的三维测量系统，成为精确测量工作台，多个测量头同时测量汽车前、后、顶、底与标准面（线）的距离（图7-10），还可在系统中安置高精确度的基准线激光测量系统。各工厂生产的测量系统有一些差异，有简单的，也有复杂的，可通过其说明书了解其构造、功能和具体操作。另外，车身车架专用校正设备平台也可以测量受损车辆，有的校正设备本身就有检测系统，校正平台是坚固不易变形的，也是多功能的设备。

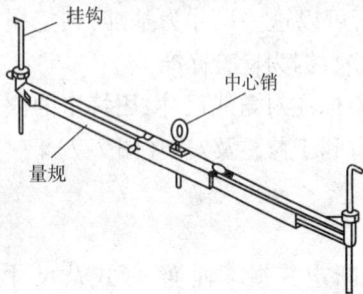

挂钩

中心销

量规

图7-9　自定心量规

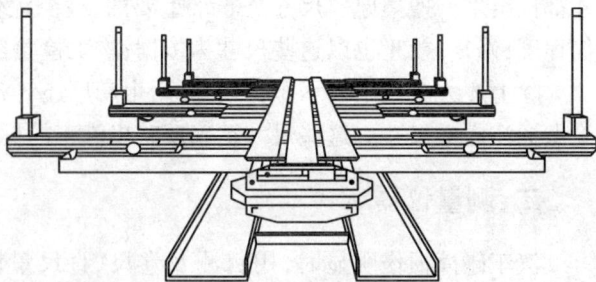

图7-10　通用测量系统

第三节 轿车车身的校正

一、校正注意事项

(1)根据不同的设备,确定不同的校正方法,从设备说明书上详细了解设备操作方法及设备功能。

(2)校正顺序一般是先菱形损伤,再弯皱损伤、下垂损伤、歪斜损伤、扭曲损伤。校正前,拆去风窗玻璃、车门及附件。

(3)必要时才先拆去板件及保险杠,进行整体式车身校正,尽可能在车上对所有零件校正,这样有利于拖加压力,校正车身结构件,也减少拆装工作量。

(4)有必要,可以拆去发动机等总成及悬架系统。

(5)校正前,对有裂缝的车架、板件先进行焊接,以免校正中进一步开裂。

(6)车架、车身校正一般按与其受撞击相反的方向来施力,以消除变形、损伤。一般应采用拉而不是推的方法来校正。尽量少用加热,因为加热会造成板件内部结构改变、易于腐蚀等损害。需加热时,应使用较大喷嘴和中性焰或稍微碳化焰对修理区域加热到所需温度。

(7)拉伸校正可稍微过度,以抵消回弹度变形,但要掌握过度量。

(8)在校正拉伸过程中,有时用木锤、手锤锤击消除变形及内应力;有时可加热消除并且施力可以分几个阶段逐步校正,即校正一段时间后放松,然后再校正。

(9)拉伸校正时,要经常测量长度方向及进行对角线检查。

(10)校正装量使用中,要按操作程序,充分注意安全,应有安全操作须知,非操作人员不得操作。

二、校正设备

1. 车身、车架校正系统

这是多功能的校正系统,也有精确的测量系统,设备配置齐全,并可与另外的设备搭配,设备数据库有全球汽车车身数据,并可不断升级;与四轮定位仪搭配,更能使校正车身及整车达到修复的要求;也配备手动液压、脚踏气动液压、全自动电液压的动力源,可方便地对损伤车身、车架进行拉伸整形。该设备坚固的厚钢板平台不易变形,而且可以移动。

2. 简易便携式车身牵拉器

如图 7-11 所示,该牵拉器能在任意方向施加校正力。校正时,主梁、支座和横梁常用于把汽车抬离地面,它和下车身夹组合使用时,形成基座。摆臂用链条及拉力钩与需校正的部分连接,用液压泵与支承杆使摆臂运动,把变形部位拉复位。

3. 轻便液压杆系统

利用手动液压泵提供液压动力,液压缸活塞杆运动,在液压杆两端装上适当的端头,就可方便、省力地对损伤车身部位进行推压、展宽、夹紧、拉拔和延伸,达到校正的目的。

液压杆系统与其他校正设备结合,能从多方面、多角度完成车身各部分的校正操作。

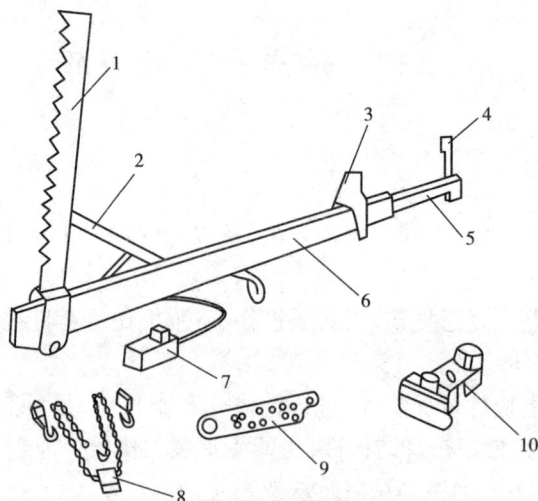

图 7-11 简易便携式车身牵拉器

1-摆臂;2-支承杆;3-可调试支座;4-延伸支座;5-伸长梁;6-主梁;7-泵;8-铰链;9-车架角钢拉力盘;10-自紧拉力钳

三、校正修理

1.支承与夹紧

在汽车校正施力前,一定要把车身牢固地支承在校正设备上,利用专用、通用支承夹具夹持车身,而支承夹具与校正平台连在一起,以便车架、车身校正时,车辆不会整体移动。

校正车身的牵引力通过夹紧装置施加到损伤部位,夹紧装置由螺栓固定夹夹持在某一部位;也可以在车身上焊上若干固定夹,待校正完毕再去除。

2.牵拉校正

校正夹紧装置(螺栓固定夹或焊接头)与张拉链条一端连接,链条另一端固定在校正平台支承座上。链条利用液压缸中液压杆的推力被拉紧施力,起到校正牵拉作用。液压缸是由手动液压泵提供压力油的(图 7-12)。

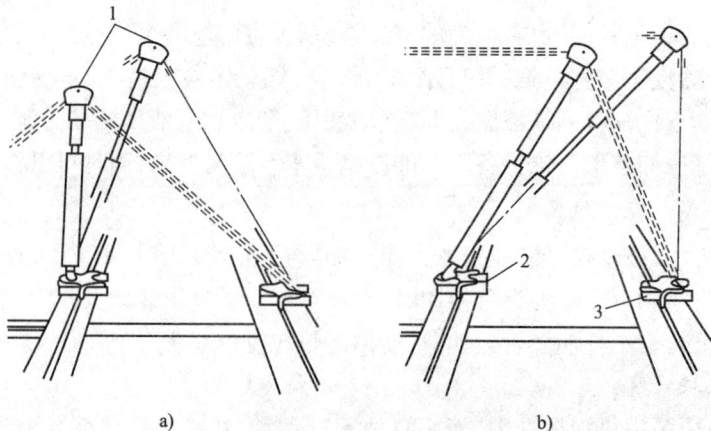

a)   b)

图 7-12 液压缸座、链条座与平台的连接及拉伸方向

1-链条头和横轴;2-液压缸座;3-链条座

链条位置及长度调整后,可以改变牵拉力的方向,使校正方位得以保证。

校正一般按先校正长度方向,再倾斜校正,最后高度校正的顺序进行。

根据校正方向和校正位移量确定固定点和牵拉方向,牵拉要估计一定的回弹量。牵拉中,可分次牵拉,拉一次,卸力测量;再牵拉,直至修复。

第四节　车身钣金的修复

一、覆盖件及构件的手工成形工艺

汽车钣金工经常对有缺陷和损伤的钣金覆盖件进行修复或配做一些构件。

汽车手工钣金成形工艺包括弯曲、放边与收边、拔缘、起拱、卷边、咬缝、制肋和矫正。仅以弯曲为例说明钣金工艺。

弯曲就是把平面金属板料弯折为一定角度。操作方法是:下料的板件夹在台虎钳上,弯折线与钳口平齐,用木锤或铁锤从头到尾敲击成形。

若多角弯折,则要用辅助胎模(规铁)与台虎钳结合进行弯制(图7-13)。利用不同形状的规铁,可以弯折出不同形状的工件。同样,利用圆钢可以弯出圆筒件。

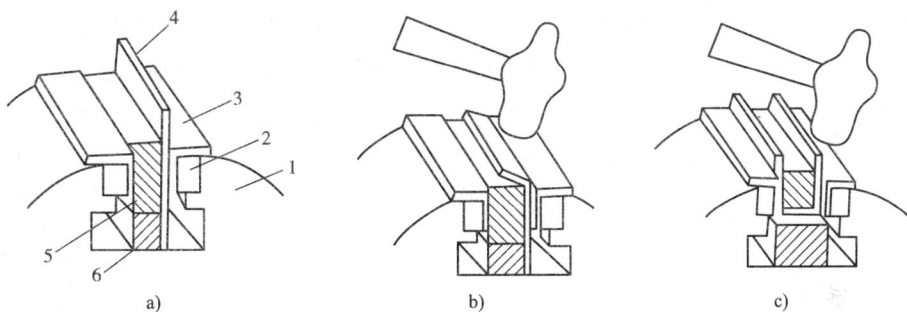

图7-13　弯制"口"形工件
1-台虎钳;2-钳口;3-垫板;4-板料;5-规铁;6-垫块

二、钣金修理

汽车撞击时,钣金件受到外力而产生弯曲、拉伸等变形,不太严重的受损件或不容易购买的件就需要修复,修复方法为冷加工(锤击)和热加工(加热收缩及焊接)。

在修复前,应对钣金件的材质进行分析、认识,才能采取正确的修理方法。

1.汽车车身钢板的类型

(1)低碳钢车身上主要采用低碳钢,如冷轧板、热轧板。低碳钢塑性好,易于进行冷、热加工,焊接性能也好;缺点是强度低,若用加厚的办法,又增加了质量。

(2)高强度钢、超高强度钢(DHSS),又称双相钢,是钢材在带钢热轧机上通过淬火得到的,具有两相显微组织,强度是低碳钢的10倍以上。汽车上的车门护梁和保险杠加强件,就是采用超高强度钢制造(图7-14)。由于其非常坚硬,冷态下很难或不可能校正,如加热不当,其高强度会受到破坏,所以由超高强度钢制造的零件损伤时,不能修理而只能更换。安装新件时需要连接,可采用气体保护塞焊。

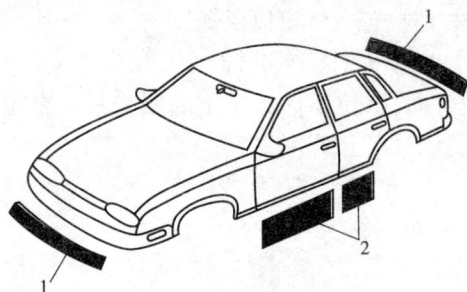

图 7-14　超高强度钢部件
1-保险杠；2-车门护梁

高强度钢（HSS）的强度比低碳钢高，是经过一定热处理形成的。车身许多零部件应用此类材料，如发动机罩、车门护梁、保险杠、翼子板等。它们可以焊接、加热，但不正确的加热会损坏钢的强度。因此，应遵守厂家推荐的加热温度。

高强度低合金钢（HSLA）是通过在低碳钢中加磷来提高强度，具有与低碳钢相类似的可加工性。轿车车身前后梁、车门槛板、保险杠以及车门立柱等都采用此类材料。修理时应严格控制加热温度（370～480℃）和加热时间（少于 3min），应采用气体保护焊。

另外，有的车上还用镀锌钢，可以焊接，但加热会产生有毒烟气，注意通风及保护。

2. 钢板的可加工性

钢材的物理结构由原子构成，原子微粒结合在一起形成晶粒。晶粒以一定形状成为晶格组织，有一定的规律（图 7-15）。

改变平坦的钢板形状，在折弯处的晶粒位置发生错动，即晶格畸变。材料发生塑性变形（永久变形）后，晶格畸变，这时材料强度会比原来状况下大为提高，这就是冷作硬化。冷作硬化导致晶格扭曲，产生残余应力，需要通过热处理或其他方法消除。受损板件恢复时，一方面要恢复到原来的形状，另一方面要消除碰撞和修复中产生的残余应力。残余应力会明显降低材料强度。

通过正确的方法可以把应力释放，使金属晶格基本恢复到初始状态。所采用的方法是有控制地对板件加热或使用手锤敲击扭曲部位（图 7-16）。

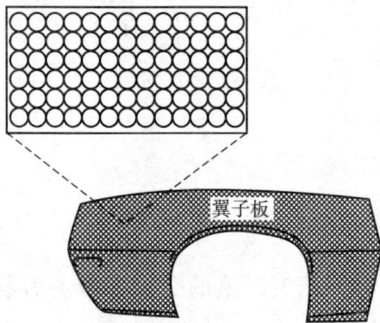

图 7-15　钢的晶粒结构

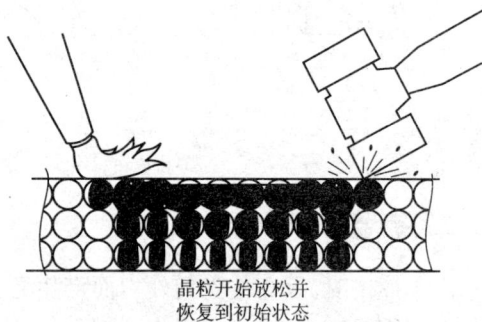

图 7-16　加热、锤击使金属恢复原状态

3. 钣金件的表面修整

由于碰撞，金属蒙皮产生凹凸不平，需要敲平整形以恢复原状。

（1）手锤、垫铁敲击整形如图 7-17 所示，将垫铁贴紧凸起的反面，用手锤敲击凸起部位，把凸起部位压缩回原来的形状。锤击力要轻、要连续。如凹形件修整，与凸起修整不同的是锤击点，不在垫铁顶面的上方，而是蒙皮的凸起部位。将垫铁贴紧最低处，用手锤敲击附近的凸起处（图 7-18）。

如大面积凹陷，也可采取以上敲击恢复，但要从凹陷外围敲击到附近金属表面，逐步使凹陷槽消失。

（2）用修平刀（匙形铁）撬平凹陷在修整车门凹陷时，用修平刀是较好的办法，因为用垫铁不容易到达某些部位。它可作为垫铁，也可直接撬平凹陷处。

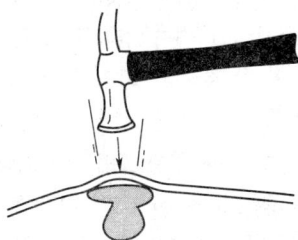

图7-17 垫铁敲击凸起面修理

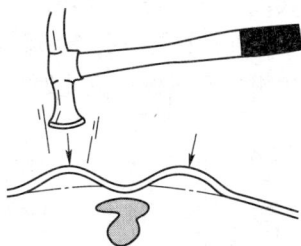

图7-18 凹形件修整、错位敲击

（3）拉出凹陷采用拉出装置，如滑动锤拉出器、吸环等装置结合使用，可把凹陷的蒙皮拉出，特别是蒙皮背面不易到达的地方：有的用真空吸盘与滑动锤拉出凹陷，有的则在凹陷处焊钉或钻孔拧入螺钉，再用滑动锤拉出凹陷处。

敲击或拉出凹凸蒙皮后，还要修整平顺，可用专门的锉刀锉平。锉平时可发现高低点，再敲平或拉平，直至高低一致达到平顺为止。

4. 金属表面收缩整形

金属蒙皮碰撞产生变形，出现拉伸、隆起、凹槽，俗称料"长"了，金属板变薄，发生硬化现象。利用收缩法，可把金属晶粒拉回原来的位置上，以消除应力。

（1）收缩原理：金属受热膨胀，长度增加；冷却收缩，长度缩短恢复。如果金属棒或板两端被单向固定，对它先加热，然后冷却，金属棒就会缩短，原因是：加热时，金属棒膨胀，由于两端伸长方向固定，无法纵向伸长，棒内部产生很大的压力，如图7-19a）所示。

当温度进一步提高，金属棒受热部分变软，在压力作用下，赤热部分直径增大变粗，而压力消失（图7-19b）。加热后突然冷却，金属棒收缩，由于原加热部分已加大了，钢棒长度缩短（图7-19c）。由于两端单向固定，收缩不受阻，从而达到收缩的目的。

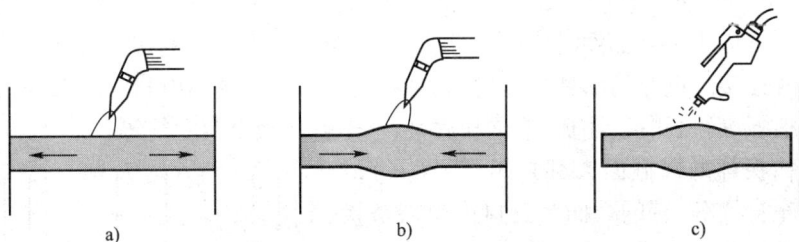

图7-19 金属收缩原理

a）当膨胀力受到金属上刚性固定的限制时产生压力；b）受热变软的金属膨胀并变粗；c）冷却收缩后尺寸变小

（2）金属板上变形部位的收缩把变形区一小块地方加热至暗红色，随温度升高，金属板受热开始隆起，试图向受热范围外的地方膨胀。由于周边金属既冷又硬，金属板无法膨胀而产生压力；继续加热后，赤热部分变软，被压力作用而变厚；然后冷却，金属板会收缩而面积缩小，消除了拉伸，不影响周围晶格状态。

根据以上操作，可以对损伤板料多处进行小型加热，以达到收平的目的。

三、钣金件连接法

（1）螺钉连法。除了焊接以外,由于钣金件较薄,可以用螺钉连接。使用时,在底板上钻定位孔,小于螺钉直径;拧紧时,螺钉附近的材料受到挤压而产生位移,位移变形就产生了紧密连接的效果(相当于底板定位孔处受到挤压,加工成一个螺母),如图7-20所示。

图7-20　自钻孔、攻螺纹并拧上螺钉

（2）铆接。用铆钉把两块金属或非金属零件连在一起,铆钉有铁、铜、铝材质的。有普通敲击铆接的铆钉,还有一种拉铆钉,用专门的拉铆枪及专门的拉铆钉拉铆连接。

（3）金属粘接。把非金属黏结剂置于被粘接的两件结合面上,加压、固化后便粘接在一起,这就是粘接。

粘接对所有材料都适用,特别是对于不能焊接或铆接的紧固尤为重要。粘接有多种黏结剂,常用的有环氧树脂黏结剂、酚醛树脂黏结剂和氧化铜黏结剂。

①环氧树脂黏结剂是在环氧树脂基础上添加添加剂、填料调制而成的胶体黏结剂。环氧树脂是人工合成的高分子树脂状化合物。它能与多种材料表面形成化学键结合,产生较大的粘接力。环氧树脂黏结剂的黏附力强,固化收缩小,耐腐蚀,耐油,绝缘并可以常温固化。但其韧性差,只适于非高温件粘接（-19～80℃）。

环氧树脂黏结剂为有固化剂(乙二胺等)的双组分黏结剂,现场配合即用完。

②酚醛树脂黏结剂以酚醛树脂为主要成分,加入适量添加剂调制而成。酚醛树脂黏结剂强度好且耐热,常用来胶补发动机气缸盖、油底壳、散热器等工作温度较高的部件,但它抗冲击性能差。

③氧化铜黏结剂由氧化铜粉和无水磷酸调制而成。磷酸铜吸收水分后,成为结晶水化物而固化,与"水泥"类似,可用来填裂、堵漏和粘接零件。

四、结构板件的切割与修复

受损伤的整体式车身部件需要整体更换时,一般都按生产时的接合部切割分离,然后安装新件并焊铆连接。但有的部件只是局部受损,而且易于修理,就可作局部切除修复。这些部位如车门槛板、后顶侧板、地板、前梁和后梁、行李舱地板以及立柱等。

车身结构板件的横截面大都封闭(强度好),如槛板、立柱、车身梁等,有的截面为开口或单层搭接,如地板和行李舱地板。

切割局部损伤件后,与新制备的一段同样的构件重新焊接,以达到修复的目的。其连接方式有下述三种。

（1）插入物平接。对于封闭式截面构件,两段之间插入与截面相同的一段插入物,有利于被连接件的对中、定位和焊接,适合于切割修理车门槛板、立柱、车身梁等(图7-21)。

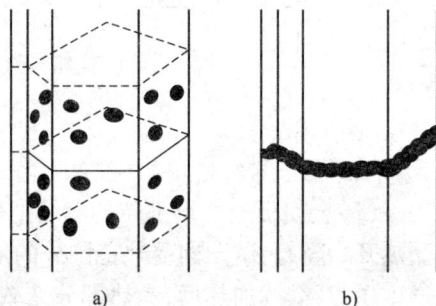

图7-21　立柱插入件对接
a)铆焊;b)对焊

（2）交错平接。两段之间不使用插入物，而是采用交错平接方式接在一起，要求两断口相互交错定位，保持对中精度。截面为矩形结构物可用此平接方式，如立柱、前梁等。

（3）搭接。板件一边搭在另一板件上进行焊接，称为搭接。后梁、地板、行李舱地板等适合用搭接法修焊。

第五节　车身表面的漆工修复

一、涂层修复设备

1. 喷枪

喷枪可以把空气和油漆混合到一起。它雾化油漆流，吹喷油漆到板件上形成漆膜，从而保护板件和起到美观作用。

喷枪种类较多，质量也有较大区别。能有一把高质量喷枪并保护好，正确使用，经常作清洁和维护，就可能喷出高质量的漆面。

2. 空气压缩机

空气压缩机（简称空压机）为喷漆提供压缩空气，也作为打磨、清洁、除尘设备的气源，一般采用活塞式空压机（图7-22）。

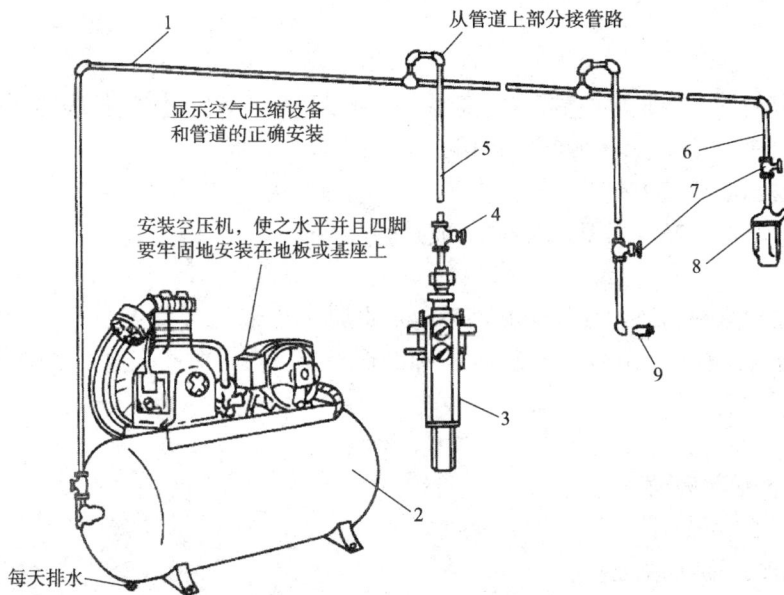

图7-22　空压机及安装

1-主空气管道;2-空压机;3-变压器;4、7-球阀;5-降压管[3/4in(19mm)];6-管[3/8in(10mm)];8-自动排水器;9-快速接头

3. 喷漆房

为喷漆时清洁干净，防昆虫和气候影响，喷漆在喷漆房内进行，这也可以防止漆雾污染空气。喷漆房应具有空气交换功能、排放烟道，能调整空气流速，照明良好。喷漆房是较大的设置，可以购买标准喷漆房，也可以自行制造。

1）干式喷漆房

干式喷漆房采用折流板、滤网等干式过滤器过滤漆雾,抽风为横向抽风。

喷漆过程中的漆雾,在通风机作用下进入过滤器被黏附捕集,而空气经通风管排到室外。干式喷漆房结构简单,通风量和风压小,涂料损耗小,涂覆效率高,不需作废水处理。缺点是清扫工作量大,过滤网经常更换,耗量大,着火危险性较大。

2)喷淋式喷漆室

喷漆过程中产生的漆雾,在通风机的作用下从喷淋室正面的入口处吸入喷淋室,被喷嘴的两级水雾冲洗至下部水槽中存积,余下含水分的空气经气水分离器脱水后排放。冲洗漆雾的水,经水槽过滤后,利用水泵循环使用,水污染后定期进行排放处理。

还有一种较大型的水帘式喷漆室,其效率高,漆雾处理得干净,能够回收油漆,适用于连续作业的有较大喷漆量的企业使用。

4. 烘干室

为加快漆膜干燥,需要对漆膜进行红外线烘干。对于整车喷漆的车间,可进入烘干室全车烘干。而对于局部喷漆的车辆,则可用便携式红外线灯组单元烘干。一般烘干温度达到 $40 \sim 100 ℃$。

烘干的漆比常温自干漆有更好的光泽,质地坚硬,寿命持久。由于烘干漆比自干漆价格便宜许多而质量又好,所以使用烘干设备是很合算的。

二、材料

1. 腻子

由于修复板件不会非常平整,就需要腻子填平,干燥打磨后,使板件表面平整光洁。腻子品种有醇酸树脂类腻子,干燥时间较长,广泛用于客车和货车。

氨基甲酸乙酯类腻子有很高的成膜能力、出色的粘接力和固色性能,且容易打磨。

聚酯类腻子的干燥时间短,有较高的成膜能力。

2. 漆料

油漆都是由颜料、黏结剂(树脂)、溶剂以及添加剂组成的。

(1)黏结剂合成瓷漆由醇酸树脂、颜料和溶剂组成。丙烯树脂瓷漆由醇酸树脂、丙烯酸树脂和溶剂组成。

(2)溶剂是油漆的重要组成部分,常用溶剂有:

①脂肪烃:矿物醇、石油。

②芳香烃:二甲苯。

③酯:乙酸乙酯、醋酸乙酯。

④酮类:丙酮、丁酮。

(3)颜料:颜料包括天然颜料和化学合成颜料,达90多种,可调配各种颜色。

(4)瓷漆的干燥原理。丙烯酸醋和醇酸瓷漆中含有溶剂,喷涂后能够很快蒸发。这样,瓷漆表层生成一层硬膜,然后漆层吸入氧气,内部发生氧化反应,干燥剂开始起作用。虽然瓷漆喷涂数小时后,从表面看瓷漆层已经干燥,实际上整个漆层完全干燥还需要数周的时间。干燥过程中漆面软,一旦完全干燥,漆面将变得很硬,还不易被普通溶剂溶解。

(5)金属漆为了去除紫外线,提高油漆的耐久性和遮盖能力,改变油漆的颜色,油漆厂在油漆中添加云母、珍珠粉和金属微颗粒。这就是金属漆。

普通漆含有不透明的颜料,阻止太阳光穿透,反射太阳光,使人们对油漆层产生了颜色的感觉。不透明颜料阻止紫外线穿透,漆层具有很好的耐久性。

金属漆允许光线穿透油漆层,漆中的金属颗粒、云母、珍珠粉和颜料对光线发生反射,形成人们感觉到的颜色和形状。不同角度和不同光线下观察金属漆,其漆层颜色会改变。一般金属漆面上再喷一层清漆,不但耐酸雨、防紫外线,而且漆面更光亮、美观,颜色更丰富。

(6)油漆材料的匹配　若全车均为裸露的金属板(如通过喷砂打掉全部旧漆),就不需要特意选漆,只需按价格高低购买,调制合适的漆就行了。但若是在旧漆面线旧底层上做漆或补漆,就应判明汽车原来采用的油漆种类,尽可能用与原漆相同的油漆。

漆色的调配需要较高的经验和技能,人工调配补漆是很难达到原来颜色的。现已有专门的调漆中心店,其调配漆方法有下述两种:

①从汽车发动机罩贴的颜色标识牌可以得到油漆的代号,根据车辆制造年代和油漆代号查颜色代号册,就可以确定具体的颜色代号。各油漆生产厂也有各种汽车的颜色代号,从颜色代号可以查出其生产的各色油漆配合质量比。由于其计算机中存储着各种车的各种颜色的调制配方,查起来是比较方便的。查出配方后,按调漆质量在电子秤上按比例精确称量主色漆和调配漆质量,搅拌均匀就得到所要求的颜色漆。

②若是补漆年代较久的车,按车身标牌配出的漆仍不会与原色一致,可用颜色图表直接对照原车漆面试出某种颜色;按这种颜色的标号查出色漆比例,在电子秤上称重配制就行了。

油漆(面漆)配好,要有一定稀释剂(稀料),以便喷漆时调制成一定黏度的漆。调制黏度可用黏度杯或按油漆厂说明加稀料。不正确的黏度将产生低质量的光泽效果,产生橘皮、塌陷、遮盖性差等后果。

3.遮盖材料及其他材料

全车喷漆要遮盖不能上漆的部位,部分补漆更需遮盖许多不喷漆的地方。一般用带胶的塑料胶粘带和纸粘带贴在原漆面或非喷漆面边沿,再用纸大范围遮盖不喷漆的大面,纸与粘带相接合。若要做彩色漆图案,也可用这种方法遮盖。

另外还需要一些辅料,如打磨用的各种粗、细磨粒的砂纸,过滤漆的过滤漏斗,清洗稀料,抹布等。

三、漆面的修复工艺简介

(1)去旧漆

若要彻底去除旧漆及原来的腻子底漆,可采用喷砂机,用喷砂打出金属本体,但工作条件很恶劣。

若不要求彻底清除,可以用砂轮或砂纸打磨旧漆面,以提高附着力和清洁旧漆面。

(2)上底漆

底漆有极大的附着力和抗腐蚀能力,一般有乙烯树脂或环氧树脂涂料。油漆生产厂已生产有与面漆相配合的底漆,查询采用即可。

(3)涂抹底层腻子

腻子品种多,应选择干燥成形快、易于打磨和细腻的腻子。快干腻子约30min 就能干燥。刮抹腻子及打磨的要求高,经验丰富、技艺熟练的漆工才能胜任。油漆的效果取决于腻子的刮抹与打磨。刮抹腻子、打磨,再刮抹、打磨,这道工序可能有几道到十几道之多。

(4)面漆底漆

腻子打磨完成后,可再喷一道面漆的底漆,其附着力强,遮盖力强,可遮盖原底色及补腻子的微眼孔。喷底漆后发现暇疵,仍可补刮腻子、打磨。

(5)喷面

面漆的底漆处理好后,就可喷面漆了。面漆喷涂前应注意:

①面漆要搅拌均匀,以免颜料沉在下面,影响质量及颜色。

②稀释油漆,黏度要调好,最好用黏度杯调试。

③漆料一定要过滤干净,喷涂前才加入固化剂。

④喷枪要干净,调整好。

⑤压缩空气应经过过滤器,滤去水分、油、尘等杂质,用质量好的油水分离过滤器可达这一目的。

⑥按规定的气压调整。

⑦最好在封闭的喷漆房中喷漆,适当的温度与湿度,良好的照明、整洁的环境。

⑧被喷车应遮盖好。

⑨喷涂前用专用粘布擦拭喷涂面。

⑩喷涂整车时,从顶盖开始,配备合适长凳或架子。

喷涂中的注意事项:

①漆工戴上呼吸面罩,喷枪距漆层垂直距离为150～210mm,第一次喷漆行程从顶盖离漆工近的侧边开始,再从右到左和从左到右喷涂,相邻行程有50%的重叠;然后,随着距离增加,覆盖宽度也增加,喷枪由垂直到倾斜,重叠增加到60%～70%。喷到顶盖中心后,迅速移到另一侧面,为保留一个湿边,此时应从远的中心向近侧喷。发动机罩也应这样喷涂。

②一般面漆喷2～3道。

③喷涂后在未完全干燥时,可逐步撤除遮盖纸及胶粘带。

④烘干或自干。

第八章　汽车电子电器维修

　　汽车电气设备是汽车的重要组成部分,其性能好坏直接影响汽车的动力性、经济性、可靠性与安全性等方面。汽车技术发展至今,几乎所有的机械装置都由电子装置或计算机控制。在维修汽车各系统时,很难将机械修理与电气系统修理完全分开,这就要求汽车机械修理工必须掌握电子电器修理技能,而汽车电工也必须了解机械系统原理。现今汽车维修过程中,机械和电气系统故障的最终排除,基本上还是采用更换零件的办法,因此,与传统维修过程相比,准确判断故障原因就显得更为重要。

第一节　汽车电子点火系统故障诊断

　　电子点火组件也称电子点火系统。它主要由半导体元件(晶体管、晶闸管、集成电路等)组成的电子开关电路,其主要作用是根据点火信号发生器发生的点火脉冲信号,接通和断开点火线圈初级电路,起着传统点火系统中的断电器触点的作用。

一、诊断电子点火系统故障的一般技巧

无触点电子点火系统一般不需经常维修,只需定期做少量的维护工作。但如果发动机不能启动,怀疑是电子点火系统有问题时,可从分电器盖上拔出中央高压线,并使其距汽缸体5~7mm,启动发动机,观察其线端的跳火情况,若不跳火,则说明该点火系统有故障。此时应对传感器和电子点火器以及点火线圈等进行检查,必要时,要修理和调整。

1.检查、调整信号转子凸齿与传感铁芯间的间隙

对于磁电式(磁脉冲式)传感器来说,其信号转子凸齿与传感铁芯之间的空气间隙,因发动机的类型不同而有所差异,一般为0.2~0.4mm(0.008~0.016in)。检查时,可用塑料厚薄规测量,如图8-1所示。若其间隙不符合要求,可松开螺钉A和B,并以A螺钉为支点,稍稍移动螺钉B,直到符合规定为止,如图8-2所示。

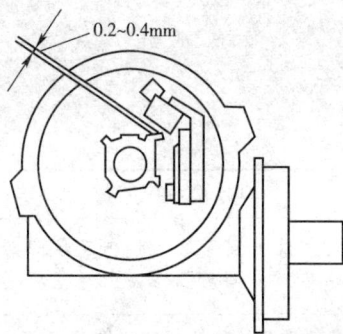

图8-1 用塑料厚薄规测量凸齿与传感铁芯间的间隙

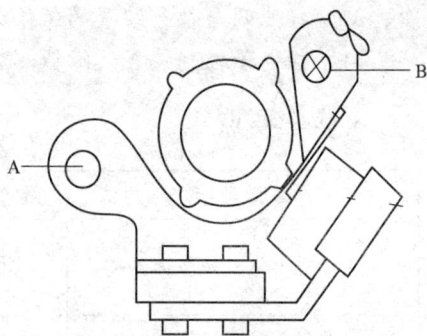

图8-2 凸齿与传感铁芯间的间隙调节

2.检测传感线圈电阻值

检测传感线圈的电阻值,应该把线圈从线束插接器上拆下来,用万用表欧姆挡测量。不同类型的轿车,其传感线圈的电阻值可能不同。若电阻为无穷大,则表明有断路故障,首先应该检查接插件的焊接处,然后再检测传感器是否断路;若其电阻过小,则表明传感器线圈有短路故障,应排除或更换传感器线圈。

3.电子点火控制器的检测

1)一般检查

一般检查包括外观检查和用欧姆表测量其输入端的电阻,以及用电流表测量线路电流等。

(1)外观检查。将电子点火控制器从分电器或点火线圈上拆下,松开连接线或插接器,仔细检查各引出端导线,看其是否良好,有无异常现象。

(2)测量输入电阻。不同型号的电子点火控制器电路各不相同,其输入电阻值因电子点火控制器电路不同而不同。例如JKF型晶体管点火器,其输入电阻为3kΩ。检测时,若发现此电阻值很大,应检查各插接件的焊点是否良好,其屏蔽线有无断路;若发现此电阻值过小,应仔细检查电路的各个部分,并尽快判明是因某处搭铁还是由于电子元件器件击穿损坏而短路。

2)用干电池检查点火线圈

电子点火控制器的输入端接上一节电压为1.5V的干电池,输出端接至点火线圈和点火

开关,并用万用表检测点火线圈初级绕组与附加电阻上的电压。如果此电压接近0V或者接近12V,说明电子点火控制器良好;否则说明有故障。

3)跳火法检查

用螺丝刀碰刮传感器,若每次碰刮,点火线圈高压总线都能跳火,则说明该电子点火控制器工作状况良好,否则,就要对点火控制器进一步检查。

4.蓄电池点火系统故障诊断

汽车在运行中,蓄电池点火系统发生故障是汽油机比较常见的故障。其特点是故障发生得比较突然,比较复杂。常见故障是低压、高压电路和点火正时失准,致使发动机出现不能启动、动力不足、发动机工作异常、燃料消耗增加和行驶过程中熄火等现象。

1)发动机不能启动的故障诊断

发动机因点火系统故障不能启动时,首先要确定故障是在低压电路还是高压电路,或是高低压电路综合故障,然后再找出故障的确切部位,予以排除。

(1)低压电路的故障诊断。低压电路出现故障会导致初级绕组电流断路或减弱,造成发动机不易启动。诊断方法是利用电流表动态值判定故障所在的部位。具体操作方法为:接通点火开关,启动发动机或摇转曲轴,观察电流表指针变化。若电流表指示放电3~5A并间歇摆回"0"位,表明低压电路工作正常。若电流表出现以下三种状态:指针停在"0"位不动、指针在3~5A不动、指针在10A以上,都可认为电流表动态异常,说明低压电路有故障。

(2)高压电路故障诊断。将某一缸高压线在离火花塞上端3~5mm处试火,若无火或火花强且在启动期间有异常,如排气管放炮、化油器圈火和曲轴反转等,即为高压电路故障。

(3)高低压电路综合故障诊断。电流表动态正常,高压线火花甚弱,此时可拔去中央高压线(用启动机带动曲轴或手摇柄转动曲轴)试火,若火花强表明故障在高压电路,若火花弱表明故障在低压电路。

2)点火正时的检查与调整

检查点火正时是否准确,这关系发动机的动力性和经济性好坏。要使发动机获得最有利的点火提前角,必须经常检查断电器的点火装置,使之保持良好的技术状况,能随发动机工况(转速与负荷)的变化而做出相应变化。维修时必须正确校准点火正时。

(1)点火正时的检查方法一般有两种:动态正时法和静态正时法。

①动态正时法,即根据发动机运转声响的变化来检查点火正时。

原地启动发动机,将发动机转速稳定在600~800r/min。拧松分电器壳固定螺钉,用手轻轻按顺时针或逆时针方向旋动分电器壳体,倾听发动机转速和声响的变化。如果发动机转速突然增高或降低,应立即将分电器壳体慢慢地反向回转,直至发动机声音正常、运转稳定,拧紧分电器壳体紧固螺钉。

汽车在行驶中突然加速,试听发动机声响。当汽车在平路上用直接挡以30~80km/h的车速行驶时,突然踩下加速踏板,如点火正时准确,在突然加速时,可听到轻微的金属敲击声(爆震声),瞬时声响消失;如点火时间过早,则在突然加速时爆震声很大,且不消失;如听不到爆震声,急加速时,转速不能立即增高,则表明点火时间过迟。

②静态正时法,即发动机在不运转时进行点火正时的检查。

将发动机摇至第一缸压缩行程终了后,观察飞轮上的记号与飞轮壳正时记号是否对正;

同时观察断电器触点是否正好被顶开,分火头是否正对第一缸的高压线接头,若不符合,应予以调整。

(2)校准点火正时的操作步骤。

①先检查断电器触点间隙是否达到标准范围。触点间隙的大小,不但影响火花的强弱,而且影响触点闭合的早晚,也影响点火时间。若在调整点火正时后,再去调整触点间隙,即使是微小的变化,都会破坏已调整好的电器触点间隙,断电器触点的正常间隙为0.35～0.45mm。

②用手柄摇转发动机,使第一缸活塞处于压缩行程上止点的位置。具体方法是先拆下第一缸的火花塞,用手指堵住汽缸盖上的火花塞孔,摇转曲轴,当感到有较大气压时,查看正时标记或指针是否与规定的符号对准。

③有辛烷值选择器的,应将辛烷值调整在"0"刻度位置上。

④拧松断电器壳体上固定螺钉,并拔下分电器盖上的中央高压线,使其端头距缸体3～4mm。接通点火开关,然后将分电器外壳沿轴的正常方向旋转,使触点闭合。再反向转动外壳,到总高压线端头和缸体之间跳火为止,此时触点刚刚处于分开位置。

⑤旋转分电器壳体上的紧固螺钉,装回火花塞,查看分火头所处的位置。将第一缸高压线插入正对分火点旁电极的插孔内,然后按断电器轴的旋转方向和点火顺序,依次插好各缸的高压线。一般六缸发动机的点火顺序为1-5-3-6-2-4。四缸发动机的点火顺序为1-2-4-3或1-3-4-2。有的车型点火顺序与上述不同,以制造厂的说明书为准。

⑥发动机检查。启动发动机至正常冷却液温度,突然加速,若此时发动机不发出短促而轻微的爆震声,则表明点火时间过迟,若爆震声严重,则表明点火时间过早。此时,可稍微转动分电器外壳并予以调整,直到合适为止。

⑦汽车发动机的点火时间,必须按照具体的情况调整。当发动机的技术状况和汽车运行条件有变化时,应根据情况适当调整。

使用辛烷值较高的汽油时(即优质汽油),应将点火时间略微提前;反之,则应推迟,以防爆震。

天气寒冷时点火时间应稍微提前,天气炎热时适当推迟。

发动机汽缸压力降低后(如行驶已久未进行大修的发动机)点火时间应稍提前。

发动机的压缩比提高后,应将点火时间适当推迟。

二、典型点火系统故障诊断

1.桑塔纳轿车JV型点火系统的故障诊断

1)模拟霍尔信号发生器动作检查高压电路

关掉点火开关,打开分电器盖,转动曲轴,使分电器触发叶片不在霍尔集成块与永久磁铁之间的间隙中。拔出分电器盖上的中央高压线,使其端部距离汽缸体5～7mm,将点火开关开到点火位置,用小螺丝刀在霍尔信号发生器的中间轻轻地插入和拔出,模拟触发叶轮叶片在间隙中的动作。

若此时高压线端部有高压火花产生,则表明霍尔信号发生器或点火控制器、点火线圈及连接导线性能良好,而故障在高压电路。若无高压火花,则表明霍尔信号发生器或点火控制器以及低压电路连接导线有故障,应分别诊断低压电路和高压电路。

无高压火花的原因是由分电器霍尔信号发生器损坏、点火开关及点火控制器损坏以及点火线圈一次线圈断路等引起的。

2)低压电路的检查

(1)首先检查点火系统各导线连接是否良好。若出现松脱、插接件锈蚀等问题时,应及时修理。

(2)检查点火线圈电阻值。断开点火开关,拆下点火线圈上所有导线,用万用表测量点火线圈一次、二次绕组的电阻值。其一次绕组为 0.52 ~ 0.76kΩ,二次绕组为 2.40 ~ 3.50kΩ。若测得的电阻值与正常值不符,则应更换点火线圈。

(3)检查点火控制器和霍尔信号发生器。断开点火开关,拔下配电器盖上的中央高压线,并使其端部距离汽缸体5~7mm,拔下配电器信号发生器线束插头。用一根检查导线,一端接在信号线接头,另一端搭铁。接通点火开关,观察导线搭铁时,中央高压线端部是否跳火。若不跳火,则表明点火控制器或与其连接的导线有故障;若跳火,则表明点火控制器良好,故障在霍尔信号发生器。

(4)确诊霍尔信号发生器。拔出配电器上的中央高压线,并使其搭铁,拔下点火控制器连线插头上的橡胶套管,用万用表测量点火控制器"6"和"3"号接柱之间的电压,如图8-3所示。接通点火开关,缓慢转动发动机曲轴,使霍尔信号发生器的触发叶轮的位置发生变化。这时,电压表指示数值应在0~7V之间变化。曲轴转两圈,电压变化4次,且峰值电压应不低于3V。若低于3V,则为霍尔信号发生器发生故障,应更换霍尔信号发生器。

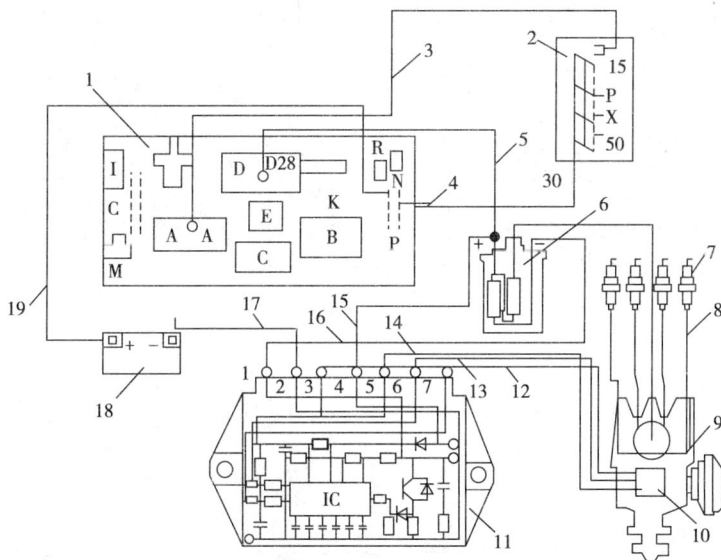

图 8-3　桑塔纳轿车分电器点火系统电路示意图

1-中央电路板;2-点火开关;3-黑色导线(由中央电路板 A8 接点至点火开关);4-红色导线;5-黑色导线(由中央电路板×28 至点火线圈"+"接线柱);6-点火线圈;7-火花塞;8-高压线;9-分电器;10-霍尔信号传感器;11-电子点火传感器;12-棕/白色导线;13-绿/白色导线;14-红/黑色导线;15-黑色导线;16-绿色导线;17-棕色导线;18-蓄电池;19-红色导线

2. 别克轿车点火系统的故障诊断

该车点火系统采用了无触点式分电器(直接)电子点火系统,由点火控制模块(ICM)控制整个点火过程,ICM 相对独立于动力控制模块(PCM),它可向 PCM 提供燃油信号和点火信号。

如图 8-4 所示为轿车点火电路,点火系统由 3 个点火线圈、铂火花塞、点火控制模块(在点火线圈组件下)、曲轴位置传感器、高压线等组成。为了更精确地控制点火正时,PCM 通过发动机的 2 个曲轴位置传感器和 1 个凸轮轴位置传感器监控并测量发动机转速,然后计算出曲轴所转过的准确角度,在适当的时候经点火控制模块去触发点火线圈,产生点火高压;爆震传感器监测发动机的爆震情况,并及时向 PCM 发出爆震信号,以便延迟点火正时。每个点火线圈同时为 2 个汽缸(即 1 − 4、2 − 5、3 − 6 缸)提供高压电火花。

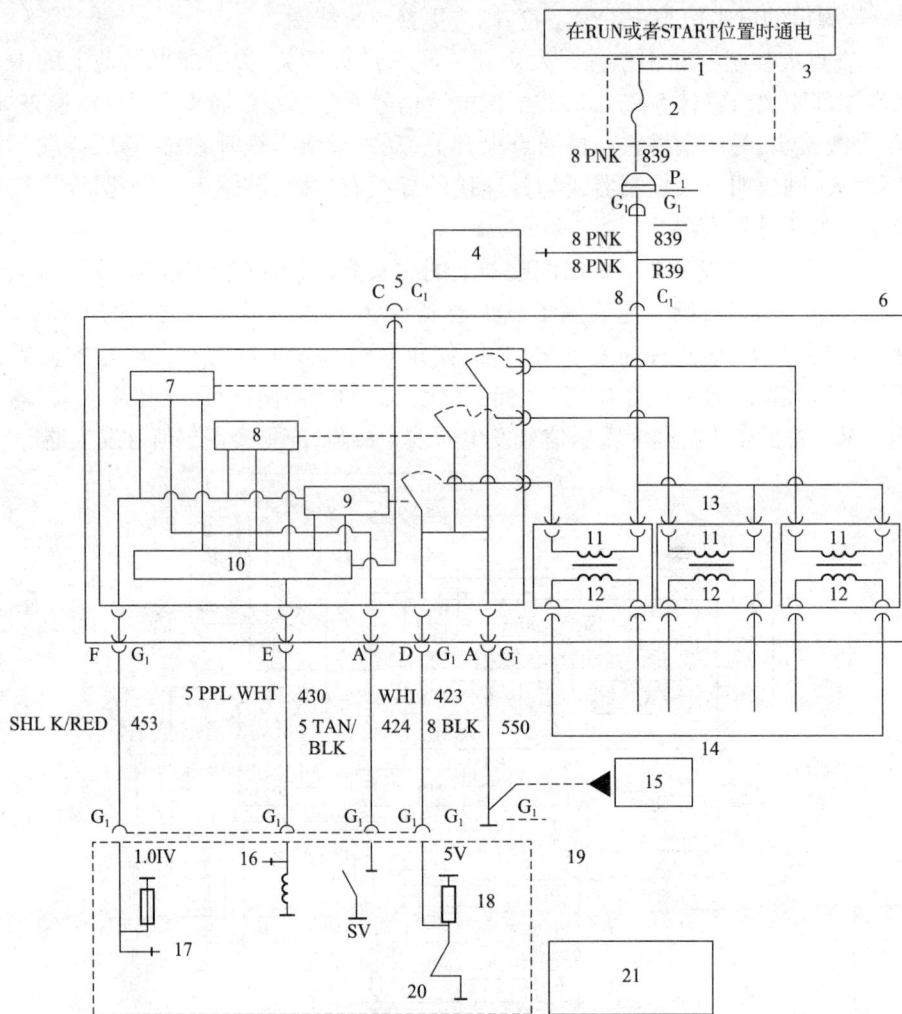

图 8-4　别克轿车点火电路

1-电源;2-熔断器(20A);3、4-熔断器盒;5-未用;6-电子点火系统;7-开关 A;8-开关 B;9-开关 C;10-电子点火器(ECU);11-一次侧绕组;12-二次侧绕组;13-点火线圈组件;14-至火花塞;15-搭铁分布;16-点火参考电压脉冲输入(高);17-点火参考电压脉冲输入(低);18-点火控制信号输出;19-动力控制模块(PCM);20-点火控制旁路;21-接头识别

1)低压电路故障诊断

(1)检查转速参考电路。关闭点火开关,装好诊断仪,拔下点火控制模块,将试灯与蓄电

池电源连接,接通点火开关,短暂触及点火控制模块线束插接器上的转速参考线插脚端子,这时观察诊断仪。当发动机启动时,若能显示转速,则表明点火控制模块失效或点火模块的连接线束松脱。若无转速显示,则可能是转速参考电路断路或动力系统控制模块(PCM)失效,应予以检修排除。

(2)检查点火控制模块。切断点火开关,拔下两线点火控制模块插头,将测试灯连接在点火模块线束插头的两个插脚上,若测试灯亮,则检查曲轴位置传感器。若测试灯不亮,则可将测试灯一端搭铁,另一端接点火模块插脚"B",这时,若测试灯仍不亮,则表明点火模块电源供应电路有故障,应检修排除。若测试灯点亮,则表明点火模块插脚"A"与发动机搭铁之间的线路有断路,应检修或更换。

(3)检查曲轴位置传感器。拔下点火模块上的曲轴位置传感器两线插头,用欧姆表 $R \times 1k\Omega$ 挡,测量曲轴位置传感器两插脚之间的电阻值,若电阻值在 $900\Omega \sim 1.2k\Omega$ 范围内,则表明曲轴位置传感器良好;若低于 900Ω 时,则表明曲轴位置传感器导线短路或曲轴位置传感器有故障,应检修或更换;若电阻值大于 $1.2k\Omega$ 时,则是曲轴位置传感器连接线路断路或传感器失效,应检修或更换传感器。

(4)检查点火线圈初级绕组电阻。将点火开关置于"OFF"位置,用万用表 $R \times 1k\Omega$ 挡测量点火线圈初级绕组的电阻值,其电阻值应为 $0.5 \sim 0.8\Omega$。若此值不符合规定,则应更换点火线圈。

(5)检查动力系统控制模块(PCM)状况。关闭点火开关,拔下点火模块插头,装好诊断仪,接通点火开关,将与蓄电池电源连接的测试灯触及点火模块线束的转速参考插脚时,观察诊断仪。当启动发动机时,若诊断仪上能显示转速,则可能是动力系统控制模块(PCM)失效,应更换 PCM。

2)高压电路故障诊断

(1)检查点火线圈初级绕组的电阻值。拆下点火线圈,用万用表 $R \times 1k\Omega$ 挡测量点火线圈次级绕组的电阻值,其值应为 $10k\Omega$,若电阻值不符合要求,则应更换点火线圈。注意,必须使用高阻抗万用表(万用表内阻不小于 $10k\Omega/V$),否则,容易损坏点火控制器。

(2)检查高压线的电阻值。用万用表测量点火线圈的两根高压线的电阻值,其电阻值均应小于 $10k\Omega$。若电阻值不符合规定要求,则应更换高压线。

(3)检查火花塞是否损坏。将被测缸的高压线接在火花测试仪上,并在启动发动机时观察测试仪的气隙是否跳火,若跳火,则说明火花塞损坏或机械部分有故障,应检修或更换火花塞。若不跳火,则应关闭点火开关,拔下不跳火点火线圈的另一根火花塞高压线,并在火花塞处搭铁,然后启动发动机,观察测试仪气隙处是否跳火,若跳火,则应更换被高压线搭铁的那只火花塞。

3)检查点火正时

点火正时的控制是根据发动机转速、点火参考信号、冷却液温度、进气温度、节气门开度、爆震状况、车速、进气流量和压力、变速器挡位等信号来确定的。若点火正时不符合要求,则应按规定的程序调整。

三、点火装置常见故障原因与排除

点火装置常见故障原因与排除见表8-1。

点火装置常见故障原因与排除　　　　　　　　　　　　　　　　表 8-1

故障现象	故障原因	排除方法
火花塞跳火过弱	(1)接线头接触不良； (2)火花塞积炭严重或拧紧力矩过大引起裂纹； (3)火花塞绝缘体破损而漏电； (4)分电器盖烧蚀或有裂纹； (5)高压线绝缘皮被击穿漏电； (6)防干扰电容器损坏	(1)检查接线头,确保接触良好； (2)清除积炭或更换火花塞； (3)更换火花塞； (4)修磨或更换分电器盖； (5)更换高压线； (6)更换防干扰电容
火花塞不跳火	(1)线路断路或接头松脱； (2)高压线未插到位； (3)点火模块损坏； (4)火花塞损坏	(1)检修线路及接头 (2)将高压线插好； (3)更换点火模块； (4)更换火花塞
离心提前装置工作不良	(1)拉紧弹簧拉力过大或过小； (2)弹簧折断	(1)调整弹簧张力； (2)更换弹簧
真空点火提前装置工作不良	(1)与化油器连接管破损； (2)真空模盒工作异常或损坏	(1)更换连接管； (2)更换真空模盒

第二节　汽车启动系统故障诊断

启动系统包括蓄电池、启动机、继电器、连接导线等。其故障有电气方面的,也有机械方面的。现以 EQ1090F 所用启动机为例,分析故障现象及其原因。如图 8-5 和图 8-6 所示。

一、启动机不转动

1. 原因

(1)蓄电池存电不足,电线接头松动或极柱太脏。

(2)启动机电磁开关触点烧蚀或调整不当而未闭合。

(3)磁场绕组或电枢绕组断路、短路或搭铁。

(4)绝缘电刷搭铁,或电刷在电刷架内卡死,弹簧折断。

(5)电磁开关中的吸引线圈断路、短路。

(6)启动继电器的触点不能闭合,或触点烧蚀、油污,保护继电器的触点烧蚀、油污。

2. 故障诊断方法

(1)首先检查蓄电池充电情况和导线连接情况。若蓄电池存电充足、接线良好,则故障出在启动机、电磁开关或复合继电器。

(2)用螺丝刀连接启动机两接线柱 1 和 2,启动机不转动,则故障在启动机内部,用螺丝刀短接时无火花,表明启动机内部有断路。若有强烈火花,但启动机不转,则表明启动机内部短路或搭铁。应拆下启动机进一步检修。

(3)检查启动机电磁开关。用螺丝刀短接启动机火线接线柱 1 与电磁开关接线柱 3,若启动机不转,说明电磁开关有故障,应拆开检修。

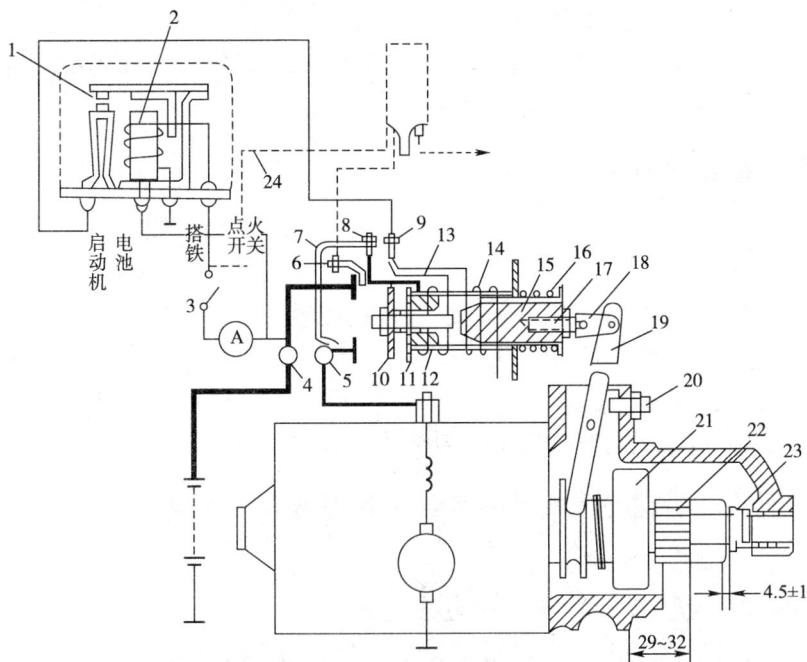

图 8-5　QD124 型启动机的电路

1-启动继电器触点;2-启动继电器线圈;3-点火开关;4、5-启动机开关接线柱;6-点火线圈附加电阻短路接线柱;7-导电片;
8-接线柱;9-启动机接线柱;10-接触盘;11-推杆;12-固定铁芯;13-吸引线圈;14-保持线圈;15-活动铁芯;16-复位弹簧;
17-调节螺钉;18-连接片;19-拨叉;20-定位螺钉;21-滚柱式单向离合器;22-驱动齿轮;23-限位螺母;24-附加电阻线(白线
1.7Ω)

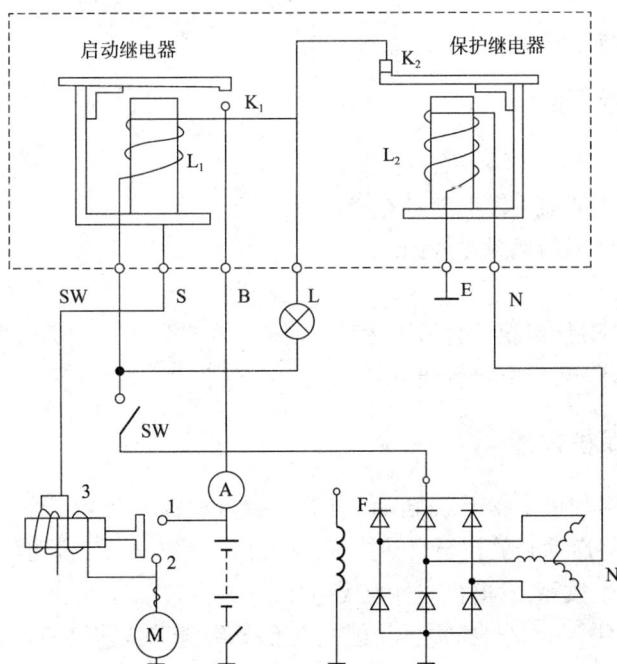

图 8-6　JD136 型启动复合继电器

若启动机转动,说明电磁开关正常,再检查复合继电器。

(4)检查启动继电器。用螺丝刀短接接线柱 S 与 B,启动机转动,说明启动继电器有故障,可用砂纸打磨其动合触点 K,或拆下检修。

二、启动机运转无力

若蓄电池存电良好,线路也正常,而启动机运转无力,则原因可能是:

(1)换向器过脏。

(2)电刷磨损过多或电刷弹簧压力不足,使电刷接触不良。

(3)磁场绕组或电枢绕组局部短路。

(4)启动机开关触点烧蚀。

(5)发动机装配过紧或温度过低,使转动阻力过大。

三、启动机驱动齿轮与飞轮不能啮合且有撞击声

原因:

(1)启动机驱动齿轮或飞轮齿环磨损过甚或损坏。

(2)开关闭合过早,启动机驱动齿轮尚未啮入,启动机就已旋转。

四、启动机驱动齿轮与飞轮周期性撞击

原因:电磁开关中的保持线圈断路、短路或搭铁不良。

五、启动机空转

原因:单向离合器打滑。

六、单向离合器不回位

原因:

(1)复合继电器中的启动继电器触点烧蚀。

(2)电磁开关中触点与接触盘烧蚀。

(3)复位弹簧失效。

(4)蓄电池容量不足,齿轮啮合后不运转。

(5)启动机安装不牢,发电机轴线倾斜。

七、失去自动保护性能

发电机启动后,驾驶员不松开钥匙,启动机不能自动停止运转,充电指示灯也不熄灭。发动机运转过程中,将启动开关扭至启动挡位,则发出齿轮撞击声,说明已无保护功能。

(1)充电系统发生故障,发电机中性点无电压。

(2)发电机接线柱 N 至复合继电器接线柱 N 的导线断路或连接不良。

(3)复合继电器中保护继电器的触点烧蚀,或磁化线圈断路、短路、搭铁。

(4)复合继电器搭铁不良。

第三节　汽车照明与信号装置的维修

一、照明系统故障诊断

1. 用试灯检查照明电路的方法

1）照明电路断线的检查

检修灯光电路时最好自制一个"试灯"，根据实际需要，用一只12V（或24V）2.5W的车用灯泡，一端引线焊一只铁夹，另一端引线焊一颗硬触针。检查时，试灯的一端夹在车架上（搭铁），接通照明灯开关，试灯另一端依次与蓄电极正极到待检修照明灯之间各连接点接触。如果试灯亮，再与下一个连接点接触直至发现试灯不亮为止，则断路处即在最后试灯亮的点与试灯不亮的点之间。

2）照明电路搭铁的检查

当接通照明灯开关时，熔断器立即烧断，说明灯系线路有短路故障，其短路搭铁部位在灯开关与灯泡之间。

灯光电路短路搭铁故障仍然可用"试灯法"检查。首先断开灯的搭铁线及灯开关连接处导线，然后将试灯一端与蓄电池正极连接，另一端与待检修灯的线头相连接。如试灯亮，说明有搭铁部位存在，此时可逐个拆开从灯开关到灯之间导线上的各个接点，如果试灯熄灭，则搭铁故障发生在灯灭时拆开点与上一个拆开点之间。

2. 前照灯常见故障诊断

前照灯常见故障诊断见表8-2。

前照灯常见故障及排除方法表　　　　表8-2

故障现象	故障原因	排除方法
两侧前照灯都不亮	灯泡开关前电源线路断路或搭铁；主线路熔断器熔断或总开关熔断器触点接触不良	检查灯丝、熔断器、电路配线；修磨触点或者总开关总成
普通前照灯远近光不全	变光开关损坏；导线断路；灯泡中某组灯丝烧断	按"变光开关—熔断器"灯丝线路及灯丝"的检修程序检查
左右前照灯亮度不同	双丝灯泡搭铁不良；灯泡插头松动或锈蚀；反射镜积有灰尘或被氧化；两侧灯泡的功率不同	先检查左右两侧灯泡的功率；用电源短接法判断故障部位；用压缩空气消除灰尘或更换反射镜
电子控制前照灯远近光不全	电子自动变光器损坏或工作不良；远光灯导线或近光灯导线有一根断路；双丝灯泡远光灯丝或近光灯丝有一根烧断	用螺丝刀或导线将自动变光器上的电源接柱与不亮灯的导线接柱短接，判断故障在自动变光器之后或之前，再进行检修
电子控制前照灯远近光全不亮	电子自动变光器损坏或工作不良；前照灯熔断器烧断；远光灯和近光灯连接导线全部断路或接触不良；前照灯搭铁不良	检查前照灯熔断器是否熔断；检查灯泡；检查自动变光器是否损坏

二、信号系统常见故障诊断

1. 信号灯常见故障原因及排除方法（表8-3）

信号灯常见故障原因及排除方法表　　　　　　表8-3

故障现象	故障原因	排除方法
两侧转向灯同时亮	转向灯开关失效	检查转向灯开关
两侧转向灯频率不同	两侧灯泡功率不同；有灯泡坏	检查灯泡
转向灯常亮不闪烁	闪光器损坏；接线错误	检查闪光器及接线
转向灯闪烁频率过高或过低	低频功率不当；闪光器故障；电源电压不正常	检查灯泡；检查闪光器；调整电压调节器
转向灯不工作	熔断器烧断；线路断路或短路；闪光继电器损坏；转向开关损坏	分别检查熔断器、线路、闪光继电器和转向开关
倒车灯不工作	灯泡损坏；倒车灯开关损坏；线路断路	分别检查灯泡、倒车灯开关和线路
尾灯和牌照灯不亮	熔断器断；灯光控制开关故障；配线或搭铁故障	更换熔断器；检查灯光开关，必要时更换；检修线路
停车灯不亮	熔断器烧断；停车灯开关故障；配线或搭铁故障	更换熔断器；调整或更换开关；检修线路
仪表灯不亮	灯光控制变阻器故障；配线或搭铁故障	检查变阻器，必要时更换；检修线路
危险报警灯不正常	熔断器烧断；闪光器损坏；开关故障	更换熔断器；检修或更换闪光器；检修开关

2. 电喇叭常见故障原因及排除方法（表8-4）

电喇叭常见故障原因及排除方法表　　　　　　表8-4

故障现象	故障原因	排除方法
喇叭不响	喇叭电源线断路	找出断路处接好
	过载或电路短路	找出短路处，更换熔断器
	喇叭线圈烧坏或脱焊	更换或重新焊接
	喇叭触点烧蚀或不能闭合	打磨触点，重新调整触点
	喇叭导线端头与转向器之间的接线脱开	插紧或重接
	导线在转向器轴管里扭断	更换或重接
	喇叭按钮上的连线脱焊或接触不良	重焊
	按钮搭铁或接触不良	检修
	继电器线圈断路，触点间隙过大，触点不能闭合	检修调整
声音不佳	蓄电池亏电	充电
	喇叭触点烧蚀，接触不良	清洁并打磨触点
	喇叭膜片破损	更换
	膜片复位弹簧钢片折断	更换

续上表

故障现象	故障原因	排除方法
按下喇叭按钮, 只发出"哒"的一声	调整不当,喇叭触点不能张开	重新调整触点
	喇叭触点间短路	拆下触点固定螺钉,更换绝缘垫
	电容器或灭弧电阻短路	更换或检修
触点容易烧蚀	调整不当或工作电流过大	重新调整
	喇叭线圈有匝间短路,触点电流过大	检修
	电容器或灭弧电阻损坏	换用新件
喇叭常鸣不停	喇叭按钮线短路	检修
	喇叭继电器触点烧结一起	检修或更换

3.集成电路闪光器的检修

采用集成电路闪光器的转向灯电路形式较多,如图8-7所示是一种典型的应用电路,下面以该电路为例,介绍集成电路闪光器故障的检修思路与方法。

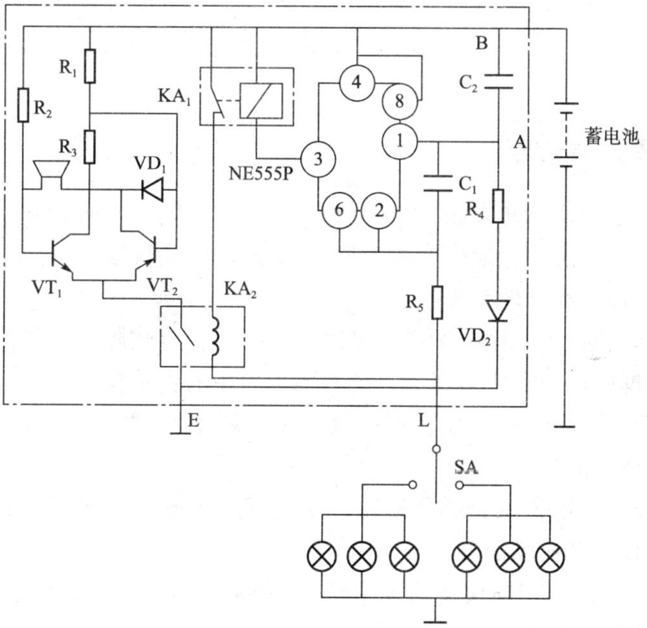

图8-7 555集成电路闪光器转向灯电路

1)转向灯不亮

接通转向灯开关,听不到继电器触点动作声,转向灯不亮。导致此故障的原因主要有以下几方面:继电器熔断,电源线路断路或接触不良;继电器触点接触不良,继电器线圈断路或短路;NE555P集成电路组成的定时器电路损坏。

检查闪光器电源接柱 B 是否有电。若没有电,说明闪光器到电源之间有断路之处;若有电,进行下一步检查。

检查闪光继电器 L 接柱是否有电。若没有电,说明继电器 KA_1 触点接触不良或继电器 KA_2 断路;若有电,进行下一步检查。

检查转向灯开关火线接柱是否有电。若没有电,说明闪光继电器 L 接柱与转向灯开关间的导线有断路之处;若有电,应进一步检查转向灯开关、转向灯灯泡及其连接线路。

2)转向灯亮而不闪

接通转向灯开关,转向灯点亮,但不闪烁。导致此类故障的原因主要有:继电器 KA₁ 触点烧结或线圈断路,使触点不能打开;闪光器搭铁线断路或接触不良,使继电器 KA₁ 触点不能打开;电容器 C₁ 击穿损坏。

更换闪光器搭铁线,接通转向灯开关,若转向灯工作正常,说明闪光器搭铁线有故障;若转向灯亮而不闪,进行下一步检查。

检查继电器 KA₁ 触点是否烧结,线圈是否断路。若继电器 KA₁ 触点烧结或线圈断路,应修理或更换;若继电器 KA₁ 正常,进行下一步检查。

在 NE555P 定时器②、⑥脚与地间加接上 8.6～9V 的电压。若转向灯可熄灭,说明电容器 C 击穿损坏,应予更换;若转向灯仍然亮而不闪,说明 NE555P 定时器集成电路本身损坏,换新的集成电路。

第四节　汽车电子控制装置故障检测

一、安全气囊故障诊断

安全气囊系统故障的诊断方法,因车型和生产年代不同而不一样。早期生产的车型,多采用指示灯和参数测量法。近期生产的车型,大都采用扫描仪法。

1.利用扫描仪诊断故障的步骤

利用扫描仪诊断时,应先用维护提示灯确认系统是否有故障。如果有故障,再用扫描仪读取故障码,并根据所修轿车安全气囊系统故障码表中的提示检修。

(1)断开(OFF)火开关,按规定将扫描仪连接在轿车上,再接通(ON)点火开关,查看扫描仪显示情况,并读取故障码。

(2)断开(OFF)点火开关,查阅所修轿车安全气囊系统故障码表,根据故障码表提示的故障部位和原因,检查并排除故障。

(3)接通点火开关,用扫描仪清除故障码;最后断开(OFF)点火开关,取下扫描仪。

2.对系统进行解除处理

为避免发生气囊误爆事故,检修前一定要对系统进行解除处理。其具体方法如下:

拆下蓄电池负极搭铁线,卸下气囊组件与转向盘的紧固螺母;拔下驾驶员侧气囊组件插接器;用跨接线短接时钟弹簧连接气囊组件的连线端,使安全气囊系统仍保留自诊断功能;打开杂物箱,拔下乘客席侧气囊组件插接器,用跨接线短接线束侧气囊接线端;接上蓄电池负极搭铁线。

3.检修后的复原方法

拆下蓄电池负极搭铁线,取下时钟弹簧上的跨接线,装回驾驶员侧气囊组件插接器;按规定将驾驶员侧气囊装到转向盘上,调准位置并固定;取下插接器上的跨接线,装上乘客席侧气囊组件插接器,关上杂物箱;接上蓄电池负极搭铁线,检查维护提示灯是否显示系统正常。

例如:雷克萨斯 LS400 UCF20 型轿车采用了带机械式安全带预紧装置的 SRS 系统,该系统的控制电路图如图 8-8 所示,故障码见表 8-5。由于篇幅限制,其诊断与检查过程不再详细介绍,读者可查阅该车维修手册进行检修。

雷克萨斯 LS400 UCF20 气囊安全故障码 表 8-5

故 障 码	故 障 内 容	故 障 码	故 障 内 容
53	副驾驶员侧引爆管电路短路	64	左侧安全带引爆管电路断路
54	副驾驶员侧引爆管电路断路	73	右侧安全带引爆管电路短路
63	左侧安全带引爆管电路短路	74	右侧安全带引爆管电路断路

二、中控门锁故障诊断

下面以丰田大霸王轿车的电子门锁为例,介绍中控门锁常见故障的诊断方法。

1. 前车门钥匙控制开关的检测方法

如图 8-9 所示,断开点火开关,拔开前车门钥匙控制开关线束插接器,将前门钥匙控制开关置于"打开"位置(门锁扳手在开门侧),用万用表电阻挡检查开关②、③两端(图 8-9b)间应导通(电阻为 0Ω)。将前门钥匙控制开关置于"锁止"位置(门锁扳手在锁门侧),用万用表电阻挡检查开关①、②两端子间应导通。如果检查结果与上述规律不符,说明前车门钥匙开关有故障,应进行检修或更换。

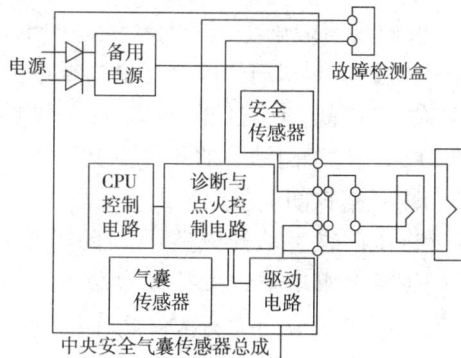

图 8-8 雷克萨斯 LS400 UCF20 的 SRS 系统控制电路图

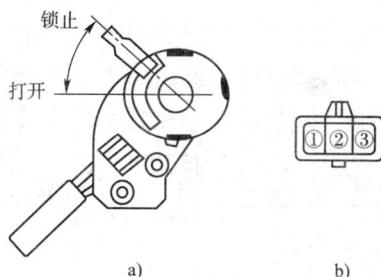

图 8-9 前车门钥匙控制开关示意图

2. 车门锁电动机检查方法

1)车门锁电动机工况的检查

按如图 8-10a)所示,用导线将蓄电池正极在线束侧一与车门锁电动机插接器端②相接,蓄电池负极与车门锁电动机连接端④相连,车门锁连杆应移至"打开"位置。如图 8-10b)所示,用导线将蓄电池正极在线束侧与车门锁电动机连接端④相接,负极与车门锁电动机插接器端子②相连,车门锁连杆移至"锁止"的位置。

如果检查结果与上述规律不符,说明车门锁电动机有故障,应检修或更换。

2)PTC 热敏电阻工况的检查

按如图 8-11 所示,用导线将蓄电池正极与车门锁发动机插接器端②相连,并使电流表正极与车门锁电动机插接器端子①相连,负极与蓄电池负极相接。在20~70s,电流表读数应从3.2A变化至小于0.5A。然后取下连接导线和电流表,约60s后,再用导线在线束侧将蓄电池正极与车门锁电动机插接器端子④相接,负极与车门锁电动机插接器端子②相连,车门锁应移至"锁止"位置。

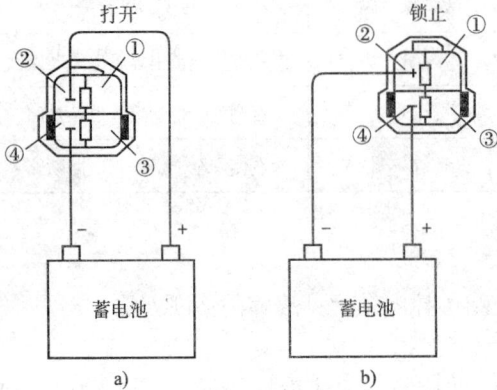

图8-10 车门锁电动机工况检查

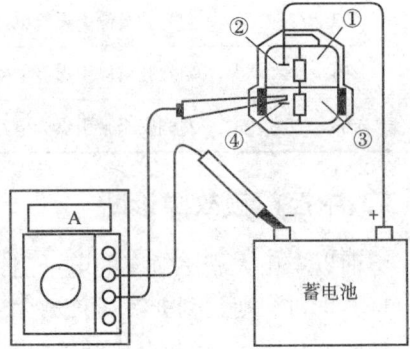

图8-11 PTC电阻工况检查

如果检查结果与上述规律不符,说明PTC热敏电阻工作不良,应更换车门锁部件。

3. 车门锁控制继电器检测方法

断开点火开关和车门锁控制继电器线束插接线,如图8-12所示接通点火开关,用万用表电压挡检测(以下方法相同)车门锁控制继电器线束插接器端子①与车身搭铁间的电压,该电压应为蓄电池电压。断开点火开关。用万用表电阻挡检测车门锁控制继电器线束插接器端子⑦与车身搭铁间应导通。将车门锁手动开关置于"中间"或"打开"位置,车门锁控制继电器线束插接器端子⑨与车身搭铁间的电阻应为导通。将车门锁手动开关置于"中间"或"锁止"位置,车门锁控制继电器线束插接器端子④与车身搭铁间电阻应为无穷大。

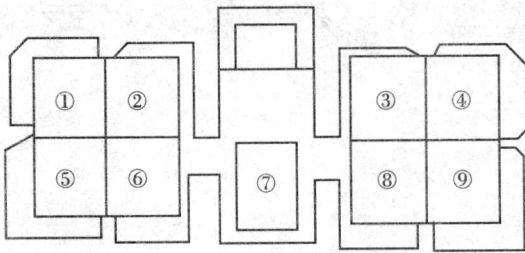

图8-12 控制继电器插接器示意图

将车门锁手动开关置于"打开"位置,车门锁控制继电器线束插接器端子④与车身搭铁间电阻应为无穷大。将车门钥匙控制开关置于"中间"或"打开"位置(车门钥匙未插入或转至"打开"位置),车门锁控制继电器线束插接器端子⑨与车身搭铁间的电阻应为无穷大。将车门钥匙控制开关置于"锁止"位置(车门钥匙转至"锁止"位置),车门锁控制继电器线束插接器端子与车身搭铁间的电阻应近于0Ω。将车门钥匙控制开关置于"中间"或"锁止"位置(车门钥匙未插入或转至"锁止"位置),车门控制继电器线束插接器端子④与车身搭铁间的电阻应为无穷大。将车门钥匙控制开关置于"打开"位置(车门钥匙转至"打开"位置),车门锁控制继电器插接器端子④与车身搭铁间电阻应近于0Ω。如果检查结果与上述规律不符,说明车门锁继电器控制电路有故障,应修理或更换。

三、防盗报警装置故障诊断

1.常见防盗系统故障诊断

1)防盗系统的编程

防盗系统编程主要包括附加钥匙的编程、发射器编程和发动机防盗锁止装置编程。对防盗系统进行编程有两种方法：一种是使用Scan100诊断仪；另一种是使用Tech2诊断仪。

2)安全防盗系统无法正常解除或启用的故障诊断

(1)检查是否能执行"防盗系统诊断系统检查"，如果不能执行，则检查诊断系统的电路；如果能执行，则进行下一步。

(2)打开驾驶侧和乘客侧车窗，从点火开关中拔出钥匙，关闭所有车门、行李舱盖和发动机罩，用发射器锁上各车门。检查安全防盗系统是否启用（当启用了安全防盗系统时，车辆将通过鸣响报警器并闪烁一次转向信号灯）。如果不能启用，则检查防盗警报器是否接触不良；如果能启用，则进行下一步。

(3)在防盗系统仍然启用时用钥匙打开车门锁，检查安全防盗系统是否被解除（当安全防盗系统被解除时，车辆将闪烁两次转向信号灯）。

(4)测试防盗报警器是否接触不良。

(5)将顶灯切换至中间位置（DOOR），用发射器打开所有车门锁，观察门控灯，打开并关闭每个车门。操作所有车门时，观察门控灯是否亮。如果亮，则进行步骤(9)，如果不亮，则进行下一步。

(6)断开发动机罩开关，尝试启用安全防盗系统。如果安全防盗（CTD）系统能启用，则进行步骤(10)；如果不能启用，则进行下一步。

(7)测试发动机罩开关信号电路是否搭铁短路。如果存在搭铁短路，则应修理或更换；如果没有搭铁短路，则进行下一步。

(8)测试智能开关单元是否接触不良。如果存在接触不良，则应修理或更换；如果不存在接触不良现象，则进行步骤(12)。

(9)测试钥匙提示电路是否搭铁短路。如果存在搭铁短路，则应修理或更换；如果没有搭铁短路，则进行下一步。

(10)更换点火开关，然后进入步骤(13)。

(11)更换发动机罩开关，然后进入步骤(13)。

(12)更换智能开关单元(ISU)，然后进入步骤(13)。

(13)运行系统，检验修理效果。

3)安全防盗系统不能用钥匙锁芯解除的故障诊断

(1)检查是否能执行"防盗系统诊断系统检查"，如果不能执行，检查诊断系统的电路；如果能执行，则进行下一步。

(2)接通点火开关，但不启动发动机，安装故障诊断仪。选择"ISU Central Door hocking Data Display(ISU中央门锁数据显示)"。观察"Tamper Switch(防撬开关)"参数是否显示"INAC—TIVE(未启动)"。如果不显示，则进行步骤(6)；如果显示，则进行下一步。

(3)将不工作的钥匙锁芯开锁，观察"Tamper Switch(防撬开关)"参数是否显示"AC-

TIVE(启动)"。如果显示,则进行步骤(8);如果不显示,则进行下一步。

(4)断开不工作的防撬开关插接器,测试防撬开关搭铁电路是否开路。如果存在开路,则修理或更换后进入步骤(11);如果不存在开路,则进行下一步。

(5)测试门锁防撬开关信号电路是否开路。如果存在开路,则修理或更换后进入步骤(11);如果不存在开路,则进行步骤(7)。

(6)测试门锁防撬开关电路是否搭铁短路。如果存在短路,则修理或更换后进入步骤(11);如果不存在短路,则进行下一步。

(7)测试不工作的门锁防撬开关是否接触不良。如果存在接触不良,则修理或更换后进入步骤(11);如果不存在,则进行步骤(9)。

(8)测试智能开关单元是否接触不良。如果存在接触不良,则修理或更换后进入步骤(11);如果不存在,则进行步骤(10)。

(9)更换不工作的门锁防撬开关,然后进入步骤(11)。

(10)更换智能开关单元(ISU),然后进入步骤(11)。

(11)运行系统,检验修理效果。

4)防盗警报器不工作的故障诊断

(1)检查是否能执行"防盗系统诊断系统检查",如果不能执行,检查诊断系统的电路;如果能执行,则进行下一步。

(2)打开驾驶员侧和乘客侧车窗,从点火开关中拔出钥匙,关闭所有车门、行李舱盖和发动机罩。用发射器锁上各车门,检查转向信号灯是否闪亮,以确认安全防盗系统是否启用。

(3)断开防盗报警器,在报警器蓄电池电路和搭铁点之间连接一个测试灯,检查测试灯是否点亮。如果灯不亮,则进行步骤(5);如果灯亮,则进行下一步。

(4)在报警器电路之间连接一个测试灯,打开驾驶员侧和乘客侧车窗,从点火开关中拔出钥匙,关闭所有车门、行车舱盖和发动机罩。用发射器锁上各车门,打开发动机罩,检查测试灯是否点亮。如果灯不亮,进行步骤(6);如果灯亮,进行步骤(7)。

(5)测试防盗报警器的蓄电池供电电路是否开路或搭铁短路。如果存在短路,则修理后进入步骤(11)。

(6)测试防盗报警器的搭铁电路是否开路。如果存在开路,则排除故障后进入步骤(10);如果不存在开路,则进行步骤(8)。

(7)测试防盗报警器是否接触不良。如果存在接触不良,则排除故障后进入步骤(11);如果不存在,则进行步骤(9)。

(8)测试智能开关单元是否接触不良。如果存在接触不良,则排除故障后进入步骤(11);如果不存在,则进行步骤(10)。

(9)更换智能开关单元(ISU),然后进入步骤(11)。

(10)更换防盗报警器,然后进入步骤(11)。

(11)运行系统,检验修理效果。

2.防盗器常见故障与排除

防盗器常见故障与排除见表8-6。

防盗器常见故障与排除 表 8-6

故 障 现 象	故 障 原 因	排 除 方 法
遥控操作不起作用,按遥控器各功能按键时,遥控器的红色 LED 灯不亮	电池电量用尽;电池正、负极簧片生锈或接触不良;遥控器被雨淋或进水、油浸等	将电路板取出,用酒精清洗后,用家用电吹风吹干或待其自然干燥后,就可以使用
汽车防盗系统工作正常,启动机运转正常,但车辆不能启动	报警器或汽车本身电器故障	切断点火继电器的两条粗线,短接,若车辆能启动,说明防盗系统有故障,一般是继电器损坏。若车辆仍无法启动,则说明汽车本身有故障
遥控器某一功能键失效,按该键时 LED 指示灯不亮	本功能键损坏或按键引脚与电路板的焊点脱焊	拆开遥控器进行检修
未使用遥控器时,指示灯经常自己亮,或只要装上电池指示灯即常亮,而操作遥控器没有反应	遥控器的按键没有弹性;按键有短路性损坏	更换遥控器按键导电胶皮

四、电动车窗玻璃升降系统故障诊断

电动车窗玻璃升降系统常见故障与排除见表 8-7。

电动车窗升降系统常见故障与排除 表 8-7

故　障	可 能 原 因	排 除 方 法
升降器不工作,无电流	(1)开关损坏,断路; (2)20A 熔断器损坏,断路; (3)电路线束损坏,断路; (4)电动机与开关插接件接触不良,断路; (5)电动机线束损坏,断路; (6)电动机热保护器损坏,断路; (7)电动机电刷与电枢接触不良,断路	(1)更换开关; (2)更换熔断器; (3)维修断路线束; (4)维修插接件; (5)更换电动机线束; (6)更换电动机; (7)更换电动机
升降器有时工作,有时不工作	(1)升降器开关接触不良; (2)电动机与开关插接件接触不良; (3)电动机热保护器选型不当	(1)维修开关; (2)维修插接件; (3)更换热保护器型号
升降器不工作,成堵转状态,大电流	(1)有异物卡、堵玻璃或导轨; (2)玻璃密封条严重变形,卡、堵玻璃运行; (3)升降器行程与玻璃行程失配,卡、堵玻璃运行; (4)升降器控制开关短路; (5)导轨严重腐蚀,卡、堵玻璃运行; (6)升降器钢丝绳断股或断丝; (7)电动机热保护器损坏,短路; (8)电动机蜗轮、蜗杆失配,卡、堵电枢运转	(1)排除异物; (2)更换玻璃密封条; (3)更换玻璃升降器; (4)更换升降器开关; (5)更换玻璃升降器; (6)更换玻璃升降器; (7)更换电动机;

故　　障	可　能　原　因	排　除　方　法
升降器不工作,成堵转状态,大电流	(9)电动机电刷架熔化,卡、堵电枢运转; (10)电动机换向器腐蚀严重,卡、堵电枢运转; (11)电动机绕组与电枢铁芯片之间绝缘击穿; (12)电动机电枢铁芯片腐蚀严重,卡、堵电枢运转	(8)更换电动机; (9)更换电动机; (10)更换电动机; (11)更换电动机; (12)更换电动机
升降器工作时噪声严重	(1)玻璃密封条严重变形导致与玻璃干摩擦; (2)升降器与车门系统失配,导致共振; (3)升降器与玻璃失配,导致玻璃与升降器摩擦; (4)升降器钢丝绳断股或断丝; (5)升降器滚轮与滚轮拖架之间干摩擦; (6)电动机电枢与磁钢干摩擦; (7)电动机换向器与电刷失配,导致较大电磁噪声; (8)电动机蜗轮与蜗杆失配,导致啮合噪声; (9)电动机轴向间隙过大,换向器端子与电刷摩擦	(1)更换玻璃密封条; (2)更换升降器; (3)更换升降器; (4)更换升降器; (5)更换升降器; (6)更换电动机; (7)更换电动机; (8)更换电动机; (9)更换电动机
电动机转动,升降器却不工作并有噪声	(1)钢丝绳破断; (2)滑动支架内传动钢丝夹与钢丝绳失配; (3)滑动支架与玻璃托板失配; (4)电动机蜗轮蜗杆失配; (5)电动机输出花键与卷丝筒失配	(1)更换升降器; (2)更换升降器; (3)更换升降器; (4)更换电动机; (5)更换升降器
升降器工作时,冲击噪声严重	(1)升降器缓冲区损坏,导致缓冲失效; (2)升降器安装螺栓松动,产生冲击声; (3)电动机电枢轴向间隙过大,导致换向冲击	(1)更换升降器; (2)更换升降器; (3)更换电动机

五、电动后视镜故障诊断

电动后视镜常见故障有:左右后视镜均不工作;一个后视镜上下位置不工作;一个后视镜左右位置不工作;一个后视镜不工作等。

在检修任一故障之前,最好先对下述元件或部位进行一次检查,往往会收到"立竿见影"的效果,使故障迅速得以排除。

(1)检查门控灯工作是否正常,蓄电池电压是否正常,电量是否充足。

(2)检查电动后视镜系统10A熔断器是否熔断,电动后视镜系统搭铁是否良好。

(3)检查各线束插接器是否一可靠,接触是否良好。

一般说来,如果电动后视镜调节都不工作,往往是由于熔断器或电源线路、搭铁线路断路引起,也可能是控制开关有故障。可以先检查熔断器是否正常,然后检查控制开关线头有无脱落、松动,电源线路或搭铁线路是否正常,最后检修控制开关。如果电动后视镜部分功能不正常,通常是由于个别电动机及控制开关对应部位有故障、对应线路断路或接触不良。可以先检查线路连接情况,再检查开关和电动机。

六、电动可调座椅故障诊断

电动可调座椅操纵系统不工作或出现噪声时,可按照下述方法诊断:

(1)检查断路器。用测试灯检查断路器,即使没有接通点火开关,试灯在断路器两端测试时都应点亮。如电动座椅继电器有吸合声,说明断路器良好,故障可能出自继电器和电动机。

(2)检查控制开关。从座椅上卸下控制开关,检查控制开关是否有电压。

(3)检查搭铁线。检查变速器、离合器控制电磁阀与车身之间的搭铁线连接是否良好。

经检查并排除故障之后,再接通电源,若出现电动机运转而座椅不能移动,则故障多出在电动机和变速器之间的橡胶联轴器,应进一步检查联轴器是否损坏。如联轴器已严重磨损或损坏,应换用新件。如果接通电源,继电器有接合声而电动机不转,多是由于继电器与电动机之间的连接线路有故障,应进一步检查各连线是否有断路、短路成搭铁不良之处。

七、车载音响故障诊断

由于轿车影音设备使用环境的原因,在使用过程中比家庭影院更容易出现故障。车载影音设备一般都不带电路图,尤其是检修时比较复杂的拆装工序,确实是有一定技术难度的。其实,轿车影音设备与家庭影院设备电路的工作原理相同。有关家庭影院的维修书籍和资料很多,其中介绍的维修方法和维修经验完全可以运用于对轿车影音设备故障的维修过程中。因此,本书主要介绍轿车收放机、CD/VCD/DVD 和车用自动天线与车载电台的检修思路。

1.检修方案与常用检修方法

接修一台轿车音响,先不要急于拆、测、调、焊、修、换件,要掌握一定的故障规律,遵循一定的检修方法和步骤,否则会事倍功半,甚至修成无法修复的"死机"。

正确的检修思路是:了解情况,核实故障—分析判断,外观检查—调整、测量、试换;确定故障点—排除故障,检验性能—交付用户,总结提高。

检修步骤一般是:先外表、后内部;先观察、后检修;先电源、后电路;先低频、后高频;先干扰、后测量;先电压、后电流;先调试、后更换。

1)轿车音响故障的一般规律

大量维修实例表明,在轿车音响故障中,机芯故障率高于电路故障率;电路故障中功放块和音量电位器的故障率高于其他电路的故障率,电源电路的故障率高于其他部分电路的故障率;电路中除功放块外,集成电路的损坏率极低。另外,虚焊元件常常是故障成因的罪魁祸首。

2)确认故障

首先要询问故障现象,故障发生时的经过及是否请人修理过,以做到心中有数。所有的机器在维修前都必须验证故障现象,以免维修后发生不必要的纠纷。

3)确定修理方案

在确定修理方案时,应按照先外后内、先简后繁、先清洁调整后测量试换、先电源后负载的顺序。以维修轿车收放机为例,如果是简单故障,比如需更换音量电位器等,可以直接进行下一步修理。如果是复杂故障,可按以下步骤进行:

(1)打开机盖,根据机器所采用集成电路的型号,查找有关单元电路,对号入座。

(2)根据天线接线,调谐电感的位置,即可找到 AM 处理电路和 FM 中频处理电路即可找到立体声解码电路。

(3)根据磁头引线的去向来确定磁带放音前置放大电路。

(4)根据功放 IC 散热片和喇叭引线位置找到功放电路。

(5)有必要时可将上述有关部分根据实物绘制电路草图。

4)直观检查

打开机盖后,不要急于测量与修理,应先检查外观,根据直观检查发现故障的蛛丝马迹,可以提高检修速度。

(1)电路部分外观检查。

①机内是否有烧焦糊味。

②各连线、插头是否松脱、断裂。

③是否有元器件如熔断器烧断、电容爆裂漏液、电阻烧焦变黑、功放 IC 烧裂变色。

④各元件是否有虚焊、开焊、松动,电路板是否有断线。

⑤通电检查看是否有冒烟或异味。

⑥手摸功放 IC 及散热片是否过热。

(2)机械部分检查。

①机芯内是否有异物。

②磁头或激光头是否太脏或过度磨损。

③机械传动机构部件是否平行。

④传动带是否脱落、老化伸长、断裂。

⑤其他机械部件是否磨损变形、齿轮错位掉牙、间隙过大。

⑥各弹簧是否脱落、变形。

外观检查涉及面广,可根据具体故障有所侧重,并不一定要面面俱到。

5)清洁调整

轿车音响中的运动机械部件,长期使用后可能出现严重磨损、发卡或脏污,有时候清洁润滑一下就可能排除故障。比如在调整音量时,喇叭发出"喀喀"噪声,说明音量电位器接触不良,可先用针头注入少许无水酒精,然后左右旋转几次,等酒精蒸发后试机,看故障能否排除。如果磁带放音声太小,声音低沉,高音不良,先不要急于检修电路,可先用药棉蘸酒精擦洗一下磁头,如果不行再调整磁头方位角。对于 CD/VCD/DVD 机,清洗激光头便可排除挑碟、图像偶尔有马赛克等故障。维修时,切勿无目的地随便调整机内的可调电阻、电容。因为在没有专门仪器的条件下,这些元件的参数很难调准,反而给故障判断增加了难度。

6）信号注入（干扰）法

信号注入法是指用信号发生器输出的信号，按照电路由后级到前级的顺序，分别将低频、中频、高频信号注入到相应测试点，观察扬声器的发声情况，以判断故障部位。如果没有信号发生器，可人为地给上述相应部位注入一个干扰信号，称之为干扰法。常用干扰信号有以下三种：

（1）只要有交流供电的地方，人体就会感应出 50Hz 的交流音频信号。可以手拿一个尖镊子去碰触电路中的测试点，扬声器会发出"喀喀"声。

（2）用指针式万用表的 10V 或 50VDC 电压挡，黑表笔搭铁，用红表笔断续碰触测试点，不仅可以达到注入干扰信号的目的，还能测量测试点的电压，一举两得。

（3）在电路的后级，如果采用上述第二种干扰方法，扬声器发出的"喀喀"声很小，可用万用表的电阻 R×1 或 R×10 挡，用万用表内的电池作为干扰源，因其脉冲幅度大，正常情况下扬声器会发出较大的"喀喀"声。但要注意表笔碰触测试点的时间不要太长，以免打坏万用表头。对于扬声器只有"喀喀"声而没有电台和一侧声道无声的故障诊断，这种方法特有效。

7）电压测量法

电压测量法简单易行，在轿车音响检修中运用广泛。当已经判断故障可能出现的范围或故障范围被缩小到某一级电路时，可对该级电路的核心器件（晶体管或集成电路）的引脚电路测量。测量时要先测电源（供电端）电压，再测关键点电路，然后测量其他引脚电压。测量电压时应注意集成电路的有些引脚电压随工作状态的不同而不同，也有的与有无信号及信号的强弱有关。图样上的标准值一般是无信号时测得的，有信号时测得的是动态值。

8）电流测量法

此方法是通过测量整机或某一部分的电流数值，并与正常值比较，借此判断故障部位。按测量方式电流测量可分为整机测量和部分电路测量；按信号状态可分为静态测量与动态测量。测量结果可分为偏大和偏小（或无电流）两种情况。电流偏大，说明电路中有短路之处，动态电流偏大，常是电路中有自激造成。电流偏小，说明电路中有断路之处。

9）电阻测量法

电阻测量可分为开路检查法和在路检查法。开路检查法是指把元件的一只引脚或整个元件从电路板上焊脱下来，如测扬声器、电阻、电容、二极管、晶体管等元器件的阻值，此法虽然比较麻烦，但不受周围电路影响，测量结果准确。在路测量是指在印制电路板上测量，单个元件的测量最好是用数字万用表；测量集成电路的在路电阻，最好是用指针式万用表，并且要分两次测量。第一次用一只表笔（如红表笔）接集成电路的搭铁脚，另一只表笔（黑表笔）测量其他各引脚的电阻；第二次两表笔互换。把两次测量结果与正常值比较，只要有一次测量值与正常值不符，就说明此集成电路或其外围元件有问题。

用电阻测量法检查时，应断开音响电源。这不仅是指要断开电源开关，而且是要断开音响的电源连接插座。

10）交流短路法

所谓交流短路法，是指将音频信号交流短路到地，这种方法对排除噪声故障特别有效。

在试验时，为防止短路后破坏放大器的直流工作点，可用一只 $100\mu F$ 的电容将音频信号短路到地。测量时常以音量电位器的中心抽头为分界点,如果将音频信号短路后,噪声消失,说明故障在检波前的高、中频电路;如果噪声没有消失,说明故障在低频电路。

11) 温差法

轿车音响在使用过程中,尤其是在夏季,环境温度很高。采用升温法适用于开机工作一段时间后才能正常工作或开机一会儿才出现的故障。可用电烙铁或者电吹风距被怀疑元件5mm左右对其进行烘烤加热,当烘烤到某元件时,故障消失或出现,说明该元件不良。

对于开机工作一段时间后才出现的故障,可用镊子夹蘸有酒精的棉球,对怀疑的元件进行冷却。当酒精棉球放到哪一个元件上故障消失时,说明该元件不良。

12) 元件替代法

如果经以上检查能判断或怀疑哪个元件有问题时,就应该试换该件。对于开路性障碍的元件,如电阻、电容等,代换时不必焊下元件,可把新件并接在故障件上,或将新件焊在电路板背面,对于其他情况的元件如漏电的电容,损坏的二极管、晶体管,需先焊下元件,再更换新件。

2. 车载收放机常见故障诊断

车载收放机主要有收音电路的故障、放音电路的故障、液晶显示电路的故障和机芯故障等,由于车载收放机的维修量正在逐渐较少,其典型故障的具体维修过程,这里就不过多介绍。在维修车载收放机时,应注意以下问题:

(1) 必须确保维修直流电源电压高于收放机的工作电压,而且必须保证电源正、负极,扬声器等连线连接正确。否则,哪怕是瞬间的通电试机,都有可能损坏收放机内部元器件。

(2) 更换功放集成块后,必须保证集成块与散热板的良好接触。

(3) 维修时应输入正确的密码。部分高档车载收放机具有密码防盗功能,断开总电源后再开机需输入正确的密码,如果连续三次输入错误的密码,该机将自动锁定,显示屏显示"OFF",此时则不要关闭电源,连续通电约2h后,直到显示"CODE"时,再输入正确的密码才可解锁。

(4) 注意焊接质量。焊点不能存在虚焊、假焊,同时要保证焊点既要光滑,又不能用锡太多。

(5) 维修结束时必须清扫机内灰尘和杂物,清洗磁头、压带轮、主导轴等部件,捆扎好线束,才能封机盖。

(6) 安装收放机时必须将所有的固定螺钉拧紧,以降低收放机在行车途中的振动。同时在发动机运行状态下用万用表检查收放机的供电电压是否在正常范围以内,否则,不能通电试机。

(7) 收放机上的电解电容都是使用体积小、质量好的正品元件,如无配件更换,可以从报废了的计算机主板上拆件更换。

3. CD/VCD/DVD 常见故障诊断

车载CD/VCD/DVD的常见故障及维修方法与家用CD/VCD/DVD基本相同,介于篇幅限制,就不再介绍。这里就多碟CD/VCD/DVD箱(转换器)的常见电路故障现象予以归纳,大家可根据这些故障的表现,更快、更准确地判断故障部位的所在,减少错误判断,以提高维修速度。

（1）射频电平不正常,RF 眼图由大到小,读碟由正常到不能播放。

①放音是正常的,但倾向于对划痕敏感、声音抖动后,能很快恢复正常,属于正常现象。

②声音抖动后,恢复趋向于延迟,开始有些不太正常。

③TOC 读出所需时间,对于某些光盘来说延迟。

④在 TOC 读出搜索期间,光盘旋转,但寻轨不稳定。

⑤在 TOC 搜索期间,第一道光轨的开头不容易开始播放,光头沿滑板来回运动,有时还从中间开始进行。

⑥光盘抖动,寻迹便无法进行。

出现以上这些不正常的情况时,首先要检查激光头的质量,如有必要,可适当调整聚焦增益试一试。若不能排除故障,再检查相关的聚焦电路。

（2）寻轨偏移,TOC 由小到大,寻轨能力由正常到不能进行。

①正常情况可正常放音,但在 60℃ 以上时就不能放音,属于正常现象。

②有划痕的盘的放音能力降低。

③一点极小的灰尘也会造成声音异常。

④在搜索期间,寻轨结束操作变慢。

⑤在搜索期间,寻轨并没有很好地结束。

⑥偏心的光盘根本不能工作。

⑦在 TOC 搜索期间,寻轨伺服将不会被激活,不能放音。

出现以上这些不正常的情况时,同样首先要检查激光头质量,如有必要可调整寻轨增益。然后,再检查相关的寻迹伺服电路。

（3）激光器的电流值与标称值有差异。

①激光二极管根本不发光,有时可听到激光头碰击光盘的声音。说明激光二极管已击穿,激光头已损坏。

②激光二极管只发出非常微弱的光。

③激光电流与激光头的标称值有一定偏移,但还可勉强地正常使用。

出现以上这些不正常的情况时,最大可能是激光头性能不良,可调整一下激光头;但有时可能是驱动电路故障,所以还要再检查相关激光二极管的驱动电路。

（4）主轴电动机故障。

①在放音时,光盘无划痕也会产生噪声。

②在放音时,声音会突然抖动,但可立即恢复正常放音。

③在光盘的内侧放音时,可以听到间歇噪声,电动机的驱动波形受到干扰。

④开始播放时,电动机不能立即开始,但有时高速旋转会突然开始。

⑤在前进和倒转之间一次次地改变旋转方向。

⑥旋转困难,只有用手推动光盘时才能旋转。

⑦光盘根本就不能转动。

4. 自动天线的检修

发现自动天线有故障,应脱开与车身配线连接的自动天线插接器,如图 8-13 所示的电动天线的结构及安装示意图,检查自动天线插接器,若不符合其要求,可进行收音机与配线的检修;否则检修电动机。

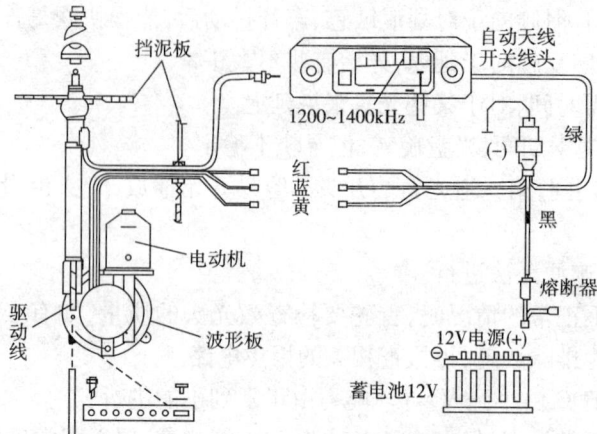

图 8-13 电动天线的结构及安装示意图

电动机检修方法是:首先装上自动天线螺母,脱开接至自动天线控制继电器的端子,然后将蓄电池的正、负极接到配线侧插接器与电动机相连的端子上,检查电动机是否运转,天线是否向上或向下运动,变换蓄电池的正、负级,再检查一遍。若动作不符合规定要求,应更换自动天线电动机总成,否则更换自动天线控制继电器。注意给电动机通电检查时,应尽量快一些,时间控制在 4~8s 内,以避免烧坏线圈。

复习思考题

1. 汽车电子点火系统常见故障的现象和原因有哪些? 如何排除?

2. 汽车启动系统常见故障的现象和原因有哪些? 如何排除?

3. 汽车前照灯常见的故障现象和原因有哪些? 如何排除?

第九章 汽车维修质量及评价

第一节 维修质量概述

汽车维修质量是指汽车经过维护和修理作业后,汽车的实际技术状况或工作能力、寿命等满足客户要求的程度。汽车维修质量包括维修的技术质量和服务质量两方面。从技术角度讲,汽车维修质量是指汽车维修作业对汽车完好技术状况和工作能力维持或恢复的程度。从服务角度讲,汽车维修质量是指用户对维修服务的态度、水平、及时性、周到性以及收费等方面的满意程度。

每辆在用汽车都有借助维修以保持或恢复其完好技术状况的过程,在道路上营运的汽车中,多为经过维修的车辆,因此在用汽车使用性能、耗油量、寿命、外观等情况,不单纯取决于汽车生产质量,而且与汽车维修的质量有着更多更密切的联系,必须特别重视汽车维修的质量。

影响汽车维修质量的因素既有来自维修企业内部的因素,又有来自维修企业外部的因素。其中来自企业内部的因素主要包括:企业的维修工装设备、检测诊断设备、外购维修配件,以及维修工艺、技术技能、人员和内部质量管理等。汽车维修行业管理部门对汽车维修业的质量管理对汽车维修质量的确保与提高具有重要作用。首先,维修行业管理部门对汽车维修业的质量管理的监督检查与指导,推动和督促汽车维修企业质量管理的健全和提高,这对汽车维修质量的提高无疑是有帮助的。其次,通过行政手段对区域性维修企业的发展进行规划与调控,能引导该区域汽车维修行业向品种齐全、互为补充、布局合理的区域性维修网发展,从而有利于提高地区整体的汽车维修质量。第三,结合对维修企业开业、人员准入的考核,为业内人员进行技术、技能学习、评定方面的服务,促进汽车维修企业全面提升其人员素质和管理水平,为提高汽车维修质量创造条件。

汽车维修质量评价主要包括以下指标。

1. 返修率

返修率是指修竣出厂的车辆中,一定时期内回厂返修车辆所占的比重。其计算公式为

$$车辆返修率 = 返修辆次/修竣辆次 \times 100\%$$

其中修竣辆次是指报告期经修理完工出厂的车辆数,包括报告期前送修而在本报告期修竣出厂的车辆数,不包括返修竣工的车辆数。返修辆次是指修竣出厂后的车辆在大修车磨合期后一定里程或从实际出厂之日起一定时间内,由于修理质量而造成损坏回厂返修的车辆次数。

2. 大修间隔里程

大修间隔里程是指平均每辆送厂大修车相邻两次大修间隔行驶的里程数,即

$$平均大修间隔里程 = 大修车总行程/送修大修车辆次$$

3. 车主满意率

车主满意率是指车主对修车技术质量、时间要求、费用要求、维修方便性及服务态度等方面的满意程度。一般用抽样调查的方法确定车主感到比较满意的次数在总修竣次数中所占的比重来计算车主满意率。

第二节　维修质量保证体系

机动车维修实行质量保证期制度,质量保证期内因维修质量原因造成机动车无法正常使用的,机动车维修经营者应当无偿返修。

机动车维修质量保证期制度的具体办法,由国务院交通主管部门制定。目前国内涉及汽车整车修理的质量评定的国家、行业标准主要有:GB/T 15746.1—1995《汽车修理质量检查评定标准整车大修》,GB/T 3798.1—2005《汽车大修竣工出厂技术条件第 1 部分:载客汽车》,GB/T 3798.2—2005《汽车大修竣工出厂技术条件第 2 部分:载货汽车》,CJ 17—1986《城市公共汽车修理技术条件》等。涉及汽车维护评定方法的有:GB/T 18344—2001《汽车维护、检测、诊断技术规范》,JT/T 201—1995《汽车维护工艺规范》以及 JT/T 511—2004《液化石油气汽车维护、检测技术规范》,JT/T 512—2004《压缩天然气汽车维护、检测技术规范》等。

据此,对机动车维修检验制度和质量保证期制度可以从以下几个方面进行理解:

(1)机动车维修经营者对机动车进行二级维护、总成修理或者整车修理的,应当进行维修质量检验。检验合格的,维修质量检验人员应当签发机动车维修合格证。

(2)机动车维修实行质量保证期制度。质量保证期内因维修质量原因造成机动车无法正常使用的,机动车维修经营者应当无偿返修。

(3)机动车维修质量保证期制度的具体办法由国务院交通主管部门制定。本条规定主

要是为了保证维修质量,保护消费者的权益,维护运输安全。这与本条例的立法目的是一致的。为确保机动车维修质量,机动车维修企业应当按照 2005 年交通部发布的《机动车维修管理规定》,建立以下几项制度:

①汽车维修企业必须建立健全与其维修类别相适应的质量管理机构,汽车维修个体业户应有负责质量管理工作的人员。具体职责是:一是认真执行质量管理法规和本办法;二是贯彻执行国家和交通部颁布的有关汽车维修的技术标准、相关标准以及有关地方标准;三是制定维修工艺和操作规程;四是依据国家标准、行业标准、地方标准的要求,制定汽车维修企业技术标准;五是建立健全汽车维修业户内部质量保证体系,加强质量检验,掌握质量动态,进行质量分析,推行质量管理;六是开展质量评优与奖惩工作。

②汽车维修业户必须有明确的质量负责人和质量检验员。质量检验员必须经过当地汽车维修行业管理部门培训、考核并取得汽车维修检验员证,方可上岗。

③汽车维修业户必须做好质量管理的基础工作,建立健全并严格遵守与企业维修类别相适应的技术管理、计量管理和质量检验等规章制度。

④车辆进厂、维修及竣工出厂,必须由专人负责质量检验,并认真填写检验单。一、二类汽车维修业户对进行汽车大修、总成大修、二级维护的车辆必须建立《汽车维修技术档案》。

⑤汽车维修竣工出厂实行出厂合格证制度(汽车小修和部分专项修理除外),维修质量不合格的车辆不准出厂。汽车维修业户在车辆维修竣工出厂时必须按竣工出厂技术条件进行检测并向托修单位提供由出厂检验员签发的汽车维修竣工出厂合格证。汽车维修业户使用的汽车维修竣工出厂合格证由汽车维修行业管理部门统一印制和发放。

第三节 维修质量检测与评定

汽车维修质量检测与评定实际上也是维修汽车整车的质量检验,它是单项检验、零部件检验、总成件的检验与评定的继续。其侧重点在零部件、总成件装配调试到位后的新项目的检验上,主要集中在装配调试后新出现的零部件之间相互位置关系、总体尺寸、质量、外观以及各种静态、动态性能的检测检验上。将这些检验结果进行既定统计计算,与质量合格的相应等级的标准进行对比,对维修汽车整车的合格性、等级质量水平作出定论,这就是维修汽车的整车质量检测与评定。因此,整车的质量检测与评定是若干个检测与评定的子系统的集成。

一、汽车维护检验

(一)汽车维护检验的原则要求

汽车维护检验是一项专职汽车维修质量控制检验。按工序分为维护前检验、维护过程检验和竣工检验三个阶段。新的维护制度对汽车维护检验提出以下原则要求。

1. 汽车二级维护前必须进行汽车技术状况的检测评定

这种为掌握汽车技术状况,提供确定附加作业依据的维护前检测工作,是二级维护制度改革的关键内容,是二级维护工艺过程的重要工序,这项工作是否做到、完成的质量如何事关新的维护制度能否得以真正落实。

2.汽车维护检验应贯穿汽车维护全过程

汽车维护全过程,即维护前、维护过程及维护竣工后(出厂前)都必须进行质量控制检验;这是全面质量管理的基本要求。

3.汽车二级维护实行竣工上线检测制度

车辆检测诊断技术是检查、鉴定车辆技术状况和维修质量的重要手段。汽车二级维护竣工检测,主要是对汽车二级维护及其附加作业质量进行检测评定,由汽车综合性能检测站按标准执行,出具的检测报告,作为维修企业的质量检验员签发出厂合格证的依据之一;汽车综合性能检测站在所设的汽车综合性能检测线上实施的检测,俗称"上线检测"。

汽车二级维护实行竣工上线检测制度,是严格汽车维护竣工质量标准、推动汽车维护制度的贯彻落实、促进企业进一步加强质量检验工作、提高汽车维修质量的一项有力措施。

(二)二级维护前检测诊断与附加作业项目确定

汽车是一个复杂的运动机械,其技术性能与其使用环境有着千丝万缕的联系。因此,通过维护前不解体检测,准确评定汽车技术状况,确定合适的附加作业项目,是一项技术难度较大的工作,应根据检测结果,结合汽车运行等各方面的信息,进行综合分析、判断。

汽车技术评定,即依据各方面的信息(驾驶员反映、性能检测结果、汽车技术档案等),对汽车技术状况进行综合评价。

交通部 JT/T 201—1995《汽车维护工艺规范》(简称规范)中提出了汽车二级维护前技术评定要求:

(1)向驾驶员询问汽车使用状况(发动机动力性、各部异响、转向、制动性能、燃润料消耗等)。

(2)查阅汽车技术档案,包括汽车运行记录、维修记录、检测记录、总成修理记录以及维护周期内规律性小修情况等。

(3)根据对汽车检测和检查结果,结合上述情况进行综合评定。

(三)汽车维护作业项目的检验

对汽车各级维护基本作业项目和二级维护附加作业项目的质量检验,即维护过程检验。

1.过程检验项目

过程检验的目的是实现维护过程的质量控制。所以,影响到维修质量的主要作业项目,都要进行过程检验,特别是有数值、参数要求的项目,更应经过检验并做好记录,为汽车竣工出厂检验提供依据。

2.过程检验技术要求

只有严格按检验技术标准,用合适的检验方法,进行维护过程质量检验把关,才能确保维护竣工质量。

汽车维护过程检验的重点如下。

1)汽车维护作业项目完成情况

不同车型的汽车维护规范中对各级维护应该完成的基本作业项目都有严格要求,根据二级维护前检测结果分析,有的汽车二级维护还有附加作业内容。这两部分的作业项目都必须完成。汽车维护严格执行维护规范、做到作业不漏项是确保汽车维护质量的首要前提。

2)汽车维护工作质量

汽车维护工作质量即汽车维护作业人员的操作质量,包括作业的认真态度、操作技能和技术标准掌握的严格程度,这几方面都应该通过汽车维修质量检验人员在维护过程检验中予以监督和控制。只有保证每一项维护作业都认真、严格按维护规范上的技术要求去做,并达到技术标准的要求,才能真正保证维护竣工出厂质量。

(四)汽车维护竣工检验

汽车维护竣工检验是对维护作业质量进行检测评定。交通部《道路运输车辆维护管理规定》(1998年第2号令)强调指出,汽车二级维护竣工检测由汽车综合性能检测站按标准进行,出具的检测报告,作为维修企业的质量检验员签发出厂合格证的依据之一。交通部强化对汽车二级维护质量的控制,进一步说明二级维护质量对汽车维护制度执行的重要意义。

1.汽车一级维护竣工检验

汽车一级维护竣工检验的目的是检查汽车技术状况是否良好,经一级维护(清洁、润滑、补给、紧固等作业后,各零部件工作比维护前是否更好,安全性能是否可靠,各部连接有无松动等。一级维护竣工检验属于一般性质量把关。

1)一级维护竣工检验技术要求

JT/T201—1995对国产汽车一级维护竣工检验提出了如下的技术要求:

(1)空气滤清器、润滑油滤清器、曲轴箱和变速器通风装置清洁,工作正常。

(2)发动机润滑油、冷却液、变速器齿轮油、各部液压油、蓄电池电解液各液面符合要求。

(3)全车无漏油、漏水、漏气、漏电现象。

(4)发动机、悬架、进排气歧管、散热器、驱动轴、摆臂、减振器、后桥、车身、车门、罩盖、附件支架等外露螺栓、螺母齐全紧固,各垫圈完好。

(5)转向联动杆件、制动操纵机构连接可靠,锁销齐全、有效,各球形节、万向节不松旷。

(6)离合器踏板、制动踏板自由行程符合标准。

(7)各润滑点润滑良好,各密封护罩完好、紧固。

(8)轮毂轴承不松旷。

(9)轮胎气压符合规定,胎面清洁、无异常磨损。

(10)蓄电池极桩清洁、安装可靠。

(11)照明设备、信号装置和仪表齐全有效。

2)一级维护主要检验项目

此要求适用于其他各种类型的汽车。按照上述检验要求,其检验项目可归纳为以下几部分:

(1)清洁工作的要求(各滤清器、通风装置等)。

(2)各液面高度符合要求。

(3)连接部位的紧固状况。

(4)离合器、制动操纵机构的自由行程。

(5)轮胎状况。

(6)密封状况。

2.汽车二级维护竣工检验

1)汽车二级维护竣工检验的要求及特点

由于汽车二级维护是在对汽车技术状况进行全面检测的前提下,完成基本作业项目并有针对性地进行一些附加作业,全方位维护汽车各总成和机构各零件,使之具有良好工作性能的作业。因此,对汽车二级维护竣工质量有着很高的要求。

可将汽车二级维护竣工检验的特点归纳如下:

(1)汽车二级维护竣工检验是对汽车各项技术性能的一次综合性检验。

(2)汽车二级维护竣工检验由仪器仪表测试、人工感观检视和路试三部分组成,其中,凡有量化要求的竣工检验项目都必须借助于检测仪器。

(3)汽车二级维护竣工检验体现了整车性能和对环境保护的要求,如发动机功率测定、制动性能测定和排放污染物测量、车外噪声级测量。

2)汽车二级维护竣工上线检测

鉴于汽车二级维护质量控制的重要性和竣工检验的严格要求,交通部1998年第2号令规定,二级维护竣工检测由汽车综合性能检测站执行。作为企业质量总检验员或质量检验员应承担汽车二级维护竣工上线检测的送检工作,以保证送检合格率达到规定的指标。

二、汽车修理检验

(一)汽车修理进厂检验

汽车修理时必须根据国家和交通部发布的修理技术标准和有关规定进行,确保修理质量。汽车修理时加强质量检验,是保证修理质量的重要措施。

汽车进厂修理时,应由承修和托修双方共同办理检验交接手续,以检查汽车的完整性和技术状况,确定汽车修理的作业范围、估算修理工时和费用,确定汽车修竣时间,签订汽车维修合同。

进厂修理的汽车,可通过查阅汽车技术档案、听取驾驶员的反映,进行外部检视和路试,以确定其技术状况。

1. 汽车外部检视

(1)检查车容。检视汽车的完整性,装备是否齐全,外部有无损伤和渗漏。

(2)检查基础件。如气缸体、变速器壳体、桥壳、车架等有无明显裂纹和变形。

(3)检查安全机构。如转向、传动、制动等机构是否有松旷、变形、缺损等现象。

(4)察看轮胎有无不正常磨损,如有应查明原因。

2. 汽车行驶检验

(1)发动机运行情况。查听有无异常响声,各级运转速度是否稳定,排气是否有异常现象,机油压力和冷却液温度是否正常。

(2)汽车起步情况。离合器是否有打滑、发抖和分离不彻底现象。变速器是否有挂挡困难或发响现象。

(3)汽车在行驶中情况。制动性能是否良好,转向是否灵活,有无跑偏现象,变速器是否跳挡;车速高时,传动轴和后桥是否有不正常响声,各轴承及密封部位是否有发热或渗漏现象。

汽车通过以上检查后,经分析判断,确定修理项目。

(二)零部件检验分类

零件的检验和分类是汽车修理工艺过程中一项重要工序,它不仅会影响修理质量,同时也会影响修理成本。

零件通过检验,按照技术条件,将零件分为可用的、需修的和报废的三类。所谓可用的零件是指零件的技术条件符合大修技术标准(即大修允许),不经修理便可安装使用。报废零件是指其技术条件已不符合大修技术标准,如果这些零件已无法修复,或者虽可修复,但不符合经济要求。如果通过修理,能使零件符合大修技术标准,并且经济上也合算,这种零件即作为需要修理的零件。

零件检验分类的技术条件是对零件进行分类的依据。一般包括下列内容:

(1)零件的主要特征,如零件的尺寸、材料、热处理和硬度等。

(2)零件可能产生的缺陷及其检验方法。

(3)零件的极限磨损尺寸、允许磨损尺寸和允许变形量。

(4)零件的报废条件。

(5)零件的修理方法。

零件在使用过程中,其损伤的原因是多样的,如磨损、变形、腐蚀等,并且其中最主要的是磨损;零件由于磨损使其尺寸、形状发生了变化,扩大了配合副之间的配合间隙,加速了零件的损坏。因此在上述技术条件中,零件的极限磨损尺寸、允许磨损尺寸是最为重要的。

极限磨损尺寸,是零件磨损导致配合副进入极限状况,不能保持技术文件规定的工作能力的零件磨损量;允许磨损尺寸,小于极限磨损尺寸,尚能保持技术文件规定的工作能力,并受经济因素制约的零件磨损量。

(三)汽车修理竣工检验

汽车修理总装后,应由质量检验员按照技术标准,对汽车修理质量进行全面检验,并消除检验中发现的缺陷,填写检验单。竣工检验可以在检测线上进行,也可进行路试检验。目前,汽车综合性能检测站尚不具备对汽车维修竣工检验的能力,汽车维修竣工检验暂由企业按规定程序检验。

汽车路试检验时应在平坦、干燥、清洁的高级或次高级路面,长度和宽度适应测试要求,纵向坡度 <1% 的直线道路上往返进行,测试数据取平均值。

1. 一般技术要求和检验

修竣汽车在静态下,通过外部检视检查汽车外部技术状态,其主要技术要求:

(1)驾驶室、客车厢应形状正确、曲面圆顺、转角处无折皱,蒙皮完整、无松弛及机械损伤等缺陷。

(2)喷漆颜色应协调均匀、光亮,漆层无裂纹、剥落、起泡、流痕、皱纹等缺陷。

喷漆部位不应有明显的流痕和裂纹,不喷漆部位不应有漆痕;涂层硬度应符合QC/T 484—1999的规定。

(3)驾驶室、客车厢、货厢、保险杠及翼子板应左右对称:离地高度差:驾驶室、客车厢、保险杠、翼子板应小于或等于10mm,货厢应小于或等于20mm:保险杠、翼子板安装应端正、牢固,货厢边板、铰链应铰接牢固、启闭灵活,边板关闭后,缝隙应小于或等于5mm。检查时将汽车停放在平坦的路面上,用直尺进行测量。

(4)各总成、零部件和附件应齐全、完好、有效,安装应符合原厂规定。

(5)门窗应启闭灵活、关闭严密、锁止可靠、缝隙均匀不松旷。门窗玻璃应采用安全玻璃,前风窗玻璃应采用夹层玻璃或部分区域采用钢化玻璃。

(6)转向机构各连接部位不应有松旷现象,并且锁止可靠。

(7)离合器踏板、制动踏板自由行程和驻车拉杆有效行程应符合原厂规定;采用液压制动的汽车,制动踏板在规定压力下保持1min,踏板不应有向下移动现象。

(8)轮胎气压应符合原厂规定;轿车或挂车轮胎胎冠上的花纹深度应大于或等于1.6mm,其他机动车转向轮应大于或等于3.2mm,其余轮胎胎冠花纹深度大于或等于1.6mm;轮胎胎面不得暴露出轮胎帘布层;胎面与胎壁上不得有长度超过2.5mm、深度足以暴露出轮胎帘布层的破裂或割伤;同轴上装用的轮胎型号和花纹应相同;汽车转向轮不得装用翻新胎。

(9)车轮圆跳动量。总质量≤4.5t的汽车,车轮圆跳动量应小于或等于5mm,其他汽车小于或等于8mm。可用直角尺或钢直尺测量。车轮动不平衡量应符合有关规定。

(10)照明及各种信号装置应齐全、有效,符合 GB 4785—1998 中有关规定;各种仪表应装备齐全、完好、有效;各种线路布置应合理,接头牢固,导线包扎固定可靠,不得有裸露、破损、老化现象,线束通过孔洞时应有防护套且距排气管距离应大于或等于300mm;各部导线及电器元件不得有漏电现象。

(11)各种油嘴应安装正确、齐全、有效,润滑油(脂)规格质量及添加量应符合原车规定。

(12)汽车左右轴距差应符合有关规定。用直尺进行测量。

(13)汽车整备质量及各轴负荷分配不得大于原设计的3%。

(14)关键紧固件其拧紧力矩应符合原车规定,锁止可靠;一般紧固件应牢固可靠,不得有松动现象。

(15)铆接件的接合面应紧贴,铆钉应充满钉孔不松动,不得用螺栓代替,钉头不应有裂纹、歪斜、残缺现象。

(16)焊缝应平整、光滑,不应有夹渣、裂纹等缺陷。

2.主要性能要求和检验

1)发动机运转工况

(1)发动机启动顺利,无异响,发动机在正常工作温度下,5s 以内能启动;柴油机在环境温度≥5℃,汽油机在环境温度≥ -5℃时应启动顺利。

(2)在正常工作温度下,发动机怠速运转应稳定,其转速应符合原设计规定,转速波动为50r/min。

(3)发动机在各种转速下运转应平稳,改变转速时过渡应圆滑,突然加速或减速时不得有突爆声,在正常工况下不得过热,无异响。

(4)在规定转速下,发动机机油压力应符合原厂规定。

2)传动机构工况

(1)离合器应接合平稳、分离彻底、操作轻便、工作可靠、无异响。

(2)变速器换挡轻便、准确可靠,无异响,正常工况下不得过热。

(3)传动轴及中间轴承应工作正常,无松旷、异响;中间轴承不得过热。

(4)差速器、主减速器应工作正常、无异响,正常工况下不得过热。

3)转向操纵工况

（1）用前束尺和前轮定位仪等测量汽车车轮前束值、主销内倾角、主销后倾角、车轮外倾角，应符合原设计规定。

（2）用侧滑试验台测量转向轮侧滑量应小于或等于 5m/km。

（3）用转向盘转动测量仪测量转向盘最大自由转角应符合 GB 7258—2012 要求。

（4）按照 GB/T 12540—2009 规定，测量汽车最小转弯直径应符合原设计要求。

（5）机动车在平坦、硬实、干燥和清洁的道路上行驶不得跑偏，其转向盘不能有摆振、路感不灵或其他异常现象。

4）汽车的动力性

（1）用底盘测功机进行测量，汽车底盘输出功率、汽车的加速时间应符合有关规定要求。

（2）用路试检测国产汽车带限速装置，以直接挡空挡行驶，从初速 20km/h 加速到 40km/h 的时间应符合规定；进口汽车的加速时间应符合原设计要求。

5）汽车的燃油经济性

（1）用底盘测功机、油耗计等进行测量，汽车等速百公里油耗应符合有关规定。

（2）路试测量，国产汽车带限速装置，以直接挡空载行驶，在经济车速下，每百公里燃油消耗量应不高于原设计规定值的 85‰，汽车磨合期满后，每百公里燃油消耗量应不高于原设计规定。进口汽车油耗应不高于原车规定。

6）汽车的制动性能

（1）路试检验。应符合 GB 7258—2012 中有关规定。

（2）台试检验。应符合 GB 7258—2012 中有关规定。

7）前照灯

（1）机动车每只前照灯的远光光束发光强度应符合 GB 7258—2012 中有关要求。

（2）前照灯光束照射位置应符合 GB 7258—2012 中有关要求。

8）车速表

（1）用检视方法，检查车速表波动情况，要求汽车稳定运行时，车速表指针不得有明显的上下摆动。

（2）用车速表试验台测量车速表应符合 GB 7258—2012 有关规定。

9）排放

（1）汽油车怠速污染物排放，用废气分析仪按 GB 18285—2005 有关规定测量，要求汽油机怠速污染排放应符合 GB 18285—2005 中的有关规定。

（2）柴油车自由加速烟度排放，用烟度计按 GB 3847—2005 测定，要求柴油车自由加速烟度排放应符合 GB 3847—2005 中的有关规定。

10）噪声应符合 GB 7258—2012 中有关规定

11）密封性

（1）防雨密封性。按 GB/T 12480—1990 中的规定进行测量和检视，客车防雨密封性限值应符合 GB/T 12481—1990 的；货车的门窗及防雨设施应齐全、完好、有效，不得有漏水现象。

（2）防尘密封性。按 GB/T 12480—1990 中的规定进行测量和检视；客车防尘密封性限值应符合 GB/T 12479—1990 的规定，货车防尘密封性装置应完好、有效，不应有明显进尘现象。

3.汽车修竣出厂规定

汽车修竣出厂应符合下列规定：

(1)送修汽车或总成修竣检验合格后,承修单位应签发出厂合格证,并将维修技术档案和合格证存根存档。

(2)汽车或总成修竣出厂时,不论送修时的装备(附件)状况如何,均应按照有关规定配备齐全。发动机应安装限速装置。

(3)接车人员应根据合同规定,就汽车或总成的技术状况和装备情况等进行验收,如发现有不符合竣工要求的情况时,承修单位应立即查明,及时处理。

(4)托修方必须严格执行汽车磨合期规定,在保证期内因维修质量发生故障或提前损坏时,承修方应及时排除,免费维修。

通过以上叙述可以看出,汽车维修质量检测与评定的各种标准,其涉及的内容广泛而具体,与汽车维修质量检测与评定的活动贴得更近,更具有指导性,是汽车维修质量检测与评定活动的具体操作依据。由于汽车维修业是一种高新技术含量极高的服务性行业,它的维修标准既与原有汽车产品本身的技术标准有关,又与制造、检测技术、系统工程、计算机等行业及其标准密切相关。在汽车维修质量检测与评定标准中大量采用、直接引用上述领域的各种技术状况标准。由于这些领域的技术发展速度快、创新度高,使得汽车维修质量检测与评定采用的标准内容更新和数量补充速度快,老标准被新标准取代率高,在采用汽车维修标准时一定要把握好这一规律,注意采用最新标准。

复习思考题

1.汽车维修质量评价指标主要有哪些?

2.汽车维护过程检验的重点是什么?

3.汽车修竣出厂应该符合什么规定?

参 考 文 献

[1] 司传胜,沈辉.汽车维修工程[M].北京:国防工业出版社,2011.

[2] 宋年秀,刘宏飞.汽车维修工程[M].北京:北京理工大学出版社,2012.

[3] 郗军红.汽车维护[M].北京:人民邮电出版社,2013.

[4] 王志洪.汽车检测诊断与维修[M].北京:人民交通出版社,2013.

[5] 左付山.汽车维修工程[M].南京:东南大学出版社,2008.

[6] 张金柱.汽车维修工程[M].北京:机械工业出版社,2010.

[7] 吴明.汽车维修工程[M].北京:机械工业出版社,2009.

[8] 徐峰,李金学.现代系列轿车维修一本通[M].南京:江苏科学技术出版社,2007.

[9] 阙广武.汽车维护[M].北京:机械工业出版社,2012.

[10] 关文达.汽车修理工[M].北京:机械工业出版社,2007.

[11] 曹建国.汽车维修实用技术[M].重庆:重庆大学出版社,2003.

[12] 董元虎,诸雪征.中级汽车修理工培训教材[M].北京:电子工业出版社,2003.

[13] 司传胜.汽车维修工程指导[M].北京:机械工业出版社,2008.

[14] 戴冠军.汽车维修工程[M].北京:人民交通出版社,2008.

[15] 边焕鹤.汽车电器与电子设备[M].北京:人民交通出版社,2009.

[16] 赵福堂.汽车电器与电子设备[M].北京:北京理工大学出版社,2009.